Inhaltsübersicht

W0307900

Literarische Texte

Literarische Texte · Medien · Pragmatische Texte · Sprachgebrauch/Sprachreflexion · Projekte

Inhaltsübersicht

Medien

Literarische Texte · Medien · Pragmatische Texte · Sprachgebrauch/Sprachreflexion · Projekte

Inhaltsübersicht

Literarische Texte · Medien · Pragmatische Texte · Sprachgebrauch / Sprachreflexion · Projekte

Inhaltsübersicht

Sprachgebrauch und Sprachreflexion

Literarische Texte | Medien | Pragmatische Texte | Sprachgebrauch/Sprachreflexion | Projekte

Inhaltsübersicht

Literarische Texte | Medien | Pragmatische Texte | Sprachgebrauch/Sprachreflexion | Projekte

So ist dieses Schülerbuch aufgebaut

Liebe Schülerinnen und Schüler,

Sie besuchen ein Berufliches Gymnasium oder ein Fachgymnasium. Ihr Ziel ist die allgemeine Hochschulreife. Das Unterrichtsfach Deutsch spielt dabei eine wesentliche Rolle: In Schule, Studium und Beruf wird es immer wichtiger, auf Kompetenzen im Sprechen, Schreiben, Lesen sowie im Umgang mit Texten und Medien zurückgreifen zu können.
Dieses Buch hilft Ihnen, diese Kompetenzen zu erwerben, zu festigen und auszubauen. „Das Deutschbuch" Jahrgangsstufe 12/13 wurde zur Vorbereitung auf das Abitur konzipiert.

So sind die Kompetenzbereiche gegliedert und farblich gekennzeichnet

- Literarische Texte
- Medien
- Pragmatische Texte
- Sprachgebrauch und Sprachreflexion
- Projekte
- Methoden, Arbeitstechniken und Nachschlagen

Das bedeuten die Symbole

Differenzierung

- Hier gibt es Starthilfen, sie unterstützen Sie bei der Lösung der jeweiligen Aufgabe.
- ★ Aufgaben zur Differenzierung können zusätzlich bearbeitet werden.
- Bei diesen Zusatzaufgaben recherchieren Sie im Internet.
- ••• Diese Teilkapitel sind extra für den Leistungskurs / das erhöhte Anforderungsniveau.
- SPRACHE UND STIL Hier finden Sie hilfreiche Formulierungen.

Sozialfomen

Je nach Aufgabenstellung arbeiten Sie allein, mit Partnern oder in Gruppen.

PagePlayer-App

- Sie können sich ein Erklärvideo in der PagePlayer-App ansehen.
- Sie können sich den Text in der PagePlayer-App anhören.

Die Inhalte der Kapitel 11 und 12 (Methoden, Arbeitstechniken und Projekte sowie Nachschlagen) sind flexibel zu den Schwerpunkten in den einzelnen Kapiteln einbaubar.
Auch die Inhalte des Kapitels 10 sind flexibel einsetzbar und helfen Ihnen, Ihr Wissen im Bereich **Grammatik, Rechtschreibung und Zitieren** zu festigen.

Die jeweilige **Auftaktseite** eines Kapitels zeigt Ihnen, welche **Kompetenzen** Sie mithilfe welcher **Arbeitstechniken** und **Methoden** erlangen werden.
Das kennen Sie schon hilft Ihnen, das Grundwissen aus Jahrgangsstufe 11 zu aktivieren.
Im Anschluss an die Kapitel zu den Kompetenzbereichen erwartet Sie jeweils ein **Projekt.** Hier können Sie Ihre erworbenen Kompetenzen einsetzen, um den Projektauftrag qualifiziert auszuführen.

Prüfungsvorbereitungen mit Checklisten helfen Ihnen, die gängigen Aufsatzformen im Abitur zu trainieren.

In diesem Buch wird in den Formulierungen auf **geschlechtergerechte Sprache** geachtet. Wenn nur eine grammatische Form verwendet wurde, dient dies der besseren Lesbarkeit.

Viel Freude und Erfolg im Unterricht sowie auf Ihrem weiteren Ausbildungsweg wünschen Ihnen alle, die an diesem Buch mitgearbeitet haben.

So ist die PagePlayer-App aufgebaut

Zusatzmaterialien in der PagePlayer-App

„Das Deutschbuch“ bietet neue Möglichkeiten des individuellen Lernens: die PagePlayer-App. Die zusätzlichen Materialien können zu Hause, unterwegs oder auch in der Klasse mit dem Smartphone oder dem Tablet direkt aus dem Buch heraus angesehen, angehört und bearbeitet werden.

So kommen Sie zu den Materialien in der PagePlayer-App

1. Laden Sie die kostenlose PagePlayer-App herunter. Sie können die Inhalte zu „Das Deutschbuch“ auf Ihrem Smartphone oder Tablet speichern und jederzeit aufrufen.
2. Scannen Sie mit Ihrem Smartphone oder Tablet Deutschbuchseiten mit folgenden Symbolen oder Inhalten:

Audioaufnahmen

Erklärvideos

GUT ZU WISSEN

CHECKLISTEN

Das Material wird angezeigt und Sie können es direkt starten.

Alternativ können Sie auf alle Inhalte der App auch ohne Hilfe des Schülerbuchs über das Medienmenü der App zugreifen.

Auf Seite 237 f. finden Sie eine detaillierte Übersicht der PagePlayer-Materialien für „Das Deutschbuch“.

Auffrischen, wiederholen, üben

Die Materialien in der PagePlayer-App sind vielfältig einsetzbar!

Audioaufnahmen zu ausgewählten Texten: Hier können Sie Texte hören, statt sie zu lesen, oder Sie können sie nach dem Lesen zur Auffrischung anhören.

Erklärvideos zu wichtigen Aufsatzformen: Hier bekommen Sie die Hauptinformation noch einmal erklärt und können sich auf Klausuren und Prüfungen vorbereiten.

GUT ZU WISSEN-Texte: Alle GZW aus dem Schülerbuch finden Sie hier zum Nachlesen, zur Wiederholung und Bearbeitung. Mit der Markierfunktion können Sie alle wichtigen Wörter und Formulierungen kennzeichnen und haben so Zugriff auf die wichtigen Wörter und Fakten.

DAS KENNEN SIE SCHON: Auch wichtiges Vorwissen können Sie nachlesen, wiederholen und bearbeiten.

CHECKLISTEN: Ob Sie an alle Aspekte beim Schreiben gedacht haben, können Sie mit den Checklisten prüfen. Fragen, die Sie mit NEIN markiert haben, zeigen Ihnen, an welchen Stellen Sie Ihre Texte überarbeiten sollten.

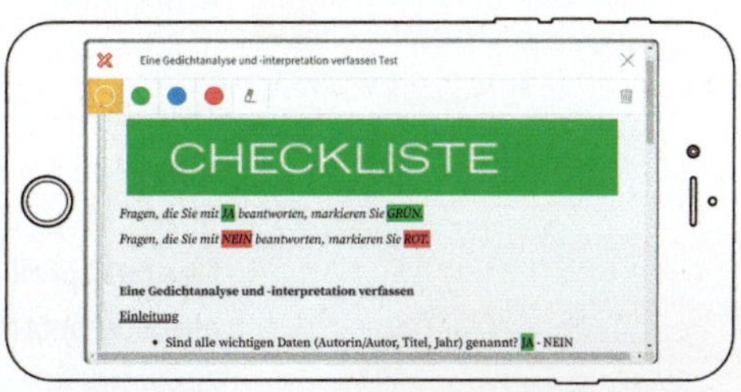

So arbeiten Sie mit diesem Buch

So sind die Kapitel aufgebaut

Der **Pfeil** auf jeder Kapitelauftaktseite informiert Sie über den Aufbau des Kapitels und gibt Ihnen eine erste Übersicht über dessen Inhalte.

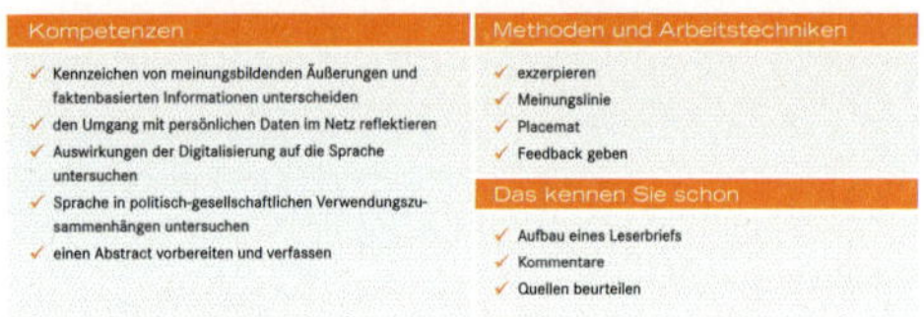

Kompetenzen

- ✓ Kennzeichen von meinungsbildenden Äußerungen und faktenbasierten Informationen unterscheiden
- ✓ den Umgang mit persönlichen Daten im Netz reflektieren
- ✓ Auswirkungen der Digitalisierung auf die Sprache untersuchen
- ✓ Sprache in politisch-gesellschaftlichen Verwendungszusammenhängen untersuchen
- ✓ einen Abstract vorbereiten und verfassen

Methoden und Arbeitstechniken

- ✓ exzerpieren
- ✓ Meinungslinie
- ✓ Placemat
- ✓ Feedback geben

Das kennen Sie schon

- ✓ Aufbau eines Leserbriefs
- ✓ Kommentare
- ✓ Quellen beurteilen

Auf jeder Kapitelauftaktseite erkennen Sie mithilfe der Übersicht **„Kompetenzen“** sowie **„Methoden und Arbeitstechniken“,** welche Kenntnisse Sie auf den folgenden Seiten erwerben, festigen und vertiefen. Auch Stichworte zum benötigten Vorwissen finden Sie hier.

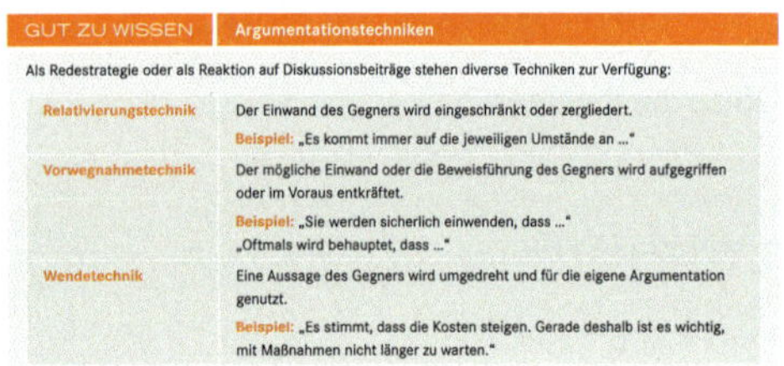

GUT ZU WISSEN | **Argumentationstechniken**

Als Redestrategie oder als Reaktion auf Diskussionsbeiträge stehen diverse Techniken zur Verfügung:

Relativierungstechnik	Der Einwand des Gegners wird eingeschränkt oder zergliedert. **Beispiel:** „Es kommt immer auf die jeweiligen Umstände an …“
Vorwegnahmetechnik	Der mögliche Einwand oder die Beweisführung des Gegners wird aufgegriffen oder im Voraus entkräftet. **Beispiel:** „Sie werden sicherlich einwenden, dass …“ „Oftmals wird behauptet, dass …“
Wendetechnik	Eine Aussage des Gegners wird umgedreht und für die eigene Argumentation genutzt. **Beispiel:** „Es stimmt, dass die Kosten steigen. Gerade deshalb ist es wichtig, mit Maßnahmen nicht länger zu warten.“

GUT ZU WISSEN fasst in kurzer, prägnanter und übersichtlicher Form das für Sie wesentliche Basiswissen zusammen.

In der PagePlayer-App können Sie alle Inhalte der GZW wiederholen und markieren.

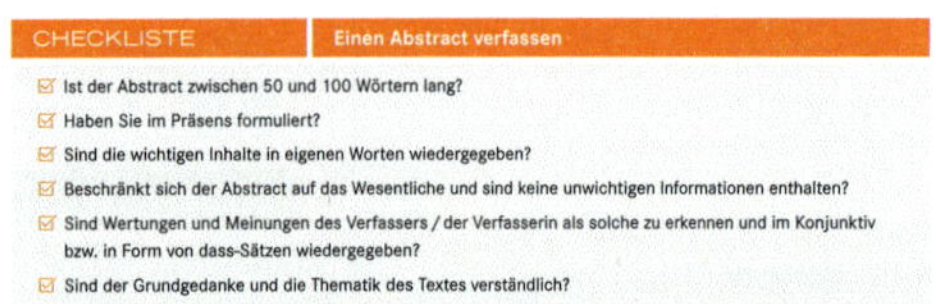

CHECKLISTE | **Einen Abstract verfassen**

- ☑ Ist der Abstract zwischen 50 und 100 Wörtern lang?
- ☑ Haben Sie im Präsens formuliert?
- ☑ Sind die wichtigen Inhalte in eigenen Worten wiedergegeben?
- ☑ Beschränkt sich der Abstract auf das Wesentliche und sind keine unwichtigen Informationen enthalten?
- ☑ Sind Wertungen und Meinungen des Verfassers / der Verfasserin als solche zu erkennen und im Konjunktiv bzw. in Form von dass-Sätzen wiedergegeben?
- ☑ Sind der Grundgedanke und die Thematik des Textes verständlich?

CHECKLISTEN helfen Ihnen, Ihre Texte zu überprüfen. Sie erhalten Hinweise, was Sie bei der Überarbeitung verbessern können.

In der PagePlayer-App können Sie die Checklisten bearbeiten.

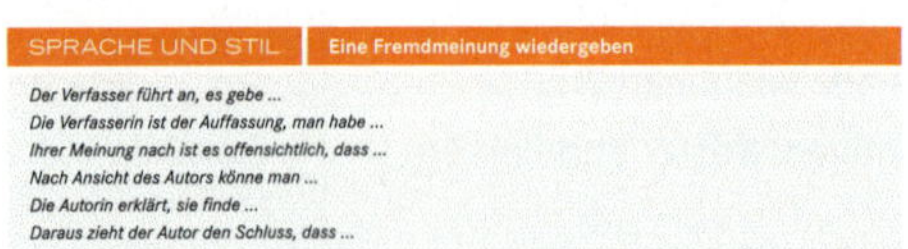

SPRACHE UND STIL | **Eine Fremdmeinung wiedergeben**

Der Verfasser führt an, es gebe …
Die Verfasserin ist der Auffassung, man habe …
Ihrer Meinung nach ist es offensichtlich, dass …
Nach Ansicht des Autors könne man …
Die Autorin erklärt, sie finde …
Daraus zieht der Autor den Schluss, dass …

SPRACHE UND STIL enthält Formulierungshilfen für den „richtigen Schliff“ Ihrer Antworten und Texte.

Anwenden, Vertiefen, Fazit greift das Thema des Kapitels nochmals auf, erweitert und vertieft es und bietet so einen zusätzlichen Aspekt.

Der **Fazitpfeil** am Ende eines Kapitels fasst das Gelernte, alle Kompetenzen und alle Teilschritte übersichtlich zusammen.

Kapitel 1

Epik interpretieren

1.1 Eine Kurzgeschichte interpretieren

1.2 Eine bildhafte Erzählung (Parabel) interpretieren

1.3 Satire, Parodie und Groteske untersuchen

1.4 Verschiedene Interpretationsverfahren nutzen ●●●

1.5 Anwenden, Vertiefen, Fazit

Epische Texte gibt es in verschiedenen Erscheinungsformen. Aber ob Groß- oder Kleinform, ob Kurzgeschichte, bildhafte Erzählung oder Groteske: Für die Interpretation eines Prosatextes sollten Sie über verschiedene Kompetenzen verfügen, die Sie in diesem Kapitel weiterentwickeln. Dazu gehören das Erkennen wiederkehrender Motive, die Übertragung von Aspekten von einer Bild- auf eine Sachebene oder aber die Bedeutung uneigentlichen Sprechens für einen Text.

Erklärvideo zur Handlungsanalyse in epischen Texten

Kompetenzen

- ✓ Motive erkennen
- ✓ Bild- und Sachebene zueinander in Beziehung setzen
- ✓ Figurenkonstellationen erfassen
- ✓ Formen uneigentlichen Sprechens erkennen und deuten
- ✓ Möglichkeiten verschiedener Interpretationsverfahren erkennen
- ✓ sprachliche Besonderheiten in Bezug auf ihre Wirkung erfassen

Methoden und Arbeitstechniken

- ✓ Heißer Stuhl
- ✓ Standbilder bauen
- ✓ Konspekt

Das kennen Sie schon

- ✓ innere und äußere Handlung
- ✓ Erzählperspektive
- ✓ Darbietungsformen des Erzählens

Eine Kurzgeschichte interpretieren

Oft sind Motive der Schlüssel zur Interpretation. Motive können sich durch ein literarisches Werk ziehen, aber auch für eine Textsorte oder eine Epoche bestimmend sein.

Peter Stamm: Die ganze Nacht (1999)

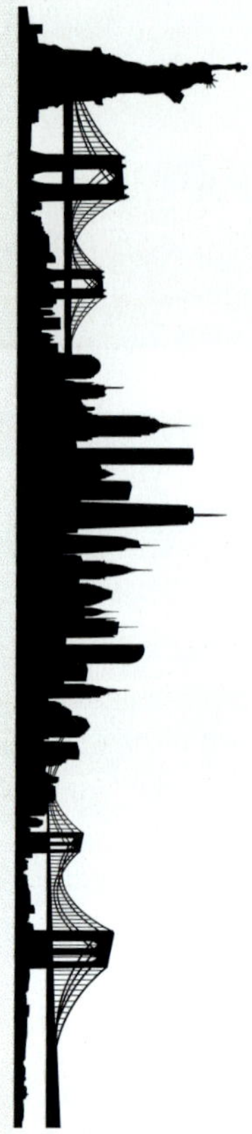

Am späten Nachmittag hatte es angefangen zu schneien. Er war froh, dass er sich den Tag freigenommen hatte, denn der Schnee fiel sofort so dicht, dass er nach einer halben Stunde schon die Straßen bedeckte. Vor dem Haus sah er den Hausmeister den Gehweg kehren. Er trug eine Kapuze und führte auf einer kleinen dunklen Insel einen vergeblichen Kampf gegen den stetig fallenden Schnee. Es war gut, dass er diesmal nicht zum Flughafen gefahren war, um sie abzuholen. Das letzte Mal hatte er ihr Blumen aus dem Automaten gekauft und sie dazu überredet, die lange Fahrt nach Manhattan mit der U-Bahn zu machen. Als sie dann vor einigen Tagen telefoniert hatten, meinte sie, es sei nicht nötig, dass er sie abhole, sie werde ein Taxi nehmen.

Er stand am Fenster und schaute hinaus. Selbst wenn der Flug pünktlich war, würde sie frühestens in einer halben Stunde hier sein. Aber er war jetzt schon unruhig. Er verwarf Sätze, die er sich in den vergangenen Wochen zurechtgelegt und sich immer wieder vorgesagt hatte. Er wusste, dass sie eine Erklärung verlangen würde, und wusste, dass er keine hatte. Er hatte nie Erklärungen gehabt, aber er war sich immer sicher gewesen.

Eine Stunde später stand er wieder am Fenster. Es schneite noch immer, heftiger als zuvor, es war ein richtiger Schneesturm. Der Hausmeister hatte seinen Kampf aufgegeben. Alles war jetzt weiß, selbst die Luft schien weiß zu sein oder vom hellen Grau der einsetzenden Dämmerung, das kaum zu unterscheiden war vom Weiß des fallenden Schnees. Die Autos fuhren langsam und mit großer Behutsamkeit. Die wenigen Fußgänger, die noch draußen waren, stemmten sich gegen den Wind. Er schaltete den Fernseher ein. Auf allen lokalen Kanälen war vom Sturm die Rede, und es war seltsam, dass man ihm schon einen Namen gegeben hatte, den alle kannten. In den Außenbezirken, hieß es, sei das Chaos noch größer als in der Innenstadt, von der Küste kamen Meldungen über Hochwasser. Aber die Moderatoren, die man hinausgeschickt hatte und die, dick angezogen, in Mikrofone mit groteskem Windschutz sprachen, waren guter Laune und warfen Schneebälle in die Luft und wurden nur ernst, wenn sie von Sach- oder Personenschäden zu berichten hatten.

Er rief die Fluggesellschaft an. Der Flug, sagte man ihm, sei wegen des Schneesturms nach Boston umgeleitet worden. Kaum hatte er aufgelegt, klingelte das Telefon. Sie rief aus Boston an, sagte, sie müsse gleich weiter. Es gebe Gerüchte, dass der Kennedy Airport wieder offen sei. Vielleicht müssten sie aber auch in Boston übernachten. Sie sagte, sie freue sich auf ihn, und er sagte, sie solle auf sich aufpassen. Sie sagte, bis später, und legte sofort auf.

Draußen war es dunkel geworden. Der Schnee fiel unaufhörlich, er fiel und fiel, und außer einigen Taxis, die im Schritttempo fuhren, waren keine Autos mehr zu sehen.

Er hatte mir ihr essen gehen wollen, jetzt hatte er Hunger. Und es würde noch Stunden dauern, bis sie hier war. Im Kühlschrank gab es nur ein paar Dosen Bier, im Gefrierfach eine Flasche Wodka und Eiswürfel. Er dachte, dass er etwas einkaufen sollte. Sie würde bestimmt hungrig sein nach der langen Reise. Er zog seinen warmen Mantel an und Gummistiefel. Er hatte keine anderen hohen Schuhe, die Stiefel hatte er kaum je getragen. Er nahm einen Schirm und ging nach draußen. Der Schnee lag hoch, aber er war nicht schwer und ließ sich mit den Beinen leicht beiseitepflügen. Alle Geschäfte waren geschlossen, nur in wenigen hatte sich das Personal die Mühe gemacht, auf einem improvisierten Schild den Grund für den frühen Ladenschluss zu nennen.

Eine Kurzgeschichte interpretieren

Er ging quer durch die Stadt. Die Lexington Avenue war schneebedeckt, auf der Park Avenue sah er in einiger Entfernung die orangefarbenen Blinklichter der Schneepflüge, die in einem Konvoi die Straße heraufkamen. Die Madison und die Fifth Avenue waren irgendwann geräumt worden, aber sie waren schon wieder weiß. Hier musste er über hohe Schneewälle steigen. Er sank ein, und Schnee drang in seine Stiefel.

Über den Times Square lief ein Langläufer. Die Leuchtreklamen blinkten, als sei nichts geschehen. Die farbigen Bewegungen hatten etwas Gespenstisches in der großen Stille. Er ging weiter, den Broadway hinauf. Kurz vor dem Columbus Circle sah er die erleuchteten Fenster eines Coffee Shops. Er war schon früher dort eingekehrt, der Geschäftsführer und die Kellner waren Griechen, und das Essen war gut.

Im Lokal waren nur wenige Gäste. Die meisten saßen allein an einem Tisch an der Glasfront, die bis zum Boden reichte, tranken Kaffee oder Bier und schauten hinaus. Die Stimmung war festlich, niemand sprach, es war, als seien sie alle Zeugen eines Wunders.

Er setzte sich an einen Tisch und bestellte ein Bier und ein Club Sandwich. Der Schnee in seinen Stiefeln begann zu schmelzen. Als der Kellner das Bier brachte, fragte er ihn, weshalb das Lokal noch offen sei. Sie hätten nicht mit so viel Schnee gerechnet, sagte der Kellner, jetzt sei es zu spät. Die meisten von ihnen wohnten in Queens, und dort hinauszukommen sei im Moment unmöglich. Da könnten sie das Lokal ebenso gut offen lassen.

„Vielleicht die ganze Nacht", sagte der Kellner und lachte.

Der Weg zurück schien leichter zu sein, obwohl es immer noch schneite. Er hatte sich ein Sandwich für sie einpacken lassen und gemerkt, dass er nicht wusste, was sie mochte. Er hatte eins mit Schinken und Käse genommen. Keine Mayonnaise, keine Pickles, das wusste er noch.

Sie hatte ihm eine Nachricht hinterlassen, auf dem Anrufbeantworter. Einen Flug habe es nicht gegeben, jetzt sei auch Boston zu. Man bringe sie zum Bahnhof, von dort solle es einen Zug geben. Sie werde, wenn alles gut gehe, in vier Stunden in Manhattan sein. Der Anruf war vor einer Stunde gekommen.

Er schaltete wieder den Fernseher ein. Ein Mann stand vor einer Karte und erklärte, dass der Sturm entlang der Küste nach Norden ziehe, er habe inzwischen Boston erreicht. In New York sei das Schlimmste vorüber, sagte der Mann und lächelte, aber es werde wohl noch die ganze Nacht schneien.

Er schaltete den Fernseher aus und trat wieder ans Fenster. Er dachte nicht mehr an seine Sätze, schaute nur hinaus auf die Straße. Er löschte das Deckenlicht und machte die Schreibtischlampe an. Dann kochte er Tee, setzte sich aufs Sofa und las. Um Mitternacht ging er zu Bett.

Als es klingelte, war es drei Uhr. Bevor er an der Tür war, klingelte es wieder. Er drückte auf den Türöffner und wartete einen Augenblick. Dann trat er, obwohl er nur in Shorts und T-Shirt war, hinaus auf den Flur und ging zum Aufzug. Es schien eine Ewigkeit zu dauern.

Natürlich wusste er, dass sie es war, aber er war doch erstaunt, als die Tür des Aufzugs sich öffnete und er sie vor sich stehen sah. Sie stand einfach nur da, neben ihrem großen roten Koffer, und wartete. Er trat auf sie zu. Als er sie küssen wollte, umarmte sie ihn. Die Tür des Aufzugs schloss sich in seinem Rücken. Sie sagte: „Ich bin so unglaublich müde." Er drückte auf den Knopf, und die Tür öffnete sich wieder.

Sie teilten sich das Sandwich, und sie erzählte, wie der Zug auf halber Strecke im Schnee stecken geblieben sei, wie er Stunden so gestanden habe, bis endlich ein Pflug das Gleis freiräumte.

Eine Kurzgeschichte interpretieren

„Natürlich hat niemand etwas gewusst“, sagte sie. „Ich hatte Angst, dass wir die ganze Nacht stehen würden. Wenigstens habe ich warme Kleider dabei.“
Er fragte, ob es immer noch schneie, schaute dann hinaus in die Nacht und sah, dass es fast aufgehört hatte.
„Das Taxi hat mich an der Lexington rausgelassen“, sagte sie. „Es konnte nicht in die Straße rein. Ich habe dem Fahrer zwanzig Dollar gegeben und gesagt, bringen Sie mich hin, egal wie. Er hat den Koffer zu Fuß hierhergeschleppt. Ein kleiner Pakistani. Ein netter Mann.“
Sie lachte. Sie hatten Wodka getrunken, und er schenkte noch einmal ein.
„Und?“, sagte sie. „Was ist es denn so Dringendes, worüber du mit mir sprechen willst?“
„Ich liebe den Schnee“, sagte er.
Er stand auf und trat ans Fenster. Der Schnee fiel nur noch in kleinen Flocken, die vom Himmel schwebten, manchmal aufstiegen, als seien sie leichter als Luft, und wieder sanken und im Weiß der Straße untergingen. „Ist es nicht wunderschön?“
Er drehte sich um und schaute sie lange an, wie sie dasaß und an ihrem Wodka nippte. Er sagte: „Ich bin froh, dass du da bist.“

1 Tragen Sie in Partnerarbeit mündlich zusammen, welche Merkmale der Textsorte Kurzgeschichte Sie in „Die ganze Nacht“ finden können.

2 Befragen Sie den männlichen Protagonisten auf dem „Heißen Stuhl“ (↗ Kapitel 11.1, S. 199) zu seinem Verhalten während des Wartens sowie nach Ankunft der Frau. Überprüfen Sie, ob Sie seine Antworten am Text belegen können.

3 Arbeiten Sie die zentralen Motive der Kurzgeschichte heraus (↗ GZW „Motive in der Literatur“). Orientieren Sie sich dabei an Sprache und Stil.

GUT ZU WISSEN – Motive in der Literatur

Ein wichtiger Aspekt bei der Interpretation eines Textes können die Motive sein, die verwendet werden. Es gibt Motive inhaltlicher Art, wie **Situationsmotive** (z. B. ein Dreiecksverhältnis) oder **Typusmotive** (z. B. Einzelgänger, Intrigant), **Raummotive** (z. B. Großstadt, Wald) und **Zeitmotive** (z. B. Mitternacht, Frühling). Gemäß der Gattungstheorie hat jede Gattung ihre eigenen Motive, wie **Märchenmotive** (z. B. Ring, Verwandlung) oder **lyrische Motive** (z. B. Abschied, Einsamkeit). Ein **Leitmotiv** ist ein häufig wiederkehrendes Motiv, das einer Person, einer Situation oder einer Stimmung zugeordnet wird. Die Motivgeschichte untersucht den Wandel von Motiven und deren Bedeutung im Verlauf der literaturgeschichtlichen Epochen.

SPRACHE UND STIL – Motive in literarischen Texten definieren

Als wiederkehrendes Motiv finden die Leser/-innen ...
Typisch für ... ist das Motiv des ...
Besonders fällt ... auf, was sich auch im Motiv ... widerspiegelt.

Eine bildhafte Erzählung (Parabel) interpretieren

Eine bildhafte Erzählung zeichnet sich durch die rätselhafte Verschlüsselung der Wirklichkeit aus.

Judith Hermann: Kohlen (2016)

Am Morgen waren die Kohlen gekommen. Wir waren früh aufgestanden und hatten das letzte Holz in den Ofen gelegt, wir hatten mit den Händen in den Jackentaschen frierend vorm Haus auf der Straße im Morgennebel gestanden und unseren weißen Atemwolken zugesehen. Die Kohlen kamen pünktlich, wir hatten den Kipper durch die schmale Gasse zwischen der Scheune und dem Traktorschuppen gewinkt, so weit wie möglich ran an den Stall, in dem schon seit Jahren kein Tier mehr gewesen ist. Die Briketts waren aufs Wintergras geprasselt, ein großer Haufen, gute Kohlen, kaum Bruch dabei, und der silbrige Kohlenstaub war in die Luft gestiegen.

Wir hatten den Vormittag damit verbracht, die Kohlen von der Wiese in den Stall zu schippen. Sieben Tonnen Kohle, wir hatten Schaufeln und Forken[1], und wir bildeten anfangs eine Kette, aber dann schien das sinnlos zu sein, und jeder arbeitete für sich alleine weiter. Der Nebel löste sich auf, und die Sonne kam raus, in den kahlen Ästen der Sträucher ließen sich vorsichtige Vögel sehen. Gegen Mittag machten wir eine Pause. Wir kochten Kaffee und setzten uns auf die Schwelle der Stalltür, die von den Schritten der Leute, die vor Jahrzehnten nach ihren Tieren gesehen hatten, ganz abgetreten war. Wir tranken den Kaffee und sprachen darüber, wie lange dieser Vorrat an Kohlen reichen würde. Sieben Tonnen – sieben Winter? Wir sagten, kommt auf den Winter an, und wir erinnerten uns an den letzten, der unwirklich kalt und lange gewesen war, ein Eiswinter mit Schnee bis in den Mai hinein. Wir verglichen den jetzigen mit den vergangenen Wintern, und wir sprachen über mögliche Anzeichen, die Borke der Bäume war in diesem Jahr besonders dick, und es hatte mehr Nüsse gegeben als in den Jahren zuvor, wir sagten, vielleicht würde dieser Winter noch kälter werden als der letzte. Aber mit diesem Vorrat an Kohlen konnte uns nichts passieren. Mit sieben Tonnen Kohlen im Stall waren wir in Sicherheit.

Wir hatten den Kaffee ausgetrunken und den Kaffeesatz ins Gras geschüttet. Wir saßen noch einen Moment auf der Schwelle, die Arbeit war fast getan, es lagen nicht mehr viele Kohlen draußen, nur noch ein Halbkreis, wie ein Wall um uns herum. Durch das Tor zur Straße, das wir hinter dem Kipper noch nicht geschlossen hatten, kam Vincent mit dem Rad auf den Hof gefahren. Vincent war vier Jahre alt, soweit wir wussten, wurde er bald fünf. Er kam mit Schwung um die Ecke, und er sah uns sofort, und er rollte mit dem Rad durch die Gasse zwischen der Scheune und dem Traktorschuppen auf uns zu und stoppte vor dem Wall aus Kohlen. Er hatte eine grüne Jacke an und einen ordentlich geknoteten Schal, er trug eine Mütze, und er hatte keine Rotznase. Er blieb auf dem Rad sitzen und stützte sich mit verschränkten Armen auf den Lenker, als wäre er nicht vier, sondern fünfzehn Jahre alt.

Er sah uns an und sagte, was macht ihr. Selbstverständlich. Er sagte das sehr selbstverständlich, und wir sagten, wir warten schon auf dich, wir schippen Kohlen, du kannst uns helfen.

Im letzten Winter war Vincents Mutter gestorben. Vincents Vater hatte sich von ihr getrennt, und sie hatte darüber zuerst die Nerven verloren, dann war sie krank geworden. Oder es war umgekehrt, sie war zuerst krank geworden und hatte dann die Nerven verloren, das war aber einerlei, weil es durch ihren Tod auf dasselbe hinausgelaufen war. Sie hatte eine Grippe verschleppt, und dann war ihr Herz angegriffen gewesen, und sie hatte davon einen Schlaganfall bekommen, dann noch einen und einen dritten, und schließlich hatten sie aufgehört, ihre Schlaganfälle zu zählen. Sie hatte drei Monate im Krankenhaus gelegen, am Ende war sie blind, konnte nicht mehr

Eine bildhafte Erzählung (Parabel) interpretieren

sprechen und nur noch den linken Fuß bewegen; die Ärzte hatten ihre Gehirnströme gemessen und waren der Meinung gewesen, sie wäre auf eine geheimnisvolle Weise immer noch da, und sie nannten diesen Zustand das Insichselbereingeschlossensein. Vincents Mutter hatte sich in sich selber eingeschlossen, als Vincent vier Jahre alt gewesen war.

Wir saßen in der winterlichen Mittagssonne mit den leeren Kaffeetassen vor dem Wall aus Kohlen. Uns war warm von der Arbeit, wir waren wach. Wir redeten mit Vincent, wir fragten ihn, ob ihn auf dem Weg zu uns nicht der Biber aufgehalten hätte, der Biber würde jedes Kind, das zu schnell auf dem Rad unterwegs sei, anhalten und dazu auffordern, langsamer zu fahren. Aber Vincent ließ sich nichts weismachen. Er sagte, ihr redet Quatsch, und er wurde so ärgerlich, dass wir aufhörten, auf diese Weise mit ihm zu sprechen. Wir sahen ihn an, wie er so auf seinem Rad saß und ein bisschen vor und zurück rollte und uns vorschlug, seine kleine Schubkarre zu holen und dabei zu helfen, die letzten Kohlen in den Stall zu schaffen, er sah aus wie einer, dem eine unsichtbare Hälfte fehlte, er sah aber auch aus wie einer, der eine halbe Glorie um sich herum hatte.

Wir dachten an seine Mutter, die eine anziehende Frau gewesen war, groß und zerbrechlich, mit einer unnachahmlichen Weise, beim Gehen die langen Beine zu setzen, ungelenk, wie ein Fohlen. Sie hatte immer einen wehmütigen Eindruck gemacht, aber wir hatten sie auch toben gehört, und da war sie alles andere als hilflos gewesen. In den ersten Wochen ihrer Erkrankung hatten wir sie auf der Station, auf der sie lag, besucht, da war sie schon blind gewesen und hatte immer wieder gesagt, es ist so schade, dass ich eure schönen Gesichter nicht sehen kann.

Es ist so schade, dass ich eure schönen Gesichter nicht sehen kann.

Wir hatten nicht gewusst, dass unsere Gesichter für Vincents Mutter schön gewesen waren, und wir waren mit dem Eindruck nach Hause gegangen, dass man manche Dinge erst sagen kann, wenn sie unwiderruflich vorbei sind.

Vincent stieg von seinem Rad und ließ es los. Er nahm ein Stück Kohle in die Hand, drehte es prüfend hin und her, kam über den Wall geklettert, stieg zwischen uns hindurch und ließ es auf den Haufen in der Stallecke fallen. Er kam zurück und stützte sich beiläufig an uns ab. Als seine Mutter gestorben war, hatte er seinen Vater gefragt, wie lange der Tod dauern würde, sein Vater hatte uns das erzählt. Vincent sagte, ich glaub, ich lass das mit der Schubkarre. Ich kann euch auch ohne meine Schubkarre helfen.

Und also standen wir von der Schwelle auf und vertraten uns die Beine, wir hielten uns das Kreuz und streckten uns in der Wintersonne, und dann machten wir weiter. Wir schafften den Rest der Kohlen in den Stall, wir bildeten doch wieder eine Kette, und Vincent half uns. Seine Mutter hatte uns gezeigt, dass man an der Liebe sterben kann. Sie war der lebendige Beweis dafür gewesen, dass man an einem gebrochenen Herzen sterben kann, sie hatte sich aus Liebe in sich selber eingeschlossen. Es war eigenartig zu denken, dass das Vincents ganzes Leben bestimmen würde, und wir nahmen die Kohlen aus seinen kleinen schmutzigen Händen entgegen wie Hostien.

1 die Forke: eine Heu- oder Mistgabel

1 Fassen Sie den Inhalt der bildhaften Erzählung zusammen.

2 Charakterisieren Sie Vincent und die Interaktion der anderen Figuren, indem Sie Standbilder bauen (↗ Kapitel 11.1, S. 209).

3 Arbeiten Sie heraus, wofür Vincent im übertragenen Sinne steht. Leiten Sie eine Deutungshypothese ab (↗ GZW „Bildhaftes Erzählen / Parabel“, S. 17).

Eine bildhafte Erzählung (Parabel) interpretieren

GUT ZU WISSEN Bildhaftes Erzählen / Parabel

Die Abgrenzung von bildhaften Erzählungen / Parabeln zu Kurzgeschichten ist nicht ganz einfach. Beiden gemeinsam ist ihre **relative Kürze**. Ein großer Unterschied zwischen den beiden epischen Kleinformen liegt jedoch darin, dass die Kurzgeschichte direkt aus der Wirklichkeit und Erfahrungswelt der Leser/-innen kommt, eine Übertragung auf einen anderen Bereich daher nicht notwendig ist. Eine bildhafte Erzählung / Parabel spricht hingegen in Bildern, die übertragen werden müssen. Sie enthält meist eine allgemeine Erkenntnis oder eine Lebensweisheit. Dabei müssen die Leser/-innen durch den Denk- und Übertragungsvorgang der **Analogiebildung** (Finden von Ähnlichkeiten) den dargestellten **Bildteil** (metaphorischer Bereich) mit einem **Sachteil** (thematischer Bereich, Deutungsebene) verknüpfen.

Häufig gibt es auch Mischformen und in Erzählungen finden sich Elemente einer Parabel. In der Bibel werden bildhafte Erzählungen Gleichnisse genannt. Sie werden dazu genutzt, den Gläubigen religiös-sittliche Wahrheiten mittels eines Bildes zu erläutern. Im 20. Jahrhundert schrieben vor allem Franz Kafka (1883–1924) und Bertolt Brecht (1898–1956) bedeutende Parabeln.

Bildteil **wortwörtliche Bedeutung** (Erzähltes/Thema)	Rezipient erfasst: Inhalt Figuren Handlung

➡

Sachteil **übertragene Bedeutung** (Gemeintes/Thema)	Rezipient erfasst: verallgemeinerte Aussage über den Menschen und sein Leben an sich

4 **Begründen Sie, warum es sich bei dem Text von Judith Hermann um eine bildhafte Erzählung handelt.**

5 **Wie sind der Raum und die Atmosphäre in „Kohlen“ gestaltet (↗ GZW „Ort und Atmosphäre“)? Wählen Sie eine Farbe aus, die nach Ihrer Vorstellung zu der bildhaften Erzählung passt. Erläutern Sie Ihrer Lerngruppe Ihre Wahl. Beziehen Sie sich konkret auf Stellen aus dem Text.**

GUT ZU WISSEN Ort und Atmosphäre

Der **Ort** bzw. der Schauplatz des Geschehens gehört z. B. zu einer bestimmten Landschaft oder zu einem bestimmten Lebensraum und wird von seiner je eigenen **Atmosphäre** geprägt. Immer erweckt er bestimmte **Vorstellungen** und **Assoziationen** beim Leser / bei der Leserin und trägt daher zum Textverständnis wesentlich bei. Es kann sich um einen **realen Ort** handeln, der die erzählte Geschichte in der Wirklichkeit verankert und ihr ein bestimmtes Lokalkolorit gibt, oder um einen **Fantasieort**, der sich auf keiner Landkarte findet. Der Ort kann der **Hauptgegenstand** des Erzählens sein, wie z. B. im Genre des Großstadtromans. Es gibt bestimmte Orte in der Literatur, die in ihrer idealtypischen Gestaltung mehr oder minder feste Traditionen herausgebildet haben, z. B. die ländlich-dörfliche Idylle. Häufig erhält der Ort über seine reine Gegenständlichkeit hinaus Bedeutung, indem seine Atmosphäre mit dem Gang der Handlung und/oder **mit den Gefühlslagen und Stimmungen** der Figuren **korrespondiert** und diese verdeutlicht. Im Extremfall kann die Darstellung des Ortes reine Projektion der Stimmung oder des Lebensgefühls einer Figur sein, sodass man von einer **„Seelenlandschaft“** spricht. Der Ort mit seiner Atmosphäre kann aber auch **im Gegensatz** zur Befindlichkeit einer Figur stehen und diese damit ironisch brechen.

Eine bildhafte Erzählung (Parabel) interpretieren

6 **Untersuchen Sie die Erzählhaltung in „Kohlen“ beziehungsweise die Art, wie der Erzähler („wir“) zum Geschehen Stellung nimmt (↗ GZW „Sichtweise und Haltung des Erzählers“, S. 25). Belegen Sie Ihre Ergebnisse durch Textzitate.**

GUT ZU WISSEN Zeitgestaltung

Der Erzähler oder die Erzählerin kann der **Chronologie** des Geschehens folgen, kann aber auch **Vorausdeutungen** und **Rückblenden** einsetzen und so Vergangenes und Zukünftiges verknüpfen. Am Anfang eines literarischen Textes dienen Abweichungen von der Chronologie häufig dazu, Spannung zu erzeugen. Darüber hinaus können **Einschübe in den linearen Verlauf** der Handlung zeigen, wie geschilderte Zustände und Erfahrungen entstanden sind, und so Hintergründe verstehbar machen.

Gestaltet werden kann auch das Verhältnis von **Erzählzeit** (Dauer, in der die Geschichte erzählt bzw. gelesen wird) und **erzählter Zeit** (Zeitraum zwischen Anfang und Ende des Erzählgeschehens). Ist die erzählte Zeit deutlich länger als die Erzählzeit (z. B. bei zusammenfassender Schilderung oder Zeitsprüngen), spricht man von **zeitraffendem** Erzählen. Bei ausführlichen Dialogen handelt es sich eher um **zeitdeckendes** Erzählen. Wirkt die Erzählzeit länger als die erzählte Zeit, spricht man von **zeitdehnendem** Erzählen (z. B. bei Wiedergabe von Gedanken).

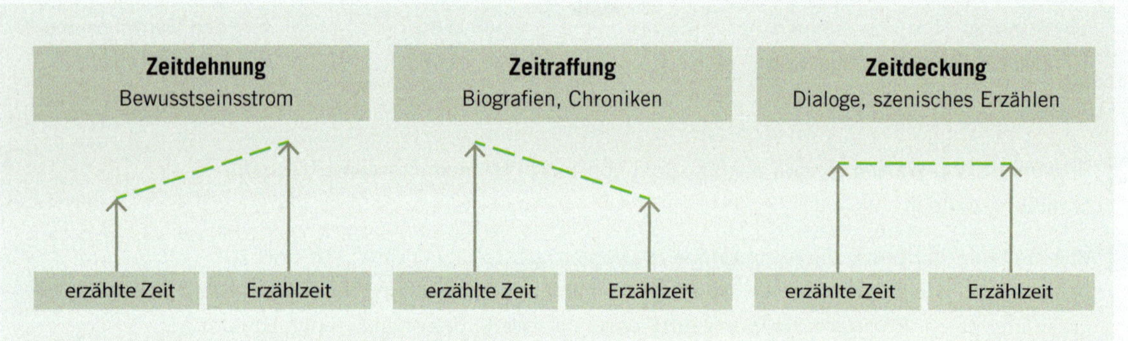

7 **Eine Schülerin hat im Rahmen ihres Interpretationsaufsatzes zu „Kohlen“ eine Textpassage zur Zeitgestaltung verfasst. Überprüfen Sie, ob die im Muster gemachten Aussagen am Text belegbar sind, und vervollständigen Sie das Muster. Nutzen Sie GUT ZU WISSEN „Zeitgestaltung“.**

MUSTER Zeitgestaltung

Auffällig an der Zeitgestaltung sind die Rückblenden, und zwar in zweierlei Hinsicht: Die Geschichte beginnt mit der Darstellung dessen, was die Protagonisten bereits den ganzen Tag gemacht haben. Man erkennt die Rückblende an der Verwendung des Plusquamperfekts. Sobald der kleine Junge mit dem Fahrrad um die Ecke biegt, wechselt das Tempus ins Präteritum. Im Laufe des Textes gibt es jedoch weitere Rückblenden, die von Geschehnissen erzählen, welche sogar noch weiter zurückliegen. Es handelt sich um die Schilderung der …

Satire, Parodie und Groteske untersuchen

Nicht immer ist das Gesagte mit dem Gemeinten gleichzusetzen und umgekehrt.

Über die Ironie

von Joachim Zelter

Dem platonischen Ursinn nach bedeutet Ironie so viel wie Verstellung. In Platons Dialogen nimmt Sokrates oftmals die Rolle des vorgeblich Ahnungslosen an, der arglos naive Fragen stellt und damit sein Gegenüber in Bedrängnis bringt – und auf diesem Wege auch scheinbar etablierte Wahrheiten.

Ironie ist also eine Form von uneigentlichem Sprechen. Etwa derart, dass Bedeutungen nicht unmittelbar aus dem Gesagten hervorgehen, sondern dem vielmehr entgegenstehen. Sprache und Wirklichkeit, Sein und Schein fallen in der uneigentlichen ironischen Sprechweise auseinander. Ich sage nicht, was ich meine, und ich meine nicht, was ich sage. Nach Kierkegaard, der über den *Begriff der Ironie mit ständiger Rücksicht auf Sokrates* promoviert hat, ist ein wesentliches Kennzeichen der Ironie, „dass man das Gegenteil dessen sagt, was man meint, dass die Erscheinung nicht das Wesen, sondern das Gegenteil des Wesens ist".

Um das an einem Beispiel zu verdeutlichen: In Oscar Wildes Komödie *The Importance of Being Earnest* (1895) spielt der Aristokrat Algernon Moncrieff schauderhaft schlecht Klavier. Sein Diener Lane muss sich das Gespiele unter unendlichen Qualen anhören, bis sein Herr ihn fragt: *Haben Sie gehört, was ich gespielt habe?* Die Antwort des Dieners: *Ich fand es nicht höflich zuzuhören.* Auf der Ebene der rhetorischen Oberflächenstruktur hält sich der Diener peinlichst genau an die Etikette der englischen Oberschicht: die Privatsphäre des Herrn zu achten. Doch ist diese Sprachform zugleich eine Form uneigentlichen Sprechens. Es wird – in vollendeter Höflichkeit – etwas Regelkonformes, geradezu Ehrerbietendes gesagt und zugleich etwas ganz anderes bedeutet: wie unerträglich das Klavierspiel in Wahrheit ist. […]

Das Ironische bezieht sich also nicht nur auf einzelne rhetorische Gesten, sondern auf die Wahrnehmung der Welt überhaupt. Sie ist für den Ironiker alles andere als stimmig. In Hamlets Worten (ebenfalls ein großer Ironiker) ist die Welt aus den Fugen geraten. Ihre Absurdität ist für den Ironiker qua eindimensionaler Sprache auch nicht mehr darstellbar. Das Absurde bedarf seinem Wesen nach vielmehr des uneigentlichen Sprechens: der Übertreibung, der Untertreibung, der Travestie[1], Parodie, Burleske[2], Inversion, Perversion und des Paradoxons[3]. […]

Das Ironische ist also nicht nur eine bestimmte rhetorische, literarische Technik, sondern vielmehr Ausdruck einer Weltanschauung bzw. einer unausweichlichen Art, die Welt zu erleben. Das Ironische entfaltet sich in der Regel an folgender Frage: Ob man die Welt als sinnhaft oder sinnlos, als tragfähig oder unerträglich, als beherrschbar oder unbegreiflich erlebt. Nicht ohne Grund hat Kierkegaard der Ironie das „hochtönerne Pathos" gegenübergestellt, also eine Weltschau, die sich über dezidierte Wahrheiten und hochtrabende Gewissheiten definiert, und es war Camus, der das Brüchigwerden, das Auseinanderfallen derartiger Gewissheiten zum Bewegungsprinzip der Kunst erhob: „Wenn die Welt klar wäre, gäbe es keine Kunst." […]

(aus: KUNSTUNDKULTUR, Nr. 2, 2010)

1 die Travestie: literarische Gattung, bekannte Stoffe werden ins Lächerliche gezogen durch die Überführung in eine andere, nicht angemessene Form
2 die Burleske: derb-komisches Improvisationsstück
3 das Paradoxon: die überspitzte und scheinbar widersinnige Formulierung eines Gedankens

1 **Übertragen Sie Zelters Text in einen Konspekt (↗ Kapitel 11.1, S. 200), der zusammenfasst, was der Autor unter Ironie versteht.**

Satire, Parodie und Groteske untersuchen

2 Schlagen Sie den Begriff „Ironie“ in einschlägigen Nachschlagewerken nach, z. B. einem Wörterbuch (↗ Kapitel 11.1, S. 195). Notieren Sie die Schlüsselbegriffe der dort angebotenen Definitionen.

3 Formulieren Sie mit Ihren eigenen Worten eine Definition des Begriffs „Ironie“. Orientieren Sie sich an den Ausführungen von Zelter und den Ergebnissen Ihrer Recherche in den Nachschlagewerken.

Kaspar Hauser (alias Kurt Tucholsky): Der Mensch (1931, Auszug)

Der Mensch hat zwei Beine und zwei Überzeugungen: eine, wenns ihm gut geht, und eine, wenns ihm schlecht geht. Die letztere heißt Religion.
Der Mensch ist ein Wirbeltier und hat eine unsterbliche Seele, sowie auch ein Vaterland, damit er nicht zu übermütig wird.
Der Mensch wird auf natürlichem Wege hergestellt, doch empfindet er dies als unnatürlich und spricht nicht gern davon. Er wird gemacht, hingegen nicht gefragt, ob er auch gemacht werden wolle. […]
Der Mensch zerfällt in zwei Teile: in einen männlichen, der nicht denken will, und in einen weiblichen, der nicht denken kann. […]
Der Mensch ist ein politisches Geschöpf, das am liebsten zu Klumpen geballt sein Leben verbringt. Jeder Klumpen hasst die andern Klumpen, weil sie die andern sind, und hasst die eignen, weil sie die eignen sind. […]
Neben den Menschen gibt es noch Sachsen und Amerikaner, aber die haben wir noch nicht gehabt und bekommen Zoologie erst in der nächsten Klasse.

Eugen Egner: Das Erlebnis (1992, Auszug)

[…] Die Karte hilft uns wenig – irgendwer muss die Häuser umgestellt haben. Sofort verlieren wir einander aus den Augen und stecken alles Geld, das wir besitzen, in Automaten oder unsinnige Anschaffungen. Und zu Hause gibt es gerade Tee und Kuchen … Die fremde Stadt ist nichts für uns. Zweien der Unsrigen wird der Aufenthalt in einer Musikalienhandlung zum Verhängnis. Beim Inhaber bereits in Ungnade gefallen, weil sie sich geweigert haben, einen völlig ungenießbaren Schokoriegel von ihm anzunehmen, ziehen sie sich seinen Zorn vollends zu, als sie auf der Flucht vor ihm versehentlich einige Gamben[1], Theorben[2] und Orgelpositive[3] zertrampeln. Nur durch Suizid entgehen sie lebenslänglicher Festungshaft. Ein anderes Mitglied unserer Gruppe verliert in einem Kaufhaus die Beherrschung und stiehlt einen leopardenfellbezogenen Kugelschreiber. Vor den Augen der Kundschaft wird der Ladendieb vom hauseigenen Detektiv hingerichtet. […]

1 die Gambe: ein historisches Streichinstrument
2 die Theorbe: ein Lauteninstrument
3 das Orgelpositiv: eine kleine, transportable Orgel

Satire, Parodie und Groteske untersuchen

Michael Ende: Ein sehr kurzes Märchen (1982)

Hänsel und Knödel,
die gingen in den Wald.
Nach längerem Getrödel
rief Hänsel plötzlich: „Halt!“

Ihr alle kennt die Fabel,
des Schicksals dunklen Lauf:
Der Hänsel nahm die Gabel
und aß den Knödel auf.

GUT ZU WISSEN – Uneigentliches Sprechen: Satire, Groteske, Ironie

Beim uneigentlichen Sprechen tritt ein übertragener Ausdruck an die Stelle des „eigentlichen“ Wortes. Beispiele für beim uneigentlichen Sprechen genutzte **rhetorische Stilmittel** sind die **Ironie** oder die **Metapher**. Auch ein vollständiger Text, z. B. eine Parodie, eine Satire oder eine Groteske, kann dem uneigentlichen Sprechen zugerechnet werden.

In einer **Satire** werden Personen, Ereignisse oder Zustände **kritisiert** oder **verspottet**. Die Satire rechnet nicht mit einer Verhaltens- oder Gesinnungsänderung derer, die sie kritisiert. Der Satiriker wählt den Weg, das Kritisierte **ins Lächerliche** zu **ziehen**, es **übertreibend** zu **karikieren**, um den Leser im schlechtesten Fall zu amüsieren, im besten Fall zum Schulterschluss mit dem Autor zu bringen. Dennoch haben viele Satiren einen **pessimistischen Grundton**, weil sie nicht wirklich daran glauben, die Welt verbessern zu können.

Die **Groteske** stellt die Wirklichkeit **verzerrt** dar. Sie **verstößt** bewusst **gegen künstlerische Normen**. Oft wird das **Grauenvolle** mit dem **Komischen** verbunden.

Eine **Parodie** ahmt bekannte Werke auf **verspottende** oder **verzerrende Art und Weise** nach.

1 Bestimmen Sie in den drei Texten von Tucholsky, Egner und Ende die Formen uneigentlichen Sprechens und die jeweilige Textsorte (↗ GZW „Uneigentliches Sprechen“).

2 Diskutieren Sie, wie Form und Inhalt einander bedingen.

3 Recherchieren Sie in Kleingruppen weitere Beispiele für eine Satire, eine Groteske oder eine Parodie – aus der Literatur oder aus Film/Fernsehen. Stellen Sie Ihr Beispiel vor und lassen Sie Ihre Mitschüler/-innen klären, um welche Form es sich handelt.

4 Grenzen Sie die Ironie von den Begriffen „Sarkasmus“ und „Zynismus“ ab. Diskutieren Sie die Begriffe zunächst in Partnerarbeit und notieren Sie Ihre Hypothesen. Überprüfen Sie diese anschließend mithilfe von Nachschlagewerken.

5 Diskutieren Sie, ob Formen uneigentlichen Sprechens in der gesprochenen wie auch der geschriebenen Sprache leicht erkennbar sind.

★ **6** Diskutieren Sie in der Gruppe das Thema Kunstfreiheit und ihre Grenzen an aktuellen Beispielen.

1.4

Verschiedene Interpretationsverfahren nutzen

Bei der Interpretation eines Textes können unterschiedliche Methoden zur Anwendung kommen. So kann ein Text beispielsweise vor dem Hintergrund seiner Entstehungszeit betrachtet werden. Auch die Biografie eines Autors oder einer Autorin kann bei der Deutung eine Rolle spielen. Daneben gibt es Methoden, die das Verhältnis zwischen Leser/-in und Text untersuchen. Und natürlich kann ein Text auch aus sich selbst heraus verstanden werden und seinen Sinn bei der Betrachtung des Zusammenspiels von Inhalt, Struktur und Stil entfalten.

Franz Kafka: Entlarvung eines Bauernfängers[1] (1913)

Endlich gegen 10 Uhr abends kam ich mit einem mir von früher her nur flüchtig bekannten Mann, der sich mir diesmal unversehens wieder angeschlossen und mich zwei Stunden lang in den Gassen herumgezogen hatte, vor dem herrschaftlichen Hause an, in das ich zu einer Gesellschaft geladen war.

„So!“, sagte ich und klatschte in die Hände zum Zeichen der unbedingten Notwendigkeit des Abschieds. Weniger bestimmte Versuche hatte ich schon einige gemacht. Ich war schon ganz müde.

„Gehn Sie gleich hinauf?“, fragte er. In seinem Munde hörte ich ein Geräusch wie vom Aneinanderschlagen der Zähne.

„Ja.“

Ich war doch eingeladen, ich hatte es ihm gleich gesagt. Aber ich war eingeladen, hinaufzukommen, wo ich schon so gerne gewesen wäre, und nicht hier unten vor dem Tor zu stehn und an den Ohren meines Gegenübers vorüberzuschauen. Und jetzt noch mit ihm stumm zu werden, als seien wir zu einem langen Aufenthalt auf diesem Fleck entschlossen. Dabei nahmen an diesem Schweigen gleich die Häuser rings herum ihren Anteil, und das Dunkel über ihnen bis zu den Sternen. Und die Schritte unsichtbarer Spaziergänger, deren Wege zu erraten man nicht Lust hatte, der Wind, der immer wieder an die gegenüberliegende Straßenseite sich drückte, ein Grammofon, das gegen die geschlossenen Fenster irgendeines Zimmers sang, – sie ließen aus diesem Schweigen sich hören, als sei es ihr Eigentum seit jeher und für immer.

Und mein Begleiter fügte sich in seinem und – nach einem Lächeln – auch in meinem Namen, streckte die Mauer entlang den rechten Arm aufwärts und lehnte sein Gesicht, die Augen schließend, an ihn.

Doch dieses Lächeln sah ich nicht mehr ganz zu Ende, denn Scham drehte mich plötzlich herum. Erst an diesem Lächeln also hatte ich erkannt, dass das ein Bauernfänger war, nichts weiter. Und ich war doch schon monatelang in dieser Stadt, hatte geglaubt, diese Bauernfänger durch und durch zu kennen, wie sie bei Nacht aus Seitenstraßen, die Hände vorgestreckt, wie Gastwirte uns entgegentreten, wie sie sich um die Anschlagsäule, bei der wir stehen, herumdrücken, wie zum Versteckenspielen und hinter der Säulenrundung hervor zumindest mit einem Auge spionieren, wie sie in Straßenkreuzungen, wenn wir ängstlich werden, auf einmal vor uns schweben auf der Kante unseres Trottoirs! Ich verstand sie doch so gut, sie waren ja meine ersten städtischen Bekannten in den kleinen Wirtshäusern gewesen, und ich verdankte ihnen den ersten Anblick einer Unnachgiebigkeit, die ich mir jetzt so wenig von der Erde wegdenken konnte, dass ich sie schon in mir zu fühlen begann. Wie standen sie einem noch gegenüber, selbst wenn man ihnen schon längst entlaufen war, wenn es also längst nichts mehr zu fangen gab! Wie setzten sie sich nicht, wie fielen sie nicht hin, sondern sahen einen mit Blicken an, die noch immer, wenn auch nur aus der Ferne, überzeugten! Und ihre Mittel waren stets die gleichen: Sie stellten sich vor uns

Verschiedene Interpretationsverfahren nutzen

hin, so breit sie konnten; suchten uns abzuhalten von dort, wohin wir strebten; bereiteten uns zum Ersatz eine Wohnung in ihrer eigenen Brust, und bäumte sich endlich das gesammelte Gefühl in uns auf, nahmen sie es als Umarmung, in die sie sich warfen, das Gesicht voran.

Und diese alten Späße hatte ich diesmal erst nach so langem Beisammensein erkannt. Ich zerrieb mir die Fingerspitzen aneinander, um die Schande ungeschehen zu machen.

Mein Mann aber lehnte hier noch wie früher, hielt sich noch immer für einen Bauernfänger, und die Zufriedenheit mit seinem Schicksal rötete ihm die freie Wange.

„Erkannt!", sagte ich und klopfte ihm noch leicht auf die Schulter. Dann eilte ich die Treppe hinauf und die so grundlos treuen Gesichter der Dienerschaft oben im Vorzimmer freuten mich wie eine schöne Überraschung. Ich sah sie alle der Reihe nach an, während man mir den Mantel abnahm und die Stiefel abstaubte. Aufatmend und lang gestreckt betrat ich dann den Saal.

1 der Bauernfänger: jemand, der die Vertrauensseligkeit und mangelnde Erfahrung anderer zum Betrug ausnutzt

1 **Notieren Sie, was Ihnen beim Hören der Erzählung von Franz Kafka auffällt. Wie wirkt die Erzählung auf Sie? Was lässt Sie aufhorchen? Welches Gefühl überträgt sich beim Lesen?**

2 **Finden Sie sich in Gruppen von drei bis fünf Personen zusammen und führen Sie pro Gruppe je eine der im Folgenden aufgeführten Recherchen durch.**

a) Recherchieren Sie wesentliche historische Ereignisse in Europa im Jahr 1913. Machen Sie Notizen.

1913:
- *letztes Jahr vor dem Ersten Weltkrieg*
- *bereits kriegerische Auseinandersetzungen auf dem Balkan*

...

b) Durch welche literarischen Werke und Autoren wurde das beginnende 20. Jahrhundert bestimmt? Recherchieren Sie zur literarischen Epoche.

c) Was können Sie über den Autor Franz Kafka herausfinden?

Franz Kafka:
- *lebt 1913 in Prag*
- *Angestellter der Arbeiter-Unfall-Versicherung*
- *schreibt an Felice Bauer, die er seit Kurzem kennt, nach Berlin Briefe*

...

3 **Führen Sie anschließend ein Expertenkarussell (↗ Kapitel 11.1, S. 197) durch.**

4 **Gehen Sie nun wieder in Ihre ursprünglichen Gruppen zurück. Ergänzen Sie ggf. Ihre Notizen und erstellen Sie eine strukturierte Mindmap (↗ Kapitel 11.1, S. 203) mit den gewonnenen Erkenntnissen.**

5 **Diskutieren Sie die Frage, welche der notierten Aspekte einen Einfluss auf die Entstehung der Erzählung gehabt haben und folglich für die Interpretation der Erzählung herangezogen werden können. Heben Sie diese farblich hervor.**

Verschiedene Interpretationsverfahren nutzen

GUT ZU WISSEN | **Interpretation im Gesamtkontext**

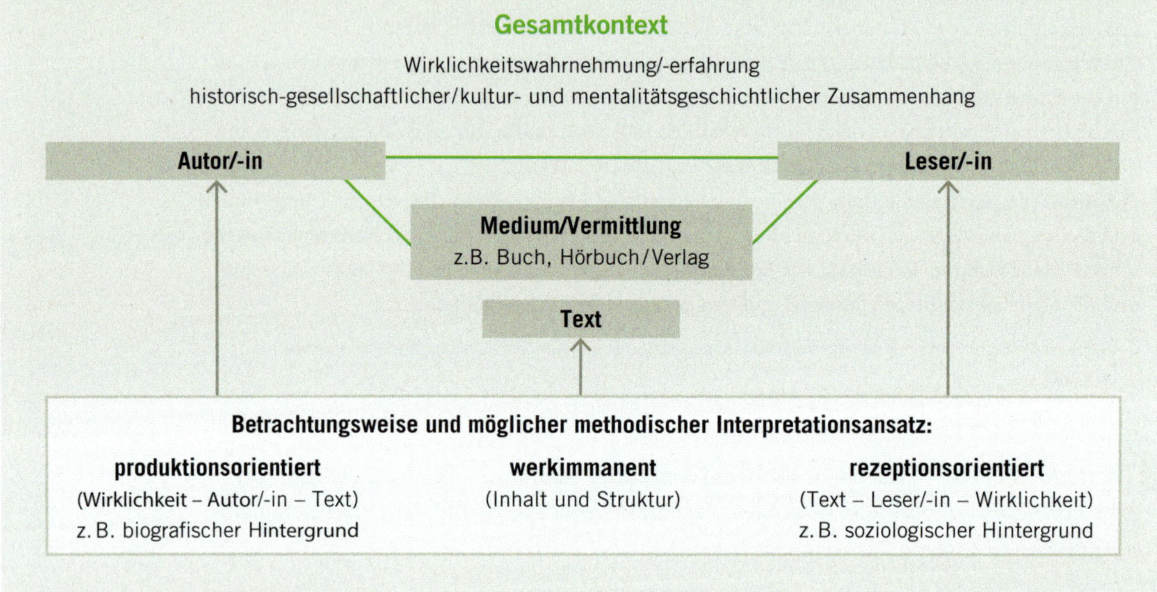

6 Versprachlichen Sie das Modell in obigem GUT ZU WISSEN.

7 Diskutieren Sie, welcher Ansatz Ihnen für die Interpretation der Erzählung von Franz Kafka am ergiebigsten erscheint. Wägen Sie ab, ob eine Kombination mehrerer Ansätze möglich ist.

8 Interpretieren Sie Kafkas Erzählung schriftlich. Gehen Sie dabei auf folgende Punkte ein und lassen Sie außerdem Ihre Erkenntnisse aus den Aufgaben 1–7 in Ihre Interpretation mit einfließen:
- Charakterisierung der Hauptfigur,
- Erzählperspektive und Darbietungsform des Erzählens,
- Gestaltung von Atmosphäre, Ort und Zeit,
- sprachliche Besonderheiten,
- das Motiv des Bauernfängers,
- biografische Hintergründe zum Autor,
- historische Hintergründe zur Entstehungszeit der Erzählung,
- literaturgeschichtliche Hintergründe.

SPRACHE UND STIL | **Interpretationsverfahren anwenden**

Berücksichtigt man die Entstehungszeit des Textes, so kommt man zu dem Schluss, dass ...
Aufgrund der Tatsache, dass der Autor ..., vermute ich, dass ...
Rein auf der Textebene zeigt sich ..., man sollte jedoch zusätzlich in Betracht ziehen, dass ...

Eine Interpretation überarbeiten

Ein wichtiger Baustein beim Verfassen einer Interpretation ist die Überarbeitung Ihres Textes. Damit ist nicht nur gemeint, dass Sie den Text auf seine Sprachrichtigkeit hin überprüfen, sondern es lohnt sich auch, inhaltlich einen zweiten Blick auf ihn zu werfen.

MUSTER Interpretation zu „Entlarvung eines Bauernfängers“

Der Ich-Erzähler kann dem Mann, der ihn „zwei Stunden lang in den Gassen herumgezogen hatte“ (Z. 2 f.), offenbar nichts entgegensetzen. Dieser ist nur ein flüchtiger Bekannter und lässt sich dennoch nicht abweisen – ganz im Gegenteil, er versucht sogar, den Erzähler zu einer privaten Gesellschaft zu begleiten. Schließlich erkennt der Erzähler, dass es sich bei seinem Begleiter um einen sogenannten Bauernfänger handelt. Kafka kannte diese „Spezies“ seit seinem Aufenthalt in Paris, das er zusammen mit seinem Freund Max Brod 1911 besucht hatte. Dort lockten solche Bauernfänger ihre Opfer in die Bordelle. Möglicherweise weist der Einsatz der Figur des Bauernfängers auch auf Kafkas Leben hin und darauf, dass er sich verfolgt fühlte …	*Biografischer Hintergrund* *Soziologischer Hintergrund*

1 Analysieren Sie das obige Muster.

2 Ergänzen Sie das Muster mit werkimmanenten Hinweisen zur Sichtweise des Erzählers und zur Erzählhaltung (↗ GZW „Sichtweise und Haltung des Erzählers“).

★ **3** Schreiben Sie einen kurzen Text im Stil der Erzählung Kafkas. Verändern Sie jedoch die Haltung des Ich-Erzählers und lassen Sie diesen eine heitere Einstellung zum erzählten Geschehen einnehmen.

GUT ZU WISSEN Sichtweise und Haltung des Erzählers

Autoren literarischer Texte setzen Erzähler ein, um zwischen den Vorgängen im Text und dem Leser / der Leserin zu vermitteln. Der Erzähler kann natürlich auch eine Erzählerin sein, manchmal flankieren sogar mehrere Erzähler einen Text.

Der Erzähler kann im Text je nach **Erzählperspektive** verschiedene **Sichtweisen** einnehmen, die **Innensicht** und die **Außensicht**. Erzählt er aus der Innensicht, ist er ins Geschehen involviert. Erzählt er jedoch aus der Außensicht, so steht er außerhalb des Geschehens.

Der Erzähler kann unterschiedliche Einstellungen zum erzählten Geschehen einnehmen. Man nennt dies die **Erzählhaltung**. Die Erzählhaltung kann z. B. neutral, kritisch, ironisch, sarkastisch, verurteilend, mitfühlend oder psychologisch-analysierend sein.

Nicht immer kann der Leser / die Leserin dem Erzähler vertrauen. Wenn der Rezipient die Aussagen des Erzählers infrage stellen muss, dann spricht man von einem **unzuverlässigen Erzähler**. Normalerweise kommt der unzuverlässige Erzähler **als Figur in der erzählten Welt** vor, er führt durch seine Erklärungen eventuell auf eine falsche Fährte oder versucht, seine Sicht auf das Geschehen zu vermitteln.

Anwenden, Vertiefen, Fazit

Produktive Zugänge zum Text: Dazwischenschreiben

Mit einem produktiven Verfahren nähern Sie sich einem Text auf eine ungewöhnliche Weise.

Felicia Zeller: Und es war Sommer (2008, Auszug)

Die Mäuse waren alle fleißig, bis auf eine. Hier kurz F. lag immer nur rum, meist auf dem Rücken in der Sonne, und bildete dabei eine große Gedankenblase. Während die anderen Mäuse Ketten bildeten und sich gegenseitig Körner zureichten, lag hier kurz F. herum und starrte in den Himmel. Die anderen Mäuse, sie schwitzten und schufteten den ganzen Sommer, und als der Sommer vorbei war, schufteten sie den ganzen Herbst lang. Pass auf, pöbelten sie die Maus F. an, die dalag unter ihrer Gedankenblase wie ein Solariumsbesucher, wenn der Winter kommt, dann siehste alt aus, ja, pass auf! Was machste dann! Doch kurz F. ließ sich nicht beirren. Wieso einen schönen Tag mit Körner-Trag-Arbeit oder Körner-im-Bau-Einlager-Arbeit entweihen. Sie blieb liegen.
Ich auch. Aber ich war allein. Und es war Winter. Und es war Berlin. Und es war dunkel. Und es war vielleicht schon elf, vielleicht auch schon zwölf, aber vielleicht auch erst sieben Uhr. […]

Ich erhob mich. Ja, genau! Was hast du gesammelt! Und ich hatte gesammelt. Jede Menge. Ja, denn ich bin ein Sammler, liebe Mäusegesichter, ich sammle. Ich sammle Worte und Sätze genau so wie Frederick, die Maus / aus / dem gleichnamigen Buch von Leo Lionni, durch dessen Lektüre ich schon als Kind zum Dichter berufen wurde. Ja, meine Vorbilder waren nicht Goethe, nicht Schiller, nicht Gertrude Stein / nein /
es war eine dicke, faule Maus, die sich auf einen Stein stellt und von dort aus predigt. […]

1 Arbeiten Sie den Inhalt und die stilistischen Besonderheiten des Textauszugs heraus. Legen Sie eine Mindmap wie unten an.

2 Schreiben Sie eine Textpassage, die sich, was Inhalt und Stil angeht, nahtlos zwischen die beiden Textabschnitte aus „Und es war Sommer" einfügen lässt.

FAZIT

1.1 Eine Kurzgeschichte interpretieren

1.2 Eine bildhafte Erzählung (Parabel) interpretieren

1.3 Satire, Parodie und Groteske untersuchen

1.4 Verschiedene Interpretationsverfahren nutzen
- Eine Interpretation überarbeiten

1.5 Anwenden, Vertiefen, Fazit
- Produktive Zugänge zum Text: Dazwischenschreiben

I Prüfungsvorbereitung

Textinterpretation

Eine Aufgabe wie die folgende könnte Ihnen in der Prüfung vorgelegt werden.

Wolfgang Borchert: Vielleicht hat sie ein rosa Hemd (1949)

Die beiden saßen auf dem Brückengeländer. Ihre Hosen waren dünn und das Brückengeländer war eisig. Aber da gewöhnte man sich dran. Auch dass es so drückte. Sie saßen da. Es regnete, es regnete nicht, es regnete. Sie saßen und hielten Parade ab. Und weil sie einen Krieg lang nur Männer gesehen hatten, sahen sie jetzt nur Mädchen.

Eine ging vorbei.

Hat einen ganz schönen Balkon. Kann man auf Kaffee trinken, sagte Timm.

Und wenn sie so lange in der Sonne rumläuft, wird die Milch sauer, grinste der andere.

Dann kam noch eine.

Steinzeit, resignierte der neben Timm.

Alles voll Spinngewebe, sagte der.

Dann kamen Männer. Die kamen ohne Kommentar davon. Schlosserlehrlinge, Büroangestellte mit weißer Haut, Volksschullehrer mit genialen Gesichtern und schäbigen Hosen, dicke Männer mit dicken Beinen. Asthmatiker und Straßenbahner mit Feldwebelschritt.

Und dann kam sie. Sie war ganz anders. Man hatte das Gefühl, sie müsse nach Pfirsich riechen. Oder nach ganz sauberer Haut. Sicher hatte sie auch einen ganz besonderen Namen: Evelyne – oder so. Dann war sie vorbei. Die beiden sahen hinterher.

Vielleicht hat sie ein rosa Hemd, meinte Timm dann.

Warum, sagte der andere.

Doch, antwortete Timm, die so sind, die haben meistens ein rosa Hemd.

Blöde, sagte der andere, sie kann ebenso gut ein blaues haben.

Kann sie eben nicht, du, kann sie eben nicht. Solche die haben rosane. Das weiß ich ganz genau, mein Lieber. Timm wurde ganz laut, als er das sagte.

Da sagte der neben ihm: Du kennst wohl eine?

Timm sagte nichts. Sie saßen da und das Brückengeländer war eisig durch die dünnen Hosen.

Da sagte Timm:

Nein, ich nicht. Aber ich kannte mal einen, der hatte eine mitn rosa Hemd. Beim Kommiss. In Russland. In seiner Brieftasche hatte er immer son Stück rosa Zeug. Aber das ließ er nie sehen. Aber einen Tag fiel es auf die Erde. Da haben es alle gesehen. Aber gesagt hat er nichts. Nur angelaufen ist er. Wie das Stück Zeug. Ganz rosa. Abends hat er mir dann erzählt, das hätte er von seiner Braut. Als Talisman, weißt du. Sie hat nämlich lauter rosa Hemden, hat er gesagt. Und davon ist es.

Timm hörte auf.

Na und?, fragte der andere.

Da sagte Timm ganz leise: Ich hab es ihm weggenommen. Und dann hab ich es hochgehalten. Und wir haben alle gelacht. Mindestens eine halbe Stunde haben wir gelacht. Und was die für Dinger gesagt haben, kannst du dir denken.

Und da?, fragte der neben Timm.

Timm sah auf seine Knie. Er hat es weggeworfen, sagte er. Und dann sah Timm den andern an: Ja, sagte er, er hat es weggeworfen, und dann hat es ihn erwischt. Am nächsten Tag hat es ihn schon erwischt.

Textinterpretation

Sie sagten beide nichts. Saßen da so und sagten nichts. Aber dann sagte der andere: Blödsinn. Und er sagte es noch einmal. Blödsinn, sagte er.
Ja, ich weiß, sagte Timm. Natürlich ist es Blödsinn. Das ist ja ganz klar. Das weiß ich auch. Und dann sagte er noch: Aber komisch ist es, weißt du, komisch ist es doch.
Und Timm lachte. Sie lachten alle beide. Und Timm machte eine Faust in der Hosentasche. Dabei zerdrückte er etwas. Ein kleines Stück rosa Stoff. Viel rosa war da nicht mehr dran, denn er hatte es schon lange in der Tasche. Aber es war noch rosa. Er hatte es aus Russland mitgebracht.

1 Interpretieren Sie die Kurzgeschichte.

CHECKLISTE – Eine Textinterpretation verfassen und überarbeiten

Vorbereitung

- ☑ Haben Sie die Aufgabenstellung genau gelesen und darauf geachtet, ob neben der Textinterpretation weitere Aspekte zu erfüllen sind?
- ☑ Haben Sie beim Lesen des Textes die zentralen Aussagen markiert und Auffälligkeiten der Sprache in Stichpunkten festgehalten?
- ☑ Haben Sie anhand Ihrer Interpretationsideen eine Gliederung erstellt?

Einleitung

- ☑ Haben Sie in den einleitenden Sätzen Verfasserin/Verfasser, Textsorte, Titel, Quelle und Thematik genannt?

Hauptteil

- ☑ Haben Sie den Text in eigenen Worten zusammengefasst (ohne Zitate, wörtliche Übernahmen oder Wertungen)?
- ☑ Beschreiben Sie kurz den Textaufbau?
- ☑ Haben Sie die zentrale(n) Figur(en) des Textes charakterisiert?
- ☑ Haben Sie inhaltliche oder sprachliche Motive und deren Bedeutung für die Interpretation des Textes thematisiert?
- ☑ Wird die Gestaltung von Zeit, Atmosphäre und Ort berücksichtigt?
- ☑ Haben Sie die Erzählhaltung und die Darbietungsform des Erzählens bestimmt?
- ☑ Werden sprachliche Besonderheiten benannt und deren Wirkung gedeutet?
- ☑ Wurden alle Behauptungen und Feststellungen am Text in Form von Zitaten und Textverweisen belegt?
- ☑ Haben Sie einen Bogen zu Ihrer Einleitung geschlagen?

Schluss

- ☑ Haben Sie den Text gedeutet und im Schlussteil Kritik oder Ihre persönliche Leseerfahrung formuliert?

Textüberarbeitung

- ☑ Haben Sie auf die korrekte Zitierweise geachtet?
- ☑ Haben Sie Ihre Interpretation im Hinblick auf die inhaltliche Gliederung sowie Rechtschreibung, Grammatik und Zeichensetzung kontrolliert und korrigiert?

Kapitel 2

Lyrik interpretieren und vergleichen

2.1 Lyrik interpretieren

2.2 Gedichte vergleichen

2.3 Lyrik der Moderne und Gegenwart deuten ●●●

2.4 Anwenden, Vertiefen, Fazit

Wie spiegeln Dichter den Farbenreichtum der Welt in ihren Werken wider? Schaffen sie naturgetreue Abbilder oder stellen sie ihr Lebensumfeld so dar, wie sie es in ihrer Fantasie und in ihren Träumen erleben? Dies sind die zentralen Fragen, welche die folgende Gedichtauswahl verbinden. Insbesondere im Gedichtvergleich werden verschiedene Wege aufgezeigt, wie durch Farbsymbolik in Gedichten unterschiedlicher Epochen die Gefühle des lyrischen Ichs in seiner natürlichen und sozialen Lebenswelt veranschaulicht werden können.

Kompetenzen

- ✓ Form, Sprache und Inhalt von Gedichten untersuchen
- ✓ rhetorische Stilmittel funktional analysieren
- ✓ Gedichte einer Epoche zuordnen und die Grenzen von Epochenmodellen erkennen
- ✓ Gedichte vergleichen
- ✓ werkimmanent und werkübergreifend interpretieren
- ✓ intertextuelle Bezüge untersuchen
- ✓ ein Gedicht rezensieren

Methoden und Arbeitstechniken

- ✓ Expertenteam
- ✓ Über-den-Rand-hinaus-Schreiben
- ✓ stilles Schreibgespräch
- ✓ Stationenlernen in 90 Minuten

Das kennen Sie schon

- ✓ Metrik (Verslehre)
- ✓ das lyrische Ich
- ✓ rhetorische Mittel in Gedichten

Lyrik interpretieren

Erste Eindrücke von einem Gedicht sammeln

Nach der mehrfachen, intensiven Lektüre eines Gedichts werden Auffälligkeiten in Inhalt, Form und Sprache gesammelt und festgehalten, um eine erste Deutungshypothese abzuleiten.

Rolf Dieter Brinkmann: Von der Gegenständlichkeit eines Gedichtes (1962)

Die Farbe
der Tinte ist königsblau
die Feder aus Stahl
schreibt die Worte
auf das weiße Papier

die angewandte Grammatik enthält
nichts über Wetteraussichten
und sie misst dem
Vogelflug nicht die geheime Formel bei
leichter zu sein als die Schwermut ohne Regel
ist die Landschaft angeordnet
das Blattgrün ist fehlerlos die
Bäume verbergen der
vorhandenen Sprache
die innere Wildnis

mit der Feder
aus Stahl schreibe ich
die Worte auf das weiße
Papier die Farbe
der Tinte ist
königsblau

1 Nähern Sie sich dem Gedicht, indem Sie die Wortfelder untersuchen, aus denen es gemacht ist.

a) Stellen Sie die beiden dominanten Wortfelder einander tabellarisch gegenüber und deuten Sie wichtig erscheinende Wörter, die sich nicht oder nicht eindeutig zuordnen lassen.

Wortfeld: Sprache, Schreiben	*Wortfeld: Natur*	*Weitere Schlüsselwörter*

b) In der mittleren Strophe fallen mehrere Kontraste ins Auge. Erläutern Sie diese in Zusammenschau mit den gleichzeitig auftretenden Enjambements.

c) Betrachten Sie den Titel des Gedichts. Erläutern Sie, worin die „Gegenständlichkeit eines Gedichtes" liegt.

d) Untersuchen Sie, wie sich die Aussage des Gedichts verändert, wenn Sie statt „königsblau" eine andere Farbe einsetzen, z. B. „dunkelrot", „giftgrün" oder „pechschwarz".

2 Vergleichen Sie die erste und die letzte Strophe des Gedichts. Erläutern Sie dabei die Stellung des lyrischen Ichs und leiten Sie eine Deutungshypothese ab.

Form, Sprache und Inhalt analysieren und deuten

Mithilfe von Reimschema, Metrik und sprachlichen Mitteln sollen die Form und Sprache des Gedichts erschlossen und in Verbindung mit inhaltlichen Motiven gedeutet werden.

Joseph von Eichendorff: Jugendandacht (1841)

Was wollen mir vertraun die blauen Weiten,
Des Landes Glanz, die Wirrung süßer Lieder?
Mir ist so wohl, so bang! – Seid ihr es wieder,
Der frommen Kindheit stille Blumenzeiten? –

Wohl weiß ich's – dieser Farben heimlich Spreiten[1]
Deckt einer Jungfrau strahlend reine Glieder;
Es wogt der große Schleier auf und nieder,
Sie schlummert drunten fort seit Ewigkeiten.

Mir ist in solchen linden[2] blauen Tagen,
Als müssten alle Farben auferstehen,
Aus blauer Fern sie endlich zu mir gehen.

So wart ich still, schau in den Frühling milde,
Das ganze Herz weint nach dem süßen Bilde,
Vor Freud'? Vor Schmerz? – Ich weiß es nicht zu sagen.

1 das Spreiten: das Ausbreiten
2 lind: sanft

1 **Untersuchen Sie, welche Bedeutung der Farbe Blau in diesem Gedicht von Joseph von Eichendorff zugewiesen wird, und vergleichen Sie Ihre Ergebnisse mit der Art und Weise, wie Brinkmann die Farbe einsetzt (↗ „Von der Gegenständlichkeit eines Gedichtes", S. 30).**

2 **Diskutieren Sie, ob Sie der folgenden Deutungshypothese zustimmen. Ergänzen Sie Ihre Ideen.**

Das lyrische Ich befindet sich im vorliegenden Gedicht in einem Umbruchprozess, einem Prozess der Suche, der es freut, aber auch ängstigt. Die Farbe Blau steht dabei für die noch unbekannten Lebensbereiche, nach denen sich das lyrische Ich sehnt und die es endlich entdecken will.

3 **Bestimmen und erläutern Sie die Form des Gedichts. Informieren Sie sich dazu auch anhand von GUT ZU WISSEN „Metrik (Verslehre): Kadenzen".**

GUT ZU WISSEN – Metrik (Verslehre): Kadenzen

Neben der Strophenform eines Gedichts, den Versfüßen und Reimschemata verleihen **die Versenden** dem Gedicht Rhythmus und Klang: Man unterscheidet **klingende oder weibliche Kadenzen** (Vers endet auf unbetonter Silbe) und **stumpfe oder männliche Kadenzen** (Vers endet auf betonter Silbe). Weibliche Kadenzen wirken sanfter und schwingender, männliche Kadenzen werden oft als härter und abrupter empfunden.

Form, Sprache und Inhalt analysieren und deuten

4 **Analysieren Sie die sprachlichen Mittel, die das Gedicht prägen. Lesen Sie dazu GUT ZU WISSEN „Rhetorisches Mittel: Synästhesie“. In der Liste „Rhetorische Stilmittel“ (↗ Kapitel 12.3, S. 227) finden Sie zudem Informationen zum Symbol als Stilmittel.**

Der „Schleier“ (V. 7) steht symbolisch für das Unbekannte, Verhüllte, auch „Heimliche“ (vgl. V. 5). Das „Wogen“ des Schleiers (V. 7) spricht in Form einer Synästhesie mehrere Sinne an: ...

Novalis: Heinrich von Ofterdingen (1800, Auszug)

Eine Art von süßem Schlummer befiel ihn, in welchem er unbeschreibliche Begebenheiten träumte und woraus ihn eine andere Erleuchtung weckte. Er fand sich auf einem weichen Rasen am Rande einer Quelle, die in die Luft hinausquoll und sich darin zu verzehren schien. Dunkelblaue Felsen mit bunten Adern erhoben sich in einiger Entfernung; das Tageslicht, das ihn umgab, war heller und milder als das gewöhnliche, der Himmel war schwarzblau und völlig rein. Was ihn aber mit voller Macht anzog, war eine hohe lichtblaue Blume, die zunächst an der Quelle stand und ihn mit ihren breiten, glänzenden Blättern berührte. Rund um sie her standen unzählige Blumen von allen Farben und der köstlichste Geruch erfüllte die Luft. Er sah nichts als die blaue Blume und betrachtete sie lange mit unnennbarer Zärtlichkeit. Endlich wollte er sich ihr nähern, als sie auf einmal sich zu bewegen und zu verändern anfing; die Blätter wurden glänzender und schmiegten sich an den wachsenden Stängel, die Blume neigte sich nach ihm zu und die Blütenblätter zeigten einen blauen ausgebreiteten Kragen, in welchem ein zartes Gesicht schwebte.

5 **Die „blaue Blume“ ist ein Symbol der Romantik. Lesen Sie den obigen Auszug aus dem Werk, in dem sie erstmals erwähnt wird. Recherchieren Sie zu weiteren Merkmalen und Kontexten der „blauen Blume“.**

GUT ZU WISSEN | Rhetorisches Mittel: Synästhesie

Unter **Synästhesie** (gleichzeitige Wahrnehmung) versteht man das sprachliche Mittel, durch das lyrische Verse **mehrere Sinne** der Lesenden gleichzeitig **ansprechen**, z. B. heißt es im „Abendständchen“ von Brentano (1803): „Golden weh'n die Töne nieder“. Der Sehsinn („golden“) wird hier ebenso aktiv wie der Hörsinn („Töne“) und der haptische Sinn, mit dem der „wehende“ Wind auf der Haut gespürt wird. Die Synästhesie **intensiviert den Eindruck** des Gedichts **durch die Aktivierung mehrerer Sinne**.

SPRACHE UND STIL | Funktionale Analyse von Stilmitteln

Die Synästhesie in Vers ... betont die Vielfältigkeit und Tiefe des Eindrucks, indem sowohl Seh- als auch Hörsinn angesprochen werden.

... ist dahin gehend von symbolhafter Bedeutung, dass ...

Das Bild ... erweckt die Assoziation ...

Durch die Metapher ... werden die beiden Vorstellungsbereiche ... und ... in Verbindung gebracht.

Durch die Wortwahl ... lässt das Gedicht ein besonderes Merkmal seiner Epoche erkennen: ...

Form, Sprache und Inhalt analysieren und deuten

Johann Wolfgang von Goethe: Schwebender Genius über der Erdkugel (1826)

mit der einen Hand nach unten,
mit der andern nach oben deutend

Zwischen oben, zwischen unten
Schweb ich hin zu muntrer Schau,
Ich ergötze mich am Bunten,
Ich erquicke mich im Blau.

Und wenn mich am Tag die Ferne
Luftiger Berge sehnlich zieht,
Nachts das Übermaß der Sterne
Prächtig mir zu Häupten glüht,

Alle Tag und alle Nächte
Rühm ich so des Menschen Los;
Denkt er ewig sich ins Rechte,
Ist er ewig schön und groß.

6 **Lesen Sie GUT ZU WISSEN „Klassik und Romantik" und notieren Sie, inwiefern es sich bei den Gedichten von Eichendorff (↗ S. 31) und Goethe um typische Werke ihrer jeweiligen Epochen handelt.**

7 **Interpretieren Sie arbeitsteilig in zwei Expertengruppen die Gedichte von Eichendorff und Goethe; beziehen Sie Ihre Vorarbeiten zur „Jugendandacht" und zur „blauen Blume" dabei mit ein.**

8 **Vergleichen Sie in Partnerarbeit die beiden Gedichte hinsichtlich der Funktion der Farbe Blau und der Befindlichkeit des lyrischen Ichs.**

GUT ZU WISSEN | Klassik und Romantik

Die **Weimarer Klassik** (von Goethes Italienreise 1786 bis zu Schillers Tod 1805 bzw. Goethes Tod 1832) stellt eine Rückbesinnung auf die **antiken Ideale der Menschlichkeit** dar, auf die Vorstellungen vom selbst- und vernunftbestimmten Streben nach höheren, allgemeinen, „ewigen" Werten. Goethes und Schillers Werke sind dabei häufig philosophisch und kunsttheoretisch geprägt. Im Unterschied zur Epoche des Sturm und Drang zeigt die Klassik einen **vernünftigen Menschen** im Einklang mit der Natur der Welt. Zu den dominierenden Themen gehört das Streben nach **Balance, Harmonie, Toleranz und Schönheit** in Kunst und Wissenschaft.

Die **Romantik** als literarische Epoche (1795–1848) kann als **Gegenbewegung** sowohl zum rationalen Denken der Aufklärung als auch zur maßvollen und an abstrakten Idealen orientierten Weimarer Klassik gesehen werden. In der Lyrik dominiert **ein sehnsuchtsvoll suchendes, abenteuerlustiges lyrisches Ich**, das das **Leben mit allen Sinnen** wahr- und aufnimmt. Die individuellen Erlebnisse sind mit dem Verstand allein oft nicht zu begreifen, sondern gründen sich auf **Gefühle und Empfindungen**. Dabei wenden sich die Autoren und Autorinnen oft dem **Unbewussten, Geheimnisvollen, Schaurigen** zu. Schlüsselbegriffe sind z. B. „Nacht", „das Dunkel", „Nebel", „Sehnsucht", „Heimat", „Suche".

Gedichte vergleichen

Vergleichskriterien ermitteln

Beim Vergleich von Gedichten werden diese auf Unterschiede und Gemeinsamkeiten hinsichtlich ihrer inhaltlichen Motive und Aussagen sowie ihrer Sprache und Form befragt.

Robert Walser: Alles grün

Die Wiesen ziehen leis
das sanfte Grün mit fort
und führen wieder her
das Grün, bald ist es nah
bald ist es wieder weit,
so weit, dass sich in mir
die Angst, die Sehnsucht regt.
Und Sehnsucht ist doch tot
und Bangen ist doch tot.
Die Wiesen ziehen leis
die tote Angst heraus
aus meinem Herzen, dann
wird wieder alles still.
Und alle Welt seh ich
mit schönen Wiesen voll.
Ich mag auch schaun, wohin,
mit grünen Wiesen voll
und nur mit Grün, mit Grün,
das treulich stille hält,
ist voll die ganze Welt.

Robert Walser (1878–1956) ist ein Schweizer Schriftsteller, der durch seine Romane, vor allem aber auch durch seine Kurzprosa und Gedichte erst nach seinem Tod einem breiten Publikum bekannt wurde. Er verbrachte aufgrund psychischer Probleme die Zeit seit 1929 in einer Heilanstalt, wo er das Schreiben nach und nach einstellte.

Franz Mon: bist du dir grün?

wunschlos sich grün wünschen
blicklos ins grün blicken
sprachlos von grün sprechen
heillos mit grün heilen
sorglos für grün sorgen
neidlos das grün neiden
fraglos nach grün fragen
klaglos um grün klagen
planlos das grün planen
schadlos dem grün schaden
zwanglos das grün zwängen
ruchlos nach grün riechen
zügellos grün zügeln
willenlos grün wollen
wahllos grün wählen
kopflos grün köpfen
arglos sich grün ärgern
endlos im grün enden

Franz Mon (geb. 1926) ist ein deutscher Dichter der Konkreten Poesie. Die Konkrete Poesie lässt aus der Anordnung von Buchstaben und Worten Bilder entstehen. Mons poetische Überzeugungen – wozu auch die konsequente Kleinschreibung und der Verzicht auf Satzzeichen gehören – treten in seinen zahlreichen Essays, Gedichten und theoretischen Schriften zutage.

1 Welche Ähnlichkeiten und Unterschiede zwischen den Gedichten fallen Ihnen auf? Differenzieren Sie ihre Vergleichsaspekte nach Inhalt, Sprache und Form in einer Mindmap.

2 Fassen Sie Ihren Vergleich in Worte (↗ Sprache und Stil „Gedichte vergleichen“, S. 37). Gehen Sie dabei besonders auf die Verwendung der Farbe Grün ein.

Den Vergleichsaufsatz gliedern und schreiben

Für die Gliederung des Gedichtvergleichs können drei verschiedene Modelle gewählt werden, die sich jedoch deutlich im Schwierigkeitsgrad unterscheiden.

Gliederung von Gedichtvergleichen: drei Möglichkeiten

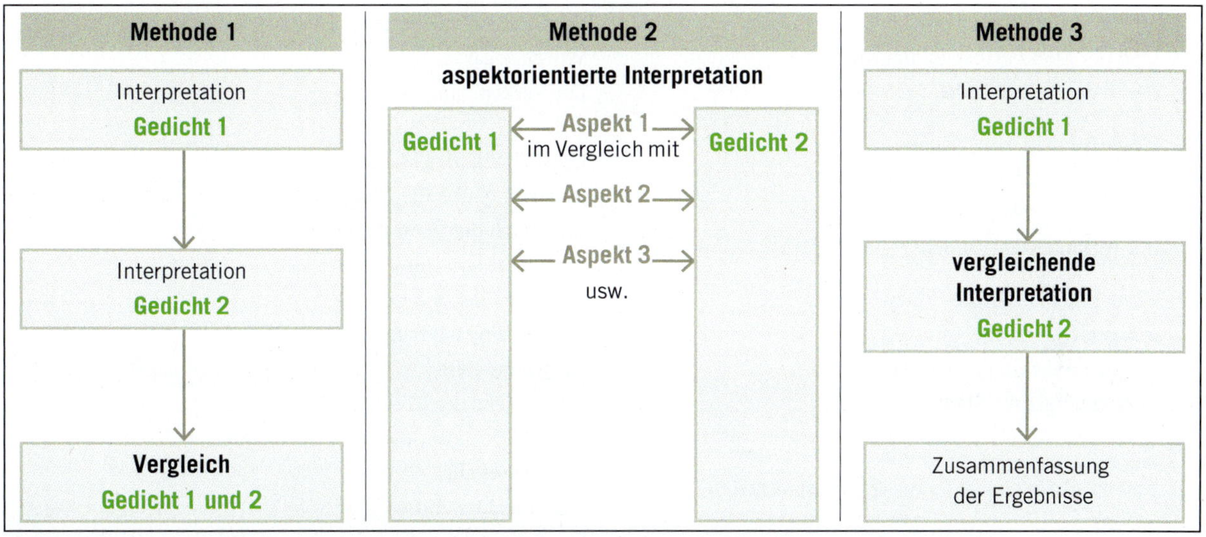

1 Vergleichen Sie die drei hier vorgestellten Vorgehensweisen und erarbeiten Sie, wo die Nachteile einer jeden Methode liegen könnten.

2 Begründen Sie anhand zweier positiver Merkmale, welche Methode Sie bevorzugen.

GUT ZU WISSEN | Aufbau des Vergleichsaufsatzes

Der Vergleichsaufsatz kann in verschiedener Form aufgebaut sein. Beispielsweise kann man beide Gedichte **erst unabhängig voneinander interpretieren** und dann in einem dritten Teil **vergleichen**. Hier besteht jedoch die Gefahr, dass man vieles wiederholen muss. **(Methode 1)**

Die zweite Möglichkeit besteht darin, von Beginn an **aspektorientiert vergleichend zu interpretieren**. Schwierig ist es dabei, den roten Faden nicht zu verlieren, denn man wechselt bei diesem Vorgehen immer von einem Gedicht zum anderen. **(Methode 2)**

Bei der dritten Methode wird zunächst **eines der Gedichte ausführlich interpretiert**. Man kann dabei dasjenige auswählen, das einen am stärksten anspricht. Dann wird das **zweite Gedicht vergleichend interpretiert**, d. h., es erfolgt keine umfassende, unabhängige Interpretation des zweiten Gedichts, sondern nur eine, die den zuvor gewählten Vergleichskriterien gerecht wird. Am Ende werden alle wichtigen Ergebnisse des Vergleichs in einem ergiebigen Abschlussteil zusammengefasst. **(Methode 3)**

3 Schreiben Sie einen Vergleichsaufsatz der Gedichte von Walser und Mon nach Methode 3.

4 Überprüfen Sie in einer Schreibkonferenz, ob alle auf Seite 34 erarbeiteten Vergleichsaspekte angemessen berücksichtigt wurden und ein ergiebiges Fazit gezogen wurde.

Den Vergleichsaufsatz gliedern und schreiben

Wolfgang Borchert: Das graurotgrüne Großstadtlied (veröffentlicht 1949)

Rote Münder, die aus grauen Schatten glühn,
girren[1] einen süßen Schwindel.
Und der Mond grinst goldiggrün
durch das Nebelbündel.

Graue Straßen, rote Dächer,
mittendrin mal grün ein Licht.
Heimwärts grölt ein später Zecher
mit verknittertem Gesicht.

Grauer Stein und rotes Blut –
morgen früh ist alles gut.
Morgen weht ein grünes Blatt
über einer grauen Stadt.

1 girren: gurren (Tauben), schmeichelnd sprechen

Mascha Kaléko: Signal (veröffentlicht 1977)

Als wir zu dritt
Die Straße überquerten,
Wurde sogar
Die Verkehrsampel
Rot.
Umstellt von der Meute
Abgasschnaubender Wagen,
Ergriff ich den Arm des einen,
Der rechts von mir ging.
Nicht den des anderen,
Dessen Ring ich trug.
Als wir zu viert
Uns jenseits der Kreuzungen
Trafen,
Wussten es alle.
Der eine. Der andre.
Das Schweigen.
Und ich.

5 **Diskutieren Sie in Partnerarbeit, welche formalen, sprachlichen und inhaltlichen Vergleichsaspekte sich für diese beiden Gedichte anbieten.**

MUSTER Interpretation in vergleichender Betrachtung

Beide Gedichte zeigen Szenen aus einer Stadt, die aufgrund der Farb- und Bildwahl sehr anonym und befremdlich wirkt. Dieser Eindruck entsteht bei Borchert überwiegend dadurch, dass Objekte im Vordergrund stehen, die teilweise personifiziert werden, z. B. „girren" (V. 2) die roten Münder und der Mond „grinst" (V. 3). Während im „Großstadtlied" ein einsamer „Zecher" (V. 7) auftritt, ist es bei Kaléko das – vermutlich weibliche – lyrische Ich mit zwei Begleitern, die aber nicht namentlich benannt, sondern nur umschrieben werden (vgl. V. 9, 11). Außerdem wird der abstrakte Begriff des „Schweigens" personifiziert (V. 17), wodurch der Eindruck der Anonymität noch verstärkt wird. Die Metaphorik der Farbe Rot spielt in beiden Gedichten eine sehr wichtige Rolle. Bei Borchert tritt die Farbe gleich mehrfach auf: Sie erweckt erotische Assoziationen durch das Rot der „Münder" (V. 1), aber auch das Gefühl von Gefahr durch „rotes Blut" auf „graue[m] Stein" (V. 9), was auf die Kriminalität in der nächtlichen Großstadt hinweisen könnte. Die Bedrohlichkeit der Szene wird jedoch durch den hoffnungsvollen Schluss entschärft, der einerseits durch das optimistisch stimmende „grüne Blatt" (V. 11) angebahnt wird, andererseits durch das verheißungsvolle Licht eines neuen Morgens (vgl. V. 10 f.). Bei Kaléko steht die Farbe Rot noch in einem weiteren Kontext: Sie dient als „Signal" – wie der Titel des Gedichts nahelegt –, als Ampelfarbe, die „Stopp" bedeutet.

6 **Analysieren Sie das Muster und ergänzen Sie es zu einem vollständigen Vergleichsaufsatz.**

Den Vergleichsaufsatz überarbeiten

Die gezielte Überarbeitung der ersten Version, nicht nur in Bezug auf Sprache und Stil, sondern auch hinsichtlich der inhaltlichen Schlüssigkeit, gehört zum Verfassen des Aufsatzes dazu.

MUSTER Auszüge aus Vergleichsaufsätzen (zu den Gedichten von Walser und Mon)

Achtung, Fehler!

Auszug 1: *Obwohl beide Gedichte ja die Farbe Grün im Titel tragen, unterscheiden Sie sich total in ihren Aussagen. Das lyrische Ich bei Walser kommt insgesamt viel naturnäher rüber als das lyrische Ich im Gedicht von Mon, das mehr über die „endlos" vielen Bedeutungen der Farbe grün nachdenkt. Ich finde das erste Gedicht sehr viel ansprechender, weil man sich viel mehr mit dem lyrischen Ich identifizieren kann, während das zweite Gedicht einfach nur abstrakt ist. Obwohl, was man mit Grün alles machen kann und was grün alles sagen kann, das ist natürlich auch sehr interessant.*

Auszug 2: *Die Gedichte von Walser und Mon unterscheiden sich deutlich in ihrer Form. Weil die Verse bei Walser unterschiedlich lang sind. Auch ist der Satzbau sehr unterschiedlich bei Walser während bei Mon alle Verse die gleiche Struktur haben: Jeder Vers beginnt mit einem Adjektiv, dass auf „-los" endet es folgt ein Ausdruck mit „grün" und da jeder Vers mit einem Verb im Infinitiv endet sieht es so aus als bestände das Gedicht nur aus einer einzigsten Aufzählung.*

Auszug 3: *Im ersten Gedicht fühlt sich der Autor in einem großen Zwiespalt: Einerseits sagt er er sieht die ganze Welt voll mit grünen Wiesen, andererseits geht es ihm schlecht, weil er ständig vom Tod spricht, Bangen, Sehnsucht, Angst, alles ist tod. Mit diesem Stilmittel der Wiederholung wird der Zweifel, die Sorge, die Angst des Autors ziemlich verstärkt. Andererseits wird auch in abgewandelter Form zweimal von „still" bzw. „stille" gesprochen und die Farbe grün steht hier für das schöne, für schöne Wiesen, schöne Natur, die zum Ausruhen einladen, zum Erholen. Demgegenüber klingt das Gedicht von Mon sehr anonym, der Titel spricht den Leser oder die Leserin zwar direkt an, aber danach klingt alles sehr unpersönlich, es gibt kein lyrisches Ich, sondern nur Ellipsen, die alle davon handeln, was die Farbe Grün alles bedeuten kann.*

1 Die Auszüge weisen Schwächen auf. Verbessern Sie sie mit einer der beiden Methoden:

a) Expertenteam (↗ Kapitel 11.1, S. 197)

b) Über-den-Rand-hinaus-Schreiben (↗ Kapitel 11.1, S. 210)

2 Nutzen Sie die Erkenntnisse aus Aufgabe 1 für die Überarbeitung Ihres eigenen Vergleichsaufsatzes (zu den Gedichten von Mon und Walser oder von Borchert und Kaléko).

SPRACHE UND STIL Gedichte vergleichen

Formulierungen für die Einleitung (mit Hinweis auf zentrale Vergleichsaspekte):

In beiden Gedichten steht ... im Mittelpunkt, sodass sich hierzu ein Vergleich anschließen soll.

Formulierungen für den Übergang zum zweiten Gedicht:

Auch das im Folgenden zu betrachtende Gedicht ... behandelt das Thema ...

Formulierungen für den Vergleich von Gedichten:

Die Gedichte weisen formal/sprachlich/inhaltlich auffällige Gemeinsamkeiten auf, doch lassen sich vor allem in Bezug auf ... deutliche Unterschiede erkennen: ...

Beide Gedichte sprechen über / kritisieren ..., allerdings wird das Problem ... erweitert / fokussiert.

Verschiedene Interpretationsmethoden anwenden

Bisher beschränkte sich die Interpretation auf textimmanente Merkmale. Doch wie verändert sich die Deutung, wenn man Informationen über das Leben der Autorinnen oder Autoren hinzuzieht?

Georg Trakl: Die Nacht (1914)

Dich sing ich wilde Zerklüftung,
Im Nachtsturm
Aufgetürmtes Gebirge;
Ihr grauen Türme
Überfließend von höllischen Fratzen,
Feurigem Getier,
Rauen Farnen, Fichten,
Kristallnen Blumen.
Unendliche Qual,
Dass du Gott erjagtest
Sanfter Geist,
Aufseufzend im Wassersturz,
In wogenden Föhren.
Golden lodern die Feuer
Der Völker rings.
Über schwärzliche Klippen
Stürzt todestrunken
Die erglühende Windsbraut,
Die blaue Woge
Des Gletschers
Und es dröhnt
Gewaltig die Glocke im Tal:
Flammen, Flüche
Und die dunklen
Spiele der Wollust,
Stürmt den Himmel
Ein versteinertes Haupt.

1 Untersuchen Sie das Gedicht hinsichtlich der zahlreichen Farben und Synästhesien.

2 Erarbeiten Sie anhand Ihrer ersten Leseeindrücke eine Deutungshypothese.

Oskar Kokoschka: Die Windsbraut (1913); © Fondation Oskar Kokoschka/VG Bild-Kunst, Bonn 2021

Verschiedene Interpretationsmethoden anwenden

Oskar Kokoschka: Mein Leben (1971, Auszug)

An einem Abend war der Dichter Georg Trakl in mein ödes Atelier gekommen […]. Außer der großen Staffelei, auf der die „Windsbraut" stand, war nur ein leeres Fass da, das statt eines Stuhls als Sitzgelegenheit diente. Ich gab Trakl Wein und arbeitete weiter an meinem Bild, er sah schweigend zu. […] Mein großes Bild, das mich und das einst so geliebte Weib auf einem Wrack im Weltmeer darstellt, war beendet. Plötzlich unterbrach Trakls Stimme die Still, eine Stimme wie ein zweites Ich, das geschwisterliche Du. […] Trakl hat das merkwürdige Gedicht „Die Nacht" vor meinem Bild geformt, bis er es auswendig sagen konnte: … über schwärzliche Klippen / stürzt todestrunken / die erglühende Windsbraut …

3 **Lesen Sie den Auszug aus den Memoiren des expressionistischen Malers Oskar Kokoschka. Begründen Sie, inwiefern die Betrachtung des Bildes „Die Windsbraut" Ihren Blick auf das Gedicht von Trakl verändert.**

4 **In seinen Memoiren bezeichnet Kokoschka Rot als „Lebensfarbe" und Weiß als „Todesfarbe".**

a) Recherchieren Sie zur psychologischen Bedeutung von Farben.

b) Diskutieren Sie, inwiefern die gewonnenen Informationen Ihre Interpretation bereichern.

5 **Lesen Sie GUT ZU WISSEN „Werkübergreifende Interpretationsmethoden". Welche Methoden haben Sie auf das Gedicht angewendet, welche halten Sie noch für geeignet?**

GUT ZU WISSEN – Werkübergreifende Interpretationsmethoden

Bei der Interpretation eines Werks kann man sich allein an Inhalt, Form und Sprache orientieren, dieses Vorgehen wird **werkimmanent** genannt. Für manche Werke empfiehlt es sich jedoch, weitere Hintergrundinformationen hinzuzuziehen.

Neben der **biografischen Interpretationsmethode**, die davon ausgeht, dass sich in den Zügen des Werks eigene Lebenserfahrungen der Autorin oder des Autors spiegeln, deren Einfluss es zu analysieren gilt, gibt es eine Reihe weiterer Methoden:

Die **historisch-soziologische Interpretationsmethode** berücksichtigt in der Interpretation besonders die gesellschaftspolitischen Einflüsse einer bestimmten Epoche auf das Werk. Das Erleben größerer Umbrüche durch neue naturwissenschaftliche und technische Entdeckungen, aber auch Revolutionen und Kriege beeinflussen das kulturelle Schaffen der Menschen in einer Gesellschaft sehr.

Einige Interpretationsansätze beziehen einen **psychoanalytischen Ansatz** (meistens nach Jung oder Freud) in ihre Betrachtung mit ein. Als Schlüssel zum Verständnis komplexer Bilder bzw. zum Verhalten von literarischen Figuren wird dabei häufig auf Auslöser – Zustände und Ereignisse – im Unbewussten der Menschen verwiesen.

Bei der **semiotischen, zeichentheoretischen Methode** werden Wörter als Zeichen betrachtet, die für etwas anderes stehen, so wie das Wort „grün" für die Farbempfindung steht, die es auslöst. Die Untersuchung des komplexen Verhältnisses der Sprache zur vermittelten Wirklichkeit erklärt Leerstellen und Mehrdeutigkeiten.

Bei der **rezeptionsorientierten Interpretation** stehen dagegen die Lesenden im Vordergrund: Nach Auffassung der Rezeptionsästhetik wird die Bedeutung eines Werks erst durch die Kritik in Form von Rezensionen, durch dominierende Meinungen und „Zuschreibungen" an ein Werk in der literarischen Öffentlichkeit geschaffen.

Lyrik der Moderne und Gegenwart deuten

Die Moderne zur Jahrhundertwende (ca. 1890–1914) grenzt sich von realistischen Strömungen ab und zeigt eine Vielfalt lyrischer Stilexperimente, die sich bis in die Gegenwart fortsetzen.

Rainer Maria Rilke: Blaue Hortensie (1907)

So wie das letzte Grün in Farbentiegeln
sind diese Blätter, trocken, stumpf und rau,
hinter den Blütendolden, die ein Blau
nicht auf sich tragen, nur von ferne spiegeln.

Sie spiegeln es verweint und ungenau,
als wollten sie es wiederum verlieren,
und wie in alten blauen Briefpapieren
ist Gelb in ihnen, Violett und Grau;

Verwaschnes wie an einer Kinderschürze,
Nichtmehrgetragnes, dem nichts mehr geschieht:
wie fühlt man eines kleinen Lebens Kürze.

Doch plötzlich scheint das Blau sich zu verneuen
in einer von den Dolden, und man sieht
ein rührend Blaues sich vor Grünem freuen.

Albert Ehrenstein: Im Schatten (1917)

Mich verschlingt die rote Wut,
Mit der Sonne in Blau-See
Fall' ich tiefseetiefer;
Lyrisch piepst die Sternenbrut,
Flimmerndes Geziefer.
Lauernd lähmt mich laue Nacht,
Grauer, schwarzer Schatten.
Kauernd kaut mich krumm Verdacht,
Bis Giftneid und Sehnens Sucht
Mit Geiergier in mir sich gatten,
Schlangengleich in allen Poren paaren
Meiner Seelen, die in Seligkeit verloren waren.
Anschmiegt sich Schmerz der Lebensflucht.
Tränentrauer
Spinnt um mich altkalte Modermauer,
Klage lallt und wallt mein Blut;
Sonne hebt sich aus Blau-See,
Neue Scheibe roter Wut.

1 Lesen Sie GUT ZU WISSEN „Umbrüche der Jahrhundertwende" (S. 42) und nähern Sie sich Form, Sprache und Inhalt der Gedichte in stillen Schreibgesprächen (↗ Kapitel 11.1, S. 208). Gehen Sie dabei arbeitsteilig vor.

2 Interpretieren Sie die Gedichte Rilkes und Ehrensteins in vergleichender Betrachtung. Greifen Sie dabei auf die Notizen aus den Schreibgesprächen zurück.

3 Welche Interpretationsmethoden halten Sie zur Erweiterung Ihrer Interpretation für geeignet? Begründen Sie.

4 Rilkes Gedicht ist ein Dinggedicht. Recherchieren Sie weitere Beispiele für diese Gedichtart und verfassen Sie selbst ein solches Gedicht.

Intertextualität erklären

Bei der Analyse von Intertextualität (lat. „inter“ bedeutet „zwischen“) gilt es zu begründen, was sich *zwischen* Texten entwickelt, wie sie miteinander in Beziehung treten.

Arno Holz: Phantasus (1899)

In den Grunewald,
seit fünf Uhr früh,
spie Berlin seine Extrazüge.
Über die Brücke von Halensee,
über Spandau, Schmargendorf, über den Pichelsberg,
von allen Seiten,
zwischen trommelnden Turnerzügen, zwischen Kremsern[1] mit Musik,
entlang die schimmernde Havel,
kilometerten sich die Chausseeflöhe.
„Pankow, Pankow, Pankow, Kille, Kille“ „Rixdorfer“ „Schunkelwalzer“ „Holzauktion“[2]
Jetzt ist es Nacht.
Noch immer
aus der Hundequäle[3]
quietscht und empört sich der Leierkasten.
Hinter den Bahndamm, zwischen die dunklen Kuscheln,
verschwindet
eine brennende Zigarre, ein Pfingstkleid.
Luna[4]: lächelt.
Zwischen weggeworfnem Stullenpapier und Eierschalen
suchen sie die blaue Blume!

1 der Kremser: eine offene Kutsche
2 Zeilen aus alten Berliner Liedern
3 Hundequäle: Hundekehlesee
4 Luna: hier: der Mond

1 **Stellen Sie sich vor, Sie gehören zu den Menschen am beschriebenen Bahnhof in Berlin. Was genau suchen Sie? – Interpretieren Sie den letzten Vers.**

2 **Lesen Sie GUT ZU WISSEN „Intertextualität“. Begründen Sie, inwiefern das Wissen um die „blaue Blume“ in der Romantik (S. 32 bei Novalis) Ihr Verständnis des Gedichts ermöglicht.**

★ **3** **Naturalistische Lyrik ist sehr lebensnah und greift kleinste Details auf. Erstellen Sie zu dem Gedicht eine Fotostory und sprechen Sie es betont dazu ein.**

GUT ZU WISSEN | Intertextualität

Intertextualität liegt vor, wenn sich Texte auf **andere Texte direkt** oder **indirekt** beziehen. Arbeiten Autoren mit intertextuellen Bezügen, gehen sie davon aus, dass die Lesenden ausreichend Vorwissen mitbringen, um diese Bezüge zu erkennen und angemessen zu interpretieren. **Intertextuelle Bezüge**, z. B. auf Bibeltexte, Gedichte, Motive und literarische Formen anderer Epochen, sind also keine Zufälle, sondern **beabsichtigt** und wichtig für das Verständnis eines Textes, dessen **Bedeutungsspektrum stark** erweitert wird. Der Bezug kann **explizit**, z. B. durch vorangestellte Zitate oder Verweise, erfolgen, meist aber **implizit** durch die Einbindung von Schlüsselwörtern oder anderer Merkmale aus Werken verschiedener Epochen sowie von unterschiedlichen Autoren.

Intertextualität erklären

GUT ZU WISSEN Umbrüche der Jahrhundertwende (1890–1910), die „Moderne“

In der zweiten Hälfte des 19. Jahrhunderts verschärfen sich im Zuge der Industrialisierung und Verstädterung soziale Differenzen. Auch auf weltpolitischer Ebene will Deutschland mit den großen Kolonialmächten mithalten. Zeigt der **poetische Realismus (1848–1890)** das bürgerliche Leben eher von einer geschönten Seite, steigern die Lyriker des **Naturalismus (1880–1900)**, z. B. Arno Holz, die Erfahrung der Realität durch eine naturgetreue, teilweise auch **hässliche und abstoßende Schilderung**. Sie **kritisieren** herrschende Wertvorstellungen und legen **gesellschaftliche Probleme** schonungslos offen.

In den Jahrzehnten um 1900 durchdringen neue Theorien und Ideen alle Lebensbereiche. **Technische Neuerungen** wie das Röntgengerät, Telegrafie und Film halten Einzug, Einstein entwickelt die Relativitätstheorie und Freud die Psychoanalyse. Wirtschaft und Politik kreisen um den Kapitalismus und seine Alternativen, während in der Philosophie Nietzsche und Schopenhauer tendenziell Kulturpessimismus verbreiten. Die Kunst der **Jahrhundertwende**, die sich gegen realistische und naturalistische Strömungen wendet, vereint eine Stilvielfalt aus **Impressionismus, Jugendstil, Fin de Siècle, Neuromantik, Neoklassizismus bis hin zum Expressionismus**. Dazwischen entfaltet sich vor allem in der Lyrik der **Symbolismus (1880–1910)**, vertreten durch Rainer Maria Rilke, Stefan George und Hugo von Hofmannsthal. Sie wenden sich dem **subjektiven, inneren Empfinden** zu: In der intensiven Wahrnehmung kleinster Nuancen im von Rilke begründeten **Dinggedicht** wird versucht, in bildreicher Sprache dem Geheimnis der Gegenstände auf die Spur zu kommen, ohne ihre Funktion und Nützlichkeit zu betonen. Die Symbolisten verstehen sich als **unpolitisch** und **elitär**.

Jan Wagner: herbstvillanelle (2001)

den tagen geht das licht aus
und eine stunde dauert zehn minuten.
die bäume spielten ihre letzten farben.

am himmel wechselt man die bühnenbilder
zu rasch für das kleine drama in jedem von uns:
den tagen geht das licht aus.

dein grauer mantel trennt dich von der luft,
ein passepartout für einen satz wie diesen:
die bäume spielten ihre letzten farben.

eisblaue fenster – auf den wetterkarten
der fernsehgeräte die daumenabdrücke der tiefs.
den tagen geht das licht aus,

dem leeren park, dem teich: die enten werden
an unsichtbaren fäden aufgerollt.
die bäume spielten ihre letzten farben.

und einer, der sich mit drei sonnenblumen
ins dunkel tastet, drei schwarzen punkten auf gelb:
den tagen geht das licht aus.
die bäume spielten ihre letzten farben.

Intertextualität erklären

4 **Analysieren Sie, welche Form von Intertextualität in Wagners Gedicht von Seite 42 vorliegt. Lesen Sie dazu GUT ZU WISSEN „Gedichtform Villanelle“.**

GUT ZU WISSEN | **Gedichtform Villanelle**

Der Begriff **„Villanelle“** geht auf das italienische „villano“ zurück und bedeutet **„ländlich“** oder „bäuerlich“. Ihre **strenge Form** entwickelte die Villanelle im **16. Jahrhundert in Frankreich**: Sie besteht aus **fünf Terzetten und einem abschließenden Quartett**. Der erste Vers der ersten Strophe dient dabei als Refrain für die zweite und vierte Strophe und der letzte Vers der ersten Strophe als Refrain für die dritte, fünfte und sechste Strophe. In Deutschland hat sich diese Gedichtform nur wenig verbreitet. Sie wird in ihrer modernen Form bisweilen auch als ein Genre von „Sonderlingen“ und „Außenseitern“ bezeichnet.

5 **Nähern Sie sich dem Gedicht in Form des Stationenlernens (↗ Kapitel 11.1, S. 208).**

6 **Interpretieren Sie Wagners Gedicht (↗ S. 42) nach Form, Sprache und Inhalt.**

7 **Begründen Sie, welchem Standpunkt in der folgenden Rezension Sie sich anschließen.**

Jan Wagner – Er erweckt die Magie zweiter Ordnung

von Michael Braun

[…] Zu den Standards der Wagner-Kritik gehört seither der penetrante Verdacht, dass hier ein Traditionalist mit biedermeierlichem Impetus die altehrwürdigen Formen recycelt – und dabei nicht einer formimmanenten Notwendigkeit gehorcht, sondern die Erwartungen eines konservativen Publikums bedient.

Nachdem Wagner für seinen Band *Regentonnenvariationen* 2015 der Leipziger Buchpreis zugesprochen wurde, spaltete sich die literarische Welt dann endgültig in gönnerhafte Wagner-Freunde, die dem Autor eine „wunderbare“ Naturdichtung voll naturkundlichem Enthusiasmus bescheinigten, und in unversöhnliche Feinde, die eine „Verkitschung der Natur“ monierten.

„Jan Wagners Gedichte“, heißt es nun in der Begründung der Akademie, „verbinden spielerische Sprachfreude und meisterhafte Formbeherrschung, musikalische Sinnlichkeit und intellektuelle Prägnanz. Entstanden im Dialog mit großen lyrischen Traditionen, sind sie doch ganz und gar gegenwärtig.“

[…] Jan Wagner wird ja gerne als formbewusster Natur-Idylliker missverstanden, der die ganze Flora und Fauna durchbuchstabiere, vom Weidenkätzchen bis zur Würgefeige, vom Olm bis zum Otter. Die Idylle ist bei diesem Autor aber nie ohne das Entsetzen zu haben. Immer wieder locken uns seine Gedichte in existenzielle Abgründe, in verstörende Verlassenheitsfantasien: Zarte Naturphänomene sind bei diesem Dichter nie lyrischer Selbstzweck, sondern prallen zusammen mit den brutalen Faktizitäten einer mörderischen Lebenswirklichkeit. […]

(www.zeit.de)

★ **8** **Verfassen Sie selbst eine Rezension zu einem Gedicht Ihrer Wahl.**

GUT ZU WISSEN | **Literatur der Gegenwart (ab 1990)**

Charakteristisch ist für diese Werke, dass sie ein **breites Spektrum aktueller Themen** aufgreifen. Dazu gehören insbesondere die Umweltthematik und die Rolle des Individuums in einer zunehmend diversen Gesellschaft. **Vielfältige literarische Vorlagen** werden mit **innovativen Sprachexperimenten** verknüpft. Jan Wagner (geb. 1971) betont zur **Rolle der Poesie**, Gedichte seien ein „Grundbedürfnis“ der Menschen.

Anwenden, Vertiefen, Fazit

Mit Worten malen: Poetry-Slam

Lyrische Texte, die um die Farben der Welt kreisen, sind in unserem Alltag allgegenwärtig. Malen Sie selbst!

Sabine Sobotka: Grau ist gut (Auszug)

[…] Was wir nicht mögen, ist meistens grau
wie Staub und Schmutz und Autobahnstau.
Die graue Masse hat keine Klasse,
die graue Maus kommt nicht aus sich raus,
die graue Theorie interessiert so gut wie nie
und ist der Alltag grau, wird die Stimmung flau.

Grau – das sind die Anzugträger
und die Paragrafenjäger.
Grau ist so ein Markenzeichen
der Spießer, Langweiler und Reichen.

Bei Grau denkt man an Friedhof
und im Web steht grau für off-
line.
Das Image dieser Farbe
könnte wirklich besser sein! […]

1 Dies ist ein Auszug aus einem Poetry-Slam. Führen Sie das Gedicht mit eigenen Gedanken und Ideen zur Farbe Grau fort.

2 In der Werbung werden ständig neue Namen für Farben erfunden. Finden Sie selbst neue Bezeichnungen für ein Farbspektrum Ihrer Wahl und verfassen Sie ein eigenes Gedicht.

3 Präsentieren Sie Ihre Gedichte, z. B. in Form eines klasseninternen Poetry-Slams zum Thema Farben und/oder der Publikation eines E-Books.

FAZIT

2.1 Lyrik interpretieren
- Erste Eindrücke von einem Gedicht sammeln
- Form, Sprache und Inhalt analysieren und deuten

2.2 Gedichte vergleichen
- Vergleichskriterien ermitteln
- Den Vergleichsaufsatz gliedern und schreiben
- Den Vergleichsaufsatz überarbeiten
- Verschiedene Interpretationsmethoden anwenden

2.3 Lyrik der Moderne und Gegenwart deuten
- Intertextualität erklären

2.4 Anwenden, Vertiefen, Fazit
- Mit Worten malen: Poetry-Slam

II Prüfungsvorbereitung

Gedichtvergleich

Der folgende Gedichtvergleich kann für den Grundkurs wie für den Leistungskurs als Übung dienen. Im Leistungskurs wird ein sprachlich und inhaltlich komplexeres Ergebnis erwartet.

Gedicht 1

Oskar Loerke: Blauer Abend in Berlin (1911)

Der Himmel fließt in steinernen Kanälen;
Denn zu Kanälen steilrecht ausgehauen
Sind alle Straßen, voll vom Himmelblauen.
Und Kuppeln gleichen Bojen, Schlote Pfählen

Im Wasser. Schwarze Essendämpfe schwelen
Und sind wie Wasserpflanzen anzuschauen.
Die Leben, die sich ganz am Grunde stauen,
Beginnen sacht vom Himmel zu erzählen,

Gemengt, entwirrt nach blauen Melodien.
Wie eines Wassers Bodensatz und Tand
Regt sie des Wassers Wille und Verstand

Im Dünen, Kommen, Gehen, Gleiten, Ziehen.
Die Menschen sind wie grober bunter Sand
Im linden Spiel der großen Wellenhand.

Gedicht 2

Hilde Domin: Ein blauer Tag (1989)

Ein blauer Tag
Nichts Böses kann dir kommen
an einem blauen Tag
Ein blauer Tag
die Kriegserklärung
Die Blumen öffneten ihr Nein
Die Vögel sangen Nein
ein König weinte
Niemand konnte es glauben
Ein blauer Tag
und doch war Krieg
Gestorben wird auch an blauen Tagen
bei jedem Wetter
Auch an blauen Tagen wirst du verlassen
und verlässt du
begnadigst nicht
und wirst nicht begnadigt
Auch an blauen Tagen
wird nichts zurückgenommen
Niemand kann es glauben:
Auch an blauen Tagen
bricht das Herz

1 **Interpretieren Sie die Gedichte „Blauer Abend in Berlin“ von Oskar Loerke und „Ein blauer Tag“ von Hilde Domin in vergleichender Betrachtung.**

Gedichtvergleich

CHECKLISTE | Gedichte vergleichen

Einleitung (mit Deutungs- und Vergleichshypothese)

- ☑ Wurden alle wichtigen Daten (Autorin/Autor, Titel, Jahr) des Ausgangsgedichts genannt?
- ☑ Haben Sie das Thema des Gedichts auf den Punkt gebracht?
- ☑ Haben Sie eine Vermutung über die Bedeutung des Gedichts angestellt (Deutungshypothese) und mögliche Aspekte für den Vergleich mit dem zweiten Gedicht benannt?

Analyse und Interpretation des Ausgangsgedichts

- ☑ Wurde der Inhalt der Strophen kurz und strukturiert zusammengefasst?
- ☑ Haben Sie Gedichtform, Versart, Reim und Metrik analysiert?
- ☑ Wurde die Stimmung und Perspektive des lyrischen Ichs begründet und am Text belegt?
- ☑ Haben Sie die wichtigsten sprachlichen Mittel benannt und ihre Funktion für den Inhalt erläutert?
- ☑ Wurden aufgrund der Analyse schlüssige, weiterführende Folgerungen getroffen?
- ☑ Haben Sie alle Deutungen präzise durch Textbelege begründet?
- ☑ Haben Sie darauf geachtet, ein stilistisch ansprechendes und abwechslungsreiches Vokabular zu verwenden?

Analyse des zweiten Gedichts vor dem Hintergrund des Ausgangsgedichts

- ☑ Haben Sie eine ansprechende Überleitung zum zweiten Gedicht verfasst?
- ☑ Haben Sie die wichtigsten Daten zu Autor/-in, Datum, Titel und Thema präzise zusammengefasst?
- ☑ Wurden auch die für dieses Gedicht wesentlichen und für den Vergleich relevanten Merkmale analysiert?
- ☑ Haben Sie auf Unterschiede und/oder Gemeinsamkeiten zum Ausgangsgedicht hingewiesen?

Bilanzierender Vergleichsteil und Schluss

- ☑ Haben Sie die zentralen Ergebnisse aus der Analyse und Interpretation beider Gedichte zusammengefasst und dahin gehend gewichtet, ob es mehr Gemeinsamkeiten oder Unterschiede gibt?
- ☑ Wurde die eingangs formulierte Deutungs- und Vergleichshypothese überprüft und eventuell angepasst?
- ☑ Haben Sie ggf. Hintergrundwissen über Autorinnen und Autoren, das Thema und/oder die Epochen mit in den Vergleich einfließen lassen?
- ☑ Wurden die Gedichte in ihrer Bedeutung für die eigene, aktuelle Lebenswelt gewürdigt?

Sprache und Stil

- ☑ Wurde der Aufsatz durchgehend im Präsens geschrieben?
- ☑ Haben Sie die indirekte Rede im Konjunktiv wiedergegeben?
- ☑ Haben Sie Fachbegriffe und keine Ausdrücke der Umgangssprache benutzt?
- ☑ Haben Sie die Ergebnisse verallgemeinerbar, sachlich und objektiv formuliert?
- ☑ Ist die Wortwahl abwechslungsreich und interessant?
- ☑ Liest sich der Aufsatz flüssig?

Kapitel 3

Der Umgang mit Ganzschriften

3.1
Einen Roman interpretieren: Corpus Delicti von Juli Zeh

3.2
Ein Drama bearbeiten: Woyzeck von Georg Büchner

3.3
Literarisch erörtern

3.4
Anwenden, Vertiefen, Fazit

Die Beschäftigung mit einem Drama oder einem Roman als Ganzes ist immer eine spannende Herausforderung und verlangt mitunter Durchhaltevermögen und Disziplin. Doch lässt sich häufig ein großer Erkenntnisgewinn daraus ziehen. Im folgenden Kapitel setzen Sie sich mit Ausschnitten aus einem aktuellen Roman und einem der bekanntesten deutschen Dramen auseinander.

Erklärvideo zur Erstellung von Mindmaps

Kompetenzen

- ✓ Romanausschnitte analysieren
- ✓ einen Roman als Ganzschrift bewerten
- ✓ ein Drama bearbeiten
- ✓ sich mit einem Außentext in Bezug auf eine Ganzschrift kritisch auseinandersetzen
- ✓ eine freie literarische Erörterung verfassen
- ✓ produktive Verfahren zum Verständnis einer Ganzschrift anwenden

Methoden und Arbeitstechniken

- ✓ Mindmap
- ✓ szenisches Interpretieren
- ✓ Think-Pair-Share
- ✓ Podcast

Das kennen Sie schon

- ✓ literarische Figuren charakterisieren
- ✓ szenisches Interpretieren
- ✓ Zitate als Textbelege

Einen Roman interpretieren: Corpus Delicti von Juli Zeh

Eine Welt, in der es keine Krankheiten gibt; ein Staat, der die Gesundheit seiner Bürger bis ins kleinste Detail überwacht: Der Roman „Corpus Delicti" beschäftigt sich vor allem mit den Nachteilen dieser Zukunftsvorstellung.

1 **Tragen Sie gemeinsam zusammen, was Sie über literarische Erzähltechniken wissen. Vergleichen Sie Ihre Ergebnisse mit dem Schaubild „Literarische Erzähltechniken" (↗ S. 50).**

Juli Zeh: Corpus Delicti (2009, Auszug)

Eine hübsche Geste

Es gibt Momente, in denen die Zeit stehen bleibt. Zwei Menschen sehen einander in die Augen: Materie, die sich selbst anglotzt. Um die entstandene Blickachse, die sich hinter den Köpfen ins Unendliche verlängern lässt, dreht sich für ein paar Sekunden die ganze Welt. Zur Vermeidung von Missverständnissen sei darauf hingewiesen, dass hier nicht von Liebe auf den ersten Blick die Rede ist. Eher würden wir das, was gerade zwischen Mia und Kramer geschieht, das stumme Getöse am Anfang einer Geschichte nennen.

Mia hat ihm die Tür geöffnet, und für eine Weile spricht niemand ein Wort. Was Kramer denkt, ist schwer zu erraten; vermutlich wartet er einfach darauf, dass Mia die Gastgeberin in sich entdeckt. Er ist ein geduldiger Mann. Vielleicht nimmt er Rücksicht, verharrt respektvoll auf der Schwelle und will ihr Zeit geben, weil er versteht, in welch merkwürdiger Situation sie sich befindet. Schließlich erlebt man es nicht alle Tage, dass ein Mensch, den man im Geiste schon so viele Male und auf so unterschiedliche Arten zu Tode gequält hat, plötzlich leibhaftig vor einem steht.

„Seltsam", sagt Mia, als sie die Sprache wiederfindet. „Ich habe das Fernsehen gar nicht angeschaltet. Und trotzdem sehe ich Sie."

Darauf lächelt Kramer ein bezauberndes, offenherziges Lächeln, das ihm niemand zutrauen würde, der ihn nur aus den Medien kennt. Es ist ein Privatlächeln. Das Lächeln eines Menschen, der trotz großer Berühmtheit ganz der Alte geblieben ist.

„Santé", sagt er, zieht den rechten Handschuh aus und streckt Mia die nackte Hand hin. Sie betrachtet diese Hand wie ein exotisches Insekt, bevor sie zögernd ihre Finger in seine legt.

„Eine hübsche Geste, wie aus einem alten Film", sagt sie. „Scheint mir nicht recht zu Ihnen zu passen. Haben Sie keine Angst vor meinem Infektionspotenzial?"

„Das Wichtigste im Leben ist Stil, Mia Holl. Und Hysterie ist die schlimmste Feindin des guten Stils."

„Ihr Gesicht", sagt Mia nachdenklich, „ist wohl eine Art Etikett. Man kann es auf die unterschiedlichsten Ansichten kleben."

„Darf ich reinkommen?"

„Sie verlangen, dass ich dem Mörder meines Bruders etwas zu trinken anbiete?"

„Durchaus nicht. Für eine so plumpe Einschätzung sind Sie zu intelligent. Aber etwas zu trinken hätte ich tatsächlich gern. Eine Tasse heißes Wasser."

Kramer geht an Mia vorbei in die Wohnung und steuert das Sofa an, auf dem die ideale Geliebte schnell zur Seite rutscht. Kaum hat Kramer sich hingesetzt, wirkt das Sofa wie für ihn gemacht. Den angewiderten Blick der idealen Geliebten bemerkt er nicht, was ausnahmsweise weniger an seiner Selbstsicherheit liegt als an der Tatsache, dass er die ideale Geliebte nicht sehen kann.

„Nur der Vollständigkeit halber: Ich habe Ihren Bruder nicht ermordet. Wir sollten vielleicht eher fragen, woher er im Gefängnis die Angelschnur hatte, um sich aufzuhängen."

Mia steht mitten im Raum, hat die Arme gekreuzt und die Finger ins Fleisch der Oberarme gekrallt, als wolle sie sich am eigenen Körper festhalten – oder verhindern, dass ihre Hände sich selbstständig machen, um Heinrich Kramer zu erwürgen.

Einen Roman interpretieren: Corpus Delicti von Juli Zeh

„Sie …“, stößt Mia hervor, „Sie bemühen sich nicht gerade, meinen Hass zu entschärfen.“
Kramer kann auch geschmeichelt lächeln; dazu streicht er sich übers Haar.
„Hassen Sie nur“, sagt er. „Ich bin hier, um mit Ihnen zu reden. Sie sollen mich nicht heiraten.“
„Dem stünden hoffentlich unsere Immunsysteme entgegen.“
„Interessanterweise“, Kramer legt einen Finger an die Nase, „wären wir immunologisch kompatibel.“
„Interessanterweise“, sagt die ideale Geliebte und legt ebenfalls einen Finger an die Nase, „sind Sie ein noch größeres Arschloch, als wir dachten.“
„Versuchen wir es mit Logik.“ Mia hat ihre Stimme wieder unter Kontrolle. „Wenn Sie und Ihr Schwadron aus dreckigen Kläffern nicht diese Kampagne gegen Moritz gefahren hätten, wäre er vielleicht nicht verurteilt worden. Und ohne Verurteilung hätte er sich nicht umgebracht.“
„So gefallen Sie mir schon besser.“ Kramer hat den rechten Ellbogen auf die Rückenlehne der Couch gelegt, als ob er die ideale Geliebte in den Arm nehmen wollte. „Logisches Denken liegt Ihnen, genau wie mir. Deshalb werden Sie mühelos Ihren Denkfehler erkennen. Kausalität ist keineswegs identisch mit Schuld. Sonst müssten Sie auch den Urknall für den Tod Ihres Bruders verantwortlich machen.“
„Vielleicht tue ich das.“ Die Erde gerät auf ihrer Umlaufbahn in ein Schlagloch, Mia schwankt, will sich auf den Schreibtisch stützen und greift ins Leere. „Ich verurteile den Urknall. Ich verurteile das Universum. Ich verurteile unsere Eltern, weil sie Moritz und mich zur Welt gebracht haben. Ich verurteile alles und jeden, der ursächlich ist für seinen Tod!“
„Kommen Sie. Ich helfe Ihnen.“
Kramer erhebt sich, hilft Mia, die auf die Knie gesunken ist, beim Aufstehen und führt sie zum Sofa. Behutsam streicht er ihr das Haar aus der Stirn.
„Fass sie nicht an!“, zischt die ideale Geliebte.
„Ich geh uns mal eine Tasse heißes Wasser machen.“ Kramer verschwindet in der Küche.

2 Untersuchen Sie in Partnerarbeit die drei Figuren Mia Holl, Heinrich Kramer und die ideale Geliebte, indem Sie die Charaktereigenschaften und Beziehungen der Figuren in Form einer Mindmap (↗ Kapitel 11.1, S. 203) darstellen sowie passende Textbelege dazu finden.

3 Verfassen Sie eine Analyse der Figur Heinrich Kramer.

4 Untersuchen Sie die erzähltechnische Gestaltung des Textes. Nehmen Sie GUT ZU WISSEN „Sichtweise und Haltung des Erzählers“ (S. 25) und das Schaubild von Seite 50 zu Hilfe.

a) Erarbeiten Sie die Funktionen des Erzählerberichts und der Figurenrede in diesem Kapitel.
b) Beschreiben Sie die Rolle des Erzählers in dem Textauszug. Beachten Sie dabei auch die Erzählperspektive und die Erzählform und nutzen Sie Sprache und Stil von Seite 50.

5 Den Figuren Mia Holl und Heinrich Kramer liegen historische Personen zugrunde. Recherchieren Sie zu diesen historischen Personen und setzen Sie die gewonnenen Informationen in Bezug zu den beiden Figuren aus „Corpus Delicti“.

6 „Corpus Delicti“ war ursprünglich als Schauspiel verfasst. Sammeln Sie Vor- und Nachteile der literarischen Großformen Roman und Drama für Leser bzw. Zuschauer.

7 Verfassen Sie mithilfe Ihrer Ergebnisse eine Interpretation des Kapitels „Eine hübsche Geste“.

Einen Roman interpretieren: Corpus Delicti von Juli Zeh

Literarische Erzähltechniken

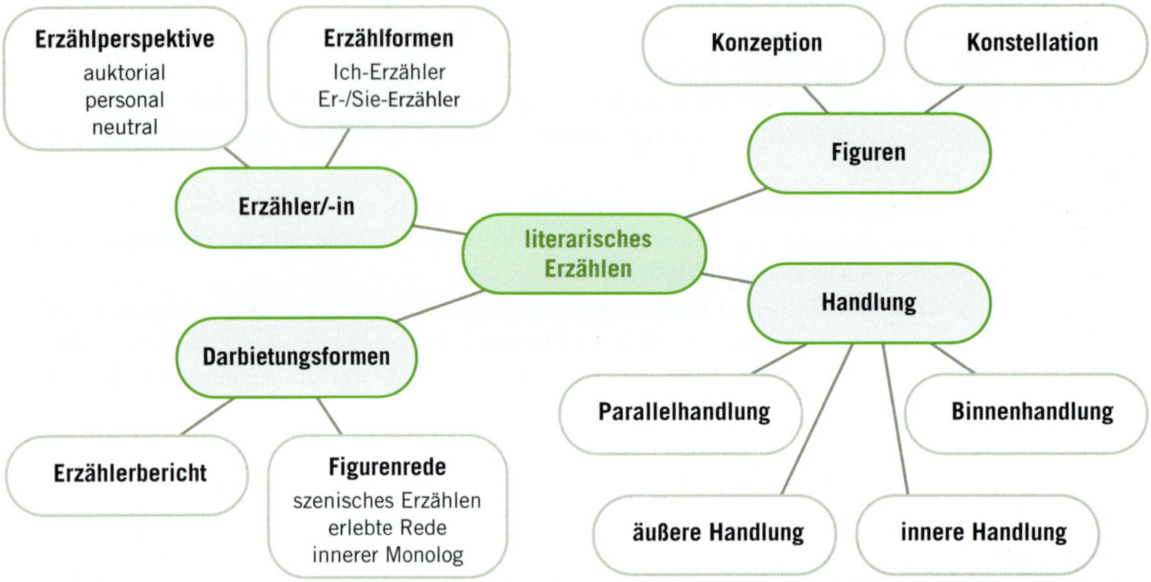

SPRACHE UND STIL – Einen Romanauszug interpretieren

Der Auszug aus dem ... (Erscheinungsjahr) *erschienenen Roman ...* (Titel) *von ...* (Autor/-in) *handelt von ...*
Das Kapitel ... lässt sich in ... Abschnitte einteilen.
Der Ausschnitt zeigt, dass ...
Die Figur ... hat folgende Charaktereigenschaften: ... Dies wird besonders an den Textstellen ... deutlich.
Die Erzählperspektive ist neutral/personal/auktorial. Ein Beispiel dafür ist ... Der Autor erreicht damit, dass ...
Mit dem Kapitel will die Autorin / der Autor unterstreichen, dass ...

GUT ZU WISSEN – Die postmoderne Literatur

Mit **postmoderner Literatur** werden am Ende des 20. Jahrhunderts Strömungen im literarischen Schaffen nach der **Moderne** bezeichnet (post = lat. nach). Bezeichnend ist, dass es keine Unterscheidungen mehr zwischen populärer und sogenannter ernster Literatur gibt. Alle Themen, Stile, Techniken und Medien sollen gleichwertig nebeneinanderstehen, d. h., Themen wie Lebenssinn, Mode, Drogen, Gentechnik oder Probleme der Pubertät haben die gleiche Wertigkeit. Alles wird gemischt, man bedient sich bei Elementen aus **Fernsehen, Computerspielen** oder anderen **neuen Kommunikationsmitteln**. Man spielt mit dem Zitat, ohne es als solches zu kennzeichnen (Intertextualität). Alles wird infrage gestellt, es gibt keine über allem stehende Ordnung mehr. **Pluralität und Beliebigkeit** liegen dicht beieinander. Fragen nach Realität und Dasein, nach Identitäten, nach dem Erschaffen von Wirklichkeit durch Sprache spiegeln sich im Schreiben wider.

Den Roman einordnen

Im Umschlagtext der Taschenbuchausgabe von „Corpus Delicti" heißt es:

Irgendwann im 21. Jahrhundert: Der Staat will nur unser Bestes und hat Gesundheit zur höchsten Bürgerpflicht gemacht. Ein junger Mann bringt sich um, weil ihn das System eines Verbrechens beschuldigt. Seine Schwester will beweisen, dass er unschuldig ist. Und wird zur Gefahr. „Negative Utopie und Justizdrama, Polit-Thriller und Gesellschaftsstück, handfestes Horror- und hauchzartes Geschwistermärchen."

1 **Informieren Sie sich über den Gesamtinhalt des Romans und ordnen Sie das Kapitel „Eine hübsche Geste" (S. 48 f.) in den Gesamtzusammenhang ein (↗ GZW „Werkzeugkasten Ganzschriften", S. 52).**

2 **Untersuchen Sie Motive und Themen im Roman „Corpus Delicti" (↗ GZW „Motive in der Literatur", S. 14).**

3 **Setzen Sie sich kritisch mit den verschiedenen Genres auseinander, die dem Roman im Umschlagtext zugeordnet werden.**

a) Informieren Sie sich über die verschiedenen Genres, die auf dem Umschlagtext und im GUT ZU WISSEN „Genre" genannt werden.

b) Überprüfen Sie anhand von ausgewählten Textstellen, wo diese Genres im Roman vorkommen.

c) Visualisieren Sie Ihre Ergebnisse auf einem Plakat oder als grafische Darstellung mithilfe eines Präsentationsprogramms.

4 **Analysieren Sie, warum sich der Roman der Epoche der Postmoderne zuordnen lässt (↗ GZW „Die postmoderne Literatur", S. 50).**

GUT ZU WISSEN | Genre

Der Begriff „Genre" stammt aus dem Französischen und bedeutet so viel wie **Gattung oder Art**. Genres unterscheidet man vor allem in der **bildenden Kunst**, in der **Musik** sowie im **Film**. So wird z. B. im Film zwischen den Genres Heimatfilm, Horrorfilm, Science-Fiction oder Western unterschieden.

Auch in der **Literaturwissenschaft** wird auf den Begriff „Genre" als **Unterbegriff der Gattungen Epik, Lyrik und Drama** zurückgegriffen. Beispielsweise ordnet man der Epik Genres zu, die in verschiedenen literarischen Epochen immer wieder aufgegriffen werden, wie historische Romane, Justizromane, Utopien, Dystopien, Thriller, Fantasyromane oder Kriminalromane. Jedem Genre lassen sich bestimmte Motive und Themen zuweisen, die Grenzen zwischen den verschiedenen Genres können dabei aber fließend sein.

5 **Ordnen Sie die folgenden Filme und literarischen Werke einem oder mehreren Genres zu. Nutzen Sie für Ihre Recherche auch das Internet.**

Filme: Die Tribute von Panem; Das Leben der Anderen; 2001: Odyssee im Weltraum; Der Herr der Ringe; Der große Diktator

Literatur: Jane Austen: Stolz und Vorurteil; Volker Kutscher: Der nasse Fisch; Stephen King: Es; Wolfgang Herrndorf: Tschick; Katharina Hacker: Die Habenichtse; Irmgard Keun: Das kunstseidene Mädchen; Wolfgang Koeppen: Tauben im Gras; Thomas Mann: Buddenbrooks; Mary Shelley: Frankenstein

Den Roman einordnen

GUT ZU WISSEN — Werkzeugkasten Ganzschriften/Lektüren

Das Lesen einer Ganzschrift, ob Roman oder Drama, ist eine große Herausforderung. Es gibt aber durchaus Werkzeuge, die das Verständnis einer Lektüre im Leseprozess vereinfachen.

Nehmen Sie die **Strukturierungsangebote** des Autors / der Autorin aus einer Ganzschrift (Akte, Szenen, Kapitel) beim Verstehensprozess aktiv auf. Versuchen Sie, schon beim Lesen **wichtige von unwichtigen Textpassagen zu unterscheiden** und zu trennen. Gibt es **verschiedene Handlungsstränge**, kann man die Ganzschrift in eine **Haupthandlung** und in **Nebenhandlungen** einteilen? Orientieren Sie sich dabei beispielsweise an den **Figuren** – ordnen Sie diese nach ihrer Bedeutung für die Handlung (z. B. Protagonisten, wichtige Figuren, Nebencharaktere, Statisten). Alternativ können Sie sich auch von **Handlungsorten** und **-zeiten** leiten lassen.

Markieren Sie **wichtige Textpassagen** und nutzen Sie **Klebezettel**, um Kapitel oder Szenen von besonderer Bedeutung oder wichtige Charaktereigenschaften der Figuren hervorzuheben. Sie können auch einen **Strukturplan** erstellen, indem Sie kurz auf die Kapitel oder Szenen inhaltlich eingehen und die handelnden Figuren auflisten.

Informationen, die außerhalb des Leseprozesses stehen, erleichtern Ihnen häufig den Zugang und das Verständnis des literarischen Werks: Informieren Sie sich parallel zum Leseprozess über **die Autorin / den Autor**. Wann hat sie/er gelebt, welche wichtigen Lebensstationen gibt es? Gibt es andere bedeutende **Werke** von dieser Person? Untersuchen Sie auch die **historischen Hintergründe** des Werks. In welcher **Zeit** ist es entstanden? Gibt es wichtige Ereignisse, die das Werk beeinflusst haben könnten? Welcher **literarischen Epoche** ist das Werk zuzuordnen?

MUSTER Eine Textpassage auszeichnen

Fell und Hörner, erster Teil ?

Wählen wir für ein paar Minuten die Vergangenheitsform. Anders als Mia, bereitet uns keine Schmerzen, im Präteritum an ihren Bruder zu denken.

„Ich komme klar", sagte Moritz.

„Du riechst komisch", sagte Mia.

„Ich rieche *gut*. Nach Mensch."

„Ich weiß nicht, ob das deiner zukünftigen Liebsten gefallen wird."

„Soll ich dir ein Geheimnis verraten? Allen vergangenen zukünftigen Liebsten hat es ziemlich gut gefallen."

Er fasst sie am Arm. „Komm!"

„Moritz! Der Weg ist *hier* zu Ende."

„Das war er schon immer. Komm schon!"

Weil Mia sich wehrte und die Fersen in den Boden stemmte, nahm Moritz die zweite Hand zu Hilfe und schleifte seine Schwester ein Stück hinter sich her, bis sie von selbst zu laufen begann. Unter tief hängenden Zweigen schlugen sie sich geduckt in die Büsche. Der Trampelpfad gehörte ihnen allein. Am Ufer des Flusses öffnete sich eine kleine Lichtung, von Baumkronen beschattet. Moritz nannte diesen Ort „unsere Kathedrale". Hier wird gebetet, behauptete er gern. Darunter verstand er reden, schweigen und angeln. Mia fand das Wuchern mit Begriffen überflüssig. Sie konnte sich einfach so mit ihm unterhalten, sie musste keine Religion daraus machen.

(aus: Juli Zeh: Corpus Delicti, 2009)

? Überschrift unklar

kurzer einleitender Erzählerbericht in 1. Pers. Pl.

} szenisches Erzählen (verdeutlicht Einstellung der Figuren)

kursiv: starke Betonung

zeigt Entschlossenheit und konsequentes Handeln

längerer Erzählerbericht: Situationsbeschreibung

→ Metapher: zeigt die besondere Bedeutung des Ortes

zeigt Mias Charakter (Naturwissenschaftlerin)

Ein Drama bearbeiten: Woyzeck von Georg Büchner

Gerade die literarische Gattung Drama kann oft als Plattform dienen, um auf aktuelle politische und gesellschaftliche Missstände hinzuweisen. 1836/37 schrieb Georg Büchner das Theaterstück „Woyzeck“, um auf prekäre Situationen von Individuen, die starkem gesellschaftlichem Druck und Zwängen ausgeliefert sind, aufmerksam zu machen.

1 Notieren Sie, was Sie über die Interpretation von Dramen wissen. Vergleichen Sie Ihre Notizen mit dem Schaubild „Drameninterpretation“ (S. 56).

Georg Büchner: Woyzeck (1836/37, Auszug)

Straße

Hauptmann. Doktor

Hauptmann keucht die Straße herunter, hält an, keucht, sieht sich um.

HAUPTMANN: Herr Doktor […]. Rennen Sie nicht so. Rudern Sie mit Ihrem Stock nicht so in der Luft. Sie hetzen sich ja hinter dem Tod drein. Ein guter Mensch, der sein gutes Gewissen hat, geht nicht so schnell. Ein guter Mensch. *(Er erwischt den Doktor am Rock.)* Herr Doktor, erlauben Sie, dass ich ein Menschenleben rette […]. Herr Doktor, ich bin so schwermütig, ich habe so was Schwärmerisches, ich muss immer weinen, wenn ich meinen Rock an der Wand hängen sehe, da hängt er.

DOKTOR: Hm! aufgedunsen, fett, dicker Hals, apoplektische Konstitution. Ja, Herr Hauptmann, Sie können eine apoplexia cerebralis[1] kriegen, Sie können sie aber vielleicht auch nur auf der einen Seite bekommen, und dann auf der einen gelähmt sein, oder aber Sie können im besten Fall geistig gelähmt werden und nur fortvegetieren, das sind so ohngefähr Ihre Aussichten auf die nächsten vier Wochen. Übrigens kann ich Sie versichern, dass Sie einen von den interessanten Fällen abgeben, und wenn Gott will, dass Ihre Zunge zum Teil gelähmt wird, so machen wir die unsterblichen Experimente.

HAUPTMANN: Herr Doktor, erschrecken Sie mich nicht, es sind schon Leute am Schreck gestorben, am bloßen hellen Schreck. – Ich seh schon die Leute mit den Zitronen in den Händen; aber sie werden sagen, er war ein guter Mensch, ein guter Mensch – Teufel Sargnagel.

DOKTOR *hält ihm den Hut hin:* Was ist das, Herr Hauptmann? Das ist Hohlkopf!

HAUPTMANN *macht eine Falte:* Was ist das, Herr Doktor? Das ist Einfalt.

DOKTOR: Ich empfehle mich, geehrtester Herr Exerzierzagel.

HAUPTMANN: Gleichfalls, bester Herr Sargnagel.

Woyzeck kommt die Straße heruntergerannt.

HAUPTMANN: He, Woyzeck, was hetzt Er sich so an uns vorbei? Bleib Er doch, Woyzeck, Er läuft ja wie ein offnes Rasiermesser durch die Welt, man schneidt sich an Ihm, Er läuft, als hätt Er ein Regiment Kastrierte zu rasiern und würd gehenkt über dem letzten Haar noch vorm Verschwinden – aber, über die langen Bärte, was wollt ich doch sagen? Woyzeck – die langen Bärte …

DOKTOR: Ein langer Bart unter dem Kinn, schon Plinius[2] spricht davon, man muss es den Soldaten abgewöhnen, du, du …

HAUPTMANN *fährt fort:* Hä? über die langen Bärte? Wie is, Woyzeck, hat Er noch nicht ein Haar aus eim Bart in seiner Schüssel gefunden? He, Er versteht mich doch, ein Haar von einem Menschen, vom Bart eines Sapeur[3], eines Unteroffizier, eines – eines Tambourmajor? He Woyzeck? Aber Er hat eine brave Frau. Geht Ihm nicht wie andern.

WOYZECK: Jawohl! Was wollen Sie sagen Herr Hauptmann?

HAUPTMANN: Was der Kerl ein Gesicht macht! muss nun auch nicht in der Suppe sein, aber wenn Er sich eilt und um die Eck geht, so kann Er vielleicht noch auf Paar Lippen eins finden, ein Paar Lippen, Woyzeck, ich habe auch die Liebe gefühlt, Woyzeck. Kerl, Er ist ja kreideweiß.

Ein Drama bearbeiten: Woyzeck von Georg Büchner

Woyzeck: Herr Hauptmann, ich bin ein arm Teufel – und hab sonst nichts auf der Welt, Herr Hauptmann, wenn Sie Spaß machen –

Hauptmann: Spaß ich, dass dich Spaß, Kerl!

Doktor: Den Puls Woyzeck, den Puls, klein, hart, hüpfend, unregelmäßig.

Woyzeck: Herr Hauptmann, die Erd is höllenheiß, mir eiskalt! Eiskalt, die Hölle ist kalt, wollen wir wetten. Unmöglich, Mensch! Mensch! Unmöglich.

Hauptmann: Kerl, will Er erschossen werden, will Er ein paar Kugeln vor den Kopf haben? Er ersticht mich mit seinen Augen, und ich mein's gut mit Ihm, weil Er ein guter Mensch ist, Woyzeck, ein guter Mensch.

Doktor: Gesichtsmuskeln starr, gespannt, zuweilen hüpfend, Haltung aufgerichtet, gespannt.

Woyzeck: Ich geh! Es ist viel möglich. Der Mensch! Es ist viel möglich. Wir habe schön Wetter, Herr Hauptmann. Sehn Sie, so ein schön, festen, groben Himmel, man könnte Lust bekomm, ein Kloben hineinzuschlagen und sich daran zu hänge, nur wege des Gedankenstrichels zwischen ja und wieder ja – und nein, Herr, Herr Hauptmann ja und nein? Ist das Nein am Ja oder das Ja am Nein schuld? Ich will drüber nachdenke. *(Geht mit breiten Schritten ab, erst langsam, dann immer schneller.)* […]

Hauptmann: Mir wird ganz schwindlig vor den Menschen, wie schnell, der lange Schlingel greift aus, es läuft der Schatten von einem Spinnbein, und der Kurze, – das zuckelt. Der Lange ist der Blitz und der Kleine der Donner. Haha, hinterdrein. Grotesk! grotesk!

1 die apoplexia cerebralis: der Schlaganfall
2 Plinius: vermutlich Plinius der Ältere, ein römischer Gelehrter, Offizier und Verwaltungsbeamter (ca. 23 bis 79 n. Chr.)
3 der Sapeur: Pionier beim Militär

2 Führen Sie eine szenische Lesung (↗ Kapitel 11.1, S. 209) durch.

3 Geben Sie den Inhalt der Szene wieder.

4 Suchen Sie Schlüsselwörter zu jeder Figur heraus, clustern Sie diese (↗ Kapitel 11.1, S. 196) und ziehen Sie dann Rückschlüsse daraus auf den Charakter der drei Figuren.

5 Beschreiben Sie die Besonderheiten der Kommunikation zwischen Hauptmann und Arzt.

★ **6** Verfassen Sie einen Kommentar (↗ Kapitel 7.2, S. 133) aus Sicht eines Außenstehenden, der die Szene beobachtet und das Gespräch zwischen Hauptmann, Arzt und Woyzeck verfolgt.

7 Verfassen Sie eine Interpretation der Textstelle „Straße". Nutzen Sie dazu auch Sprache und Stil von Seite 55.

Die Szene „Straße" aus dem Drama „Woyzeck" von Georg Büchner zeigt die Beziehung des Protagonisten Woyzeck zu den gesellschaftlich höhergestellten Figuren Hauptmann und Doktor. Die typischen Charakterzüge der drei Figuren werden stark übertrieben dargestellt. Der Doktor ist beispielsweise so stark in beruflichen Zwängen gefangen, dass er permanent Diagnosen stellt, aber seine eigentliche Umwelt gar nicht mehr wahrnimmt. Auch der Hauptmann …

8 Beurteilen Sie, ob sich „Woyzeck" dem Vormärz (↗ GZW „Vormärz", S. 56) zuordnen lässt.

SPRACHE UND STIL | **Eine Dramenszene interpretieren**

Die vorliegende Szene ... handelt von ...
Die Szene zeigt ...
Der Verlauf des Dialogs/Monologs lässt sich in verschiedene Phasen/Abschnitte einteilen: ...
Die Figuren stehen in folgender Beziehung zueinander: ...
Typische Charaktereigenschaften der Figur ... sind: ... Dies wird an folgenden Äußerungen deutlich: ...
Der Nebentext unterstützt die Dialoge/Monologe ...
Der Autor will mit dieser Szene / diesem Szenenausschnitt bewirken/ausdrücken, dass ...
Zusammengefasst kommt man zu dem Ergebnis, dass ...
Die zu Beginn aufgestellte Hypothese wird bestätigt / trifft zum Teil zu / lässt sich widerlegen, weil ...

CHECKLISTE | **Eine Szenenanalyse verfassen**

- ☑ Haben Sie eine Einleitung verfasst, in der Sie Textsorte, Autor/-in, Titel, Erscheinungsjahr und Thema der Szene nennen?
- ☑ Haben Sie eine Deutungshypothese formuliert?
- ☑ Haben Sie den Verlauf der Dialoge untersucht?
- ☑ Wurden die Figurenkonzeptionen und -konstellationen ausführlich untersucht?
- ☑ Sind Sie auf weitere Gestaltungsmerkmale (z. B. auf den Nebentext) eingegangen?
- ☑ Haben Sie sprachliche Besonderheiten in der Szene erläutert?
- ☑ Haben Sie die Intention der Szene und des ganzen Dramas erfasst?
- ☑ Wurden Merkmale der Epoche und der Gattung Drama in der Analyse berücksichtigt?
- ☑ Haben Sie ein zusammenfassendes Fazit am Ende formuliert?
- ☑ Haben Sie alle Ausführungen mit Textbelegen und Zitaten versehen?
- ☑ Haben Sie den Text auf sprachliche Richtigkeit (Rechtschreibung, Zeichensetzung, Grammatik) überprüft?

Das Drama verstehen

Woyzeck steht im Mittelpunkt des Dramenfragments von Georg Büchner. Für das Verständnis des gesamten Dramas ist es daher unerlässlich, sich genauer mit dieser Figur zu beschäftigen.

1 **Verschaffen Sie sich einen Überblick über den gesamten Inhalt des Dramas „Woyzeck" und interpretieren Sie mit diesem Wissen die Äußerungen Woyzecks in Zeile 45 ff. Orientieren Sie sich dabei am Schaubild „Drameninterpretation" von Seite 56.**

2 **Ordnen Sie die Szene „Straße" (S. 53 f.) in den Gesamtkontext des Dramas ein.**

3 **Untersuchen Sie die Figur Woyzeck. Finden Sie Kategorien, die bei der Charakterisierung der Figur Woyzeck hilfreich sind.**

a) Suchen Sie aus dem Gesamtinhalt geeignete Textstellen, die Sie den Kategorien zuordnen.
b) Verfassen Sie zusammenfassend eine Charakterisierung der Figur Woyzeck.

Das Drama verstehen

4 Recherchieren Sie im Internet nach Quellen, die Büchner für sein Drama verwendet hat.

5 Verfassen Sie einen Kommentar zu der Fragestellung, ob Woyzeck Täter oder Opfer ist.

6 Erstellen Sie einen „Spickzettel" für den Umgang mit einem Dramentext. Nutzen Sie dafür auch GUT ZU WISSEN „Werkzeugkasten Ganzschriften" von Seite 52.

Drameninterpretation

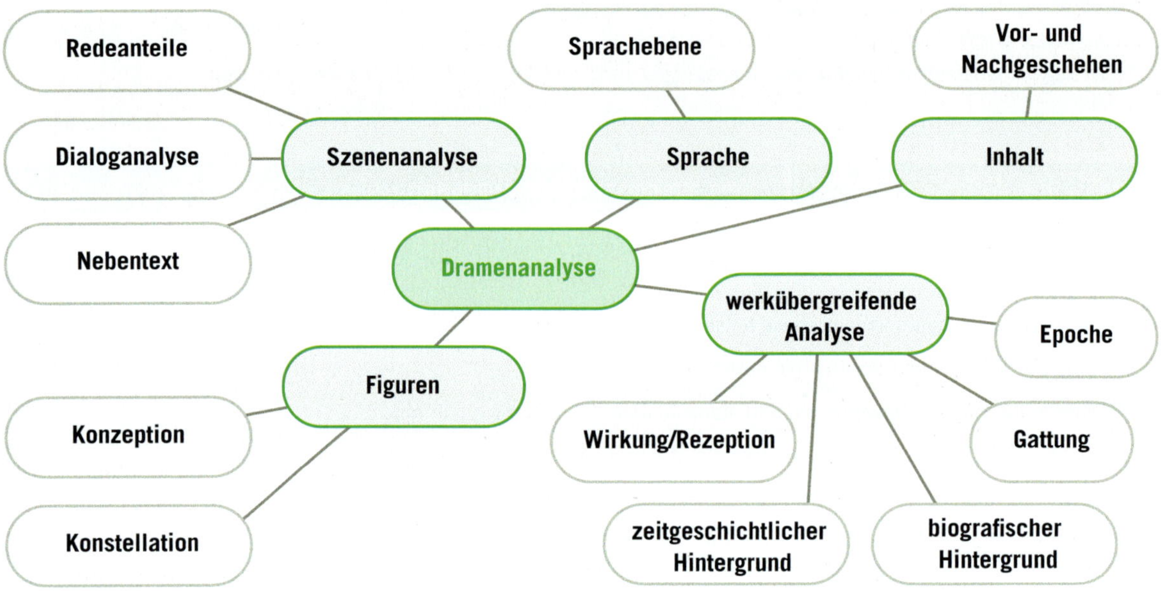

GUT ZU WISSEN | Vormärz

Nach dem politischen Niedergang Napoleons wurde auf dem **Wiener Kongress** (1814/1815) eine Neuordnung Europas beschlossen mit dem Ziel, flächendeckend die **Monarchie** wieder einzuführen. Anstatt den Bürgern mehr Rechte einzuräumen, wie von den Fürsten im Krieg gegen Napoleon zugesichert, verschärfte man die **Pressezensur**, entließ liberal eingestellte Lehrkräfte an Universitäten, **verhaftete Studenten** national gesinnter Studentenvereinigungen und erließ ein **Schreibverbot** gegen antimonarchische Schriftsteller. Grundlage für die **Unterdrückung aller liberalen und nationalen Bestrebungen** waren die 1819 verabschiedeten **Karlsbader Beschlüsse**.

Aus dieser Unterdrückung heraus entstand zwischen 1815 und der Märzrevolution 1848 eine **Bewegung von oppositionellen Schriftstellern**. Sie setzten sich für die Einheit Deutschlands, die Aufhebung der Pressezensur, das Respektieren der Grundrechte aller Menschen, eine gerechte Verteilung der materiellen Güter, aber auch für die Rechte der Frauen ein. Neben **essayistischen und journalistischen Texten** bevorzugten die jungen Schriftsteller des Vormärz die Gattung **Lyrik**. Viele dieser Autoren mussten aus Deutschland fliehen und ins Exil gehen. Einer davon war Heinrich Heine (1797–1856), der 1831 ins Exil nach Paris ging. Andere wichtige Schriftsteller dieser Zeit waren Georg Büchner, Georg Herwegh und Hermann Ferdinand Freiligrath.

Die nationale Begeisterung des Vormärz warf aber bereits die Schatten eines hemmungslosen Nationalismus und eines irrationalen Antisemitismus voraus.

Literarisch erörtern
Eine literarische Erörterung anhand eines Außentextes verfassen

Die literarische Erörterung mit einem Außentext bietet z. B. die Möglichkeit, sich gleichzeitig mit einem literarischen Werk und einer aktuellen Thematik auseinanderzusetzen.

Packender Horrortrip im Schauspielhaus

von Sebastian Thiele

[...] Auf einer Krankenliege rollt er herein. Grau, vernarbt und mit aufgerissenen Augen: das leblose Objekt – Woyzeck, die Puppe. Vier Schauspieler in giftig-grünen Overalls eilen herbei und hauchen der Ganzkörperfigur Leben ein. Sie schlüpfen in Woyzecks Hände, führen den Kopf und stellen ihn auf wacklige Beine. Eine Stirnlampe kriegt er verpasst, denn hier wird heute Abend eine ganz eigenwillige Lesart ausgeleuchtet. [...]

Am Staatsschauspiel Dresden verortet Regisseur Jan-Christoph Gockel seinen Woyzeck in Afrika, um sich mit Kolonialismus und Rassismus auseinanderzusetzen. [...] Am Sonnabend war im Dresdner Schauspielhaus Premiere dieses spannenden Experimentes. Klug, Woyzeck als Puppe zu zeigen. Der Puppenbauer und -spieler Michael Pietsch hat dafür auch das richtige Händchen. Sieht man doch eine Figur, die weder schwarz noch weiß ist. Deformiert, fremdgesteuert und willenlos wandelt Woyzeck durch die Zeiten und Zuschreibungen. Seine Familie will er durchbringen, indem er sich als Proband für medizinische Experimente hergibt. Zunehmende körperliche und seelische Erschöpfung sind die Folge. Letztendlich wird Woyzeck zum Mörder seiner Frau, weil diese ihn betrügt.

Doch Woyzeck ist an diesem Abend weniger eine konkrete Figur. Vielmehr verkörpert die Puppe alle Opfer des Kolonialismus. Ihm wird der Schädel vermessen und daraus pseudowissenschaftlich seine Wildheit abgelesen. Wenn Woyzeck spricht, leiht ihm der Dresdner Künstler Ezé Wendtoin, der aus Burkina Faso stammt, seine Stimme. [...]

Auf der genialen Wunder-Bühne von Julia Kurzweg haust die Familie in einer Erdhöhle, die unter der Last eines riesigen, symbolischen Gullydeckels erdrückt wird. Dieses Konstrukt ist drehbar und mittels zirkuszeltartigen Vorhangs wechseln Szenen wie Orte rasant. Live-Schlagzeug, schräge Synthie-Töne und dröhnende Klangteppiche von Anton Bergmann kommentieren zart bis urgewaltig die Handlungsstationen. Vergeblich sucht das Publikum nach Halt und Hoffnung auf diesem Horrortrip.

Psychotische Lichtstimmungen von Andreas Barkleit erinnern an David-Lynch[1]-Settings. Stets regiert Überhöhung und Verfremdung. Unheimlich, wenn beispielsweise der Spieler Ezé Wendtoin seiner Sinne beraubt wird: In einem Video verkleistert man sein Gesicht mit weißem Brei, verklebt Augen, Ohren und Mund. Und wieder Vorhang auf und Kleiderspende für Afrika. Ein Textilregen ergießt sich, wahllos zerrt das Ensemble sich alles über.

Auch sonst sind alle schrill kostümiert. Allen voran der Tambourmajor, der auf dem Kopf eine Rüssel-Trophäe sinnbildlich für seine Männlichkeit trägt. Dann fliegt ein Care-Paket mit Mini-Fallschirm herab. „Freu dich, Woyzeck, über Buntstifte, die deinem Elend Farbe verleihen, freu dich über Kondome!" Viele im Saal lachen. Aber sie merken nicht, dass sie gerade dem Alltagsrassismus unterliegen. Schlau eingefädelt. Spätestens, wenn Woyzeck vom Tambourmajor vergewaltigt, wenn sein Puppenkörper dabei schrecklich verrenkt wird, lacht keiner mehr. Mit aller Härte spielt Jannik Hinsch diesen rohen Gewaltmenschen.

Kalt und perfide tritt hingegen Torsten Ranft als Arzt in diesem Panoptikum auf. Er verkörpert den pseudomoralischen Intellektuellen, der Woyzeck wie ein Vieh behandelt. Herrlich selbstmitleidig und jämmerlich spielt Lukas Rüppel die gängelnde Figur des Hauptmanns. Wohin soll nur dieser leidende Woyzeck? Selbst Marie, für die er alles tut, verstößt ihn. Durch das ehelose Kind gilt sie als Hure und nimmt diese Rolle auch an. Luise Aschenbrenner zeigt eine sehr energisch-verzweifelte Marie. Krampfhaft sucht sie nach Siegertypen. Doch in dieser Hölle in Afrika gewinnt keiner.

Am Ende triumphiert eine düstere Todesprozession: Jeder Darsteller trägt zu sakraler Musik ein zusammengezimmertes Puppengestell, das ihm selbst ähnelt. Wie ein finsteres Seelenabbild. Als dann der rote Vorhang auf den Bühnenboden rauscht und

Eine literarische Erörterung anhand eines Außentextes verfassen

Marie mit ihm in einem Loch verschwindet, hat das Publikum eine Achterbahn der Wahrnehmung hinter sich.

So eigen die Lesart dieses Afrika-„Woyzecks" auch sein mag, die Konsequenz und Bildgewalt ist atemberaubend. Ja, es geht laut, plakativ und auch an der Grenze des Geschmacks zur Sache. Doch die bitterbösen Szenen erheben eine berechtigte Anklage an die Kolonialmächte. Zusammengeflickt liegt Woyzeck wieder auf dem Krankengestell. Seine Tragödie findet in keiner Welt ein Ende. Begeistert feiert Dresden diesen radikalen und grandiosen Abend.

(www.saechsische.de)

1 David Lynch: US-amerikanischer Regisseur (geb. am 20.01.1946), bekannt geworden durch Horrorfilme und surrealistische Thriller

1 Geben Sie die Kernaussagen der Theaterrezension wieder.

2 Bearbeiten Sie die argumentative Entfaltung des Textes von Sebastian Thiele.

a) Formulieren Sie die Hauptthese der Rezension von Sebastian Thiele.

b) Listen Sie Stellen im Zeitungsartikel auf, die diese Hauptthese unterstützen.

3 Diskutieren Sie die in der Rezension erwähnten Umsetzungen von „Woyzeck" für die Bühne. Legen Sie dabei auch Ihr persönliches Verständnis des Dramas dar.

4 Erörtern Sie, inwieweit Woyzeck eine Puppe im Sinne des Regisseurs Jan-Christoph Gockel ist. Orientieren Sie sich an GUT ZU WISSEN „Literarische Erörterung" sowie an Sprache und Stil.

In Jan-Christoph Gockels Inszenierung des „Woyzeck" lässt der Regisseur den Protagonisten als Puppe auftreten, um auf die starken gesellschaftlichen Zwänge hinzuweisen, denen Woyzeck ausgeliefert ist. ...

GUT ZU WISSEN – Literarische Erörterung

Eine literarische Erörterung beschäftigt sich mit **Motiven und Themen aus literarischen Texten**. Oft geht es dabei auch um **literaturwissenschaftliche, epochenspezifische oder gattungstypische Sachverhalte**. Bearbeitungsgegenstand einer literarischen Erörterung sind **Ganzschriften, Teile aus Ganzschriften oder** Sekundärtexte, **sogenannte Außentexte**, die sich mit einer Ganzschrift auseinandersetzen. Bei der Auseinandersetzung mit einem Außentext müssen die **Kernaussagen und Argumente** des Außentextes erfasst werden, um diese dann **am literarischen Werk kritisch zu überprüfen**. Bei einer freien literarischen Erörterung ohne Außentext stehen Motive und Themen sowie literaturwissenschaftliche Problematiken der Ganzschrift im Zentrum.

SPRACHE UND STIL – Literarisch erörtern anhand eines Außentextes

Der Zeitungsartikel ... (Publikationsdaten) *handelt von ...*
In seinem Text bezieht sich der Autor / die Autorin auf den Roman / das Drama / die Aufführung ...
Der Außentext greift folgende Motive und Themen aus dem Roman/Drama ... auf: ...
Die Kernthese und die Argumentation des Außentextes sind gut nachvollziehbar / nicht nachvollziehbar, weil im zugrunde liegenden Werk (Drama/Roman) ...

5 **Beurteilen und ergänzen Sie das Muster einer Schülerin, die sich mit einzelnen Aspekten der Inszenierung beschäftigt hat, welche in der Theaterrezension „Packender Horrortrip im Schauspielhaus" zur Sprache kommen.**

a) Ist es nachvollziehbar, wie Thiele in seiner Rezension „Packender Horrortrip im Schauspielhaus" Gockels „Woyzeck"-Inszenierung einschätzt? Nehmen Sie begründet Stellung.

b) Verändern oder ergänzen Sie das Muster auf der Grundlage Ihrer persönlichen Meinung zu Rezension und Inszenierung sowie Ihres eigenen Hintergrundwissens zu „Woyzeck".

MUSTER Argumente für eine literarische Erörterung

Sebastian Thiele bezeichnet die Bühne der Dresdner „Woyzeck"-Aufführung als „geniale Wunder-Bühne". Die Genialität erschließt sich mir nicht.
In Gockels Inszenierung hausen Woyzeck und seine Familie in einem Erdloch, auf dem ein riesiger Gullydeckel lastet. Es fällt schwer, sich die Wohnung der kleinen Familie nach der Lektüre von Büchners Drama so vorzustellen. Laut Dramentext befindet sich die Wohnung an einer recht belebten Straße. Von hier aus sieht Marie bei einer Parade zum ersten Mal den Tambourmajor, mit dem sie später ein Verhältnis eingeht. Die Umsetzung auf der Dresdner Bühne löst sich also deutlich von der Textvorlage. Die Frage nach der Intention des Regisseurs ...

Eine freie literarische Erörterung verfassen

Bei einer literarischen Erörterung ohne Außentext liegt der Schwerpunkt auf der kritischen Beschäftigung mit einer These oder strittigen Frage im Zusammenhang mit einem literarischen Text.

1 **„Die ideale Geliebte hat eine kommentierende Funktion." Erörtern Sie diese These, indem Sie sich zunächst kritisch mit einer Schülerarbeit dazu auseinandersetzen.**

a) Überprüfen Sie im Kapitel „Eine hübsche Geste" aus Juli Zehs Roman „Corpus Delicti" (S. 48 f.), ob die Aussagen im Muster unten zutreffend sind.

b) Erstellen Sie eine Tabelle mit weiteren Textstellen aus dem Roman, in denen die ideale Geliebte vorkommt. Halten Sie fest, welche Funktion der idealen Geliebten jeweils zukommt.

c) Führen Sie das Muster fort und verfassen Sie eine vollständige Erörterung zur These „Die ideale Geliebte hat eine kommentierende Funktion".

MUSTER Einen literarischen Text erörtern

Die ideale Geliebte ist im Roman „Corpus Delicti" von Juli Zeh eine Figur, die nur in der Fantasie der Protagonistin Mia Holl existiert. Bei ihren ersten Auftritten erschließt sich dies den Lesern noch nicht. Die ideale Geliebte wirkt wie eine Mitbewohnerin und Freundin Mia Holls. Sie hat die Funktion, Ereignisse und Personen zu kommentieren. Heinrich Kramer gegenüber ist sie sehr feindselig eingestellt. Sie hat ihren eigenen Charakter und äußert oft sehr zynische Kommentare ...

2 **Verfassen Sie eigene Thesen zu den Themen und Motiven im Roman „Corpus Delicti".**

3 **Erörtern Sie, inwieweit die Figur Mia Holl in Juli Zehs Roman „Corpus Delicti" als politische Widerstandskämpferin angesehen werden kann.**

Anwenden, Vertiefen, Fazit
Mit Lektüren produktiv umgehen

Die Beschäftigung mit einem Roman oder einem Drama erfolgt nicht immer durch analytische Verfahren. Wie im Folgenden gezeigt, gibt es andere Möglichkeiten, Zugang zu einem Roman- oder Dramentext zu erlangen.

1 **Erstellen Sie einen Podcast (↗ Kapitel 11.1, S. 204) zum Thema „Woyzeck – Täter oder Opfer der Gesellschaft?“.**

2 **Schreiben Sie die Szene „Straße“ (S. 53 f.) aus dem Drama „Woyzeck“ von Georg Büchner in eine Kurzgeschichte um.**

3 **Verfassen Sie eine Fortsetzung zum Roman „Corpus Delicti“. Wählen Sie dabei eines der beiden folgenden Szenarien aus:**

A Mia Holl wird nicht zum Einfrieren auf unbekannte Zeit verurteilt, sondern wird begnadigt und soll sich einem Resozialisierungsprogramm unterziehen. Beginnen Sie ab dem Zeitpunkt, als Mia Holl das Programm verlässt.

B Mia Holl wird zum Einfrieren auf unbestimmte Zeit verurteilt und wird nach 25 Jahren wiederbelebt. Sie versucht nun, sich in der Welt zurechtzufinden.

Gehen Sie in Anlehnung an die Think-Pair-Share-Methode folgendermaßen vor:
- Finden Sie in Einzelarbeit in einem Brainstorming einen roten Faden und legen Sie fest, welche Inhalte Sie wie darstellen wollen.
- Verfassen Sie Ihren Text. Orientieren Sie sich dabei, was Erzählerhaltung, Figurenrede, Textgestaltung und Stil etc. angeht, an dem Originalroman von Juli Zeh.
- Besprechen Sie Ihre Ergebnisse in Partnerarbeit.
- Tauschen Sie sich dann in der Gruppe aus, indem Sie jeden Text lesen und mit Kommentaren versehen.
- Überarbeiten Sie Ihren Text. Achten Sie auch auf eine leserfreundliche optische Gliederung durch Absätze etc. und überprüfen Sie die sprachliche Richtigkeit (Rechtschreibung, Zeichensetzung, Grammatik).

4 **Entwerfen Sie zum Kapitel „Eine hübsche Geste“ aus dem Roman „Corpus Delicti“ von Juli Zeh (S. 48 f.) eine Theaterszene.**

FAZIT

3.1
Einen Roman interpretieren: Corpus Delicti von Juli Zeh
- Den Roman einordnen

3.2
Ein Drama bearbeiten: Woyzeck von Georg Büchner
- Das Drama verstehen

3.3
Literarisch erörtern
- Eine literarische Erörterung anhand eines Außentextes verfassen
- Eine freie literarische Erörterung verfassen

3.4
Anwenden, Vertiefen, Fazit
- Mit Lektüren produktiv umgehen

III Prüfungsvorbereitung

Interpretation einer Textstelle

Aufgaben wie die folgende könnten Ihnen in der Prüfung vorgelegt werden.

Juli Zeh: Corpus Delicti (2009, Auszug)

Die Zaunreiterin

Die ideale Geliebte hat mit zarter Stimme vorgetragen. Aus ihrem Mund klingen Kramers Tiraden wie Verse eines epischen Gedichts. Als sie fertig ist, unterbricht Mia, die schon wieder auf dem Hometrainer sitzt, ihr wütendes Anarbeiten gegen Kilometerfehlstände und applaudiert.

„Bravo! Ein Meisterwerk. ‚Er fühlte sich immer unverstanden, sagt Mia Holl, seine Schwester.' Das ist hohe Kunst."

„So eine Dreistigkeit hat die Welt noch nicht gesehen", sagt die ideale Geliebte, deren Wangen vor Zorn ganz fleckig sind.

„Solche Dreistigkeit sieht die Welt Tag für Tag", sagt Mia. „Da genügt der Blick in eine handelsübliche Zeitung."

„Weißt du, was ich dir gerade vorgelesen habe?"

„Eine Hetzschrift im Krieg gegen den Anti-Methodismus."

„Nein. Deine persönliche Anklageschrift."

„Du übertreibst." Mia hat das Fahrradfahren wieder aufgenommen und tritt heftig in die Pedale. „Ich wusste gar nicht, dass Wahnvorstellungen unter Wahnvorstellungen leiden können."

„Du kapierst nichts, Mia Holl. Er hat Moritz öffentlich als Terroristen bezeichnet und deinen vollen Namen genannt. Das ist das Ende deiner Anonymität. Was gedenkst du zu tun?"

„Tun?" Mia lacht. „Wieso etwas tun? Ich sitze hier und erfülle meine Sportpflichten, während sich die Welt um mich herum in Spiralen einem unbekannten Ziel entgegendreht. Wie du siehst, ist das Ganze schon schlimm genug, ohne dass ich etwas *tue*."

„Du willst immer alles harmlos haben. Moritz war ein Kindskopf, nicht wahr? Und Kramer, der ist wohl ein politischer Schwärmer? Und du – du bist eine unbescholtene Bürgerin auf einem Fahrrad? Ich sag dir, was du bist. Ein Feigling. Dein ganzes Rationalisieren, dein Für und Wider, dein Besser-und-am-besten-Wissen dient einem einzigen Zweck: ein Leben lang mit den Achseln zucken zu dürfen."

„An gezuckten Achseln ist noch niemand gestorben. Aber an Heldentum und *Ideen* und Selbstaufopferung ist die Welt schon unzählige Male zugrunde gegangen. Was willst du von mir? Soll ich mich aus dem Fenster lehnen, Kramers Kopf fordern und die Revolution ausrufen?"

„Nicht die schlechteste Vorstellung."

„Es reicht!" Mias Tonfall verrät, dass sich unter dem Spott echte Wut verbirgt. „Ich habe genug von deinem vagen Gerede."

„Es geht auch konkreter." Die ideale Geliebte muss ein paar Mal durchatmen, um sich zu beruhigen. „Schritt eins: Du begreifst, dass Moritz der METHODE zum Opfer gefallen ist und dass dieser Kramer daran beteiligt war. Schritt zwei, du sprichst folgenden Satz: Die METHODE hat meinen Bruder getötet und sich damit als Unrechtssystem offenbart. Schritt drei, du rufst Rosentreter an. Schritt vier, ihr verklagt Kramer wegen böswilliger Verleumdung. Schritt fünf, ihr sucht nach einem frei denkenden Journalisten und gebt ihm ein Interview, in dem du erklärst …"

„Oh", höhnte Mia, „da wird *dieser Kramer* aber große Angst bekommen. Hervorragender Vorschlag, meine ideale Geliebte. Das fügt der Wirkungslosigkeit menschlichen Strebens auch noch die Lächerlichkeit des Versuchs hinzu."

„Merkst du was? Du greifst Schritt vier und fünf an, ohne die ersten beiden auch nur bedacht zu haben. Du hast Angst, Mia Holl. Wenn du die ersten beiden Schritte vollzogen hättest, wenn du dich endlich zu deinem Bruder bekennen würdest, käme dir alles Weitere nicht mehr lächerlich vor."

Das hat gesessen. Manchmal kommt es vor, dass jemand auf gewaltige Weise recht hat und dass dieses Rechthaben jede Antwort überflüssig macht. Es unterbricht den ewigen Kreislauf des Einerseits-Andererseits. Eine geradezu

Interpretation einer Textstelle

himmlische Ruhe tritt ein. Mia schaut nach unten, sieht ihren Füßen beim Bedienen der Pedale zu und denkt für ein paar Sekunden an gar nichts.
„Weißt du, was eine Hexe ist, Mia?"
Überrascht hebt die Angesprochene den Kopf und muss sich anstrengen, um ihre Konzentration auf den neuen Begriff zu richten.
„Eine Hexe, mit Buckel und Besen? Die im Backofen oder auf den Scheiterhaufen endet?"
„Das Wort kommt von Hagazussa. Die Hexe ist ein Heckengeist. Ein Wesen, das auf Zäunen lebt. Der Besen war ursprünglich eine gegabelte Zaunstange."
„Was hat das mit mir zu tun?"
„Zäune und Hecken sind Grenzen, Mia. Die Zaunreiterin befindet sich auf der Grenze zwischen Zivilisation und Wildnis. Zwischen Diesseits und Jenseits, Leben und Tod, Körper und Geist. Zwischen Ja und Nein, Glaube und Atheismus. Sie weiß nicht, zu welcher Seite sie gehört. Ihr Reich ist das *Dazwischen.* Erinnert dich das an jemanden?"
Darauf erwidert Mia nichts. Sie steigt vom Hometrainer und stellt sich ans Fenster. Ein Vogel ist im Blumenkasten gelandet, pickt enttäuscht an den künstlichen Blüten und sieht Mia vorwurfsvoll an, bevor er davonfliegt.
„Wer keine Seite wählt", sagt die ideale Geliebte, „ist ein Außenseiter. Und Außenseiter leben gefährlich. Von Zeit zu Zeit braucht die Macht ein Exempel, um ihre Stärke unter Beweis zu stellen. Besonders, wenn im Inneren der Glaube wackelt. Außenseiter eignen sich, weil sie nicht wissen, was sie wollen. Sie sind Fallobst."
„Ich bin doch keine Außenseiterin", sagt Mia schwach.
„Tief in deinem Herzen bist du der Meinung, dass der Umgang mit anderen Menschen Zeitverschwendung ist. Mit wenigen Ausnahmen, von denen die eine Hälfte tot und die andere dein Todfeind ist. Das reicht fürs Außenseitertum."
Während die äußere Mia störrisch tut, als verstünde sie nicht, worauf die ideale Geliebte hinauswill, ist die innere Mia mit der traurigen Aufgabe beschäftigt, ihr in allen Punkten recht zu geben. Natürlich weiß Mia, worum es geht. Die METHODE gründet sich auf die Gesundheit ihrer Bürger und betrachtet Gesundheit als Normalität. Aber was ist *normal*? Einerseits alles, was der Fall ist, das Gegebene, Alltägliche. Andererseits aber bedeutet „normal" etwas Normatives, also das Gewünschte. Auf diese Weise wird Normalität zu einem zweischneidigen Schwert. Man kann den Menschen am Gegebenen messen und zu dem Ergebnis kommen, er sei normal, gesund und folglich gut. Oder man erhebt das Gewünschte zum Maßstab und stellt fest, dass der Betreffende gescheitert sei. Ganz nach Belieben. Solange man dazugehört, dient dieses Schwert der Verteidigung. Befindet man sich draußen, stellt es eine schreckliche Bedrohung dar. Es macht krank.
Wenn Mia einen öffentlichen Raum betritt, ganz egal, ob es sich um ein Kaufhaus, einen Hochgeschwindigkeitszug oder ihre Arbeitsstelle handelt, dann niemals mit dem Gefühl, in ein gemachtes Nest zu kommen. Sie läuft nicht herein, schreit Hallo, klopft allen auf die Schultern und fragt, wo ihr Teil vom Kuchen stehe. Meistens hofft sie, von niemandem bemerkt zu werden. An manchen Tagen horcht sie ins Treppenhaus, ob alles still ist, bevor sie die Wohnung verlässt. Sie braucht Zeit und Raum für sich selbst und ihre Gedanken. Nach der Arbeit geht sie nach Hause statt zur Gemeinschaftsaktivität. Abends sitzt sie auf ihrem Hometrainer statt im Vorstand eines Sportvereins. Sie unterhält sich mit einer Unsichtbaren – nicht mit der besten Freundin oder einem Ehemann.
Die ideale Geliebte will sagen, dass Mia genau wie Moritz ist. Nur dass Mia versucht, ihr Anderssein hinter besonderer Systemtreue zu verstecken, während Moritz es wie eine Trophäe zur Schau getragen hat. Noch hat keiner Mia als „unnormal" bezeichnet. Aber auch „normal" würde sie niemand nennen. Sie sitzt auf dem Zaun.
„Du willst mich warnen?", fragt sie.
Die ideale Geliebte nickt stumm.

Interpretation einer Textstelle

„Das ist lieb“, sagt Mia, „aber überflüssig. Man kann sich seinen Platz im Leben nicht aussuchen. Man bringt nur die Bretter mit. Das Gehäuse, in dem man seine Tage verbringt, zimmern die anderen.“

„*Eine* Entscheidung gibt es immer“, sagt die ideale Geliebte. „Man kann Täter sein – oder Opfer.“

Darauf antwortet Mia mit einem Satz, der die ideale Geliebte verzweifelt den Kopf in den Armen bergen lässt: „Ich finde beides ausgesprochen unerfreulich.“

1 **Interpretieren Sie das Kapitel „Die Zaunreiterin“ aus dem Roman „Corpus Delicti“ von Juli Zeh.**

CHECKLISTE – Eine Textstelle interpretieren

Vorarbeiten

- ☑ Haben Sie erste Eindrücke beim Lesen festgehalten?
- ☑ Haben Sie wichtige Stellen, auf die Sie eingehen wollen, markiert?

Einleitung

- ☑ Haben Sie eine Einleitung verfasst, in der Sie Textsorte, Autor/-in, Titel, Erscheinungsjahr und Thema der Textstelle nennen?

Hauptteil

- ☑ Haben Sie eine Deutungshypothese zum vorläufigen Verständnis verfasst?
- ☑ Wurde der Inhalt des Textauszugs wiedergegeben?
- ☑ Haben Sie die Textstelle in den Gesamtkontext des Romans eingeordnet?
- ☑ Haben Sie die handelnden Figuren und deren Beziehung zueinander genau untersucht?
- ☑ Haben Sie die Merkmale des literarischen Erzählens (Erzähler, Erzählperspektive, Erzählform, Darbietungsform) beschrieben und ihre Wirkung dargestellt?
- ☑ Sind Sie auf die Sprache (insbesondere auch auf die Sprache der einzelnen Figuren) eingegangen?
- ☑ Haben Sie den Textauszug im Hinblick auf die besonderen Merkmale der Gattung Roman geprüft?
- ☑ Sind Sie auf die zugrunde liegende literarische Epoche eingegangen?
- ☑ Haben Sie die Intention des Textauszugs und die Gesamtintention des Romans herausgearbeitet und kommentiert?

Schluss

- ☑ Haben Sie am Ende ein zusammenfassendes Fazit formuliert?
- ☑ Ist Ihre eigene Meinung zur Textstelle und zum gesamten Roman deutlich geworden?
- ☑ Sind Bezüge zu Ihrer Lebenswelt und zu aktuellen Ereignissen deutlich geworden?

Darstellung und äußere Form

- ☑ Haben Sie Ihren Text durch Absätze optisch gegliedert?
- ☑ Haben Sie alle Ausführungen mit Textbelegen und Zitaten versehen?
- ☑ Haben Sie den Text auf sprachliche Richtigkeit (Rechtschreibung, Zeichensetzung, Grammatik) überprüft?

IV Prüfungsvorbereitung

Literarische Erörterung mit Außentext

Aufgaben wie die folgende könnten Ihnen in der Prüfung vorgelegt werden.

Gesundheit, Diktatur und Dystopie – Zu Juli Zehs „Corpus Delicti"

von Thomas Schölderle

[...] Kein literarischer Bestseller der letzten zwei Jahrzehnte scheint sich so sehr als vorweggenommener Kommentar zur Politik der Coronakrise aufzudrängen wie Juli Zehs „Corpus Delicti". Der 2009 veröffentlichte Roman porträtiert ein zukünftiges politisches System, das durch die Verabsolutierung des Präventionsgedankens zu einer totalitären Gesundheitsdiktatur entartet. [...]

Keine offene Frage ist nunmehr allerdings, dass „Corpus Delicti" in der Tradition der klassischen Dystopien steht. Diese Deutung deckt sich jetzt erklärtermaßen auch mit der Selbsteinschätzung der Autorin. Aspekte der Gattung werden sogar in einem eigenen Kapitel theoretisch reflektiert und die Dystopie dabei präzise als Genre beschrieben, das „aktuelle Entwicklung in die Zukunft extrapoliert" und dadurch „ein kritisches Licht auf gegenwärtige Verhältnisse" wirft. Juli Zeh wird sogar noch konkreter, was ihre spezifischen Anknüpfungspunkte betrifft. Obwohl sie von der Rezeption bereits als der „weibliche George Orwell der Gegenwart" gefeiert wurde, sieht die Autorin die größten Parallelen ihres Werkes nicht zu Orwells „1984", sondern vielmehr zu Huxleys „Brave New World". Im Unterschied zu Orwell, der von Anfang an eine düstere, endzeitartige Szenerie beschreibe, habe Huxley zunächst eine vermeintlich paradiesische Welt geschildert, die erst im Verlauf der Handlung die Schrecken einer Wellnessdiktatur enthüllt, in der das Bedürfnis nach Stabilität, Frieden und Freiheit permanent durch Konsum, Sex und Drogen befriedigt werde. Analog dazu, so Juli Zeh, werde auch in „Corpus Delicti" versucht, eine Welt zu zeigen, „die auf den ersten Blick positiv-utopisch wirkt und sich erst im Lauf der Geschichte als äußerst ambivalentes, im Kern totalitäres politisches Gebilde erweist." [...]

Dieses dramaturgische Leitmotiv wäre wohl auch ohne Hinweis der Autorin kein Geheimnis geblieben. In der Tat lässt der Auftakt des Romans zunächst an die idyllischen Kulissen vieler klassisch-positiver Utopien denken. Natur und Kultur haben den Schmutz, Lärm und Gestank des Industriezeitalters abgelöst, auch Autobahnen dienen nur noch als Teil von Freiluftmuseen. Es gibt bewaldete Hügelketten, Seen mit Schilfbewuchs, stillgelegte Kies- und Kohlegruben sowie alte Fabriken, die jetzt als Kulturzentren dienen. Mehr noch: Auch Elend, Schmerz und Krankheit sind überwundene Phänomene der Vergangenheit. Das System hat sich zweifellos ein äußerst freundliches Antlitz zugelegt.

Vor dem Panorama dieses postindustriellen Arkadiens begegnen dem Leser auf den folgenden Seiten allerdings keine staunenswert vernünftigen Institutionen und vorbildlichen Neuerungen. Vielmehr folgt die Erzählung einer individuellen und desaströs verlaufenden Lebensepisode, die sich anhand eines Gerichtsprozesses kristallisiert. Der Leser ist bereits seit dem frühestmöglichen Zeitpunkt darüber im Bilde, dass er einem dystopischen Rezeptionsmuster zu folgen hat, denn dem eigentlichen Romangeschehen ist ein vernichtendes Prozessurteil vorangestellt. Fest steht von Anfang an, dass die 34-jährige Biologin Mia Holl wegen der „Vorbereitung eines terroristischen Krieges" und der „Gefährdung des Staatsfriedens" am Ende für schuldig befunden und zur Höchststrafe, dem „Einfrieren auf unbestimmte Zeit", verurteilt werden wird. Die beschriebene Handlung ist ein retrospektiver Blick auf die Gründe des Urteilsspruchs. Und der Leser wird dabei, wie für alle dystopischen Klassiker charakteristisch, den Sieg des autoritären Systems über das Schicksal des Einzelnen nachvollziehen. [...]

Charakteristisch für alle dystopischen Romane ist ein prinzipieller Perspektivwechsel. Sie betrachten die Welt oder das Gemeinwesen nicht mehr aus der Sicht eines abstrahierten Ganzen, sondern aus dem subjektiven Blickfeld des Einzelnen, aus dem Erleben und den Erfahrungen des Individuums. Die Wirklichkeit der Systemprinzipien wird auf das Alltagserleben der unangepassten Individuen rückprojiziert, woraus letztlich die zentrale Triebfeder der Erzähldynamik

Literarische Erörterung mit Außentext

resultiert: Nicht normkonformes Verhalten führt im dystopischen Staat unweigerlich in die persönliche Katastrophe.

In der Folge findet sich eine auffallende Analogie in den jeweiligen Handlungssträngen: Die Protagonisten, anfangs meist angepasste und funktionierende Glieder des Systems, machen im Laufe der Erzählung eine Wandlung zum Dissidententum durch. Am Ende trägt das Unterdrückungsregime den Sieg über die rebellischen Tendenzen davon und die Handlung mündet in die völlige Zerstörung aller aufwieglerischen Strömungen und ihrer Repräsentanten. So erlebt der Protagonist D-503 in Samjatins „Wir“ die operative Entfernung der Fantasie aus seinem Gehirn als Erlösung und als Sieg der Vernunft, was ihn mitleidslos der Folter seiner Geliebten I-330 beiwohnen lässt. Ähnlich verhält es sich mit Julia und Winston in Orwells „1984“. Sie bleiben als restlos gebrochene Figuren zurück. Winstons letzte symbolträchtige Zeilen lauten: „Aber nun war es gut, war alles gut, der Kampf beendet. Er hatte den Sieg über sich selbst errungen. Er liebte den Großen Bruder.“ In Huxleys „Brave New World“ begeht der unangepasste John the Savage am Ende ebenso Selbstmord wie Moritz Holl in „Corpus Delicti“. […]

(aus: Einsichten und Perspektiven 3/20)

1 **Ist „Corpus Delicti“ ein dystopischer Roman? Erörtern Sie diese Frage, indem Sie den Außentext bearbeiten und die These am Roman überprüfen.**

CHECKLISTE – Eine literarische Erörterung mit Außentext verfassen

Vorarbeiten

- ☑ Wurden Stichpunkte zur Problemstellung gesammelt?
- ☑ Haben Sie wichtige Textstellen durch Markierungen hervorgehoben?
- ☑ Haben Sie ein erstes Textverständnis in Stichpunkten entworfen?

Einleitung

- ☑ Haben Sie eine Einleitung mit Publikationsdaten, Textsorte und Thema des Außentextes formuliert?

Hauptteil

- ☑ Haben Sie die Kernaussagen des Außentextes wiedergegeben und die Intention dargestellt?
- ☑ Haben Sie eine kurze Zusammenfassung des Inhalts der Ganzschrift verfasst?
- ☑ Sind die Problemstellungen der Aufgabe in einer kritischen Auseinandersetzung mit den Thesen und Argumenten des Außentextes erörtert worden?
- ☑ Haben Sie die Argumente des Außentextes mithilfe von Textbelegen aus der Ganzschrift überprüft?
- ☑ Haben Sie durch die Entwicklung eigener Argumente (unterstützt durch Textbelege aus der Ganzschrift) kritisch Stellung zur These aus der Aufgabenstellung genommen?

Schluss

- ☑ Haben Sie eine zusammenfassende Bewertung und ein Fazit verfasst?

Darstellung und äußere Form

- ☑ Haben Sie Ihren Text durch Absätze optisch gegliedert?
- ☑ Wurde normgerecht zitiert?
- ☑ Haben Sie den Text auf sprachliche Richtigkeit (Rechtschreibung, Zeichensetzung, Grammatik) überprüft?

V Prüfungsvorbereitung

Vergleich zweier Werke im Kontext

Macht und Ohnmacht

„Aber es ist eine uralte Erfahrung, dass, wer Macht hat, auch geneigt ist, sie zu missbrauchen: Er geht so weit, bis er auf Schranken stößt." – ***Charles de Montesquieu***

1 Untersuchen Sie in einer vergleichenden Betrachtung, inwieweit der Arzt im Drama „Woyzeck" und Heinrich Kramer aus dem Roman „Corpus Delicti" Machtmissbrauch betreiben. Prüfen Sie dabei, ob das Zitat von Montesquieu Gültigkeit besitzt.

CHECKLISTE | **Zwei Werke im Kontext miteinander vergleichen**

Vorarbeiten

- ☑ Haben Sie in Stichpunkten das Thema des Zitats mit Themen und Motiven der beiden Werke verbunden?
- ☑ Haben Sie eine eigene Position zu den Thesen im Zitat und in der Aufgabenstellung entwickelt?
- ☑ Stehen genügend Textstellen für den Aufbau der Untersuchung zur Verfügung?
- ☑ Sind die Argumente in einer logischen Reihenfolge sortiert?

Einleitung

- ☑ Haben Sie in der Einleitung wesentliche Informationen (z. B. Daten zu den beiden Werken) aufgeführt?
- ☑ Wurde ein Bezug zur Aufgabenstellung hergestellt?

Hauptteil

- ☑ Haben Sie Ihre Aussagen in Bezug auf das Zitat (Außentext) und mit Belegen aus den beiden Werken formuliert und erläutert?
- ☑ Haben Sie sich für ein schlüssiges Vergleichsverfahren entschieden?
  - Verfahren 1: Aspekte von Werk 1, Aspekte von Werk 2 mit Rückbezügen zu Werk 1, Außentext mit Rückbezügen zu beiden Werken ***oder***
  - Verfahren 2: Aspekt 1 mit Bezug zu Werk 1 und 2 sowie Außentext, Aspekt 2 mit Bezug zu Werk 1 und 2 sowie Außentext usw.
- ☑ Sind Gemeinsamkeiten und Unterschiede der beiden Werke deutlich zu erkennen?
- ☑ Haben Sie Ihren Standpunkt zu den Thesen des Außentextes deutlich dargestellt?

Schluss

- ☑ Wurde eine Zusammenfassung der Ergebnisse des Hauptteils formuliert?
- ☑ Haben Sie in einem Fazit noch einmal Ihre eigene Position verdeutlicht?

Darstellung und äußere Form

- ☑ Haben Sie Ihren Text durch Absätze optisch gegliedert?
- ☑ Haben Sie den Text auf sprachliche Richtigkeit (Rechtschreibung, Zeichensetzung, Grammatik) überprüft?
- ☑ Haben Sie die formalen Regeln (Verwendung von Präsens, Gebrauch der indirekten Rede, Zitiertechnik ...) beachtet?
- ☑ Ist der Text formal und inhaltlich überarbeitet?

Projekt: Lyrikwerkstatt

Rot-Töne – Lyrik zu Prosa, Prosa zu Lyrik

Die Beschäftigung mit der kulturellen Bedeutung der Farbe Rot und der Wechsel der Gattung führen zu neuen Schreiberfahrungen, die im Rahmen der sich anschließenden Präsentation diskutiert werden.

Zum Ablauf des Projekts

1. Erschließung des kulturellen Bedeutungsspektrums der Farbe Rot
2. Gedichtinterpretation durch Umwandlung des Gedichts in eine Kurzgeschichte
3. Verfassen von Gedichten, z. B. in freien Versen, anhand von Gebrauchstexten
4. Erstellung eines Sammelbands oder E-Books mit Gedichten und Prosatexten zur Farbe Rot

1 **Erschließen Sie anhand der Bilder das Bedeutungsspektrum der Farbe Rot. Assoziieren Sie, z. B. in Form eines Brainwritings mit der Methode 635 (↗ Kapitel 11.1, S. 203).**

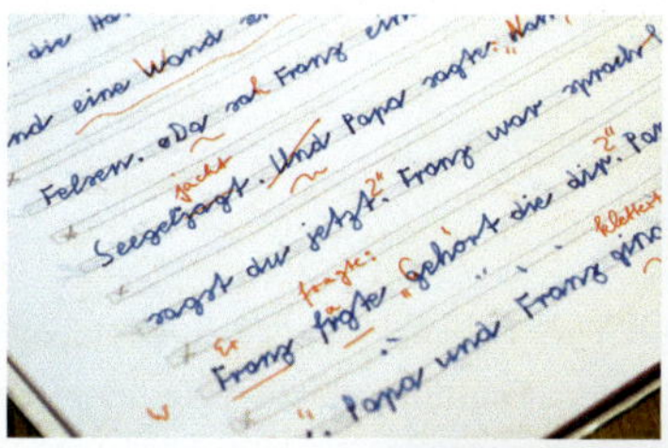

Rose Ausländer: Dankbar

Rote Tinte
hat meine Haut
tätowiert
mit verworrenen Zeichen

Nachts
leg ich mich
in eine Urne
da wohnt
die verbrannte Welt

Am Morgen
seh ich die Sonne
und bin dankbar

2 **Stellen Sie Vermutungen an, wofür die Metapher der roten Tinte in Vers 1 des Gedichts von Rose Ausländer steht. Diskutieren Sie, welche Entwicklung das lyrische Ich erlebt. Lassen Sie sich von den Bildern inspirieren.**

3 **Wechseln Sie die Gattung.**

a) Interpretieren Sie das Gedicht von Rose Ausländer, indem Sie aus dem lyrischen Ich den Ich-Erzähler einer kurzen Prosageschichte machen. Wofür genau mag sie oder er dankbar sein?

b) Tauschen Sie Ihre Geschichten mit Ihrem Gegenüber und geben Sie ihr oder ihm ein konstruktives Feedback (↗ Kapitel 11.1, S. 198).

Rot-Töne – Lyrik zu Prosa, Prosa zu Lyrik

4 **Verwandeln Sie einen Gebrauchstext (Rezept, Zeitungsbericht, Lexikonartikel etc.) in ein Gedicht, z. B. in freie Verse (siehe Muster). Versuchen Sie in mehreren Varianten, die Farbe Rot zu betonen und mit ihr eine bestimmte Emotion zu verbinden.**

Rote-Bete-Salat Zeit: ca. 1 Std. – Schwierigkeit: sehr leicht
Von: *Kräutergartendrachen94*

Zutaten für 4 Portionen:

3	Rote-Bete-Knollen
1	Zwiebel, rot
6 EL	Apfelessig
10 EL	Raps- oder Sonnenblumenöl
Je 1 Prise	Salz, Pfeffer, Zucker

Zubereitung:

1. Die Rote Bete waschen, in einem Topf mit Wasser bedeckt 1 Std. kochen. Zwiebel in Streifen schneiden.
2. Die Rüben etwas abkühlen lassen und schälen. Den Strunk abschneiden. Die Knollen vierteln, in ca. 0,5 cm dicke Scheiben schneiden und mit der Zwiebel in einer Schüssel mischen.
3. Zuletzt aus Essig, Öl, Salz, Pfeffer und Zucker eine Vinaigrette anrühren und über die Rote Bete gießen, solange die Knollen noch warm sind. Den Salat einige Stunden gut durchziehen lassen.

MUSTER Einen Prosatext in ein Gedicht umwandeln

Lass rot sein *(enger am Prosatext)*
Rote Bete, rote Rübe,
Knollen im Kochtopf,
mit Wasser bedeckt,
Rüben schälen,
Strünke schneiden,
dann Vinaigrette:
Rote Zwiebel, Apfelessig,
Pfeffer brennt wie Feuer.
Lass ziehen,
lass brennen,
lass rot sein.
Lass los
-rennen,
ins Kräutergartendrachen-Morgenrot.

Salate! *(freiere Version)*
Rote Knollen
Bete!
Rote Strünke
Schneide!
Rote Rübe
Koche!
Rote Schale
Schäle!
Roter Pfeffer
Prise!
Rote Zwiebel
Weine!

Rote Weine
dazu auf den Tisch!

5 **Erstellen Sie aus allen Ihren Werken in Lyrik und Prosa eine Anthologie als E-Book, z. B. mit dem Titel „Rot-Töne". Tragen Sie Ihre Gedichte und Prosatexte vor und diskutieren Sie die unterschiedliche Wirkung der Gattungen in einem Gallery-Walk (↗ Kapitel 11.1, S. 199).**

Kapitel 4

Eine Literaturverfilmung analysieren: Narziss und Goldmund

4.1 Eine Erzählung Hesses verfilmen – Besonderheiten und Herausforderungen

4.2 Narziss und Goldmund (2020) analysieren und interpretieren

4.3 Narziss und Goldmund (2020) rezensieren

4.4 Filmtheorie ●●●

4.5 Anwenden, Vertiefen, Fazit

Literaturverfilmungen werden häufig mit Skepsis betrachtet. Sie müssen nicht nur als eigenständiges Werk bestehen können, sondern auch im Vergleich mit ihrer literarischen Vorlage. Darüber hinaus gelten einige literarische Werke als nicht verfilmbar. Hierzu zählten lange Zeit weite Teile des Werks Hermann Hesses. „Narziß und Goldmund", Hesses erfolgreichste Erzählung, wurde erst 90 Jahre nach ihrer Entstehung verfilmt. In dem folgenden Kapitel analysieren, interpretieren und rezensieren Sie die Literaturverfilmung „Narziss und Goldmund" (2020). Der Film wird dabei stellenweise mit der gleichnamigen Erzählung verglichen, eine vorherige Lektüre des Textes wird jedoch nicht vorausgesetzt.

Kompetenzen

- ✓ Arten der Literaturverfilmung unterscheiden
- ✓ Figuren und ihre filmtechnische Umsetzung analysieren
- ✓ Dramaturgie und Erzähltechnik untersuchen
- ✓ Film und literarische Vorlage vergleichen
- ✓ Leitmotive und zentrale Themen erarbeiten
- ✓ filmtheoretische Ansätze kennenlernen und anwenden

Methoden und Arbeitstechniken

- ✓ Schreibkonferenz
- ✓ Umfrage

Das kennen Sie schon

- ✓ Montagetechniken
- ✓ Kamera
- ✓ Filmton
- ✓ Farbe und Licht

Eine Erzählung Hesses verfilmen – Besonderheiten und Herausforderungen

Die Verfilmung literarischer Texte ist einerseits naheliegend, insbesondere wenn es sich bei dem literarischen Text um einen weltweiten Bucherfolg handelt. Andererseits ist die Umsetzung literarischer Texte im Medium Film auch mit Schwierigkeiten verbunden.

Hermann Hesse: Brief an Felix Lützkendorf (Mai 1950, Auszug)

Eine Dichtung, die rein mit den Mitteln der Dichtung arbeitet, rein mit der Sprache also, darf nach meiner Auffassung nicht als „Stoff" verwendet werden und von einer anderen Kunst mit deren Mitteln ausgebeutet werden. Das ist, in jedem Falle, Degradierung und Barbarei.

1 Erläutern Sie Hermann Hesses These zur Verfilmung literarischer Texte.

a) Geben Sie Hesses Aussagen in eigenen Worten wieder.

b) Veranschaulichen Sie die Position Hesses mit zusätzlichen Informationen oder eigenen Beispielen.

2 Diskutieren Sie im Kurs, ob und inwieweit Literaturverfilmungen stets Ausbeutung, Degradierung und Barbarei bedeuten. Lesen Sie hierzu GUT ZU WISSEN „Literaturverfilmung".

GUT ZU WISSEN Literaturverfilmung

Die Literaturverfilmung im engeren und gebräuchlicheren Sinne ist die **filmische Adaption eines hochliterarischen Textes**. Unterschiedliche Textsorten wie Kurzgeschichten, Romane oder Dramen können dabei Grundlage des Spielfilms sein.

Es lassen sich verschiedene **Formen von Literaturverfilmungen** unterscheiden, abhängig von der Nähe des Films zu seiner literarischen Vorlage:

- Figuren, Handlungen oder Motive einer literarischen Vorlage können für einen Drehbuchautor Inspirationsquelle sein und **frei bearbeitet** werden. Der literarische Text wird zum Stofflieferanten.
- Literaturverfilmungen können versuchen, **detailgetreu** die literarische Vorlage filmisch wiederzugeben. Diese scheinbare Werktreue führt häufig dazu, dass die Literaturverfilmung weder dem literarischen Text noch dem Medium Film gerecht wird.
- Die anerkannteste Form der Literaturverfilmung ist der **interpretierende Medientransfer**. Das Ziel ist es, die literarische Vorlage in das Medium Film zu übersetzen. Dabei wird versucht, Sprache adäquat in die filmtechnischen Mittel Bild und Ton zu übertragen. So übernimmt beispielsweise in der Filmadaption weitgehend die Kamerahandlung die Funktion des Erzählens, Innenwahrnehmungen in epischen Texten werden in Verfilmungen in Körpersprache und Handlungen transformiert, Handlungsort und Musik sind im Film Teil der Narration.

3 Stefan Ruzowitzky erklärte in einem Interview im Deutschlandfunk Kultur zu seiner Verfilmung von Hesses „Narziß und Goldmund": „Ich hatte schon das Gefühl, dass man die schöne Sprache des Buches übersetzen muss in schöne Bilder." Überlegen Sie, welchen der drei Ansätze der Literaturverfilmung (↗ GZW „Literaturverfilmung") Ruzowitzky verfolgt.

Ideen für die Verfilmung einer literarischen Vorlage entwickeln

Hesses „Narziß und Goldmund" zählt zu seinen bekanntesten Werken. Die Erzählung spielt im Mittelalter und schildert die Freundschaft der beiden Klosterschüler Narziß und Goldmund.

Hermann Hesse: Narziß[1] und Goldmund (1930, Auszug)

Zwei Menschen im Kloster gab es, zu denen Goldmund sein Herz hingezogen fühlte, die ihm gefielen, die seine Gedanken beschäftigten, für die er Bewunderung, Liebe und Ehrfurcht fühlte: den Abt Daniel und den Lehrgehilfen Narziß. Den Abt war er geneigt für einen Heiligen zu halten, seine Einfalt und Güte, sein klarer, sorglicher Blick, seine Art, das Befehlen und Regieren demütig als einen Dienst zu vollziehen, seine guten, stillen Gebärden, das alles zog ihn gewaltig an. Am liebsten wäre er der persönliche Diener dieses Frommen geworden, wäre immer gehorchend und dienend um ihn gewesen, hätte all seinen knabenhaften Drang nach Devotion und Hingabe ihm als beständiges Opfer dargebracht und ein reines, edles, heiligmäßiges Leben von ihm gelernt. Denn Goldmund war gesonnen, nicht nur die Klosterschule zu absolvieren, sondern womöglich ganz und für immer im Kloster zu bleiben und sein Leben Gott zu weihen; so war es sein Wille, so war es seines Vaters Wunsch und Gebot, und so war es wohl von Gott selbst bestimmt und gefordert. Niemand schien es dem schönen, strahlenden Knaben anzusehen, und doch lag eine Bürde auf ihm, eine Bürde der Herkunft, eine geheime Bestimmung zu Sühne und Opfer. Auch der Abt sah es nicht, obwohl Goldmunds Vater ihm einige Andeutungen gemacht und deutlich den Wunsch geäußert hatte, sein Sohn möge für immer hier im Kloster bleiben. Irgendein geheimer Makel schien an der Geburt Goldmunds zu haften, irgend etwas Verschwiegenes schien Sühne zu fordern. Aber der Vater hatte dem Abt nur wenig gefallen, er hatte seinen Worten und seinem ganzen etwas wichtigtuerischen Wesen höfliche Kühle entgegengestellt und seinen Andeutungen keine große Bedeutung eingeräumt.

Jener andere, der Goldmunds Liebe erweckt hatte, sah schärfer und ahnte mehr, aber er hielt sich zurück. Narziß hatte recht wohl bemerkt, welch ein holder Goldvogel ihm da zugeflogen war. Er, der in seiner Vornehmheit Vereinsamte, hatte alsbald in Goldmund den Verwandten gewittert, obwohl er in allem sein Gegenspiel zu sein schien. Wie Narziß dunkel und hager, so war Goldmund leuchtend und blühend. Wie Narziß ein Denker und Zergliederer, so schien Goldmund ein Träumer und eine kindliche Seele zu sein. Aber die Gegensätze überspannte ein Gemeinsames: beide waren sie vornehme Menschen, beide waren sie durch sichtbare Gaben und Zeichen vor den andern ausgezeichnet, und beide hatten sie vom Schicksal eine besondere Mahnung mitbekommen.

1 Die Schreibweise mit ß entspricht der des Eigennamens im Buch, für den Filmtitel wurde die Schreibweise mit ss gewählt.

1 Untersuchen Sie den Textauszug dahingehend, welche Teile schwer oder nicht filmisch adaptierbar sind. Begründen Sie.

2 Entwickeln Sie Ideen, wie man den Textauszug filmisch umsetzen kann. Übersetzen Sie hierzu die Erzählung in das Medium Film.

Literarische Vorlage		***Verfilmung***
Wesentliches:	*Übersetzung* →	*Ort und Zeit:* *Handlung:* *…*

Narziss und Goldmund (2020) analysieren und interpretieren

Figuren und ihre audiovisuelle Inszenierung analysieren

Der deutsch-österreichische Film „Narziss und Goldmund“ kam 2020 in die Kinos und stellt die erste Filmadaption der Erzählung von Hermann Hesse aus dem Jahr 1930 dar. Mögliche Gründe für die späte filmische Umsetzung sind typenhafte Figuren, handlungsarme Passagen und die Bauform der Erzählung, denen der Film mit bewussten Veränderungen in der Figurenzeichnung, der Handlung und der Dramaturgie begegnet.

1 Schauen Sie sich gemeinsam „Narziss und Goldmund“ (2020) an und formulieren Sie im Anschluss Ihre ersten Eindrücke zum Film.

a) Wie hat Ihnen der Film gefallen? Warum?
b) Welche Szenen sind Ihnen in Erinnerung geblieben? Welche haben Sie berührt?
c) Für welche Figuren empfinden Sie Sympathie? Für welche Antipathie? Mit welcher Figur können Sie sich identifizieren?
d) Wie hat Ihnen die Machart des Films gefallen? Welche Besonderheiten sind Ihnen aufgefallen?
e) Würden Sie den Film weiterempfehlen? Begründen Sie.

2 Charakterisieren Sie Narziss.

a) Beschreiben Sie Narziss’ Lebensweg. Machen Sie sich Notizen zu den Stationen seines Lebens und bewerten Sie, wie glücklich er jeweils ist.
b) Definieren Sie Wendepunkte in Narziss’ Leben. Verfassen Sie einen fiktiven Tagebucheintrag aus Narziss’ Sicht nach einem dieser Wendepunkte.
c) Untersuchen Sie die Leerstellen des Films und überlegen Sie, weswegen große Teile von Narziss’ Leben nicht gezeigt werden.
★ d) Schreiben Sie eine Filmszene zu einer dieser Leerstellen, d. h. zu einem möglichen Tag aus Narziss’ Leben, der nicht im Film gezeigt wird. Verfassen Sie hierzu eine Drehbuchseite nach folgendem Muster:

MUSTER Eine Filmszene schreiben

INNEN KLOSTERKIRCHE TAG

Totale: Narziss steht vorne am Kirchenaltar und spricht ein Gebet. Die anderen Mönche sitzen auf Bänken, einige haben ihre Hände gefaltet. Dann Narziss nah, er stimmt einen gregorianischen Choral an, die Anwesenden singen mit.

SPÄTER
Halbtotale: Narziss bereitet am Altar die Gaben vor.
NARZISS (leise)
Te ígitur, clementíssime Pater, per Iesum Christum, Fílium tuum, Dóminum nostrum, súpplices rogámus, ac pétimus …

e) Untersuchen Sie, wie sich Narziss im Laufe der Handlung entwickelt. Deuten Sie dabei auch den Schluss des Films.
f) Diskutieren Sie im Plenum, wie Narziss’ Leben nach dem Tod seines Freundes weitergehen könnte. Begründen Sie Ihre Aussagen mithilfe des Films.

Figuren und ihre audiovisuelle Inszenierung analysieren

3 Charakterisieren Sie Goldmund (↗ Sprache und Stil „Filmfiguren charakterisieren“).

a) Vergegenwärtigen Sie sich Schlüsselszenen, die Goldmunds Denk- und Verhaltensweisen verdeutlichen.

b) Verfassen Sie unter Berücksichtigung von Sprache und Stil eine Figurencharakteristik.

SPRACHE UND STIL | **Filmfiguren charakterisieren**

Charakterisierung anhand des Verhaltens: *Auffällig in der Szene ... ist, dass ... Das Verhalten von ... verdeutlicht, dass er/sie ... Mögliche Gründe für das Verhalten der Figur können sein: ...*

Charakterisierung anhand der Aussagen: *Die Aussage „...“ zeigt, wie die Figur denkt: ... Die Aussage ist insofern charakteristisch für ..., als ...*

Charakterisierung anhand des Settings: *Ort und Zeit der Szene bringen zum Ausdruck, dass die Figur ... Die Kleidung macht deutlich, dass ...*

4 Untersuchen Sie Goldmunds Beziehung zu den Frauen.

a) Nennen Sie die Frauen, denen Goldmund im Laufe seines Lebens begegnet, und beschreiben Sie die Beziehung.

b) Deuten Sie vor dem Hintergrund des Szenenbilds des Produktionsdesigners Sebastian Soukup (links) und mithilfe von GUT ZU WISSEN „Szenenbild, Mise en Scène“ (↗ S. 74), wie Goldmunds Beziehung zu Lene in Szene gesetzt wird (Bild rechts).

Sebastian Soukup: Szenenbild

„Narziss und Goldmund“: Jannis Niewöhner, Henriette Confurius

c) Verdeutlichen Sie den Zusammenhang zwischen Goldmunds zahlreichen Frauenbeziehungen und seiner Suche nach der Mutter. Belegen Sie Ihre Thesen anhand geeigneter Filmszenen.

d) Untersuchen Sie unter Berücksichtigung filmtechnischer Mittel (Kamera, Licht, Musik), welche Bedeutung Goldmunds Mutter für ihn hat. Schauen Sie sich hierfür folgende Filmsequenzen nochmals an: 0:47:23–0:53:39, 1:20:01–1:22:11.

Figuren und ihre audiovisuelle Inszenierung analysieren

GUT ZU WISSEN | **Szenenbild, Mise en Scène**

Beim **Szenenbild** handelt es sich um die **bewusste Gestaltung des Handlungsspielraums** einer Szene. Der Szenenbildner (auch Produktionsdesigner genannt) wählt Drehorte aus, plant und überwacht den Bau von Filmsets und ist verantwortlich für die Requisiten und die Ausstattung des Raums. Das Szenenbild kann Figuren näher charakterisieren oder für den Film Wesentliches symbolisch umsetzen. Die **Mise en Scène** (das In-Szene-Setzen) meint die **gesamte Bildgestaltung** inklusiv der räumlichen Anordnung der Figuren und Gegenstände; sie ist bedeutungsgenerierend.

5 **Untersuchen Sie anhand selbst gewählter Schlüsselszenen das Verhältnis zwischen den beiden titelgebenden Protagonisten.**

★ **6** **Die Figuren Narziss und Goldmund stehen für zwei gegensätzliche Lebensentwürfe. Welche sind das?**

Die audiovisuelle Inszenierung von Figuren untersuchen

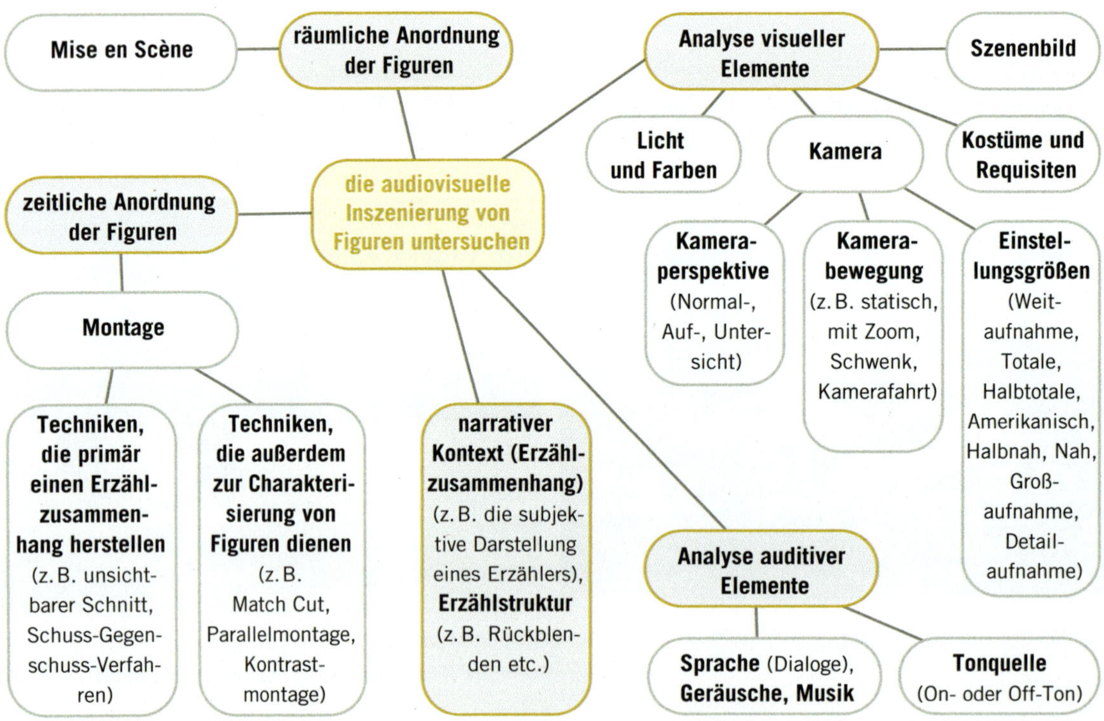

7 **Erläutern Sie Ihrer Lernpartnerin / Ihrem Lernpartner die Mindmap. Schlagen Sie ggf. Wörter nach und definieren Sie die folgenden Begriffe: „Tonquelle“, „unsichtbarer Schnitt“, „Rückblende“, „Detailaufnahme“, „Match Cut“.**

Figuren und ihre audiovisuelle Inszenierung analysieren

8 **Zeigen Sie anhand der folgenden Filmstills auf, wie durch die visuelle Darstellung Gemeinsamkeiten und Unterschiede zwischen den Figuren zum Ausdruck gebracht werden.**

„Narziss und Goldmund“: Sabin Tambrea

„Narziss und Goldmund“: Jannis Niewöhner, Emilia Schüle

9 **Analysieren Sie, wie der Scheideweg von Narziss und Goldmund sowie wesentliche Unterschiede zwischen ihren Lebensentwürfen durch Parallel- und Kontrastmontage verdeutlicht werden. Verfassen Sie hierzu ein Sequenzprotokoll zu dem Filmausschnitt 0:17:10–0:27:50.**

Sequenz	*Zeit*	*Handlung*	*Kamera, Schnitt und Montage, Licht/Farben*	*Ton (Dialog/ Musik/Geräusche)*
1	*0:17:10–*			

10 **Untersuchen Sie die Filmsequenzen zu Goldmunds Leben mit Zeitraffung (0:33:01–0:34:00; 1:28:06–1:28:50). Wie wird die Zeitraffung filmisch umgesetzt? Welche Bedeutung spielt dabei der Filmton? Erläutern Sie die Funktion dieser Sequenzen.**

11 **Analysieren Sie die audiovisuelle Inszenierung von Goldmunds Sterben (1:47:50–1:50:22).**

a) Untersuchen Sie die auditive Inszenierung der Sterbeszene, indem Sie die Sequenz zunächst ohne Ton und mit Untertiteln sehen und sie anschließend nochmals mit Ton ansehen.

b) Benennen Sie die unterschiedlichen Quellen des Filmtons und erläutern Sie deren Funktion und Wirkung.

c) Analysieren Sie die visuelle Inszenierung der Sequenz, indem Sie die Funktion der Rückblende, des Match Cut und der Detailaufnahme der Hände erläutern.

★ **12** **Verdeutlichen Sie anhand einer weiteren Filmszene Ihrer Wahl, welche Funktion Ton und Musik für die Inszenierung der Hauptfiguren haben.**

Dramaturgie und Erzähltechnik untersuchen

Der Film „Narziss und Goldmund" weicht an einigen Stellen bewusst von Hesses Erzählung ab. Diese Abweichungen betreffen Inhalt, Dramaturgie und Erzähltechnik. Die Auseinandersetzung mit den möglichen Gründen dafür ist für die Deutung des Films von großer Wichtigkeit.

Aufbau/Bauform der Erzählung

Narziß und Goldmund als Kinder im Kloster Mariabronn (Kap. 1–5)

→

Goldmund ist erwachsen und verlässt das Kloster. Er zieht umher, wird Lateinlehrer, macht Frauenbekanntschaften, macht eine Ausbildung zum Bildhauer, erlebt Leid aufgrund der Pest, wird gefangen genommen. (Kap. 6–16)

→

Abt Narziß setzt sich für seinen Freund ein; Goldmund wird begnadigt und arbeitet als Künstler im Kloster Mariabronn. Zwei Jahre später bricht Goldmund erneut auf und kehrt todkrank zurück. Goldmund stirbt in dem Gefühl, seine Mutter hole ihn zu sich. (Kap. 17–20)

1 Erläutern Sie anhand des Schaubilds die Bauform von Hesses Erzählung.

Sequenzfolge

Sequenz	Handlung	Zeit
1	Goldmund kommt als Kind ins Kloster und entwickelt dort eine Freundschaft zu dem Klosterschüler Narziss.	0:00:00–0:09:58
2	Sieben Jahre später: Goldmund verlässt das Kloster; er will seine Mutter suchen. Der darunter leidende Narziss bleibt und beschließt, Mönch zu werden.	0:09:59–0:26:55
3	15 Jahre später: Goldmund wird auf der Burg des Fürsten festgenommen. Narziss, der inzwischen Abt und zur gleichen Zeit auch vor Ort ist, befreit Goldmund.	0:26:56–0:33:00
4–10	Goldmund erzählt Narziss von seinen Erlebnissen (als Schreiber und Lateinlehrer, von seiner Ausbildung zum Bildhauer, seiner Liebe zu Lene und ihrem Tod, von seiner Suche nach seiner Mutter und seiner erneuten Begegnung mit Julia), während er sich im Kloster von seinen Verletzungen erholt, an einem Altar arbeitet und mit Mönch Lothar in Konflikt gerät (mehrfache Rückblenden).	0:33:01–1:34:20
11	Erzählgegenwart: Der Streit mit Lothar spitzt sich zu. Goldmund ist unzufrieden mit seinem Altar. Narziss rät ihm, seinen Vater aufzusuchen.	1:34:21–1:40:05
12	Goldmund besucht seinen sterbenden Vater und fragt nach seiner Mutter.	1:40:06–1:43:20
13	Erzählgegenwart Kloster: Goldmund erzählt vom Schicksal seiner Mutter. Lothar zündet den Altar an und schlägt Goldmund bei dem Versuch nieder, den Altar zu löschen. Die anderen Mönche löschen unter der Anleitung von Narziss das Feuer.	1:43:21–1:47:49
14	Goldmund stirbt in den Armen von Narziss. Ein Rückblick in die Kindheit verdeutlicht die tiefe Verbundenheit und Freundschaft der beiden.	1:47:50–1:50:21
15	Die Mönche erhalten Julias Bild von Goldmund. Narziss setzt sich an den Baum vor dem Kloster und lächelt.	1:50:22–1:52:24

Dramaturgie und Erzähltechnik untersuchen

2 Analysieren Sie anhand der vereinfachten und zusammengefassten Sequenzfolge die Dramaturgie (Bauform und Struktur) des Films.

a) Bestimmen Sie die Zeitsprünge im Film.
b) Untersuchen Sie, in welcher Reihenfolge das Geschehen dargestellt wird.
c) Notieren Sie die Zeitebenen und unterscheiden Sie verschiedene Handlungsstränge.
d) Bestimmen Sie das Verhältnis von erzählter Zeit und Erzählzeit (↗ GZW „Zeitgestaltung“, S. 18).

3 Visualisieren Sie in Form eines Schaubilds die Dramaturgie des Films.

4 Vergleichen Sie in Partnerarbeit die Bauform der Erzählung mit der der filmischen Adaption. Nennen Sie wesentliche Gemeinsamkeiten und Unterschiede.

5 Nennen Sie mögliche Gründe, warum die Bauform des Films von der der Erzählung abweicht.

6 Stellen Sie im Plenum Hypothesen auf, weshalb der Film folgende inhaltlichen Veränderungen vornimmt:

- Der Streit um Goldmunds Altar und die Brandstiftung fehlen bei Hesse. Folglich stirbt Goldmund auch nicht an Brandverletzungen, sondern an Krankheit.
- Das türkisfarbene Amulett taucht in der literarischen Vorlage nicht auf.
- Julia (in der Erzählung Julie) ist keine Künstlerin, sie malt Goldmund nicht.

7 Untersuchen Sie das Erzählverhalten in dem Auszug aus Hesses „Narziß und Goldmund“ (↗ S. 71). In welchem Verhältnis steht der Erzähler zum Geschehen (↗ GZW „Diegese“)?

8 Analysieren Sie in Partnerarbeit die Erzähltechnik im Film „Narziss und Goldmund“.

a) Ist in dem Film (durchgängig) ein Erzähler bzw. explizites Erzählen erkennbar?
b) In welchem Verhältnis steht der Erzähler zur erzählten Wirklichkeit (↗ GZW „Diegese“)?
c) Welche Funktion und Wirkung hat das?
d) Untersuchen Sie, wie das Erzählverhalten in folgenden Szenen filmtechnisch signalisiert wird: 1:03:00–1:04:05; 1:17:10–1:18:45.

9 Vergleichen Sie die Erzähltechnik von Erzählung und Film. Wie wirken jeweils die Unterschiede auf Sie? Welche Intention könnte den Veränderungen zugrunde liegen?

GUT ZU WISSEN — Diegese

Diegese (von altgr. „diegesis“ = Erzählung) ist ein Begriff der Narratologie und zentral für die erzähltechnische Analyse von Filmen. Der Begriff meint die **erzählte Welt** im Sinne eines angenommenen Universums, in dem die Geschichte spielt. Abhängig davon, in welchem Verhältnis der Erzähler zu der erzählten Welt steht, wird zwischen **homodiegetischer Erzählhaltung** (Erzähler ist Teil der erzählten Welt) und **heterodiegetischer Erzählhaltung** (Erzähler steht außerhalb der erzählten Wirklichkeit) unterschieden. Außerdem lassen sich in vielen Filmen mehrere Erzählebenen unterscheiden: eine (vorgelagerte) **extradiegetische Ebene**, von der aus erzählt wird, eine **intradiegetische** (zweite) **Ebene**, in der eine Erzählung erzählt wird (z. B. eine Rahmenerzählung), sowie eine **metadiegetische Ebene** (Binnenerzählung).

Zentrale Symbole, Leitmotive und Themen erarbeiten

Um die zentralen Themen eines Films zu erfassen, ist die Auseinandersetzung mit den Symbolen, Leitmotiven und den vermittelten Normen und Werten des Films wichtig.

1 Beschreiben und deuten Sie den Altar Goldmunds.

a) Beschreiben Sie die Figuren und den Aufbau des Altars.
b) Deuten Sie Besonderheiten des Altars.
c) Welche zentralen Themen des Films werden in dem Altar symbolisch verdichtet? Erläutern Sie.

Sebastian Soukup (Produktionsdesigner): Altar für „Narziss und Goldmund"

2 Untersuchen Sie die Bedeutung der Muttergottes im Film.

a) Notieren Sie alle Filmstellen, in denen die Muttergottes thematisiert wird.
b) Überlegen Sie, in welchen Zusammenhang die Muttergottes jeweils gestellt wird.
c) Erläutern Sie die symbolische Bedeutung der Muttergottes.

3 Analysieren Sie die Namen der Frauenfiguren im Film. Welche Besonderheiten fallen auf?

4 Untersuchen Sie arbeitsteilig in der Lerngruppe die folgenden Leitmotive des Films und erläutern Sie deren Funktion:

a) das Wettrennen von Narziss und Goldmund, wenn die Kirchenglocken läuten
b) der immer wiederkehrende Kunstdiskurs, in dem durch Goldmund, Meister Niklas und Julia Funktion und Bedeutung von Kunst herausgestellt werden
c) die wiederkehrende Filmmusik

5 Setzen Sie sich mit den im Film vermittelten Normen und Werten auseinander.

a) Überlegen Sie, welche Normen und Werte die Schlüsselszenen vermitteln.
b) Drehen Sie mithilfe Ihrer Smartphones eine dieser Szenen (ca. 10–15 Sekunden). Schreiben Sie hierzu die Filmszene, erstellen Sie ein Storyboard, das jede Einstellung skizziert, besetzen Sie die Rollen und verteilen Sie die weiteren Aufgaben (z. B. Kamera, Regie).
c) Vergleichen Sie Ihre Filmszene mit der Originalfilmszene und erarbeiten Sie, mit welchen filmtechnischen Mitteln die Normen und Werte vermittelt werden.

6 Kreieren Sie einen alternativen Filmtitel. Diskutieren Sie anschließend die Vorschläge.

Zentrale Symbole, Leitmotive und Themen erarbeiten

Auch die Aussagen des Regisseurs und Drehbuchautors können für die Interpretation eines Films gewinnbringend sein. In einem Radiobeitrag hat sich Stefan Ruzowitzky den Fragen des Filmredakteurs von Deutschlandfunk Kultur, Patrick Wellinski, gestellt.

„Da war meine große Liebe zu diesem Buch“

Stefan Ruzowitzky im Gespräch mit Patrick Wellinski

[…] **Wellinski:** Was ist es denn an „Narziß und Goldmund“, das Sie so begeistert hat, dass Sie jetzt letztlich sogar einen Film darüber gemacht haben, es verfilmt haben?

Ruzowitzky: Ach, es kam die Anfrage, und ich habe mich erinnert, da war doch was eben in der Teenagerzeit, da war doch diese große Liebe zu diesem Buch. Ich glaube, das war schon eine Mischung aus allem, also die Kunst, aber auch sehr die Freundschaft, um die es da geht. Und dann sind da viele Sachen drin, die einen halt so als Heranwachsender beeindrucken. Die Entdeckung der Liebe und der sexuellen Identität und so diese ganzen Sachen. Und ich habe jetzt einige Leute kennengelernt oder von Leuten gehört, die regelmäßig bis ins hohe Alter dieses Buch oder andere Bücher von Hesse immer wieder lesen, von einem, der liest „Narziß und Goldmund“ jedes Jahr im Urlaub, so als Lebenskompass. Er hat da schon geschafft, etwas zu schreiben, was Menschen berührt.

Wellinski: […] Aber worin liegt Ihrer Meinung nach die Zeitlosigkeit einer Geschichte für einen Mitte 20-Jährigen heute – einer Geschichte, die ja zu großen Teilen in einem mittelalterlichen Kloster spielt?

Ruzowitzky: […] Das Ganze ist eine Parabel, die Geschichte spielt ja auch in einer sehr diffusen … irgendwo in Deutschland, irgendwann Ende des Mittelalters. Das ist ja irgendwie nicht gebunden und das sind ja Themen, die universell sind und bis heute ihre Gültigkeit haben. Und das ist noch nie verfilmt worden, erstaunlicherweise. Deswegen war ich da natürlich sofort Feuer und Flamme.

Wellinski: Aber Sie legen schon sehr viel Wert darauf, dieses klösterliche Leben in allen Details zu zeigen. Wie erarbeitet man das mit Schauspielern, die wahrscheinlich Ende 20, Anfang 30 sind und die wahrscheinlich auch mit diesem religiösen Kontext eher wenig anfangen können?

Ruzowitzky: Die sind ja ganz brav beide ins Kloster gegangen, aber ich weiß nicht, ob das ihnen so die Augen geöffnet hat. Es geht aber mehr darum, also, für mich, als jetzt nicht religiösen Menschen, dass ich auf der einen Seite diesen Narziss habe, der ganz verinnerlicht ist, der sich also nicht mit der Realität konfrontiert und eigentlich das macht, was heute Intellektuelle machen. Wie man ja auch sagt, ich gucke mir das aus der Ferne an und analysiere das dann. Oder – demgegenüber – dann halt das Lebenskonzept, wo ich mich reinstürze, wo es eben auch dazugehört, Fehler zu machen und für diese Fehler dann zu büßen und daraus was zu lernen.

Das Kloster ist natürlich eine schöne bildliche Metapher: Da gibt es keine Farben, da ist eine gewisse Strenge, die Uniformiertheit der Kutten, das erzählt sich ja alles schön optisch. Aber wie gesagt, im Prinzip geht es mehr um diesen Widerspruch zwischen einem kopfgesteuerten Intellektuellen und dann dem, der ganz auf Emotion, Bauch und Herz ist.

Wellinski: Wie ist das eigentlich, sind das die zwei Extrempole, die es gibt? Der Geistesmensch und der Lebemensch? Oder ist am Ende so eine aristotelische Mitte eher das richtige Prinzip?

Ruzowitzky: Die ganz reinen Formen gibt es selten, obwohl ich sagen muss, mit Jannis Niewöhner und Sabin Tambrea habe ich da schon ziemlich reine Formen gefunden. Das war wirklich lustig. Und auch bei den Kinderdarstellern: Wie sehr diese beiden Goldmund-Darsteller so hundertprozentige Goldmünder sind, da geht die Sonne auf, wenn die in den Raum kommen. Und jeder liebt Jannis, und Jannis liebt alle Menschen und er lächelt immer und ist nie schlecht gelaunt. Und Sabin ist so eher der Ruhige, Intellektuelle, Analytische und so. […]

Zentrale Symbole, Leitmotive und Themen erarbeiten

Wellinski: Das Budget war ja riesig, gut zehn Millionen Euro, habe ich gelesen. Wahrscheinlich war es auch ein Tick mehr oder ein Tick weniger. Ist das für Sie als Regisseur dann ein Unterschied, ob jetzt das Budget zehn Millionen sind oder zwei Millionen, gehen Sie da anders ran?
Ruzowitzky: Ja, schon. Man überlegt sich schon, was für eine Art Film wollen wir machen. Und man könnte auch mit „Narziß und Goldmund“ sagen, okay, wir erzählen das jetzt heute und drehen das auf einem iPhone und gucken, was dabei rauskommt, das kann auch etwas Interessantes sein. In dem Fall war es halt so, dass man gesagt hat, das ist die erste Verfilmung, da ist Sony und man hat sich gemeinsam geeinigt, man möchte großes Gefühlskino, großes Mainstream-Unterhaltungskino, was ich dem Stoff auch angemessen finde. Man kann jetzt irgendwelche kleine verquer-literarische Experimente, die kann man auch zu Tode finanzieren oder mit zu viel Budget erschlagen.

Aber bei „Narziss und Goldmund“, ich hatte schon das Gefühl, dass man die schöne Sprache des Buches übersetzen muss in schöne Bilder, dass das einfach einen gewissen Production Value, eine gewisse Üppigkeit verlangt, um dem Roman gerecht zu werden. Nicht nur, aber ich finde, die Größe, die wir da jetzt gefunden haben, das entspricht dem, wie die Erzählung gemeint ist.
Wellinski: Welches visuelle Konzept haben Sie denn dahingehend mit Ihrem Kameramann Benedict Neuenfels erarbeitet? Das sind ja wirklich große, leinwandfüllende Scopebilder, es ist Natur, aber eben auch die ganzen Prozessionen, die Mönche.
Ruzowitzky: Also, wenn ich jetzt einen Film über das Mittelalter machen würde, der wäre sicherlich düsterer, dreckiger, gewalttätiger. Aber zum einen ist es Hesses Mittelalter, wie es halt in dem Buch beschrieben ist. Zum anderen glaube ich, sowohl Hesse als auch ich, wir zeigen die Welt, wie sie Goldmund erlebt. Dieser enthusiastische Künstler, der das alles irre toll findet und der überall Farben sieht. Und vielleicht waren in Wirklichkeit diese ganzen Mädchen nicht so hübsch wie auf der Leinwand und vielleicht war diese Klatschmohnwiese, vielleicht war da gar nicht so viel Klatschmohn. Aber so hat er es empfunden. Und wir zeigen einfach die Bilder, die dieser Goldmund, diese Künstlerseele, im Kopf hat.

(www.deutschlandfunkkultur.de)

7 Bearbeiten Sie die folgenden Aufgaben zu dem transkribierten Interview.

a) Lesen Sie den Text, klären Sie ggf. unklare Begriffe und benennen Sie auf der Grundlage des Gesprächs Merkmale mündlicher Sprache.

b) Welche Themen stehen laut Stefan Ruzowitzky im Zentrum von „Narziß und Goldmund“? Machen Sie sich Stichpunkte.

c) Führen Sie aus, inwiefern für Ruzowitzky Ort und Zeit der Handlung eine Parabel bzw. Metapher darstellen.

d) Erläutern Sie das visuelle Konzept der Verfilmung.

e) Prüfen Sie auf der Grundlage Ihrer filmanalytischen Ergebnisse, inwieweit Ruzowitzky „großes Gefühlskino, großes Mainstream-Unterhaltungskino“ (Z. 87 f.) gelungen ist.

8 Erarbeiten Sie in Kleingruppen eine Umfrage (↗ Kapitel 11.1, S. 210), welche die Einschätzung der Zuschauenden zum Film beleuchten soll. Führen Sie die Umfrage durch und präsentieren Sie die Ergebnisse.

a) Bestimmen Sie einen Personenkreis, der für Ihren Kurs repräsentativ ist (Geschlecht, Interessen etc.), sowie eine geeignete Erhebungsmethode (Fragebogen, Interview).

b) Erarbeiten Sie ca. sechs Fragen, in denen die persönliche Interpretation der Befragten deutlich wird (z. B. im Hinblick auf die zentralen Themen, filmischen Besonderheiten usw.).

c) Werten Sie die Ergebnisse aus und visualisieren Sie sie (↗ Kapitel 11.1, S. 211).

Narziss und Goldmund (2020) rezensieren

Die folgende Rezension ist in einem Online-Magazin für Filmkritiken („Kino-Zeit") erschienen.

Narziss und Goldmund (2020) – Stilles Leiden im lauten Spektakel

Eine Filmkritik von Andreas Köhnemann

Der deutsch-schweizerische Nobelpreisträger Hermann Hesse (1877–1962) zählt ohne Zweifel zu den Größen der Literatur; seine Werke wurden bisher indes erstaunlich selten verfilmt. So liefert der Österreicher Stefan Ruzowitzky („Die Fälscher") mit seiner neuen Arbeit „Narziss und Goldmund" gar die erste Leinwand-Adaption der gleichnamigen Erzählung aus dem Jahre 1930 – und legt diese als aufwendig produziertes, starbesetztes Event-Kino an, das sich bei aller Orientierung am Mainstream doch die Freiheit nimmt, den queeren Gehalt der Vorlage deutlicher zu betonen.

Im Zentrum der im Mittelalter angesiedelten Geschichte steht eine enge Freundschaft: Schon im Kindesalter lernen Narziss und Goldmund (anfangs verkörpert von Oskar von Schönfels und Jeremy Miliker) sich kennen, als Goldmund nach dem Verschwinden seiner angeblich untreuen Mutter von seinem groben Vater (Johannes Krisch) in der Klosterschule Mariabronn abgegeben wird, in welcher die Waise Narziss als Novize lebt. Als junge Erwachsene stehen sich die beiden immer noch sehr nah, obwohl sie charakterlich äußerst unterschiedlich sind: Während sich der zurückhaltende Narziss (nun Sabin Tambrea) ganz dem Dienen Gottes verschrieben hat, zieht es den aufbrausenden Goldmund (Jannis Niewöhner) hinaus in die Welt und hinein in diverse Abenteuer. Erst Jahre später begegnen sich die Freunde wieder – und Narziss erfährt, wie es Goldmund in all der Zeit ergangen ist.

Ähnlich wie Marco Kreuzpaintners Jugendroman-Verfilmung „Krabat" (2008) zielt „Narziss und Goldmund" auf ein möglichst breites Publikum. Selbst für kleine Rollen wurden bekannte Gesichter gecastet – so bewegen sich etwa Charakterköpfe wie André Hennicke, Georg Friedrich und Sunnyi Melles sowie nationale Berühmtheiten wie Uwe Ochsenknecht und Jessica Schwarz und Jungtalente wie Emilia Schüle, Elisa Schlott und Henriette Confurius durch einzelne Passagen des Werks. Hinzu kommt eine prächtige Ausstattung: Das finstere Kloster und die idyllische umgebende Landschaft werden ebenso eindrücklich eingefangen wie die Orte, die zu den Stationen von Goldmunds wilder Reise gehören. Zuweilen gerät das alles um eine Spur zu hochglänzend; selbst eine von der Pest und ihren Folgen völlig zerstörte Stadt sieht in Ruzowitzkys Inszenierung wie eine stylishe Kulisse für ein äußerst makabres Fotoshooting aus. Einige Details ragen wiederum heraus – etwa die kreative Gestaltung des Altars, den der ausgebildete Bildhauer Goldmund im (freundschaftlich vergebenen) Auftrag von Narziss anfertigen soll. Auch die Umsetzung eines Drogentrips ist gelungen und erinnert an die Bedeutung Hesses in der Hippie-Ära.

Was „Narziss und Goldmund" aber letztlich von dem eher anspruchslosen Historien-Kitsch unterscheidet, der zumeist im Privatfernsehen als TV-Highlight verkauft wird, ist die sensible Zeichnung der Beziehung zwischen den titelgebenden Protagonisten. Das Skript, welches Ruzowitzky gemeinsam mit Robert Gold verfasst hat, formuliert die romantischen Gefühle, die Narziss für seinen casanovahaften Freund Goldmund empfindet, klarer aus als die 90 Jahre alte literarische Quelle – zum einen durch Narziss selbst, zum anderen durch andere Geistliche, die von der Nähe zwischen den zwei Männern irritiert sind. Dass dieser queere Aspekt so gut funktioniert, ist vor allem dem Spiel von Sabin Tambrea („Ludwig II.") zu verdanken. Tambrea bedient bei der Interpretation seiner stereotyp angelegten Figur keine Klischees, sondern lässt uns sehr einfühlsam das stille Leiden und die unerschütterliche Zuneigung von Narziss spüren. Durch diesen emotionalen Kern gewinnt der Film etwas Zeitloses, Einnehmendes und angenehm Leises.

(www.kino-zeit.de)

Narziss und Goldmund (2020) rezensieren

1 Untersuchen Sie den Aufbau der Filmkritik.

a) Finden Sie Sinnabschnitte und fassen Sie diese jeweils in einem Satz zusammen.

b) Arbeiten Sie heraus, welche Teile informativ, beschreibend, analysierend, interpretierend und wertend sind.

c) Erarbeiten Sie ausgehend von Ihren Ergebnissen aus 1a und b den Aufbau einer Filmkritik.

2 Analysieren Sie die sprachliche Gestaltung der wertenden Passagen. Achten Sie hierbei insbesondere auf die verwendeten Adjektive und ihre Konnotationen.

3 Erarbeiten Sie die Hauptaussage von Köhnemanns Filmkritik. Deuten Sie hierfür den Titel.

4 Nehmen Sie Stellung zu den Aussagen Köhnemanns.

a) Welchen Aussagen stimmen Sie (teilweise) zu? Begründen Sie.

b) Welchen Aussagen widersprechen Sie? Nennen Sie Gründe.

5 Bereiten Sie das Verfassen einer eigenen Rezension vor.

a) Übertragen Sie die folgenden Bewertungskriterien in Ihr Heft und füllen Sie die Tabelle aus.

Mögliche Kriterien	*Anmerkungen/Besonderheiten*	*Bewertung* ☺ 😐 ☹
Stoff (erzählte Geschichte)		
Vergleich mit literarischer Vorlage		
Figurenzeichnung		
Besetzung / darstellerische Leistung		
Machart des Films, z. B. Bauform und Erzähltechnik, Montagetechniken, Kamera, Musik, Farbe und Licht, Leitmotive und Symbole		
Wirkweise des Films (z. B. unterhaltsam, spannend, emotional)		

b) Recherchieren Sie fehlende Informationen sowie weitere Rezensionen zum Film „Narziss und Goldmund“ und schreiben Sie nützliche Informationen und Aussagen heraus.

c) Erstellen Sie einen Schreibplan, der den Aufbau und wesentliche Inhalte der einzelnen Abschnitte verdeutlicht. Achten Sie auf einen sinnvollen Aufbau mit informativen, beschreibenden, analysierenden, interpretierenden und bewertenden Passagen.

6 Schreiben Sie auf der Grundlage Ihrer Vorbereitungen und der textanalytischen Auseinandersetzung mit der Filmkritik von Andreas Köhnemann eine Rezension.

7 Überarbeiten Sie Ihren Text in einer Schreibkonferenz (↗ Kapitel 11.1, S. 207).

a) Bilden Sie Kleingruppen (drei bis vier Personen) und lesen Sie Ihrer Gruppe Ihre Rezension vor.

b) Äußern Sie Ihre ersten Eindrücke zu den Rezensionen der anderen Gruppenmitglieder.

c) Lesen und besprechen Sie nun Satz für Satz und notieren Sie sich Verbesserungsvorschläge zu Inhalt, Sprache und Aufbau der Rezension.

8 Präsentieren Sie Ihre Rezension im Plenum.

Filmtheorie

Die Filmtheorie ist ein Teilgebiet der Filmwissenschaft, in der systematisch Wesen und Funktion von Filmen reflektiert werden. Charakteristisch für die Filmtheorie ist eine Vielzahl unterschiedlicher und gegensätzlicher Ansätze und Schulen.

Filmregie und Filmmanuskript – Einführung zur ersten deutschen Ausgabe (1928)

von Wsewolod I. Pudowkin

Die Grundlage der Filmkunst ist die Montage. Diese Parole galt für den jungen Film in Sowjetrussland, und sie hat bis heute nichts an Bedeutung und Kraft eingebüßt.

Es muss dazu gesagt werden, dass der Ausdruck „Montage" nicht immer richtig verstanden und sinngemäß interpretiert wird. Manche sind dabei der naiven Auffassung, es handle sich um ein Zusammenfügen der Film-Einstellungen in ihrer richtigen Zeitfolge. Andere wieder kennen nur zwei Arten der Montage: eine rasche und eine langsame, und vergessen dabei – oder haben nie gelernt –, dass der Rhythmus, das heißt die Wirkung, die durch den Wechsel kurzer und langer Bildfolgen entsteht, keineswegs alle Möglichkeiten der Montage erschöpft.

Um Ihnen, geneigter Leser, das Wesen der Montage und ihre Zukunftsmöglichkeiten klar vor Augen zu führen, möchte ich einen Vergleich aus einer andern Kunstform, der Literatur, heranziehen. Das Rohmaterial in den Händen der Dichter und Schriftsteller ist das Wort. Dieses kann jedoch, je nach seiner Stellung im Satzgefüge, die verschiedensten Bedeutungen annehmen. Indem es von der Deutung des Satzgefüges abhängig ist, bleibt es in seiner eigenen Deutung wandelbar, bis ihm die künstlerische Formulierung des Satzes seinen bestimmten Gehalt gibt.

Dem Filmregisseur dient jede Szene des gedrehten Films in der gleichen Weise wie dem Dichter das Wort. Er steht vor den einzelnen Aufnahmen, prüft, wählt, weist zurück und nimmt wieder auf, und durch die bewusste künstlerische Gestaltung dieses Rohmaterials entstehen „Montage-Sätze", die einzelnen Szenen und Episoden, und endlich, Schritt für Schritt, das vollendete Werk, der Film.

Der Ausdruck, der Film werde „gedreht", ist irreführend und sollte aus dem Sprachgebrauch verschwinden. Der Film wird nicht gedreht, er wird aus den einzelnen Einstellungen, die sein Rohmaterial sind, gebaut. […]

In meinem früheren Film „Die Mutter" versuchte ich, das Mitgefühl der Zuschauer nicht durch die psychologisch gestaltete Darstellung eines Schauspielers, sondern durch die plastische Synthese der Montage zu erwecken. Der Sohn befindet sich im Gefängnis. Heimlich wird ihm nun ein Zettel zugesteckt mit der Nachricht, dass er am nächsten Tag befreit werde. Es ging darum, den Ausdruck seiner Freude filmisch zu gestalten. Eine bloße Aufnahme seines freudestrahlenden Gesichtes wäre matt und wirkungslos geblieben. Stattdessen zeigte ich das erregte Zucken seiner Hände und eine Großaufnahme der unteren Hälfte seines Gesichtes, den lächelnden Mund. Diese Aufnahmen montierte ich zusammen mit verschiedenem anderem Material, Aufnahmen eines rasch dahinplätschernden Frühlingsbächleins, das Spiel von Sonnenflecken auf dem Wasser, Vögel auf einem Dorfteich und schließlich ein lachendes Kind. Damit schien mir der Ausdruck „Freude des Gefangenen" gestaltet. […]

(aus: Filmregie und Filmmanuskript, 1928)

1 Fassen Sie den Textauszug in eigenen Worten zusammen.

2 Zeigen Sie auf, dass die Ausführungen Pudowkins dem filmtheoretischen Formalismus zuzuordnen sind. Lesen Sie hierzu GUT ZU WISSEN „Filmtheorie" (↗ S. 85).

Filmtheorie

3 Weisen Sie nach, dass Pudowkins Ausführungen zu seinem Film „Die Mutter“ (vgl. Z. 40 ff.) auf den Experimenten Kuleschows zur Montage basieren (↗ GZW „Kuleschow-Effekt“).

4 Überprüfen Sie den Kuleschow-Effekt, indem Sie mithilfe Ihrer Smartphones

a) eine Schülerin oder einen Schüler filmen, die/der an ihrem/seinem Platz sitzt und lächelt,
b) eine Szene einer wütenden Lehrkraft drehen,
c) eine Szene einer Mitschülerin aufnehmen, die etwas Leckeres in die Schule mitbringt.
d) Montieren Sie jeweils die Szenen aus Aufgabe 4c und 4a sowie die Szenen aus Aufgabe 4b und 4a und präsentieren Sie die Ergebnisse im Plenum.

5 Recherchieren Sie im Internet nach gelungenen Filmbeispielen des Kuleschow-Effekts.

6 Diskutieren Sie im Plenum, welche Bedeutung die Montage in „Narziss und Goldmund“ hat.

GUT ZU WISSEN **Kuleschow-Effekt**

Der sowjetische Regisseur **Lew Kuleschow** ist durch seine **filmischen Experimente zur Montage** bekannt geworden. Er und seine Arbeitsgruppe an der staatlichen Filmschule Moskau kombinierten 1921 die Aufnahme eines ausdrucksarmen Gesichts eines Schauspielers mit drei ganz verschiedenen Aufnahmen: mit der eines Sarges, in dem ein totes Mädchen liegt, mit einem Teller Suppe sowie mit einer verführerischen Frau. Je nach Kombination deuteten die Zuschauer/-innen das Gesicht des Schauspielers als traurig, hungrig oder begierig. Die Möglichkeit, **Bedeutung** ausschließlich **durch die Montage unterschiedlicher Filmszenen** hervorzurufen, wird **Kuleschow-Effekt** genannt.

Die Errettung der physischen Realität (1960)

von Siegfried Kracauer

[…] Der lange in Amerika lebende deutsche Kritiker Hermann G. Scheffauer sagte bereits 1920 voraus, der Mensch werde durch den Film „die Erde kennenlernen wie sein eigenes Haus, auch wenn er niemals über die engen Grenzen seines Dorfes hinauskommt“. Mehr als dreißig Jahre später äußert sich Gabriel Marcel in ähnlicher Weise. Er spricht dem Film, besonders dem Dokumentarfilm, die Kraft zu, „unsere Beziehung zu dieser Erde, die unsere Wohnstätte ist“, zu vertiefen und inniger zu gestalten. „Und ich möchte noch sagen“, fügt er hinzu, „dass mir, der ich dazu neige, dessen müde zu werden, was ich gewohnheitsmäßig sehe – das heißt, was ich in Wirklichkeit gar nicht mehr sehe –, diese dem Kino eigene Kraft buchstäblich erlösend (salvatrice) erscheint.“ […]

Das Haupt der Medusa

Wir haben in der Schule die Geschichte vom Haupt der Medusa gelernt, deren Gesicht mit seinen Riesenzähnen und seiner heraushängenden Zunge so schrecklich war, dass bei seinem Anblick Mensch und Tier zu Stein erstarrten. Als Athene Perseus beauftragte, das Ungeheuer zu erschlagen, warnte sie ihn, er dürfe niemals das Gesicht selber ansehen, nur sein Spiegelbild im blanken Schild, den sie ihm gab. Perseus folgte dem Rat der Athene und enthauptete die Medusa mit einer Sichel, die Hermes zu seiner Ausrüstung beigesteuert hatte.

Die Moral des Mythos ist natürlich, dass wir wirkliche Gräuel nicht sehen und auch nicht sehen können, weil die Angst, die sie erregen, uns lähmt und blind macht; und dass wir nur dann erfahren werden, wie sie aussehen, wenn wir Bilder von ihnen betrachten, die ihre wahre Erscheinung reproduzieren. Diese Bilder sind nicht von der Art jener, in denen künstlerische Fantasie unsichtbares Grauen zu

Filmtheorie

gestalten sucht, sondern haben den Charakter von Spiegelbildern. Unter allen existierenden Medien ist es allein das Kino, das in gewissem Sinne der Natur den Spiegel vorhält und damit die „Reflexion“ von Ereignissen ermöglicht, die uns versteinern würden, träfen wir sie im wirklichen Leben an. Die Filmleinwand ist Athenes blanker Schild. […]

(aus: Theorie des Films, 1964)

7 **Geben Sie die zentralen Gedanken Siegfried Kracauers mit eigenen Worten wieder. Klären Sie hierzu unbekannte Begriffe.**

8 **Weisen Sie mithilfe von GUT ZU WISSEN „Filmtheorie“ nach, dass die Ausführungen Kracauers der Theorie des Realismus zuzuordnen sind.**

9 **Recherchieren Sie arbeitsteilig die folgenden filmtheoretischen Ansätze (pro Gruppe einen Ansatz) und überlegen Sie, inwieweit diese gewinnbringend für die Interpretation von „Narziss und Goldmund“ sein können. Stellen Sie Ihre Ergebnisse im Plenum vor.**

Filmtheoretischer Ansatz	***Zentrale Thesen***	***Bedeutung für / Anwendung auf „Narziss und Goldmund“***
formalistische Filmtheorie von Rudolf Arnheim		
psychoanalytische Filmtheorie von Christian Metz		
feministische Filmtheorie von Laura Mulvey		
neoformalistische Filmtheorie nach Kristin Thompson		

GUT ZU WISSEN Filmtheorie

Eine theoretische Auseinandersetzung mit Filmen findet seit Beginn des 20. Jahrhunderts statt. In den 1920er- sowie 1960er- und 1970er-Jahren hat sie ihre Höhepunkte erfahren. Bis in die 1970er-Jahre wurden **formalistische Filmtheorien** (z. B. von Rudolf Arnheim, Béla Balázs, Sergei Eisenstein, Wsewolod I. Pudowkin) **realistischen Ansätzen** (z. B. von André Bazin, Siegfried Kracauer) gegenübergestellt. Charakteristisch für die Denkschule des **Formalismus** ist, den **Film als konstruiert** (z. B. durch Montage und Bildgestaltung) zu begreifen, die Filmsprache zu beschreiben und **formale Elemente** des Films **als bedeutungsgenerierend** zu verstehen. Dagegen betont der filmtheoretische **Realismus**, dass das Wesen des Films darin bestehe, die **Wirklichkeit unverfälscht darzustellen** und zu enthüllen. Inzwischen lässt sich eine Vielzahl unterschiedlicher filmtheoretischer Ansätze unterscheiden. Zu den bekanntesten zählen neben (Neo-)Formalismus und (Neo-)Realismus:

- die **Autorentheorie**, die Drehbuchautoren und **Regisseure als Schöpfer** des Films verstehen, deren **Biografie** und Gesamtwerk für die Deutung eines Films **von zentraler Bedeutung** sind,
- die **psychoanalytische Filmtheorie**, die die Methoden der Psychoanalyse auf den Film anwendet,
- die **feministische Filmtheorie**, die u. a. den Film nach geschlechtsspezifischen Rollenbildern untersucht,
- die **Genre-Theorie**, die typische Merkmale von Filmen untersucht und sie zu Genres klassifiziert.

Anwenden, Vertiefen, Fazit

Einen Filmtrailer erstellen

Bei einem Trailer handelt es sich um einen ca. 90-sekündigen Videoclip, der analog zum Klappentext beim Buch in den Film einführt, für ihn wirbt und primär aus Originalfilmszenen mit schnellen Schnitten, Texteinblendungen, Musik und Voiceover-Elementen besteht. Mithilfe von Videosoftware und deren (Trailer-)Vorlagen erstellen Sie zu „Narziss und Goldmund“ (2020) Ihren eigenen Trailer.

1 Bilden Sie Kleingruppen und bereiten Sie das Erstellen eines Trailers vor, indem Sie

a) ca. 15 bis 20 Auszüge (je 3–4 Sek. lang) aus Schlüsselstellen des Films auswählen, anhand derer Wesentliches der Handlung wiedergegeben werden kann (achten Sie dabei auf unterschiedliche Einstellungsgrößen und -perspektiven und auf eine sinnvolle Montage der Filmausschnitte),

b) aus diesen Auszügen diejenigen auswählen, deren Dialoge oder Figurenrede im Trailer hörbar sein sollen,

c) drei bis vier Texteinblendungen vorbereiten, die zu den Filmszenen passen und die Themen des Films wiedergeben,

d) zwei Lieder aus dem Soundtrack wählen, die Ihres Erachtens charakteristisch für den Film sind und stellenweise über die Filmausschnitte gelegt werden können,

e) zwei bis drei Texteinblendungen vorbereiten, die werbenden Charakter haben (z. B. vom oscarprämierten Regisseur),

f) Informationen für den Vor- und Abspann des Trailers recherchieren (z. B. zu Produktionsfirmen, Regie, Drehbuch, Produktionsdesign, Kamera, Soundtrack, Besetzung).

2 Erstellen Sie den Trailer mithilfe einer geeigneten Software. Schauen Sie hierzu ein Tutorial (filmische Gebrauchsanleitung) zur Bedienung der Software im Internet an.

3 Präsentieren Sie Ihre Trailer im Plenum. Wählen Sie den besten Trailer.

4 Vergleichen Sie Ihren Trailer mit dem Originaltrailer des Films. Erarbeiten Sie wesentliche Gemeinsamkeiten und Unterschiede.

FAZIT

4.1
Eine Erzählung Hesses verfilmen – Besonderheiten und Herausforderungen
- Ideen für die Verfilmung einer literarischen Vorlage entwickeln

4.2
Narziss und Goldmund (2020) analysieren und interpretieren
- Figuren und ihre audiovisuelle Inszenierung analysieren
- Dramaturgie und Erzähltechnik untersuchen
- Zentrale Symbole, Leitmotive und Themen erarbeiten

4.3
Narziss und Goldmund (2020) rezensieren

4.4
Filmtheorie

4.5
Anwenden, Vertiefen, Fazit
- Einen Filmtrailer erstellen

Kapitel 5

Medien: Einen kritischen Umgang üben

5.1
Digitale Spuren verstehen

5.2
Das Zusammenspiel von Medien und Sprachgebrauch reflektieren

5.3
Einflussnahme durch Sprache in Politik und Gesellschaft

5.4
Einen Abstract verfassen
●●●

5.5
Anwenden, Vertiefen, Fazit

Medien sind allgegenwärtig: in der Schule, im Berufsleben, im Alltag. Doch ein autonomer Umgang mit Medien stellt Ansprüche an jedes Mitglied einer Gesellschaft. Medienmündigkeit heißt, einen kritischen und reflektierten Umgang mit Medien zu üben. Dazu gehört, dass die persönlichen Daten geschützt und politische sowie gesellschaftliche Diskurse im Netz auf faire Weise geführt werden. Zudem sollten sich alle der Vorteile und Gefahren künstlicher Intelligenz bewusst sein.

Kompetenzen

- ✓ Kennzeichen von meinungsbildenden Äußerungen und faktenbasierten Informationen unterscheiden
- ✓ den Umgang mit persönlichen Daten im Netz reflektieren
- ✓ Auswirkungen der Digitalisierung auf die Sprache untersuchen
- ✓ Sprache in politisch-gesellschaftlichen Verwendungszusammenhängen untersuchen
- ✓ einen Abstract vorbereiten und verfassen

Methoden und Arbeitstechniken

- ✓ exzerpieren
- ✓ Meinungslinie
- ✓ Placemat
- ✓ Feedback geben

Das kennen Sie schon

- ✓ Aufbau eines Leserbriefs
- ✓ Kommentare
- ✓ Quellen beurteilen

Digitale Spuren verstehen

Big Data – das sind riesige Datenmengen, die durch die zunehmende Nutzung digitaler Technologien entstehen, um dann von Unternehmen zur Kunden- und Bedarfsanalyse herangezogen zu werden. Daher sollten sich Internetnutzer/-innen immer wieder fragen: Was teile ich und mit wem teile ich es? Welche Folgen könnten meine digitalen Spuren haben?

Deine Daten sind der Preis – Ein Blick hinter das Display

von Ralf Lankau

Medienmündigkeit bedeutet, selbst einschätzen und entscheiden zu können, welche digitalen Medien man nutzt und was man besser nicht im Netz macht. Wer seine Daten leichtsinnig preisgibt, fällt den Datensammlern der IT-Monopole zum Opfer. […]

Das Mediennutzungsverhalten hat sich durch die Digital- und Webtechnologien in den letzten 20 Jahren stark verändert. Internetdienste wie Amazon und Google (mit YouTube) oder Social-Media-Plattformen wie Facebook (mit WhatsApp und Instagram) haben heute Reichweiten, die weit über Printpublikationen oder TV-Kanäle hinausgehen. Mit Smartphones und Tablets sind mobile Geräte und Dienste zu ständigen Begleitern geworden. Der entscheidende Unterschied zu den „alten" Medien ist der permanente Rückkanal für personenbezogene (personalisierte) Daten. Gerätehersteller und Dienstanbieter wissen, wer wir sind und was wir im Netz tun. „Mit jedem Klick im Netz hinterlassen Menschen digitale Spuren. Aber auch wer das Handy unbenutzt in der Tasche mit sich herumträgt, verrät viel über sich selbst. Denn die Bewegungen des Benutzers, die ein Smartphone mit seinen Inertialsensoren[1] erfasst, ermöglichen Rückschlüsse auf die Persönlichkeit der Nutzer", schreibt der Journalist Jochen Siegle in der Neuen Zürcher Zeitung […].

Eine aktuelle Studie bestätigt, dass Aktivitäten in sozialen Medien weitreichende Schlüsse auf die Persönlichkeit und das Verhalten der Nutzerinnen und Nutzer erlauben. So hat eine Forschergruppe um Clemens Stachl herausgefunden, dass Smartphones Nutzerdaten aufzeichnen, aus denen sich die fünf Dimensionen des Big-Five-Modells der Persönlichkeitspsychologie vorhersagen lassen. Das sind die Persönlichkeitsmerkmale Offenheit, Gewissenhaftigkeit, Extrovertiertheit[2], Verträglichkeit und emotionale Stabilität sowie deren Ausprägung […]. Zusammen mit Bewegungs- und Kommunikationsprofilen lassen sich daraus sehr präzise Abbilder der Persönlichkeitsstruktur gewinnen – der mentalen und psychischen Belastbarkeit und des emotionalen wie sozialen Verhaltens. Die Smartphones zeichnen die Gewohnheiten und Routinen ihrer Nutzer auf, ihren Aktionsradius und ihre direkten Kontakte. Angesichts dieser Ergebnisse warnen die Forscher vor möglichen Eingriffen in die Privatsphäre, da personenscharfe Profile eine gezielte Beeinflussung ermöglichen […].

Durch das Sammeln personenbezogener Daten soll sich das wahrscheinliche Verhalten der Nutzer besser voraussagen lassen, damit man ihnen entsprechende Angebote machen oder passende Werbung schalten kann. Das ist das Geschäftsmodell der digitalen Plattformökonomie: Nutzerdaten gegen „kostenlose" Angebote, Werbung und (politische) Propaganda. […]

Das Grundprinzip der Plattformökonomie ist überall identisch. Unternehmen wie Facebook und Google oder ihre chinesischen und russischen Pendants stellen die technische Infrastruktur zur Verfügung. Die Nutzer liefern unentgeltlich die Inhalte (Content) und laden sie auf diese Plattformen hoch, um sich in sozialen Netzwerken zu präsentieren. Die Plattformbetreiber verkaufen die Werbeplätze und sichern den Werbetreibenden zu, passende Anzeigen zum jeweiligen Nutzerprofil zu schalten. […]

(aus: Pädagogik 1, 2021)

1 der Inertialsensor: Inertialsensoren messen alle geradlinigen und drehförmigen Bewegungen eines Körpers und erfassen so jegliche Positionsveränderung

2 die Extrovertiertheit (auch Extravertiertheit oder Extraversion): meint in der Psychologie eine nach außen gewandte Haltung im Gegensatz zu der auf das persönliche Innenleben gerichteten Introversion

Digitale Spuren verstehen

1 Lesen Sie den Artikel auf Seite 88 und teilen Sie ihn in Sinnabschnitte ein.

a) Formulieren Sie Teilüberschriften zu den einzelnen Abschnitten.

b) Visualisieren Sie (↗ Kapitel 11.1, S. 211) die beschriebenen Mechanismen der Plattformökonomie.

2 Bilden Sie sich Ihre Meinung zu dem Artikel von Ralf Lankau mithilfe von GUT ZU WISSEN „Meinungsbildende Passagen in Texten bewerten".

a) Recherchieren Sie zuerst Hintergrundinformationen, um das Thema Daten im Internet genauer zu beleuchten. Exzerpieren Sie (↗ Kapitel 11.1, S. 197) wichtige Textpassagen.

b) Positionieren Sie sich jeweils zu den einzelnen Sinnabschnitten. Entscheiden Sie, auch anhand der recherchierten Hintergrundinformationen, ob Sie dem Autor zustimmen, was eventuell gegen die Aussagen spricht oder ob Informationen fehlen.

Textstelle	*Aussage/Meinung des Autors*	*Eigene Gedanken/ Meinungen/Ergänzungen*
Die Smartphones zeichnen die Gewohnheiten und Routinen ihrer Nutzer auf, ihren Aktionsradius und ihre direkten Kontakte. (Z. 42 ff.)	*Diese Daten sind sehr persönlich. Fremde erhalten Informationen über die Nutzer, was gefährlich werden kann.*	*Möglichkeit, Ortungsdienste bei bestimmten Apps zu deaktivieren (Aufklärung)*

c) Entscheiden Sie sich für eine Position, die Sie in Bezug auf Big Data und die Transparenz der Datenverwendung vertreten wollen. Begründen Sie Ihre drei Hauptargumente.

GUT ZU WISSEN – Meinungsbildende Passagen in Texten bewerten

In **Reden, Reportagen, Kommentaren, Leserbriefen, Werbetexten** sowie anderen **meinungsbildenden Sachtexten** stellen Autorinnen und Autoren **ihre Sichtweise auf Sachverhalte** dar. **Medienmündigkeit** seitens der Leser/-innen bedeutet, **kritisch mit** solchen **Texten/Informationen umzugehen** und sich **eine eigene, fundierte Meinung** zu **bilden**. Dabei empfiehlt sich folgendes Vorgehen:

- Man informiert sich über den Sachverhalt und achtet dabei auf die **Qualität der genutzten Quellen**.
- Wichtige Argumente werden herausgearbeitet. Man macht sich Notizen zu **Belegen (Umfragen, Statistiken, wissenschaftliche Aussagen o. Ä.)**. Dabei ist es wichtig, folgende Punkte zu unterscheiden: Welche Argumente benutzt der Autor? Sind sie stichhaltig, weil sie z. B. auf Fakten beruhen? Welche Aussageabsicht hat der Autor und werden deshalb eventuell wesentliche Perspektiven oder Tatsachen unterschlagen?
- Man prüft jeweils: Handelt es sich um ein **objektives Argument** oder um eine **Wertung**? Ist die Wertung passend und logisch oder übertrieben, zu weit hergeholt usw.?
- Anhand des persönlichen Hintergrundwissens entscheidet man, ob man der Haltung des Autors zustimmt oder nicht, und begründet die **eigene Position**.

Digitale Spuren verstehen

3 Reflektieren Sie Ihre eigenen „digitalen Spuren".

a) Welche Websites haben Sie in der letzten Woche besucht und in welchen sozialen Medien waren Sie aktiv?

b) Klären Sie in einem Partnerinterview, welches Bild sich aus Ihren Aktivitäten ergibt.

c) Nennen Sie Konsequenzen oder auch Gefahren, die aus den von Ihnen hinterlassenen „digitalen Spuren" resultieren könnten.

SPRACHE UND STIL – Tatsachen und Meinungen formulieren

Tatsachen herausstellen:

Fakt ist, dass ...
Das beweist, dass ...
Es ist offensichtlich, dass ...
Es ist sicher, dass ...
Man kann sagen, dass ...
Es gibt keinen Zweifel daran, dass ...

Meinung äußern (allgemein):

Mir scheint, dass ...
Meiner Meinung nach ...
Meiner Erfahrung nach ...
Ich bin der Auffassung, dass ...
Soweit ich das beurteilen kann, ...
Wie behauptet wird, ...
Ich bin davon überzeugt, dass ...
Meines Erachtens ...
Ich finde ...
Ich muss zugeben, dass ...
Ich kann nicht leugnen, dass ...
Ich bin der Ansicht, dass ...
Deshalb denke ich, dass ...
Ich bin geteilter Meinung (über) ...

4 Finden Sie weitere Formulierungen wie in Sprache und Stil, mit denen Tatsachen herausgestellt und Meinungen geäußert werden. Suchen Sie anschließend nach Alternativen für alle stark wertenden Begriffe, die eine Beeinflussung des Gegenübers intendieren.

5 Bilden Sie sich mithilfe der Methode Think-Pair-Share (↗ Kapitel 11.1, S. 209 f.) eine Meinung zum Thema Gläserner Bürger.

a) Recherchieren Sie, wo und wie personenbezogene Daten gespeichert werden, sowie Gründe für die Speicherung und deren Folgen.

b) „Der Gläserne Bürger: Fluch oder Segen?" – notieren Sie Ihre Meinung zu dieser Fragestellung mithilfe von Sprache und Stil. Beziehen Sie dabei auch Ihre Rechercheergebnisse aus Aufgabe 5a mit ein. Unterscheiden Sie zwischen Fakten und Ihrer persönlichen Bewertung.

Fakt ist, dass Instagram wichtige Daten speichert. Ich bin der Meinung, dass das durchaus vorteilhaft ist, weil ...

c) Diskutieren Sie Ihre Standpunkte und protokollieren Sie die Ergebnisse mithilfe einer Tabelle:

In diesen Punkten sind wir uns einig:	*In folgenden Punkten sind wir unterschiedlicher Meinung:*	*Das konnten wir vom jeweils anderen lernen:*

d) Stellen Sie Ihre Ergebnisse in der Klasse vor. Diskutieren Sie auf Grundlage der recherchierten Fakten im Plenum: „Der Gläserne Bürger: Fluch oder Segen?".

Das Zusammenspiel von Medien und Sprachgebrauch reflektieren

Sprache hat Kraft, Sprache schafft Realität, Sprache ist zudem politisch. Sie prägt und wird geprägt durch die Gesellschaft, die sie einsetzt. Eine veränderte Mediennutzung und die fortschreitende Digitalisierung haben immensen Einfluss auf die Sprache. So verschwimmen z. B. die Grenzen von Schriftlichkeit und Mündlichkeit und das Diskussionsverhalten ändert sich.

1 Analysieren Sie die Wortwolke.

a) Finden Sie Begriffe, die zusammengehören. Begründen Sie Ihre Zuordnung.

b) Erklären Sie die in Aufgabe 1a gefundenen Zuordnungen anhand von Beispielen.

c) Diskutieren Sie, ob und inwieweit sich die Bedeutung der in der Wortwolke aufgeführten Begriffe durch das Aufkommen der Neuen Medien verändert hat. Nutzen Sie hierfür die Placemat-Methode (↗ Kapitel 11.1, S. 204).

Das Zusammenspiel von Medien und Sprachgebrauch reflektieren

Zitate zum Thema Sprache

„Auch wer Sprache zum Verbergen benutzen will, verrät, was er verbergen will.“ – *Martin Walser*

„Hätten wir das Wort, hätten wir die Sprache, wir bräuchten die Waffen nicht.“ – *Ingeborg Bachmann*

„Der Mensch ist ein sprachbegabtes Tier und wird sich immer durch das Wort verführen lassen.“
– *Simone de Beauvoir*

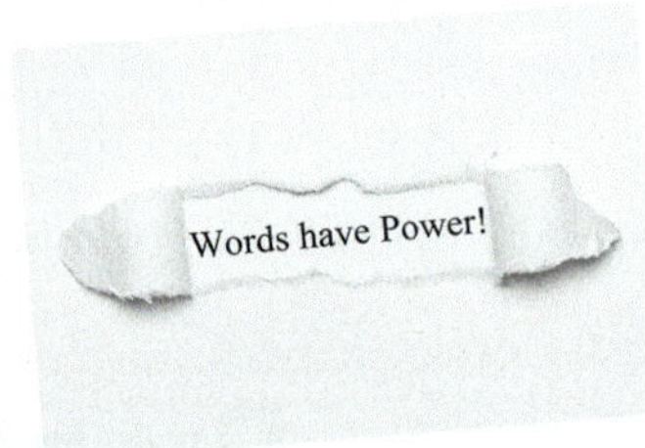

2 Sprache ist Macht: Erschließen Sie die Zitate.

a) Wählen Sie ein Zitat und begründen Sie Ihre Auswahl.

b) Erklären Sie, was das Zitat bedeutet. Dabei können Ihnen einige Begriffe aus der Wortwolke von Seite 91 helfen.

Warum Sprache ein spitzes Messer sein kann

von Daniel Schottmüller

Leibniz-Institut für Deutsche Sprache rückt mit einer Diskussion das Gewaltpotenzial sozialer Medien ins Blickfeld.

[…] Der Titel lässt Raum für Interpretation. Nur so viel verrät das in Mannheim ansässige Leibniz-Institut für Deutsche Sprache (IDS) vor dem vorläufigen Höhepunkt seiner Jahrestagung: Zum Ende des ersten von drei Veranstaltungstagen soll es um „Sprache und Gewalt“ gehen. […] Alle Scheinwerfer sind auf die sozialen Medien gerichtet. […]

Überraschend: Obwohl die Teilnehmer eine überhitzte Diskussionskultur auf Twitter und Facebook wahrnehmen, halten sie die politische Debatte – das, was Kommunikationsforscherin Andrea Römmele in ihrer Einstimmung als „Herzstück der Demokratie“ bezeichnet hat – für vergleichsweise zahm. […]

Hat sich das verbale Schlachtfeld vielleicht einfach vom Parlament ins Internet verlagert? Sprachwissenschaftlerin Konstanze Marx – früher ebenfalls in Mannheim tätig – formuliert es eine Spur optimistischer: „Wir alle sind sensibler geworden.“ Nicht zuletzt, weil man im Netz Diskurse mitverfolgen und daraus lernen kann, herrsche derzeit eine große Reflexivität. […]

(www.rnz.de)

3 „Sprache kann ein Messer sein“, sagt die Überschrift aus. Nähern Sie sich dem Text.

a) Schreiben Sie eine kurze Stellungnahme, in der Sie Ihre ersten Assoziationen zum Titel darlegen.

b) Lesen Sie den Artikel und erklären Sie, worauf sich die Überschrift genau bezieht.

c) Lesen Sie den Text nun erneut. Ergänzen Sie Ihre Stellungnahme. Hat sich Ihre Sichtweise verändert? Begründen Sie.

4 Berichten Sie einander von Situationen, in denen Sprache Sie verletzt, wütend oder betroffen gemacht hat.

a) Wie haben Sie reagiert? Beurteilen Sie Ihre Reaktion.

b) Eine „überhitzte Diskussionskultur“ (Z. 12) kann dazu führen, dass Rechte missachtet werden, die das Grundgesetz garantiert, z. B. die Unantastbarkeit der menschlichen Würde. An welche Stellen können sich Betroffene wenden? Sammeln Sie im Plenum.

Das Zusammenspiel von Medien und Sprachgebrauch reflektieren

5 „Hat sich das verbale Schlachtfeld vielleicht einfach vom Parlament ins Internet verlagert?", fragt sich der Autor im Artikel von Seite 92.

a) Erklären Sie, was mit dem Begriff „verbales Schlachtfeld" gemeint ist. Überlegen Sie, warum der Autor diese Formulierung gewählt hat.

b) Diskutieren Sie, wo und wie gesellschaftliche Debatten ausgetragen werden (Plattformen, Diskussionsstil ...).

c) Sammeln Sie Beispiele für politische Debatten, die im Internet (weiter-)geführt werden, und schreiben Sie diese auf Metaplankärtchen. Präsentieren Sie Ihre Ergebnisse im Plenum und clustern Sie (↗ Kapitel 11.1, S. 196). Erklären Sie, was die von Ihnen gesammelten Themengebiete verbindet und warum gerade solche Debatten ins Netz verlagert werden.

d) Beurteilen Sie, ob es sinnvoll ist, dass sich die politischen Debatten ins Netz verlagern. Bilden Sie dazu eine Meinungslinie (↗ Kapitel 11.1, S. 202) im Klassenzimmer.

GUT ZU WISSEN | Kommunikationswege und -arten

Bei einer **mündlichen Kommunikation** sind Sender und Empfänger **in derselben räumlichen und zeitlichen Situation**. Die Rahmensituation ist demnach meist eindeutig, nonverbale Zeichen (Gestik und Mimik) können wahrgenommen und daher leicht gedeutet werden (z. B. Ausdruckswert der Stimme). Die Verständlichkeit des Gesagten wird durch **kurze Satzperioden** und eine **hohe Redundanz** erhöht. Ein stark hypotaktischer Satzbau ist selten. Die Redebeiträge sind vielmehr **häufig parataktisch gegliedert**, da sonst eine Überforderung eintritt. Eine längere Speicherung der Inhalte ist meist nicht möglich, alle Parteien müssen sich das Gesagte ggf. merken.

In der **schriftlichen Kommunikation** kann **über längere Distanzen** kommuniziert werden. Schriftsprache **ist archivierbar** und Produktion sowie Rezeption sind unabhängig voneinander möglich. Schriftsprache ist **stilistisch komplexer**, Sätze sind länger und enthalten viele Informationen, eine **Bindung an die Sprachnorm** ist für die Verständlichkeit notwendig.

Durch die Neuen Medien und die **Verlagerung von öffentlichen Debatten ins Internet** kommt es zu einer **Überschneidung der beiden Arten von Kommunikation**. Besonders in sozialen Netzwerken zeichnet sich die Kommunikation - obwohl sie geschrieben ist - eher durch die Kennzeichen der mündlichen Kommunikation aus. Allerdings ist sie archivierbar, überbrückt Zeit und Raum und lässt ein hohes Maß an Interpretation zu.

6 Im Artikel auf Seite 92 wird die Sprachwissenschaftlerin Konstanze Marx zitiert, die behauptet, die Gesellschaft sei durch die politischen Debatten im Internet sensibler geworden und es herrsche eine große Reflexivität.

a) Diskutieren Sie, was Konstanze Marx mit dieser Aussage meint. Stimmen Sie ihr zu?

b) Schreiben Sie Konstanze Marx einen Leserbrief, in dem Sie Ihre Meinung zu dieser Aussage formulieren. Gehen Sie auf Gründe und Folgen ein.

★ **7 Vergleichen Sie Darstellungen eines Themas in unterschiedlichen Medien.**

a) Wählen Sie gemeinsam ein aktuelles politisches/gesellschaftliches Thema.

b) Sammeln Sie zu diesem Thema Artikel/Nachrichten aus unterschiedlichen Print- und Online-Medien.

c) Vergleichen Sie Sprache, Aufmachung und Bebilderung hinsichtlich der Zielgruppe und des Informationsgehalts.

Einflussnahme durch Sprache in Politik und Gesellschaft

Menschen definieren sich selbst und ihr Umfeld, die Gesellschaft, Kultur und Politik, durch Handlungen. Sprache ist eine Handlung und gibt Auskunft darüber, wer man ist, wer man war und wer man sein will. Politik ist ohne Sprache nicht denkbar: Wahlkampfplakate, Reden, Websites von Abgeordneten – immer wird das Ziel verfolgt, die Gesellschaft mithilfe von Sprache zu informieren und zu formen. Gleichzeitig nimmt die Öffentlichkeit durch Sprache auch Einfluss auf die Politik.

Sprache und Politik

von Heiko Girnth

Sprache ist nicht nur irgendein Instrument der Politik, sondern überhaupt erst die Bedingung ihrer Möglichkeit. Welche Funktionen übernimmt Sprache in der Politik? Welcher sprachlichen Mittel bedienen sich Politiker? Und warum gibt es immer wieder Verständigungsprobleme?

Politik als sprachliches Handeln

Rechtschreibreform, Kernenergie, Klimawandel: Letztlich kann alles politisch werden, was von öffentlichem Interesse ist. Politik umfasst die verschiedensten Sach- und Handlungsbereiche und kann somit alle Bereiche des gesellschaftlichen Lebens durchdringen. Unter diesem weit gefassten Politikbegriff lässt sich auch das Verhältnis von Sprache und Politik betrachten. Politische Akteure müssen die Öffentlichkeit informieren, politisches Handeln begründen, analysieren, kritisieren und rechtfertigen. Sie bewerten bestimmte Sachverhalte positiv oder negativ, stützen die eigene Position argumentativ, stellen sich glaubwürdig dar, greifen die gegnerische Position argumentativ an und werten den Gegner ab. In den Printmedien, im Fernsehen, im Rundfunk und im Internet wird über das politische Tagesgeschehen informiert, werden politische Sachverhalte kommentiert und interpretiert. Dies alles geschieht mit und durch Sprache. Sprache ist darum nicht nur irgendein Instrument der Politik, sondern überhaupt erst die Bedingung ihrer Möglichkeit.

Sprache in der Politik bedeutet vor allem sprachliches Handeln. Es ist die Handlungspotenz von Sprache, die für die Politik konstitutiv ist. […] Wenn Reden Handeln bedeutet, dann heißt das nichts anderes, als dass Sprechen wie jede andere Handlung auch eine bestimmte Funktion besitzt und bestimmte Folgen hat. Unmittelbar einleuchtend ist dies bei einer sprachlichen Handlung wie den RÜCKTRITT ERKLÄREN. Wenn ein Bundespräsident sagt „Ich erkläre hiermit meinen Rücktritt vom Amt des Bundespräsidenten“, ist der Rücktritt die Funktion der Äußerung und zugleich ihre unmittelbare Folge. […]

(www.bpb.de)

1 Lesen Sie den Text.

a) Arbeiten Sie heraus, auf welche Arten Menschen durch Sprache politisch aktiv werden.

b) „Es ist die Handlungspotenz von Sprache, die für die Politik konstitutiv ist“ (Z. 30 f.). Erklären Sie diesen Satz und diskutieren Sie die Gründe, weshalb die Handlungspotenz von Sprache für die Politik konstitutiv ist. Beziehen Sie in Ihre Überlegungen ggf. die Sprechakttheorie Searles mit ein, insbesondere den illokutionären Akt (↗ Kapitel 9.4, S. 179).

2 Kernenergie und Klimawandel werden als Beispiele für politische Themen dargestellt, die durch Sprache beeinflusst werden.

a) Recherchieren Sie Reden zu diesen Themen.

b) Analysieren Sie, wie in den recherchierten Reden Sprache (Wortschatz, Satzbau, Argumentationsaufbau usw.) eingesetzt wird.

Einflussnahme durch Sprache in Politik und Gesellschaft

3 **Reflektieren Sie über aktuelle Tendenzen des Sprachgebrauchs in den Medien (↗ GZW „Sprache und Gesellschaft“). Gestalten Sie dazu eine Mindmap (↗ Kapitel 11.1, S. 203).**

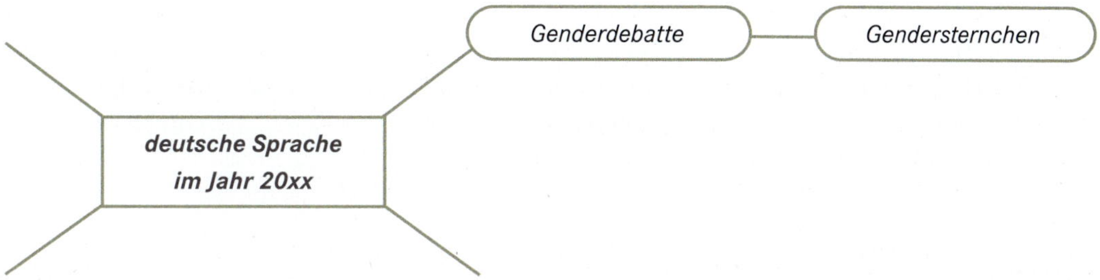

GUT ZU WISSEN – Sprache und Gesellschaft

Sprache ist **kein statisches System**, sondern verändert sich im Laufe der Zeit. Lexik (Vokabular), Semantik (z. B. Wortbedeutung) und Grammatik werden von **historischen oder politischen Ereignissen** und **sozialen Entwicklungen beeinflusst**. Gesellschaftliche Veränderungen generieren auch neue Worte. Jede Zeit, jede Kultur und jede Gesellschaft haben ihre eigenen Ausdrücke und Redewendungen.

Beispielsweise hat sich **durch die Digitalisierung** die Art, wie Menschen kommunizieren, verändert. So werden in der **Kommunikation über Messengerdienste** häufig **Emojis** genutzt, deren Bedeutung kulturell variiert. Manche Wörter werden nicht mehr benötigt, weil ihre **Verwendungszusammenhänge nicht mehr aktuell** sind, wie „Bandsalat“ oder „Hagestolz“.

Um Dinge zu verharmlosen oder gesellschaftlich attraktiver, politisch korrekter oder moralisch besser zu benennen, entstehen **Euphemismusketten**. So spricht man z. B. von „sozial Schwachen“, anstatt den Begriff „arm“ zu verwenden, oder vom „stillen Örtchen“ anstelle von „Toilette“. Der Hausmeister wird auf diese Weise zum „Facility-Manager“.

Am klarsten zeigt sich die **Einflussnahme durch Sprache in der Politik** im Bereich der **politischen Reden**. Die klassische Disziplin der Rhetorik erfährt in Zeiten digitaler Kommunikationsmittel große **Veränderungen** – sowohl was die **Redesituation** als auch die **Reichweite** anbelangt.

Reden lernt man nur durch reden,

hat der römische Rhetoriker Cicero gesagt. […]

von Silke Weber

Auf zwei Wörtern hat Isabel García ihr Imperium aufgebaut: „Ich rede.“ Bevor die frühere Steuerfachfrau und Sängerin mit ihrem Hörbuch den ersten Platz bei Amazon und iTunes erklommen hatte, […] war sie unbekannt. Verlage hatten einer nach dem anderen ihre Idee zu *Ich rede* abgelehnt. Doch García blieb hartnäckig, entschied sich schließlich für den Selbstverlag – und selbstredend wurde ihr Hörbuch zum Bestseller.

Anscheinend haben Menschen ein äußerst starkes Bedürfnis, gut reden und auftreten zu können. Die Buchhandlungen sind voll mit Rhetorik- und Kommunikationsratgebern. Wenn sich jemand wie García selbstbewusst hinstellt und sagt, ich rede, macht das erst mal Eindruck. Sprache und Rhetorik sind Statussymbole, wie Körpersprache oder Kleidung. Gut verpackte Informationen wirken anziehend.

Das galt bereits in der Antike. Und virtuose Redner wie Marcus Tullius Cicero machten dank ihrer Wortkunst Politikkarriere. Heute sind gute Redner nicht nur in der Politik, sondern auch in der Wirtschaft gefragt. […]

Einflussnahme durch Sprache in Politik und Gesellschaft

Dass gute Redner fast immer auch Personen sind, die polemisches Talent besitzen, hat der Germanist Karl-Heinz Göttert in seinem Buch *Mythos Redemacht* gezeigt. Der polemische Redner sucht nicht zwingend den Konsens, sondern stört oder unterbricht gezielt die anderen, um auf diese Weise seinen Argumenten im rhetorischen Wettstreit zum Durchbruch zu verhelfen. Göttert vergleicht die Redekunst von Politikern unserer Zeit mit den klassischen Redemeistern der Antike. […]

(www.zeit.de)

4 **Lesen Sie den Text und diskutieren Sie.**

a) Menschen haben offenbar den Wunsch, gut reden zu können. Warum ist das so?

b) In welchen Situationen ist ein gutes sprachliches Auftreten von besonderer Bedeutung? Begründen Sie.

5 **Suchen Sie im Internet nach aktuellen und historischen Reden und analysieren Sie, auf welche Strategien der Beeinflussung und auf welche Argumentationstechniken jeweils zurückgegriffen wurde (↗ GZW „Argumentationstechniken").**

a) Machen Sie sich Notizen über Hintergründe, die zur jeweiligen Rede veranlasst haben.

b) Untersuchen Sie die Reden auf sprachliche Eigenheiten, die typisch sind für die jeweilige Zeit.

c) Stellen Sie jeweils in Partnerarbeit die Rede, den Verfasser bzw. die Verfasserin sowie den zeitlichen Hintergrund kurz vor. Erklären Sie mithilfe Ihrer Notizen, ob und wie Sprache eingesetzt wird, um Hörende und Lesende zu überzeugen. Beurteilen Sie gemeinsam den Erfolg der Rede.

GUT ZU WISSEN — Argumentationstechniken

Als Redestrategie oder als Reaktion auf Diskussionsbeiträge stehen diverse Techniken zur Verfügung:

Relativierungstechnik	Der Einwand des Gegners wird eingeschränkt oder zergliedert. **Beispiel:** „Es kommt immer auf die jeweiligen Umstände an …"
Vorwegnahmetechnik	Der mögliche Einwand oder die Beweisführung des Gegners wird aufgegriffen oder im Voraus entkräftet. **Beispiel:** „Sie werden sicherlich einwenden, dass …" „Oftmals wird behauptet, dass …"
Wendetechnik	Eine Aussage des Gegners wird umgedreht und für die eigene Argumentation genutzt. **Beispiel:** „Es stimmt, dass die Kosten steigen. Gerade deshalb ist es wichtig, mit Maßnahmen nicht länger zu warten."
Wissenschaftstechnik	Man beruft sich auf bekannte Experten oder wissenschaftliche Untersuchungen. **Beispiel:** „Nach einer Untersuchung des …" „Meine Argumentation stützt sich auf …"
Autoritäts-/ Zitatentechnik	Zitate bekannter Persönlichkeiten werden zur Untermauerung angeführt. **Beispiel:** „Schon Goethe hat gesagt …"

Einen Abstract verfassen

Algorithmen geben eine Reihe von Einzelschritten vor, die dazu dienen, ein Problem zu lösen. Solche fest in Computerprogramme implementierten Lösungspläne bestimmen das heutige Leben, denn Algorithmen entscheiden z. B. über die Reihenfolge von Suchergebnissen bei der Internetrecherche oder darüber, welche Werbeanzeigen man zu sehen bekommt. Im Folgenden soll anhand eines Textbeispiels zu dieser Thematik das Verfassen von Abstracts geübt werden.

Algorithmen sind auch nur Menschen

von Nils Boeing

Die künstliche Intelligenz hat uns selbstfahrende Autos, Übersetzungsprogramme und Sprachassistenten beschert. Nun zeigen sich ihre Systemfehler. KI, wir müssen reden!

Die Corona-Pandemie hat alle kalt erwischt: Regierungen, Behörden, Bürger – und die künstliche Intelligenz (KI). Als die Menschen im Frühjahr 2020 anfingen, Klopapier, Nudeln oder, wie angeblich in Frankreich, Kondome auf Vorrat zu kaufen, waren die Inventursysteme im Einzelhandel überfordert. Empfehlungsalgorithmen auf Videostreaming-Plattformen liefen ins Leere, weil Vorschläge für Pandemie-Thriller oder andere Horrorfilme von den Zuschauern als Zumutung empfunden wurden – sie wollten in der aufkeimenden Panik vielleicht lieber Komödien sehen, obwohl sie sich davor für diese nicht interessiert hatten.

Hinter all diesen Systemen laufen seit Jahren KI-Algorithmen aus dem Gebiet des sogenannten Maschinenlernens, und die waren von dem sich rasend schnell verändernden Verhalten der Menschen überfordert. Das mag bei Nudeln statt Tiefkühlpizza oder Komödien statt Horrorfilmen wie ein Luxusproblem wirken. Und doch ist es symptomatisch für Ungenauigkeiten von Maschinenlern-Algorithmen, die seit einiger Zeit zutage treten – und das Vertrauen in die viel gepriesene Technologie zu untergraben drohen. […]

Hinter diesen erstaunlichen Erfolgen steht das Konzept der künstlichen neuronalen Netze. Es ist der Versuch, die Arbeitsweise des menschlichen Gehirns in Software nachzubilden. Mit jedem Sinneseindruck verarbeiten die Neuronen im Gehirn die einkommenden Reize, indem sie elektrische Impulse an andere Neuronen senden. In jeder Sekunde jagen so viele Millionen dieser Impulse durch das Gehirn, und daraus entstehen Bilder, Klänge, Gedanken oder Körperbewegungen.

Natürliche Neuronen sind biologische Zellen, künstliche Neuronen sind Gebilde aus Computercode, angeordnet in Schichten. Die Neuronen der Input-Schicht nehmen Daten auf und leiten sie leicht verändert an die Neuronen der nächsten Schicht weiter. Am Ende des Prozesses liefert die Output-Schicht ein Ergebnis, zum Beispiel: Auf dem Bild ist eine Katze zu sehen […]. Die Schichten zwischen Input- und Output-Schicht werden dabei als „verborgene" Schichten *(hidden layers)* bezeichnet. In mächtigen neuronalen Netzen können dies Hunderte Schichten sein. Dann spricht man von tiefen neuronalen Netzen (TNN). Sie sind das mächtigste Werkzeug auf dem Gebiet des Maschinenlernens.

[…] Es gibt kaum noch Sphären des Alltagslebens, in denen nicht irgendwo im Hintergrund TNN beteiligt sind. Meistens machen sie ihren Job beeindruckend gut, zuverlässiger und schneller als Menschen. Meistens, aber nicht immer. Und hier fangen die Probleme an.

Als Googles Photos-App im Jahr 2015 Bilder von Afroamerikanern mit dem Schlagwort „Gorillas" versah, war das Entsetzen groß. Der vermeintlich

Einen Abstract verfassen

wertfreie Algorithmus war rassistisch. Google „löste“ das Problem, indem es die Kategorie Gorilla erst einmal abschaffte. Seitdem sind etliche weitere Fälle algorithmischer Diskriminierung bekannt geworden. KI-Forscher sprechen von *bias,* englisch für Voreingenommenheit.

In ausgeklügelten Versuchen entdecken Forscher weitere Fehler in Maschinenlern-Algorithmen. [...]

Es ist ein beunruhigendes Systemversagen, angelegt in der Arbeitsweise eines tiefen neuronalen Netzes. Wird es etwa mit vielen Bildern darauf trainiert, zuverlässig Kühe zu erkennen, kann es passieren, dass das algorithmische Modell eine Abkürzung erfindet. Es lernt nicht das Konzept „Kuh“, sondern merkt sich, dass das gesuchte Objekt auf den allermeisten Trainingsbildern auf einer grünen Wiese steht. Eine Kuh, die etwa auf einem Sandstrand am Meer steht, wird von dem Algorithmus nicht erkannt. [...]

Die gute Nachricht: Inzwischen lässt sich nachvollziehen, was in den tiefen neuronalen Netzen vor sich geht. [...]

Sandra Wachter vom Alan Turing Institute der Universität Oxford hat sich mit ihrer Gruppe der Frage gewidmet, wie man algorithmische Entscheidungen überhaupt verständlich machen kann. „Der Mensch bevorzugt Was-wäre-wenn-Erklärungen“, sagt sie. [...]

In einer neuen Arbeit sind Sandra Wachter und ihre Kollegen auch dem Problem der algorithmischen Diskriminierung zu Leibe gerückt. Sie können aus Datensätzen herausarbeiten, ob und wie stark eine bestimmte Personengruppe benachteiligt wird, weil eine Diskriminierung in den Daten selbst steckt. [...]

[...] Google-Forscher haben allerdings im vergangenen November auf eine weitere Lücke hingewiesen: die „Unterspezifizierung“ von tiefen neuronalen Netzen. [...] Unterspezifizierung bedeutet: Das System findet mehrere Lösungen, obwohl es nur eine sinnvolle gibt. [...] Beispiel: Ein neuronales Netz soll Prognosen für die Entwicklung einer Pandemie abgeben. Aus den Daten zu Infektionszahlen, Ansteckungsrisiko und Ansteckungsdauer ermittelt es Parameter für eine mathematische Modellierung. Doch zwei Modelle, die mit denselben Parametern arbeiten, können trotzdem dramatisch voneinander abweichende Vorhersagen machen. Grund ist, dass ein Teil des Modells unterspezifiziert ist, weil wichtige Daten fehlen.

[...] Nun sind Forscher auch nur Menschen: Das Maschinenlernen garantiert Schlagzeilen und Forschungsgeld. Doch nun müssen sie erkennen: Ihre Algorithmen haben ein Eigenleben. Vielleicht müssen sie diesen eine strengere, gründlichere und liebevollere Zuwendung zukommen lassen, so wie es ein guter Lehrer mit seinen menschlichen Schülern macht.

(www.zeit.de)

1 Arbeiten Sie die wichtigsten Informationen aus dem Text heraus.

a) Finden und notieren Sie Tatsachen und Fakten mit einem grünen Stift.
b) Notieren Sie zudem die meinungsbezogenen Aussagen des Autors mit einem roten Stift.
c) Entscheiden Sie, was wichtig ist. Unwichtige Inhalte oder Wiederholungen klammern Sie ein.

2 Bereiten Sie das Verfassen des Abstracts mithilfe von GUT ZU WISSEN „Abstracts vorbereiten und schreiben“ (↗ S. 99) vor.

a) Arbeiten Sie den Leitgedanken des Textes heraus. Notieren Sie zudem Titel, Autor und Quelle.
b) Analysieren Sie das Muster auf Seite 99.
c) Führen Sie das Muster fort, indem Sie die Tatsachen und Fakten ebenso wie die Wertungen im Wortlaut des Textes in die linke Spalte aufnehmen.
d) Formulieren Sie die Inhalte in eigene Worte um und tragen Sie diese in die rechte Spalte ein.
e) Reflektieren Sie: Ist der Inhalt des Artikels verständlich wiedergegeben? Ergänzen Sie, falls nötig.

Einen Abstract verfassen

MUSTER Schreibplanung für einen Abstract

Wortlaut des Textes	Tatsache/Fakt ODER Meinung/Wertung	Umformulierung
... waren die Inventursysteme im Einzelhandel überfordert *Empfehlungsalgorithmen auf Videostreaming-Plattformen liefen ins Leere (Z. 9 ff.)*	*Fakt*	*Auf plötzliche Veränderungen, wie sie durch eine Pandemie hervorgerufen werden, können Algorithmen nicht zeitnah reagieren, was Engpässe im Einzelhandel nach sich zieht.*
Das mag bei Nudeln statt Tiefkühlpizza oder Komödien statt Horrorfilmen wie ein Luxusproblem wirken (Z. 22 ff.)	*Meinung*	*In vielen alltäglichen Bereichen hat das nur kleinere Unannehmlichkeiten zur Folge.*
das Vertrauen in die viel gepriesene Technologie zu untergraben drohen (Z. 26 ff.)	*Meinung*	*Menschen haben Zweifel an der Technik, diese wird von Experten überschätzt.*

GUT ZU WISSEN Abstracts vorbereiten und schreiben

Ein Abstract ist ein **kurzer Abriss** und eine **knappe Inhaltsangabe zu einem längeren (Sach-)Text, einer Grafik oder einer Karikatur**. Er dient dazu, den Leser über den Inhalt des Textes vorzuinformieren. **Vollständigkeit** ist ein wichtiges Kriterium. Wenn im Abstract eine **Fremdmeinung** dargestellt wird, muss diese **mithilfe des Konjunktivs und der indirekten Rede** gekennzeichnet werden. **Faktenwissen** wird **im Indikativ** formuliert. Eigene Meinungen und Stellungnahmen sind nicht Teil des Abstracts. Ein Abstract wird **im Präsens** geschrieben. Bei einem Abstract zu einer Karikatur, einer Bildbeschreibung oder einem Schaubild beginnt man mit einer allgemeinen Bildbeschreibung und geht dann auf die Aussage, die Intention und die gesellschaftliche Bedeutung des Bildes ein.

Vor dem Verfassen eines Abstracts:

- **Lesen** Sie den Text und **klären** Sie **unbekannte Begriffe** oder Sachverhalte.
- **Markieren** Sie die wichtigsten Informationen, **Tatsachen und Fakten** in Grün und die **Meinungen** in Rot.
- Formulieren Sie das Thema, den **führenden Leitgedanken** des Textes.
- Schreiben Sie die wichtigsten Punkte heraus und **formulieren Sie sie in eigenen Worten**. Dabei gilt, dass die eigene Formulierung **knapp und sachlich** sein, aber **alle Informationen beinhalten** sollte. Gehen Sie **chronologisch** vor.
- **Prüfen** Sie Ihre Formulierung: Wird der Grundgedanke des Textes deutlich? Sind alle wichtigen Informationen enthalten? Ist der Gedankengang verständlich?

Verfassen des Abstracts:

- Nennen Sie in einer **kurzen Einleitung** (nur einen Satz) den Titel, den Autor und die Thematik.
- Verbinden Sie Ihre in eigenen Worten verfassten Umformulierungen zu einem vollständigen Text.
- **Wertungen und Meinungen** geben Sie **im Konjunktiv** wieder oder machen in einem einleitenden Satz deutlich, dass es sich um eine Fremdmeinung handelt, und fahren mit *dass* fort.
- Ein Abstract sollte zwischen 50 und 100 Wörter beinhalten. Beschränken Sie sich **auf das Wesentliche**.

Einen Abstract verfassen

3 **Wiederholen Sie die Regeln zum Gebrauch des Konjunktivs I in der indirekten Rede.**

4 **Formulieren Sie die folgenden Sätze in die indirekte Rede um. Variieren Sie bei den einleitenden Sätzen (↗ Sprache und Stil).**

A Die Corona-Pandemie hat alle kalt erwischt.

B Hinter diesen erstaunlichen Erfolgen steht das Konzept der künstlichen neuronalen Netze.

C Meistens machen die Algorithmen ihren Job beeindruckend gut, zuverlässiger und schneller als Menschen.

D Wird es etwa mit vielen Bildern darauf trainiert, zuverlässig Kühe zu erkennen, kann es passieren, dass das algorithmische Modell eine Abkürzung erfindet.

E Die gute Nachricht: Inzwischen lässt sich nachvollziehen, was in den tiefen neuronalen Netzen vor sich geht.

F Vielleicht müssen die Forscher diesen eine strengere, gründlichere und liebevollere Zuwendung zukommen lassen, so wie es ein guter Lehrer mit seinen menschlichen Schülern macht.

A Der Autor beginnt mit der Einschätzung, die Corona-Pandemie habe alle kalt erwischt.

5 **Verfassen Sie einen Abstract zu dem Text „Algorithmen sind auch nur Menschen“ mithilfe von GUT ZU WISSEN (↗ S. 99).**

a) Schreiben Sie einen Einleitungssatz.

b) Formulieren Sie den Hauptteil. Nutzen Sie dabei Sprache und Stil.

SPRACHE UND STIL – Eine Fremdmeinung wiedergeben

Der Verfasser führt an, es gebe ...
Die Verfasserin ist der Auffassung, man habe ...
Ihrer Meinung nach ist es offensichtlich, dass ...
Nach Ansicht des Autors könne man ...
Die Autorin erklärt, sie finde ...
Daraus zieht der Autor den Schluss, dass ...

6 **Tauschen Sie Ihren Abstract mit Ihrem Nachbarn. Prüfen Sie: Ist der Abstract verständlich? Sind alle wichtigen Informationen enthalten? Geben Sie Ihrem Partner Feedback (↗ Kapitel 11.1, S. 198).**

CHECKLISTE – Einen Abstract verfassen

- ☑ Ist der Abstract zwischen 50 und 100 Wörtern lang?
- ☑ Haben Sie im Präsens formuliert?
- ☑ Sind die wichtigen Inhalte in eigenen Worten wiedergegeben?
- ☑ Beschränkt sich der Abstract auf das Wesentliche und sind keine unwichtigen Informationen enthalten?
- ☑ Sind Wertungen und Meinungen des Verfassers / der Verfasserin als solche zu erkennen und im Konjunktiv bzw. in Form von dass-Sätzen wiedergegeben?
- ☑ Sind der Grundgedanke und die Thematik des Textes verständlich?

Anwenden, Vertiefen, Fazit
Über KI und Kunst philosophieren

Kann künstliche Intelligenz (KI), die auf Algorithmisierung aufbaut, Kunst schaffen?

Mein Algorithmus und ich

von Daniel Kehlmann

Am 14. Februar 2020 flog ich von New York nach San Francisco, nicht ahnend, dass das eine gefährliche Unternehmung war. Das Virus stand schon in allen Zeitungen, aber es war für uns noch nicht ganz real. […]

Mein Ziel war Palo Alto im legendären Silicon Valley. Eingeladen hatte mich eine österreichische Institution namens Open Austria, und der Zweck meiner Reise war ein Experiment: Eine Cloud-Computing-Firma hatte einen mächtigen Algorithmus für natürliche Sprache entwickelt. Nun war Open Austria auf die Idee gekommen, einen Schriftsteller gemeinsam mit der künstlichen Intelligenz schreiben zu lassen. Kann ein Algorithmus Geschichten erfinden? Kann man ihn als Werkzeug für die literarische Arbeit einsetzen, kann dabei etwas herauskommen, das man publizieren könnte – nicht als Kuriosität, sondern als echte Literatur? Ohne auch nur eine Sekunde nachdenken zu müssen, hatte ich zugesagt. Wie oft bekommt man schon die Möglichkeit zu einem Ausflug in die Zukunft? Falls die Technik bald schon meinen Berufsstand überflüssig machen würde, so würde ich es wenigstens als Erster wissen. […]

Prädiktive Algorithmen scheinen die Dinge zu verstehen, aber eigentlich treffen sie Voraussagen. Das ist kein triviales Detail: Man kann ein Problem durch Einsicht lösen oder durch eine Wahrscheinlichkeitsabschätzung zukünftiger Ereignisse. […] Wenn ich Ihnen einen Text zum Übersetzen gebe, so könnten Sie diesen lesen und verstehen und in eine andere Sprache übertragen. Oder aber Sie haben wirklich viele Daten statistisch erfasst, denn in diesem Fall könnten Sie einfach eine Voraussage machen, welche Übersetzung jemand, der die Sprache – im Unterschied zu Ihnen – beherrscht, Ihnen anbieten wird. Die Daten, aufgrund derer Sie diese Voraussage machen, sind natürlich Abermillionen von Übersetzungen anderer Texte durch andere Leute, das heißt: Ohne die Arbeit von menschlichen Übersetzern, die die Sprache tatsächlich verstehen, ginge das nicht. Aber der prädiktive Algorithmus, der diese menschliche Arbeit per statistischer Auswertung nutzt, der braucht die Sprache nicht zu verstehen, er hat weder Wörterbücher noch Grammatikregeln zur Hand, und er hat keine Ahnung, was das von ihm vorgeschlagene Ergebnis bedeutet, ja mehr noch: Er wüsste nicht einmal, was das sein soll, „Bedeutung" oder „Ahnung".

Ich war ein wenig begriffsstutzig, aber die Fachleute waren geduldig. Allmählich erst wurde mir klar, dass ich mir künstliche Intelligenz, über die ich doch so viel gelesen hatte, immer noch wie den Androiden C-3PO oder wie den narzisstischen Supercomputer HAL vorgestellt hatte – als ein menschliches Wesen in metallischer Umkleidung, als eine Person im Kostüm. […] Stellt man sich all diese Film-Computer gewissermaßen von innen vor, so sind sie ganz normale Leute mit Gedanken und Gefühlen in einem Blechpanzer. Sie sind alle Träger von Bewusstsein.

Und was ist Bewusstsein? Es gibt viele Definitionen, ich mag diese am liebsten: **Bewusst ist ein Etwas, wenn es irgendwie ist, dieses Etwas zu sein.** Ich weiß, wie es ist, ich zu sein, hier zu stehen, zu sprechen; mein Dasein hat eine Innenseite. Der, dem sie präsent ist, in ihren Farben und Tönen, ihrer ganzen reichen *Washeit,* das bin ich. Ich weiß nicht so genau, wer oder was ich bin, aber ich weiß genau, wie es ist, ich zu sein. Weil ich der bin, der das weiß, bin

Über KI und Kunst philosophieren

ich mit mir identisch, bin ich ich. Ich kann mir auch vorstellen, wie es ist, jemand anderer zu sein, etwa mein Sohn oder die Bundeskanzlerin oder ein Polizist dort draußen auf der Straße. Ich kann mich in sie hineinversetzen. Vor allem aber weiß ich ohne Zweifel: Es ist *irgendwie,* mein Sohn zu sein oder die Bundeskanzlerin oder der Polizist, während es *nicht irgendwie* ist, ein Tisch zu sein, ein Stuhl, die Straße, eine Pfeffermühle oder ein Stein.

Und ist es nun irgendwie, ein Algorithmus zu sein? Fühlt es sich irgendwie an, hat das Algorithmendasein eine Innenseite? Die meisten Science-Fiction-Filme sagen ja, es ist die einfachere Annahme, denn wir Menschen neigen nun einmal dazu, uns alles menschlich vorzustellen; sogar in Wolken- oder Bergformationen sehen wir Gesichter. Wer aber mit einem Algorithmus umgeht, begreift allmählich, dass er es eben *nicht* mit einem Menschen im Kostüm zu tun hat, nicht mit einem netten Wall-E oder einem gefährlichen HAL. Sondern mit etwas viel Fremderem – einer problemlösenden Entität ohne Innenseite.

Das Navigationsapp in meinem Telefon weiß nicht, wie ich am schnellsten nach Hause komme, weil es gar nichts weiß, sondern es macht eine Voraussage darüber, wie jemand, der diesen Weg effizient bewältigen kann, höchstwahrscheinlich gehen wird. Und das Geschichten-Schreibprogramm würde demnach voraussagen, wie eine Geschichte, von der es nicht weiß, wovon sie handelt, weil es natürlich auch nicht weiß, was eine Geschichte ist, weitergehen könnte.

Zu diesem Zweck verwendet es Metaworte. Ein Metawort ist ein Wort der natürlichen Sprache ergänzt um dessen statistische Relation zu *jedem anderen* Wort. Wenn in einem Satz zum Beispiel „Ich“ steht, so kommt nach diesem „Ich“ nicht selten „meine“ oder „glaube“ oder auch „gehe“. Seltener „vergifte“ oder „binde“. Noch viel seltener: „Erlkönig“ oder „Lampe“. Der Meta-Wörterbucheintrag „Ich“ gibt nun zu diesen simplen drei Buchstaben die statistische Wahrscheinlichkeit jedes anderen Wortes an, danach in einem Satz aufzutauchen. Wenn man sich das vorstellt, kann einem schon schwindlig werden, die Rechenarbeit dafür ist unfassbar, auch für Rechner mit größtem Leistungsvermögen. Das eben heißt „Big Data“ – eine Menge an Daten, die wirklich sehr, sehr groß ist. […]

(aus: Mein Algorithmus und ich, 2021)

1 Der Schriftsteller Daniel Kehlmann führt ein Experiment durch, bei dem er versucht, mithilfe eines Algorithmus-Programms eine Geschichte zu schreiben.

a) Erklären Sie, was Kehlmann mit diesem Experiment zeigen oder prüfen möchte.

b) Recherchieren Sie, ob das Ziel des Experiments erreicht wurde.

c) Erklären Sie den in Zeile 60 f. hervorgehobenen Satz.

2 Diskutieren Sie, welches Fazit man aus dem Ergebnis des Experiments ziehen kann.

a) Recherchieren Sie die Begriffe „Kunst“ und „künstliche Intelligenz“. Schreiben Sie Definitionen.

★ b) Diskutieren Sie davon ausgehend die Bedeutung der Kunst im digitalen Zeitalter.

FAZIT

5.1 Digitale Spuren verstehen

5.2 Das Zusammenspiel von Medien und Sprachgebrauch reflektieren

5.3 Einflussnahme durch Sprache in Politik und Gesellschaft

5.4 Einen Abstract verfassen

5.5 Anwenden, Vertiefen, Fazit
- Über KI und Kunst philosophieren

Projekt: Videowerkstatt
Ein Erklärvideo erstellen

Erklärvideos kommen in den letzten Jahren immer häufiger zum Einsatz und ersetzen in vielen Bereichen sogar schon Gebrauchsanleitungen in Schriftform. Auf zahlreichen Online-Plattformen findet man Tutorials, die jedes erdenkliche Thema anschaulich erläutern. In der Schule können Sie Erklärvideos beispielsweise einsetzen, um Ihren Mitschülerinnen und Mitschülern komplexe Sachverhalte zu verdeutlichen.

1 Tauschen Sie sich in Ihrem Kurs zu folgenden Fragen aus:

a) Nutzen Sie Erklärvideos?
b) Wenn nein, warum nicht?
c) Wenn ja, in welchen Situationen?
d) Was macht Erklärvideos für Sie und Ihre Mitschüler/-innen im Vergleich zu schriftlichen Anleitungen attraktiv?
e) Nach welchen Kriterien beurteilen Sie, ob ein Erklärvideo gelungen ist oder nicht?

2 Suchen Sie in einschlägigen Videoportalen nach Erklärvideos und schauen Sie sich im Kurs zwei bis drei Erklärvideos an.

a) Sammeln Sie zu jedem Video Ihre Eindrücke.
b) Erstellen Sie danach eine Tabelle mit Kriterien für ein gelungenes Erklärvideo.

Kriterien	*Erklärvideo 1* ☺ 😐 ☹	*Erklärvideo 2* ☺ 😐 ☹	*Erklärvideo 3* ☺ 😐 ☹
Verständlichkeit der Inhalte			
Wirkweise des Videos (z. B. informativ, unterhaltsam ...)			

3 Lesen Sie den folgenden Text und stellen Sie den Inhalt in einer Mindmap dar (↗ Kapitel 11.1, S. 203).

Wie erstelle ich ein Erklärvideo?

Grundsätzlich hat heute fast jeder die Möglichkeit, Erklärvideos selbst zu drehen. Man braucht dazu nur ein Smartphone, ein Tablet oder eine Digitalkamera. Hilfreich für die spätere Bearbeitung des Videos ist ein Videoschnitt-Programm.

Es lassen sich drei Arten von Erklärvideos unterscheiden:

1. **Erklärvideo-Clip:** Hier wird mit dem Legetrick-Stil gearbeitet. Dabei werden Flachfiguren und Symbole in einer Einzelbildanimation verwendet, die oft vor einem neutralen Hintergrund handeln. Die Erklärungen erfolgen aus dem Off, wobei kaum Soundeffekte eingesetzt werden. Die Clips eignen sich gut, um Strukturen, Konzepte oder Zusammenhänge zu erklären.
2. **How-to-Videos:** Diese werden auch Videotutorials genannt. In diesen Videos wird eine Tätigkeit (Handwerken, Kochen, Schminken usw.) vorgemacht und kommentiert, damit der Zuschauer sie nachmachen kann. Die Videos haben den Charakter einer Gebrauchsanweisung.
3. **Erklärvideos im Vlogging-Stil:** Bei diesen handelt es sich um Blogging im Videoformat. Hier steht meistens ein besonderes Themenfeld im Vordergrund und ein Moderator spricht direkt in die Kamera und damit zum Zuschauer des

Ein Erklärvideo erstellen

Videos. Das führt dazu, dass die Persönlichkeit und Meinung des Vloggers im Vordergrund stehen.

Erklärvideos sind in der Regel in drei Teile gegliedert: In der Hinführung wird erklärt, um was es in dem Video geht. Danach folgt der Hauptteil, in dem eine verständliche Anleitung oder Erläuterung eines Sachverhalts dargeboten wird. Der Schluss des Videos fasst das Ganze noch einmal kurz zusammen bzw. liefert ein Fazit.

Was muss bei der Planung eines Erklärvideos beachtet werden?

Als Erstes sollte man sich überlegen, welche Art von Erklärvideo geeignet ist, um die zu vermittelnden Informationen am anschaulichsten zu präsentieren. Anschließend empfiehlt es sich, ein Storyboard (kurzes Drehbuch) zu entwerfen, in dem man sich beispielsweise Notizen zu den geplanten Szenen macht. Im Storyboard können auch die Aufgaben der am Erklärvideo beteiligten Personen festgehalten werden. Hat man sich z. B. für einen Erklärvideo-Clip entschieden, muss festgelegt werden, wer die Rollen von Kameramann/-frau, Sprecher/-in und Animator/-in übernimmt.

Dann muss überlegt werden, mit welchen Elementen im Video gearbeitet werden soll. Denkbar sind beispielsweise ausgeschnittene Figuren, Pfeile, Symbole etc. Um diese Elemente herzustellen, werden Papier, Stifte, eine Schere und eventuell ein Klebestift benötigt. Als Hintergrund/Untergrund kann ein Bogen Tonpapier dienen, auf dem die einzelnen Elemente hin und her geschoben werden können. Sinnvoll ist es, die Fläche von oben zu filmen und das Smartphone dabei horizontal zu halten. Parallel dazu wird der Text vom Sprecher eingelesen.

Zum Schluss kann das Video noch mit einem entsprechenden Programm nachbearbeitet werden.

4 Einigen Sie sich in der Gruppe auf eine Erklärvideo-Art und erstellen Sie Ihr eigenes Erklärvideo. Nutzen Sie für Ihre Vorbereitung ein Storyboard, das ähnlich aussehen könnte wie unten dargestellt.

Mögliche Fragestellungen zu Themenbereichen aus dem Fach Deutsch könnten sein:

- Welche klassischen Textsorten gibt es in der Zeitung?
- Woran erkenne ich eine Kurzgeschichte? Ein Drama? Eine Novelle?
- Welche Stilmittel gibt es und woran erkenne ich sie?
- Wie interpretiere ich ein Gedicht? Eine Kurzgeschichte? Einen Dramenauszug?

Abfolge der Bilder	*Beschreibung der Szene*	*Drehbuch (Text des Erzählers, der Stimme aus dem Off, der Figuren o. Ä.)*	*Notwendige Requisiten*	*Aufgabenverteilung (Wer macht was?)*
Szene 1				
Szene …				

5 Stellen Sie sich Ihre fertigen Erklärvideos gegenseitig im Kurs vor und beurteilen Sie sie mithilfe der Kriterien aus Aufgabe 2b.

Kapitel 6

Pragmatische Texte analysieren und erörtern

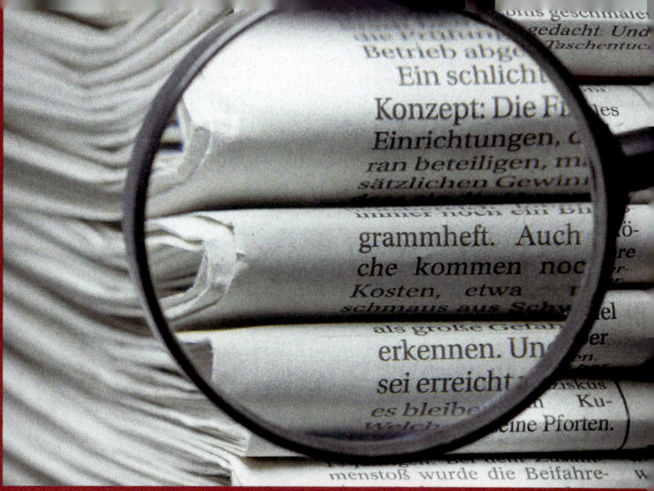

6.1 Die Analyse eines Textes verschriftlichen

6.2 Texte erörtern

6.3 Eine Texterörterung planen und schreiben

6.4 Sich mit einer Glosse auseinandersetzen

6.5 Anwenden, Vertiefen, Fazit

Dieses Kapitel befasst sich mit der Analyse und Erörterung von nicht fiktionalen Texten. Thematisch stehen gesellschaftlich relevante Fragestellungen bzw. berufsbezogene Fragen im Mittelpunkt der Untersuchung. Bei der Textanalyse werden grundlegende Gestaltungsmuster im Zusammenhang mit der Intention des Autors oder der Autorin untersucht und einer kritischen Stellungnahme unterzogen. In der Texterörterung überprüft man zudem die Relevanz der Thematik für eigene und fremde Lebenssituationen.

Erklärvideo zur textgebundenen Erörterung

Kompetenzen

- ✓ Inhalt eines nicht linearen Textes erfassen
- ✓ Textaussagen strukturiert zusammenfassen
- ✓ Textgestaltung analysieren
- ✓ kritisch zu Textaussagen Stellung nehmen
- ✓ eine eigene Argumentation entfalten
- ✓ Sachverhalte in größere Zusammenhänge einordnen und diskutieren
- ✓ Glossen analysieren

Methoden und Arbeitstechniken

- ✓ Visualisierung
- ✓ Kopfstandmethode

Das kennen Sie schon

- ✓ Aufbau einer Argumentation
- ✓ Argumenttypen
- ✓ eigene Position darlegen
- ✓ schriftliche Stellungnahme verfassen

Die Analyse eines Textes verschriftlichen

Thema dieses Kapitels ist eine vertiefte inhaltliche und sprachlich-formale Analyse eines pragmatischen Textes.

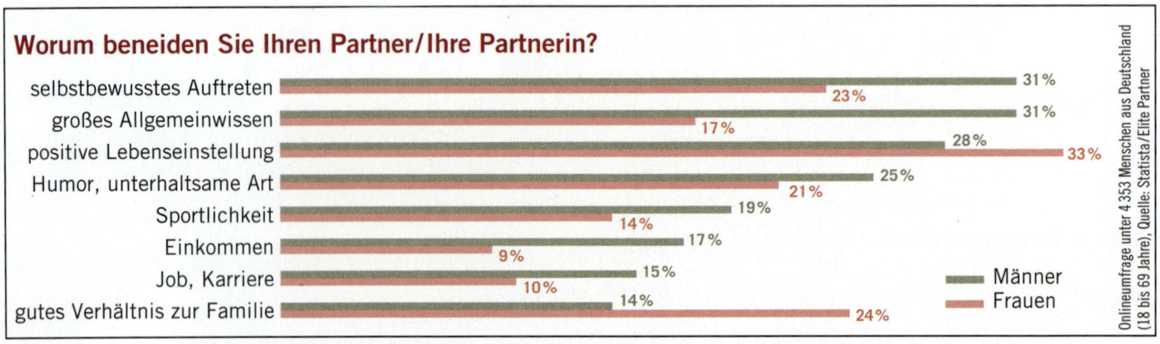

1 Setzen Sie sich mit dem Balkendiagramm auseinander.

a) Geben Sie die wesentlichen Aussagen wieder.

b) Vergleichen Sie die Ergebnisse bezüglich des Geschlechts der befragten Personen und der gemachten Angaben.

2 Erstellen Sie eine Liste: Worum beneiden Sie die Menschen in Ihrem Umfeld?

Was soll der Neid?

von Martina Sulner

Da ist gerade wieder ziemlich viel Neid in der Welt. […]

[…] klar, man freut sich, dass die Freunde nach langer Suche die Wohnung gefunden haben, von der sie schon lange träumten. Aber nach dem ersten Besuch dort kommt einem das eigene Zuhause doch ein bisschen klein und schäbig vor. Da regt sich schon mal ein ungutes Gefühl in einem. Warum haben die Freunde immer so ein unverschämtes Glück? Und dass sie üppig geerbt haben und sich jetzt eine Eigentumswohnung leisten können, ist doch auch ein bisschen ungerecht. […]

Die Redewendungen, dass jemand gelb oder grün vor Neid ist oder sich vor Neid verzehrt, sind gebräuchlich. Über das Gefühl offen zu sprechen hingegen, mag kaum jemand gern, weder der, der neidet, noch der, der beneidet wird. Die katholische Kirche zählt Neid sogar zu den sieben Todsünden. […] Neid hat im Vergleich zu den anderen Todsünden **Hochmut, Geiz, Wollust, Zorn, Völlerei und Faulheit** selbst in unserer säkularen Gesellschaft einen besonders schlechten Ruf. Geiz gilt vielen immer noch als geil, und Hochmut und Zorn werden schon mal mit Selbstbewusstsein und Durchsetzungsstärke verwechselt.

Dennoch überrascht der schlechte Ruf des Neids ein bisschen, denn heute ist manches mehr oder weniger bewusst darauf angelegt, ihn zu schüren. Die Menschen, die sich in den sozialen Medien **schön, schlank und superglücklich** präsentieren, erwecken nicht nur Wohlgefallen, sondern oft auch eine Portion Neid. […] Und die Verheißungen der Werbung zielen oft auf **niedere Neidinstinkte**, die schnell wegkonsumiert werden sollen.

Doch das Gefühl ist ebenso uralt wie die Erzählungen, welche **Fehden daraus erwachsen** können. Das reicht von der biblischen Geschichte um Kain und Abel über Aristoteles in seinem Werk „Rhetorik" und Francis Bacons 1597 veröffentlichten Essay „Über den Neid" bis zum Internetroman „Neid" der österreichischen Literaturnobelpreisträgerin Elfriede Jelinek. Immer geht es um das Empfinden, dass ein anderer oder eine andere etwas hat, was man selbst auch haben möchte. Darum, dass man die Verteilung als ungerechtfertigt empfindet und sich benachteiligt fühlt, weil man nicht ebenso viel abbekommen hat. Das kann **Talent und Schönheit** sein oder **beruflicher Erfolg und Geld**. […]

Was auch immer der Auslöser dafür ist: Es ist ein nagendes, unschönes Gefühl. […] Der Neider macht sich schließlich selber klein, weil er mit seinem

Die Analyse eines Textes verschriftlichen

Gefühl eine Schwäche eingesteht; er gesteht ein (und sei es nur vor sich selbst), dass ihm etwas fehlt. Dafür schämen sich viele.

Wir vergleichen uns vor allem mit Menschen, denen wir in gewisser Hinsicht ähnlich sind – also weniger mit der Inuitfrau in Alaska, dafür mehr mit dem Arbeitskollegen vor Ort. Gerade in einer Belegschaft, in der Menschen nicht nur Büropartner, sondern auch Konkurrenten sind, kann schnell Neid entstehen. Die Deutschen glauben, dass bei uns besonders viele **Neidhammel** leben. Doch da kommen **unterschiedliche Studien zu unterschiedlichen Ergebnissen**.

Die Erfahrung zumindest zeigt, dass Menschen oft neidisch sind auf „die" Reichen, auf „die da oben", manchmal sogar auf Sozialhilfeempfänger oder Geflüchtete, die angeblich jegliche Unterstützung bekommen, ohne dafür so hart zu arbeiten wie man selbst. Denn mag man anderen auch neiden, dass sie **mehr Freunde, mehr Charme, mehr Begabungen** haben – meistens geht es bei Neid eben doch um Ansehen und ums Geld, also um **mein Auto, mein Haus, meine Jacht**.

Doch wo ist die Grenze zwischen purem **Sozialneid** und berechtigter Empörung? Ist der Soloselbstständige, dessen Situation trotz der Corona-Soforthilfen in der Pandemie prekär ist, nur neidisch, wenn er die Milliardenhilfen der Bundesregierung an die Lufthansa für falsch hält? Oder ist das nicht legitime Kritik an sozialpolitischer Ungerechtigkeit? Und überhaupt: **Warum gilt es als moralisch verwerflich, Neid zu empfinden? Neidkritik** ist oft der Versuch, Kritik an sozialer Ungerechtigkeit abzuwehren. Entscheidend ist auch, wie man mit diesem Gefühl umgeht. **Kann es eventuell sogar eine Triebkraft sein, sich stärker in seinem Job zu engagieren? Oder sich für mehr gesellschaftliche Gerechtigkeit einzusetzen?** Von „positivem Neid" sprechen Forscher in solchen Fällen.

Allerdings ruft Neid meist **unschöne Reaktionen** hervor: von eher harmloser Schadenfreude, wenn bei dem Beneideten etwas **schiefläuft**, über eine ausgeprägte **Mitleidslosigkeit bis zu Rachegelüsten und Zerstörungswut**. Neid geht oft mit einem aggressiven Moment einher. Sei es, dass man die Kollegin, der man ihren Erfolg neidet, mobbt, den Sozialschwachen, der angeblich „gepampert" wird, beschimpft oder demjenigen, der Besitz angehäuft hat, unterstellt, dass das alles **nicht mit rechten Dingen zugegangen** sei.

Es ist unangenehm, über Neid zu sprechen, aber nötig, vielleicht sogar befreiend. Zumal Menschen in unsicheren Zeiten, in denen die Emotionen **hochschwappen**, besonders anfällig dafür sind. Feindselig-schädigender Neid, erklärt der Sozialpsychologe Haubl, diene dazu, das eigene bedrohte Selbstwertgefühl zu verteidigen. […]

Sich also dem Neid stellen – dem eigenen ebenso wie möglicherweise dem der anderen: Das klingt gut. Und manchem gelingt das sogar. Da könnte man dann glatt neidisch werden.

(aus: Kölnische Rundschau, 13.02.2021)

3 Lesen Sie den Text aufmerksam durch und schreiben Sie zwei einführende Sätze mit Informationen zu Titel, Textart, Autorin, Publikationsorgan und Zeitpunkt der Veröffentlichung.

4 Fassen Sie die wichtigsten Aussagen aus dem Diagramm und dem Text zusammen.

5 Untersuchen Sie, wie der Leser bzw. die Leserin von der Position der Autorin überzeugt werden soll, indem Sie die auffälligen Argumenttypen und weitere strategische Mittel herausarbeiten (↗ GZW „Argumentationsstrategien", S. 108).

Strategie	*Textbeispiel*	*Wirkung*
Erfahrungsargument	*eigene Erfahrungen aus dem Freundeskreis (vgl. 2 ff.)*	*Die Autorin weiß aus eigener Erfahrung, worüber sie schreibt.*

Die Analyse eines Textes verschriftlichen

GUT ZU WISSEN | Argumentationsstrategien

Die Autorinnen und Autoren setzen in ihren Kommentaren oder Essays oft bestimmte **Argumenttypen** ein, um die Leser/-innen von ihrer Meinung zu überzeugen. Beispielsweise gelten **Fakten- oder Autoritätsargumente** allgemein als stichhaltiger als **persönliche Erfahrungen**, **normative Argumente** verweisen auf allgemein anerkannte Werte. Darüber hinaus gibt es weitere Mittel der **Leserlenkung**, indem z. B. **zahlreiche Beispiele** an die Stelle der Argumente treten oder ein **Wirgefühl** erzeugt wird, das zeigen soll, dass sich der oder die Schreibende als **Sprachrohr einer größeren Gruppe** versteht. Die **Aufwertung der eigenen Position** bzw. die **Abwertung der anderen Meinung** ist ebenfalls ein häufig eingesetztes Mittel wie auch die **Beschwichtigung**.

Ebenso kann mit **Verallgemeinerungen** gearbeitet werden sowie mit einer **negativen oder positiven Wortwahl** und/oder einem **Wechsel der Sprachebene**. **Fachsprache** gilt allgemein als Ausdruck von Kompetenz, **Umgangssprache** soll Lesernähe herstellen, **Anglizismen oder Jugendsprache** wirken modern. **Ironische Wendungen** amüsieren die Leser/-innen und eine **bildreiche, mit Metaphern oder Neologismen angereicherte Sprache** wirkt veranschaulichend und unterhaltend.

6 Untersuchen Sie Wortwahl und Satzbau des Textes, ziehen Sie dabei GUT ZU WISSEN „Sprachliche Mittel und ihre Wirkung“ heran.

a) Bestimmen Sie die im Text gekennzeichneten rhetorischen Mittel (↗ Kapitel 12.3, S. 224 ff.).

b) Erläutern Sie die Wirkung, die mit diesen Mitteln erzielt werden soll.

GUT ZU WISSEN | Sprachliche Mittel und ihre Wirkung

Sprachebene: Viele Texte werden in journalistischer Standardsprache geschrieben. Auffällig ist der punktuelle Einsatz von Fachsprache, Anglizismen, Umgangssprache, Jugendsprache oder Dialekt. Kreative Autoren bilden neue Wörter (Neologismen) zur Veranschaulichung.

Umgangssprache: *wenn ... etwas schiefläuft*	**Neologismus:** *gepampert*
Fachsprache: *säkulare Gesellschaft*	**Jugendsprache:** *das coolere Videospiel*

Wortwahl: Aufschlussreich ist die Suche nach gehäuft vorkommenden Wortarten. Mit Aufzählungen, Wiederholungen, Wortspielen, Redewendungen oder sprachlichen Bildern unterstützen Autoren ihre Textaussagen.

Rhetorische Figur	Definition	Beispiel
Akkumulation	Reihung von Begriffen zu einem genannten oder nicht genannten Oberbegriff	*Hochmut, Geiz, Wollust ...*
Redewendung	feste Verbindung von Wörtern, die zusammen eine bestimmte, meist bildlich-metaphorische Bedeutung haben	*gelb/grün vor Neid*

Satzbau: Ungewöhnliche Satzkonstruktionen heben die Aussagen hervor.

Rhetorische Figur	Definition	Beispiel
rhetorische Frage	(Schein-)Frage, die die Autorenmeinung ausdrückt	*Warum haben die Freunde immer so ein unverschämtes Glück?*
Inversion	Umstellung der gängigen Satzreihenfolge	*Sich dem Neid stellen: Das klingt gut.*

Die Analyse eines Textes verschriftlichen

MUSTER Analyse des Zusammenspiels von Argument und sprachlicher Wirkung

Textstelle/Beleg	*Analyse/Textaussage*	*Funktion der sprachlichen Mittel*
„Die katholische Kirche zählt Neid sogar zu den sieben Todsünden. […] Neid hat im Vergleich zu den anderen Todsünden Hochmut, Geiz, Wollust, Zorn, Völlerei und Faulheit selbst in unserer säkularen Gesellschaft einen besonders schlechten Ruf." (Z. 16 ff.)	*Der Hinweis auf die Lehre der katholischen Kirche, welche Neid als Todsünde bewertet, stellt ein **Autoritätsargument** dar.*	*Die Aufzählung/Akkumulation wirkt verstärkend und veranschaulicht, dass der Neid im Zusammenhang mit anderen sogenannten Todsünden zu sehen ist. Antiquiert wirkende Bezeichnungen wie „Wollust" und „Völlerei" zeigen, dass es sich um eine alte, traditionelle Vorstellung handelt.*

7 **Analysieren Sie das Muster, welches das Zusammenspiel von Argument und sprachlicher Wirkung zeigt.**

8 **Führen Sie das Muster fort, indem Sie weitere Textstellen analysieren.**

9 **Bewerten Sie abschließend die Überzeugungskraft der Aussagen. Nehmen Sie kritisch Stellung zur im Text vertretenen Position,**

- indem Sie der Autorin entweder vollständig zustimmen und entsprechende Thesen, Argumente und Beispiele für ihre Sicht auf das Thema nennen oder
- die Position der Autorin eingeschränkt unterstützen oder
- Thesen, Argumente und Beispiele aufführen, die gegen die vertretene Sicht auf das Thema sprechen.

Beziehen Sie sich einerseits auf die Textaussagen, andererseits auch auf das Balkendiagramm und Ihre Auflistung (Aufgaben 1 und 2, S. 106).

These (Zustimmung)	*Die Autorin vertritt die Ansicht, dass der Neid – eigentlich ein negatives Gefühl – auch positive Aspekte haben kann. Diese These lässt sich **unterstützen**, …*
Argument	*… denn aus einem Gefühl des Neids könnte auch ein Antrieb entstehen.*
Argumentationsstütze	*So könnte jemand motiviert werden, z. B. am Arbeitsplatz oder beim Sport eine besondere Leistung zu erbringen, um ebenfalls die gewünschte Anerkennung zu erhalten.*
These (Ablehnung)	*Der Ansicht, dass Neid auch positive Aspekte haben kann, ist zu **widersprechen**, …*
Argument	*… denn Neid ist destruktiv und löst schlechte Gefühle aus.*
Argumentationsstütze	*Wer neidisch ist, empfindet häufig Missgunst darüber, dass er bestimmte Dinge nicht hat oder vermag. Man vergleicht sich mit anderen und denkt, dass man diese Dinge ebenso verdient hätte.*
Fazit	*Festzuhalten bleibt, dass man zwischen „gutem" und „schlechtem" Neid unterscheiden sollte. Einerseits …, andererseits …*

Eine Textanalyse verfassen

Eine Textanalyse besteht aus verschiedenen Arbeitsschritten. Wichtig ist eine gute Vorbereitung.

Analyse eines Sachtextes

Textanalyse	Texterfassung Textbeschreibung	Der Textaufbau wird untersucht und die wesentlichen Textaussagen werden ermittelt. **(Was steht im Text?)**
	Untersuchung der Textgestaltung	Die Argumentation des Textes und wichtige sprachliche Mittel werden in ihrer Funktion erschlossen. **(Wie wird der Inhalt vermittelt?)**
	Auseinandersetzung mit den Textaussagen	Das Zusammengehen von Inhalt, Form und Aussage ergibt die Textdeutung. Die Intention von Autor/-in wird ersichtlich. Die Position von Autor/-in wird kritisch hinterfragt. **(Wie sind die Aussagen zu bewerten?)**

1 **Erstellen Sie eine Mindmap (↗ Kapitel 11.1, S. 203), in der Sie die einzelnen Arbeitsschritte veranschaulichen. Beziehen Sie sich auf das Schaubild oben und auf GUT ZU WISSEN.**

GUT ZU WISSEN — Vorbereitung, Planung und Aufbau einer Textanalyse

Bevor Sie Ihre Textanalyse schreiben, sollten Sie den **Text mehrmals durchlesen** und **sich die Aufgabenstellung klarmachen**. Liegt Ihnen der Text als Kopie vor, können Sie Markierungen vornehmen oder sich Notizen machen. So ist es hilfreich, **unbekannte Wörter und Begriffe nachzuschlagen**, die **These(n)** der Autorin oder des Autors **zu unterstreichen**, die **Argumente und Argumentationsstützen hervorzuheben** und auffällige **sprachliche Mittel zu kennzeichnen**. Folgende Elemente sollten Sie berücksichtigen:

Einleitung	• motiviert zum Weiterlesen • enthält einleitende Sätze mit Angaben zu Autor/-in, Titel, Textsorte, Publikationsdaten, benennt die Thematik und Ausrichtung des Textes • leitet durch eine thematische Hinführung in das Thema ein
Wiedergabe der Textaussagen	• informiert über den Textinhalt • gibt die These und wesentliche Aussagen strukturiert in indirekter Rede wieder
Untersuchung von Argumentationsstruktur und Sprache	• untersucht die Textgestaltung • analysiert die Argumente oder andere Mittel der Leserlenkung • bezieht die eingesetzten rhetorischen Mittel ein
Kritische Stellungnahme	• wertet die Ergebnisse aus • prüft die Textaussagen hinsichtlich ihrer Tragfähigkeit nach Zustimmung, Ablehnung oder eingeschränkter Zustimmung
Fazit	• fasst die Ergebnisse zusammen und bewertet die Überzeugungskraft des Textes • stellt einen Bezug zur Relevanz der Thematik her

Eine Textanalyse verfassen

2 **Bilden Sie vollständige einleitende Sätze mit Bezug zum Ausgangstext „Was soll der Neid?“ von Seite 106 f. Nutzen Sie ggf. Sprache und Stil.**

SPRACHE UND STIL	**Formulierungen für eine Sachtextanalyse**
Einleitung	*Der Kommentar mit dem Titel ... erschien am ...* *In der Online-Ausgabe der Zeitung ...* *... behandelt das Thema ...*
Wiedergabe der Textaussagen	*... setzt sich mit dem Thema ... auseinander* *... vertritt die These, dass ...* *... informiert über ...* *... beruft sich auf ...* *... übt Kritik an ...* *... appelliert an ...*
Untersuchung der Argumentationsstruktur	*Die Argumentation stützt sich auf ...* *Zahlreiche Erfahrungsargumente dienen dazu, ...* *Aufzählungen bewirken ...*
Kritische Stellungnahme	*Die Verfasserin / Der Verfasser hat die Intention ...* *Die Autorin / Der Autor bezweifelt, dass ...* *In folgenden Punkten lässt sich der Autorin / dem Autor zustimmen: ...* *Der Meinung des Autors / der Autorin ist entgegenzuhalten, dass ...* *Den Ausführungen lässt sich in einigen Punkten widersprechen: ...*
Fazit	*Mit ihrem / seinem Kommentar ... hat die Autorin / der Autor ein wichtiges Thema aufgegriffen.* *Auch heutzutage ...*

3 **Vervollständigen Sie das Muster: Verfassen Sie eine komplette Textanalyse, indem Sie Ihre aus dem Schaubild und dem Text gewonnenen Erkenntnisse umsetzen.**

MUSTER Ausschnitt aus einer Textanalyse (Untersuchung der Argumentationsstruktur)

Um zu zeigen, dass das Thema allgegenwärtig und jedem in irgendeiner Form bekannt ist, bringt Sulner zunächst persönliche Erfahrungen ein. Sie berichtet von alltäglichen Begebenheiten, die die Leser nachvollziehen und auf ihre Lebenswirklichkeit übertragen können. Ihre Erfahrungsargumente teilt die Autorin in einer lockeren Umgangssprache mit und erzählt u. a. davon, wie einem das eigene Zuhause plötzlich „klein und schäbig“ (Z. 6) vorkomme, wenn man es mit der neuen Eigentumswohnung der Freunde vergleiche. Rhetorische Fragen unterstützen die wahrgenommene Diskrepanz (vgl. Z. 7 f.: „Warum haben die Freunde immer so ein unverschämtes Glück?“). ...

4 **Tauschen Sie sich aus und überarbeiten Sie Ihre Sachtextanalyse im Rahmen einer Schreibkonferenz (↗ Kapitel 11.1, S. 207).**

Texte erörtern

Während die Textanalyse auf die Untersuchung eines Textes abzielt, steht bei der Texterörterung die Diskussion des Themas im Vordergrund.

1 Recherchieren Sie, welche Berufe in Deutschland überwiegend von Frauen ausgeübt werden, welche überwiegend von Männern. Wie verhält es sich mit Ihrem Berufswunsch?

a) Visualisieren Sie Ihre Ergebnisse z. B. in einem Diagramm (↗ Kapitel 11.1, S. 211).

b) Diskutieren Sie das Ergebnis mit Ihrem Lernpartner oder Ihrer Lernpartnerin.

Wie Männer die Frauen aus der Informatik verdrängt haben

von Nadine A. Brügger

Als Isabelle Collet Ende der Achtzigerjahre in Reims Informatik studiert, gehört sie zu einer Minderheit von knapp 30 Prozent. Nach dem Studium findet Collet keinen Job. Arbeitgeber sehen in ihr nicht die Spezialistin für digitale Signalverarbeitung, sondern eine junge Mutter. Als solche passt sie nicht ins Schema. „Was willst du denn?", heißt es, wenn sie sich darüber beklagt, „das ist halt eine Männerwelt."

Heute liegt der Frauenanteil in der IT in technischen Positionen – Support, HR und Marketing ausgeschlossen – […] in Europa sogar bei weniger als 15 Prozent. „Das ist ein großes Problem – nicht nur für die Frauen, sondern für die gesamte Gesellschaft", warnt Collet, mittlerweile nicht nur Informatikerin, sondern auch Professorin für Pädagogik an der Universität Genf. Seit mehr als zwanzig Jahren forscht Collet zum Thema Digitalisierung und Geschlecht. […]

Als die Computertechnik noch in den Kinderschuhen steckte, war Programmieren kein angesehener Karriereweg. Die Angestellten waren unterbezahlt, und das gesellschaftliche Prestige fehlte dem Beruf ebenso wie eine anerkannte Berufsbildung. Mit anderen Worten: Informatikerin war ein typischer Frauenberuf. […]

Doch dann geschah etwas mit dem Berufszweig, was den Frauen zum klaren Nachteil gereichte: Er wurde wichtig. Ab den Siebzigerjahren nahm die Digitalisierung verschiedener Arbeitsbereiche stetig zu. Spätestens ab den Neunzigerjahren war der Mikrocomputer, das also, was wir heute als Computer verstehen, im Arbeits- und im Privatleben allgegenwärtig. Leute, die programmieren konnten, wurden immer gefragter, ihre Löhne stiegen, Prestige und Einfluss nahmen zu. Mit anderen Worten: Informatiker wurde ein typischer Männerberuf. […]

Bei Amazon zeigte sich erstmals öffentlich, wie KI Frauen systematisch diskriminieren kann. […] Die KI hatte systematisch die Bewerbungen von Frauen aussortiert, wodurch diese gar nicht erst die Chance auf ein Bewerbungsgespräch erhielten.

Der Ausschluss von Frauen war nicht auf einen Fehler im Algorithmus zurückzuführen; die Software war vielmehr einwandfrei programmiert. Sie hatte die Unternehmenskultur von Amazon analysiert und perfekt reproduziert. Weil bei Amazon vor allem Männer angestellt sind, hatte die KI nach vergleichbaren Bewerbern gesucht und alle, die davon abwichen, ausgesondert. […]

Der Fall Amazon könne sich bei jedem beliebigen Unternehmen, das eine KI gestützt auf bereits vorhandene Daten (Vor-)Entscheide treffen lasse, wiederholen, sagt Collet. […]

Das beschränke sich nicht nur auf die Berufswelt, sondern könne auch einen Einfluss auf die Ausbildung oder das Rechtssystem haben. „Weil bei gleichwertigen Zeugnissen junge Männer aus privilegierten Verhältnissen viel eher eine Ingenieursschule besuchen als junge Frauen, wird sich das System entsprechend an ihnen orientieren und Frauen immer stärker ausschließen. Weil in der Rechtsprechung eine Vergewaltigung sehr oft zu sexueller Nötigung umklassifiziert wird, wird das eine KI womöglich irgendwann automatisch auch so machen." Man könne sich also leicht vorstellen, wohin die Abwesenheit der Frauen bei technischen

Texte erörtern

Entwicklungen die gesamte Gesellschaft führen könne, sagt Collet.

Liegt das Problem bei den Frauen?
Technische Studiengänge und Berufe stehen allerdings beiden Geschlechtern offen, doch nur wenige Frauen schlagen diesen Weg ein. Sind sie also selber das Problem? […]

Vielmehr sollten die Politik und die Institutionen ein Umfeld schaffen, das für beide Geschlechter funktioniere. Denn bis heute stehe für Frauen wie Männer fest: „Informatik ist eine Männerwelt, da muss die Frau sich anpassen." […]

In der Branche selber ist man sich des Problems einigermaßen bewusst. „Der Mangel an IT-Fachpersonen wird immer größer. Gelingt es uns nicht, die Frauen zu mobilisieren, werden wir diesen Mangel schlicht nicht ausgleichen können", sagt Helena Kordic. […]

Kordic ist Leiterin des Projekts IT-Feuer […].

„Von zehn Mädchen, die sagen, sie könnten sich ein Studium in einem Mint-Fach vorstellen, melden sich vielleicht zwei für eine IT-Stelle", sagt Kordic. Der Schlüssel zu einer ausgewogenen IT-Welt liegt also darin, die Wahrnehmung zu verändern und die gesellschaftlichen Vorurteile gegenüber den Mint-Fächern – Mathematik, Informatik, Naturwissenschaften und Technik – abzubauen. Lernen Schülerinnen und Schüler bereits vor der Berufswahl, dass Frauen in Mint-Fächern ebenso erfolgreich sein können wie Männer, beeinflusst das die Wahrnehmung ihrer eigenen Möglichkeiten und Fähigkeiten. […]

Das bringt uns zurück zu Isabelle Collet, die vor allem die Politik in der Pflicht sieht. Neben dem Schaffen von Anreizen und der Schulung von Lehrpersonen hat Collet noch ein weiteres Ass im Ärmel: die Einführung von Quoten. Als Argument gegen eine Quotenregelung hört Collet oft, das allgemeine Niveau würde sinken, weil nicht mehr die Allerbesten gefördert würden, sondern die jeweils Besten beider Geschlechter.

„Da es keine rosa oder blauen Gehirne gibt, ist diese Angst unbegründet. Die Qualität der Studierenden wird nicht abnehmen. Dass wir gegenwärtig so viel mehr Männer als Frauen in diesen Studiengängen haben, liegt daran, dass die Männer so stark gefördert wurden, während zahlreiche ebenso gut qualifizierte Frauen übergangen wurden. Eine zeitlich befristete Quote macht entsprechend einfach die jahrelange Sozialisation zugunsten der Männer wieder wett." Das sei nicht nur fair, sondern in erster Linie auch sinnvoll: „Bei den Frauen gibt es so viel ungenutztes Talent und Potenzial auszuschöpfen – darauf sind wir schlicht und ergreifend angewiesen."

(www.nzz.ch)

2 **Bearbeiten Sie den Text abschnittsweise und erschließen Sie Inhalt und Gestaltung.**

a) Fassen Sie jeden Abschnitt in maximal drei Sätzen zusammen (Textaussagen).
b) Nennen Sie die grundsätzliche Meinung der Autorin zur Problematik (These).
c) Notieren Sie die dazu passenden Mittel der Textgestaltung (Argumentation und Sprache).

3 **Setzen Sie sich kritisch mit der Position der Autorin auseinander.**

a) Notieren Sie auf einem Extrablatt die grundsätzliche Position der Autorin sowie stichwortartig alle von ihr angeführten Argumente, die diese Position schlüssig unterstützen.
b) Arbeiten Sie nach der Kopfstandmethode (↗ Kapitel 11.1, S. 200) und entwickeln Sie eine Gegenposition zur Autorenposition. Notieren Sie Gegenargumente zu den angeführten Argumenten.
c) Prüfen Sie die notierten Argumente und Gegenargumente. Welche Position ist argumentativ besser untermauert? Ergänzen Sie ggf. Aspekte, die nicht (ausreichend) berücksichtigt wurden.

4 **Formulieren Sie anhand Ihrer Vorarbeiten eine kritische Stellungnahme, in der Sie der Argumentation der Autorin widersprechen bzw. ihr zustimmen oder sie teilweise ablehnen bzw. stützen. Wählen Sie das Sanduhr- oder das Reißverschlussprinzip und nehmen Sie ggf. Sprache und Stil von Seite 114 zu Hilfe.**

Texte erörtern

SPRACHE UND STIL | **Formulierungen für einzelne Arbeitsschritte**

Einleitung	*In der ... erschien am ...*
Textwiedergabe	*Die Autorin beschäftigt sich in ihrem Text mit ...*
Argumentationsstruktur	*Mit folgenden Argumenten wird ... untermauert.* *Auffällig ist die Verwendung von ...*
Kritische Stellungnahme	*Das Argument ... lässt sich unterstützen.* *Andererseits ist der Autorin zu entgegnen, dass ...* *Dem folgenden Argument ... kann ich nicht zustimmen, weil ...*

★ **5** **Schreiben Sie einen Leserbrief an Nadine A. Brügger, in dem Sie sich zu ihrem Artikel „Wie Männer die Frauen aus der Informatik verdrängt haben“ positionieren.**

GUT ZU WISSEN | **Vergleich Textanalyse und Texterörterung**

Die Sachtextanalyse und die textgebundene Erörterung sind verwandt; sie **unterscheiden sich** jedoch **in der Ausrichtung und Gewichtung** der einzelnen Aufgaben. Während sich die **Analyse** auf den Text und die **Autorenposition** konzentriert **(wie wird argumentiert?)**, dient bei der **Texterörterung** der Text als Ausgangspunkt, um sich **vertieft mit inhaltlichen Fragen** zu **befassen (was wird gesagt?)**. Die Arbeitsschritte zur Vorbereitung und Texterschließung sind vergleichbar. Wichtig ist vor allem, die auffälligsten Mittel der Textgestaltung herauszuarbeiten. Der Schwerpunkt der Texterörterung liegt darauf, sich zu den Aussagen der Autorin / des Autors zu **positionieren (kritische Stellungnahme)** und eine **eigene Argumentation** aufzubauen (erweiterte Erörterung).

Aufgabenstellungen bei der Textanalyse	Aufgabenstellungen bei der Texterörterung
• Fassen Sie die Aussagen des Textes zusammen. • Erläutern Sie die Argumentationsstrategie der Autorin / des Autors und untersuchen Sie in diesem Zusammenhang den Einsatz sprachlicher Mittel.	• Arbeiten Sie die Aussagen der Autorin bzw. des Autors heraus; berücksichtigen Sie, wie der Text gestaltet ist. (Argumentationsinhalte und Sprache dienen als Ausgangspunkt für die inhaltliche Auseinandersetzung mit der Thematik. Die wichtigsten und auffälligsten Mittel der Textgestaltung sind relevant.)
• Nehmen Sie kritisch Stellung zur Meinung der Autorin / des Autors.	• Setzen Sie sich kritisch mit den Argumenten der Autorin bzw. des Autors auseinander. (Die Argumentation von Autor oder Autorin wird hinterfragt und das Argumentationsgefüge hinsichtlich seiner Tragfähigkeit nach Zustimmung, Ablehnung oder eingeschränkter Zustimmung geprüft.)
	• Erörtern Sie – über den Text hinausgehend –, welche Konsequenzen der Sachverhalt XY nach sich zieht. (Die Argumentation des Textes wird erweitert und der Sachverhalt in einen größeren Zusammenhang eingeordnet.)

Eine Texterörterung planen und schreiben

Zunächst werden Thesen und Argumentationsstruktur der Autorin bzw. des Autors kritisch hinterfragt, anschließend erörtert man die Thematik über die Textvorlage hinaus und erweitert das Argumentationsspektrum.

Ich arbeite, also bin ich

von Britta Heidemann

[...] Was uns fehlt, wenn die Arbeit fehlt, weiß Gitta Jacob: Die Psychologin ist Autorin zahlreicher Bücher zum Thema Selbstwert. „Selbstwert ist einerseits eine Haltung zu sich selbst: ich bin gut so, wie ich bin, ich bin liebenswert", sagt Jacob. „Andererseits wird er gespeist von bestimmten Erfahrungen, von Erfolgen im weiteren Sinne" – das kann eine sportliche Leistung sein oder die Ausstellung eines Hobbyfotografen. Oder natürlich: ein richtig gut gemachter Job. Der Arbeit kommt darüber hinaus eine besondere Stellung zu, weil sie „auch ein gesellschaftliches Ranking abbildet": „Wenn ich einen Job habe, der einen gewissen Status hat, kann ich für mich selbst und für andere einen sozialen Vergleich anstellen." Außerdem bietet Arbeit soziale Kontakte, das Gefühl, „ich bin eingebunden".

In ihren Büchern stellt Gitta Jacob vier Säulen des Selbstwerts vor: die positive Einstellung zu sich selbst, das Vertrauen in eigene Leistungen, die eigene Kontaktfähigkeit und ein gutes soziales Netz. Und wenn nun eine Säule wegbricht, könnte man nicht einfach die anderen stärken? „Das macht viel Sinn", sagt Gitta Jacob, „detaillierte Forschung dazu gibt es aber nicht." [...]

Grundsätzlich gelte, so Jacob: Einseitigkeit ist gefährlich. Heißt: „Jede Säule kann zusammenbrechen: Ich kann einen Schlaganfall erleiden und dann nicht mehr zur Arbeit gehen. Oder ich bin sehr leistungsorientiert im Sport und dann breche ich mir ein Bein. Oder ich gehe ganz in der Beziehung auf, aber dann verlässt mich mein Partner. Das kann einfach alles passieren." Sogar ohne Corona.

Womöglich hat gerade die Arbeit zu viel Raum in unserem Leben eingenommen? Womöglich sind wir in eine emotionale Falle getappt? Autor Ulrich Renz kritisiert etwa in seinem Buch „Tyrannei der Arbeit" (2013) die „emotionale Managementtechnik" großer Konzerne, die die Bürogemeinschaft gerne als große Familie inszenieren. Mit dem kleinen, feinen Unterschied: „In einer Firma ist man nur zugehörig, solange man ihr von Nutzen ist."

Eindrücklich beschrieben hat der amerikanische Schriftsteller Dave Eggers die Sogkraft einer Firma, die ihren Mitarbeitern rund um die Uhr eine Heimat gibt, bis hin zur allabendlichen Party und zur kollegialen Social-Media-Dauerschleife: „The Circle" (2014) spielt im Silicon Valley und zeigt, wie gut sich Arbeit anfühlen kann, wie sehr Arbeit zur Heimat werden kann – und welche Gefahren dieses Gefühl birgt.

Nur: Nicht erst die New Economy hat entdeckt, dass die Erwerbstätigkeit eines Menschen auf dessen Selbstbild und -wert wirkt. Iuditha Balint ist Direktorin des Dortmunder Fritz-Hüser-Instituts für Literatur der Arbeitswelt und weiß: „Der Zusammenhang von Arbeit und Selbstwertgefühl, der heute so auffällt, weil Störungen gegeben sind, dieser Zusammenhang war schon im 17. Jahrhundert zu erkennen." Seit dem 19. Jahrhundert sei in der Arbeiterliteratur ein Stolz herauszulesen darauf, „ein Mitglied der Gesellschaft zu sein, das dazu beiträgt, dass die Gesellschaft funktionsfähig ist". Ebenso deutlich sei der Stolz darauf, Arbeiter in einem Kollektiv zu sein: „Das Selbstwertgefühl entsteht aus einer starken Identifikation mit der Gruppe." [...]

Nicht nur Zugehörigkeit und der Status, sondern auch die gewohnheitsmäßigen Abläufe sind wichtig für die Psyche – was sich ebenfalls früh in der Literatur niederschlägt: „In ‚Robinson Crusoe' trägt zum Beispiel eine Tagesstruktur zum Überleben bei", zieht Iuditha Balint Daniel Defoes Roman von 1719 als Beispiel heran. In der Gegenwartsliteratur legt Wolfgang Herrndorfs „Arbeit und Struktur" (2013) eindrucksvoll Zeugnis davon ab, dass in der Isolation (hier aufgrund einer Krebserkrankung) eben diese Arbeitsstruktur Halt geben kann.

Selbst die Kritik an dem hohen Stellenwert der Arbeit ist nicht neu. „Das Recht auf Arbeitslosigkeit

Eine Texterörterung planen und schreiben

ist ein Diskurs, den es auch schon sehr lange gibt", sagt Balint: 1883 erschien etwa „Das Recht auf Faulheit" von Paul Lafargue; heute wäre er vermutlich ein Verfechter des bedingungslosen Grundeinkommens.

Was wir aber tun können, wenn die Faulheit keinen Spaß mehr macht, wenn die Pandemie uns von beruflichen Erfolgen fernhält? Psychologin Gitta Jacob rät: Wir können uns selbst Erfolgserlebnisse verschaffen, können uns „selbsteffektiv" betätigen. „Zum Beispiel mit einer Jogging-Challenge im Internet", bei der wir uns etwa in einer Lauf-App vergleichen – wenn auch nur virtuell, aber doch in einer Gemeinschaft.

Unser Selbstwert wird gespeist von Erfahrungen und Erfolgen.

(aus: Westfälische Rundschau, 28.01.2021)

1 **Lesen Sie den Text gut durch und bearbeiten Sie ihn nach dem folgenden Muster.**

MUSTER Argumentation und sprachliche Gestaltung

Text	***Argumentation und sprachliche Gestaltung***
Was uns fehlt, wenn die Arbeit fehlt, weiß Gitta Jacob: Die Psychologin ist Autorin zahlreicher Bücher zum Thema Selbstwert. „Selbstwert ist einerseits eine Haltung zu sich selbst: ich bin gut so, wie ich bin, ich bin liebenswert", sagt Jacob. (S. 1 ff.)	*These: Es fehlt etwas im Leben, wenn wir nicht arbeiten dürfen.* *Betonung durch das Wortspiel mit dem Verb „fehlen"* *Autoritätsargument: Hinweis auf die Meinung einer Psychologin – das Zitat unterstützt den Belegcharakter.* *Betonung des Subjektiven durch die Wiederholung des Personalpronomens „ich", die Adverbien „gut" und „liebenswert" transportieren eine positive Konnotation.*

2 **Erstellen Sie ein Flussdiagramm (↗ Kapitel 11.1, S. 211) zu Planung und Aufbau Ihrer Erörterung.**

GUT ZU WISSEN – Planung und Aufbau der Erörterung über den Text hinaus

Am Ende einer Texterörterung ist die **eigene Sicht auf die Thematik** gefragt. Hier wird eine differenzierte Auseinandersetzung mit der Thematik oder Teilbereichen des Themas erwartet. Eine mögliche **Fragestellung** könnte sein: *Erörtern Sie über den Text hinausgehend,* ***inwieweit*** *Arbeit das Selbstwertgefühl stärkt.* Außerdem wäre folgendes **Erörterungsthema** vorstellbar: *Erörtern Sie über den Text hinausgehend,* ***ob*** *Arbeit das Selbstwertgefühl stärkt.*

Variante 1 (linear):
Bei der oben genannten Fragestellung geht man von **einem Ideenstrang** aus und erweitert die Textaussagen um eigene Argumente und Beispiele. In diesem Fall ist eine **lineare Erörterung** gefordert, in der man sich fundiert mit dem Thema auseinandersetzt. Folgendes Vorgehen bietet sich an: Zuerst legt man in einem Brainstorming die Schlüsselbegriffe fest, mit denen man weiterarbeiten will. Dann formuliert man für den Schreibprozess die Fragestellung in eine Aussage um. Das ist die These, die mit Argumenten gestützt und veranschaulicht wird. Im letzten Schritt verbindet man die Ideensammlung zu einer vollständigen **Argumentationskette mit These, Argument und Argumentationsstütze**.

Variante 2 (dialektisch):
Manchmal verlangt die Aufgabenstellung, eine **dialektische Erörterung** anzufertigen. Für eine solche Erörterung untersucht man eine **erste These** und baut daneben eine **Kontraposition** auf (These 2). Bei der Ausformulierung kann nach dem **Sanduhr- oder** dem **Reißverschlussprinzip** vorgegangen werden.

Eine Texterörterung planen und schreiben

3 Gestalten Sie zwei Cluster (↗ Kapitel 11.1, S. 196): einen zum Thema Selbstwertgefühl und einen zum Thema Arbeit. Untersuchen Sie, ob es positive oder negative Schnittmengen zwischen den Clustern gibt.

4 Entwickeln Sie eine Argumentationskette mit These, Argument und Argumentationsstütze zur über den Text hinausgehenden Fragestellung, inwieweit Arbeit das Selbstwertgefühl stärkt.

5 Formulieren Sie zwei Thesen (Position und Kontra-Position) in Vorbereitung einer dialektischen Erörterung zur Frage, ob Arbeit das Selbstwertgefühl stärkt.
These 1: Arbeit stärkt das Selbstwertgefühl; These 2: ...

6 Stellen Sie Ihre Argumentation zusammen, indem Sie für beide Thesen Argumente und Beispiele finden.

These 1: Arbeit stärkt das Selbstwertgefühl	*These 2: ...*
Wenn jemand eine interessante Berufstätigkeit ausübt, erfüllt ihn das mit Stolz und Zufriedenheit.	
Berufstätigkeit ist wichtig, um unabhängig leben zu können.	

7 Ordnen Sie Ihre Argumente und entscheiden Sie, welche Argumente Sie zuerst und welche Sie zuletzt nennen wollen. Legen Sie dabei auch fest, ob Sie Ihrer dialektischen Erörterung das Sanduhr- oder das Reißverschlussprinzip zugrunde legen möchten.

SPRACHE UND STIL | Eine Fragestellung erörtern

Abschließend soll erörtert werden, inwieweit / ob ...
Zunächst möchte ich die Begrifflichkeit klären: Mit dem Begriff ... verbinden viele Menschen ...
Nachdem die Bedeutung von ... dargelegt wurde, folgen einige kritische Gedanken zu ...
Für ... spricht ...
Einerseits kann man sagen, dass ...
Auf der anderen Seite sollte man berücksichtigen, dass ...
Wägt man Pro und Kontra gegeneinander ab, sieht man ...
Letztlich bin ich zu der Überzeugung gelangt, dass ...
Die Auseinandersetzung mit dem Thema hat gezeigt, dass ...

8 Fertigen Sie eine Texterörterung zum Text „Ich arbeite, also bin ich" (S. 115 f.) an.
a) Arbeiten Sie die Aussagen der Autorin heraus und berücksichtigen Sie, wie sie den Text gestaltet hat.
b) Setzen Sie sich kritisch mit den Argumenten der Autorin auseinander.
c) Erörtern Sie über den Text hinausgehend, inwieweit Arbeit das Selbstwertgefühl stärkt. Binden Sie Ihre Erkenntnisse aus den vorherigen Aufgaben mit ein.

9 Besprechen Sie Ihre Erörterungen in der Lerngruppe und überarbeiten Sie anschließend Ihre Texte.

Sich mit einer Glosse auseinandersetzen

Für die Auseinandersetzung mit pragmatischen Texten werden gerne meinungsbildende Texte wie Kommentare oder Essays herangezogen. In diese Textkategorie gehören auch Glossen.

Pflanzen statt tanzen

von Titus Arnu

„Du Lauch!", das ist kein Kompliment unter Jugendlichen. Auch „Kartoffel!" und „Gurke!" sind nicht wertschätzend gemeint. Vegetarische Beleidigungen sind derzeit populär. Bestimmte Gemüsesorten haben für bestimmte Menschensorten einen so hohen Bäh-Faktor, dass sie nicht nur für Blähungen, sondern auch für Schmähungen sorgen.

Dabei sind viele Leute während der Pandemie selbst irgendwie zu Gemüse mutiert. Extremgammeln auf dem Sofa, Vegetieren vor dem Smartphone, Wachstum ohne Bewegung – der Lockdown hat vormals aktive humane Lebensformen in passive Couch-Potatoes verwandelt. Anstatt in Clubs zu gehen oder Freunde zu treffen, hingen Teenies und junge Erwachsene zwangsweise zu Hause rum, als wären sie dort festgewachsen.

Kein Wunder, dass die Beziehung zu pflanzlichen Lebensformen während dieser quasi pflanzlichen Lebensphase gewachsen ist. Der britische Gartengerätehersteller Draper Tools hat eine Umfrage unter 2000 Menschen zwischen 18 und 34 Jahren in Auftrag gegeben, um herauszufinden, wie gartenaffin junge Leute sind. Ergebnis: Covid-19 hat bei ihnen angeblich „eine Wiederbelebung der Pflanzenpflege" ausgelöst. […]

Wächst da eine neue Generation von Gärtnern heran? Ist Hibiskus bald hipper als Hip-Hop? Hauspflanzen statt Housemusic? Kommt bald die Ära Flower-Power 2.0? Schöner Gedanke. Gesät, gekeimt, gedüngt, gegossen und gewartet wurde ja lange genug, eigentlich müsste jetzt alles prächtig gedeihen. Auch der Lauch.

(www.sueddeutsche.de)

1 Analysieren Sie die Glosse.

a) Lesen Sie den Text genau und notieren Sie Ihren ersten Eindruck.

b) Recherchieren Sie, auf welche Umfrage sich der Text bezieht.

c) Vervollständigen Sie das Muster unten.

MUSTER Beginn der Analyse einer Glosse

Text	*Inhalt/Aussage*	*Gestaltung/Sprache/Wirkung*
„Du Lauch!", das ist kein Kompliment unter Jugendlichen. Auch „Kartoffel!" und „Gurke!" sind nicht wertschätzend gemeint. Vegetarische Beleidigungen sind derzeit populär. Bestimmte Gemüsesorten haben für bestimmte Menschensorten einen so hohen Bäh-Faktor, dass sie nicht nur für Blähungen, sondern auch für Schmähungen sorgen. (Z. 1 ff.)	*Wenn sich Jugendliche mit Gemüsenamen bezeichnen, ist das nicht wertschätzend gemeint.*	*ungewöhnlicher Beginn stellt Aufmerksamkeit her Aufzählungen von Gemüsesorten wirken veranschaulichend apodiktische Aussagen erscheinen unumstößlich Wiederholungen bleiben im Gedächtnis Neologismus weckt Aufmerksamkeit Assonanz/Wortspiel ist einprägsam*

Sich mit einer Glosse auseinandersetzen

2 **Formulieren Sie ein Fazit, das die sprachliche Gestaltung mit der Wirkung des Textes in Verbindung bringt.**

3 **Glossen gelten aus Sicht des Autors als meinungstragende, aus Sicht des Lesers als meinungsbildende Texte. Erläutern Sie diese „These" am Beispiel des Textes „Pflanzen statt tanzen". Berücksichtigen Sie dabei auch GUT ZU WISSEN „Glosse".**

GUT ZU WISSEN — Glosse

Bei einer Glosse handelt es sich um einen **kurzen journalistischen Text**, der sich **mit aktuellen Themen pointiert auseinandersetzt**, sie **bewertet** und **beurteilt**. Die Glosse widmet sich einem Thema **satirisch, witzig, polemisch, ironisch** oder **sarkastisch**. Sie nimmt Stellung zu **lokalen wie weltpolitischen Ereignissen**, häufiger aber werden **scheinbar nebensächliche Fragen** behandelt. Glossen sind **sprachlich anspruchsvoll** und enthalten zahlreiche Stilmittel wie absurde Vergleiche, Hyperbeln, Alliterationen, Aufzählungen, Metaphern oder Neologismen. Oft müssen Glossen **entschlüsselt** werden: Wie bei einer Satire sind die **Anspielungen aufzulösen** und das indirekte Sprechen in den gemeinten Sinn umzuwandeln. Hinter dem Lob der „verkehrten Welt" kann sich eine massive Kritik an den dargestellten Zuständen oder Verhaltensweisen verbergen.

★ **4** **Suchen Sie in Zeitschriften oder auf Internetportalen nach Glossen, die Sie analysieren und in der Lerngruppe vorstellen.**

5 **Planen Sie eine Glosse zum Thema E-Bike. Erstellen Sie eine Tabelle wie die folgende und füllen Sie sie mit zu den jeweiligen Stilmitteln passenden Beispielen.**

Oberbegriffe	*Rhetorische Stilmittel*	*Beispiele*
E-Bike	*Neologismus*	*Elektro-Esel*
Schnell fahren	*Hyperbel*	
Bequemlichkeit	*Metapher*	
Fahrgefühl	*Alliteration*	
Kosten	*Euphemismus*	
Energieverbrauch	*Ironie*	

6 **Finden Sie noch weitere Beispiele für Aufzählungen, Vergleiche, Assonanzen, Personifikationen, rhetorische Fragen und Lautmalereien, die zum Thema E-Bike passen.**

7 **Bilden Sie Sätze zum Thema E-Bike, in denen Sie Sprachebenen bewusst vermischen, z. B. Fachsprache und Umgangssprache.**

Beim Testsieger im Bereich Urban Pedelec ist die Beschleunigung echt krass, es hapert aber an der Endgeschwindigkeit.

8 **Schreiben Sie im Stil des Autors Titus Arnu eine kurze Glosse zum Thema E-Bike. Beziehen Sie sich dabei auf GUT ZU WISSEN „Glosse" sowie auf „Sprachliche Mittel und ihre Wirkung" von Seite 108. Nutzen Sie Ihre Vorarbeiten aus den Aufgaben 5 bis 7.**

Anwenden, Vertiefen, Fazit

Argumentationen untersuchen und selbst aufbauen

In Zeitungen werden Themen oft kontrovers dargestellt. Diskutieren Sie die angesprochenen Thematiken.

Text 1 (von Tina Hildebrandt):

Wenn man bei einer Internetsuche den Fragen-Anfang eingibt: „Warum gibt es keine weiblichen …?“, bietet der Server zur Vervollständigung an: Skispringer, Schachweltmeister, Serienmörder, Komponisten, Mönche, Minions. Die Vorstellung, dass Weiblichkeit mit einem Defizit verbunden ist, scheint naheliegend zu sein. […]

(aus: Die Zeit, 04.03.2021)

Text 2 (von Hans Magnus Enzensberger):

Viele beschweren sich darüber, dass es Konsumgüter gibt, die sich langlebig nennen, obwohl sie von vornherein so gebaut werden, dass sie in wenigen Jahren im Sondermüll landen: allerlei weiße Waren wie Kühlschränke, Küchenmaschinen, Staubsauger und Wollrasierer […]. […]

(aus: Der Spiegel, 16.04.2016)

Text 3 (von Ferda Ataman und Daniel Gyamerah):

In Berlin wird eine Quote für Menschen mit Migrationshintergrund im öffentlichen Dienst debattiert […]. Die Regelungen im Gesetz reichen nicht aus. Nicht weiße Menschen sind bis heute in vielen Bereichen des öffentlichen Dienstes deutlich unterrepräsentiert. Auch eine Studie von Citizens For Europe von 2018 ergab, dass nur drei Prozent der Befragten in den Führungsetagen der Berliner Verwaltung People of Color oder Schwarze Menschen sind. Mit anderen Worten: fast alle Chef:innen in Berliner Behörden sind weiß. […]

(aus: Der Spiegel, 26.01.2021)

1 Benennen Sie die Thematik der Textauszüge, indem Sie pointierte Überschriften formulieren.

2 Erörtern Sie über Text 1 hinausgehend die Frage, warum Frauen in Führungspositionen unterrepräsentiert sind.

3 Erörtern Sie über Text 3 hinausgehend die Frage, ob eine Quotenregelung für Menschen mit Migrationshintergrund im öffentlichen Dienst in Deutschland sinnvoll ist.

FAZIT

6.1 Die Analyse eines Textes verschriftlichen
- Eine Textanalyse verfassen

6.2 Texte erörtern

6.3 Eine Texterörterung planen und schreiben

6.4 Sich mit einer Glosse auseinandersetzen

6.5 Anwenden, Vertiefen, Fazit
- Argumentationen untersuchen und selbst aufbauen

VI Prüfungsvorbereitung

Textanalyse

Aufgaben wie die folgende könnten Ihnen in der Prüfung vorgelegt werden. Im Leistungskurs wird ein sprachlich und inhaltlich komplexeres Ergebnis erwartet, vor allem was die eigene Argumentation angeht.

Der geplatzte Google-Traum: Warum es wichtig ist, seinen Job nicht bedingungslos zu lieben

von Claudia Obmann

Experten sehen die Arbeitseinstellung „Tun, was wir lieben" durchaus kritisch. Warum Chefs und Kollegen nicht zur Ersatzfamilie werden sollten.

Für Emi Nietfeld war Google fünf Jahre lang ihre Ersatzfamilie. Am Arbeitsplatz fühlte sie sich wie zu Hause, ihr Chef war für sie wie ein Vater. Der Internetriese tat viel, damit sich die Ingenieurin wohlfühlte: kostenloses Essen auf dem Campus, ein Fitnesscenter, dazu viel Zeit mit den Kollegen – auch am Wochenende. Die junge Frau genoss die Gemeinschaft und das Prestige.

Dass ein Mitarbeiter sie verbal belästigte, verdrängte Nietfeld. Erst als er ihr Vorgesetzter werden soll, wendete sie sich an die Personalabteilung. Dann erlebte Nietfeld erstmals, dass sich die vermeintliche Familie nicht wirklich um sie kümmerte. Als sie Google sagte, dass sie ein anderes Jobangebot habe, fiel Googles Gegenangebot demonstrativ niedrig aus. Inzwischen arbeitet Nietfeld für Facebook. Ihre Erfahrungen hat die Ingenieurin in einem „New York Times"-Essay geschildert. Der Titel? „Seit ich bei Google gearbeitet habe, werde ich mir nie wieder erlauben, einen Job zu lieben".

Doch wie viel emotionale Bindung an den Arbeitgeber ist tatsächlich gut? Und wie merkt man, dass das Verhältnis schlechter wird? Michael Kastner, Leiter des Instituts für Arbeitspsychologie und -medizin in Herdecke, rät Berufstätigen „zu einer gesunden Distanz zu ihrem Arbeitgeber". Ansonsten drohe der sogenannte Spill-over-Effekt[1]: Kummer oder Frust aus dem Job schwappt zu stark ins Privatleben und umgekehrt. „Das ist nicht gut, weil es dann keinen Ort des Rückzugs und des Abschaltens mehr gibt", gibt Kastner zu bedenken.

Der Trend zum Homeoffice beflügele dieses Gesundheitsrisiko derzeit. Am besten also, rät der Institutsleiter, „Abstand halten, die eigene Intimsphäre wahren und zum Beispiel nicht mit Chefs und Kollegen in Urlaub fahren oder mit ihnen private Details besprechen wie Krankheiten oder den Beziehungsstatus". […]

Bedürfnis nach Sicherheit und Gemeinschaft macht anfällig für Illusion

Wie hoch genau die Loyalität ausfällt, hänge stark von der jeweiligen Persönlichkeit eines Mitarbeiters ab. Kastner sagt: „Je unsicherer jemand ist, also je wichtiger die Anerkennung von anderen sowie das persönliche Sicherheits- und das Bedürfnis nach Gemeinschaft sind, umso anfälliger wird derjenige dafür, der Illusion ‚Firma gleich Familie' aufzusitzen."

Keine Frage: Das Wirgefühl ist für Engagement und Motivation wichtig. Aber ab einem bestimmten Punkt kann es zum persönlichen Nachteil werden. […]

So erhöht der Wunsch nach Zugehörigkeit und Gemeinschaft das Risiko, dass Kollegen lästige Arbeiten abwälzen oder jemanden sogar ungestraft belästigen. „Auch die Gefahr, in umstrittene Aktionen oder sogar illegale Handlungen involviert zu werden, steigt dadurch", sagt Kastner […].

Die US-Autorin Sarah Jaffe beleuchtet in ihrem aktuellen Buch „Work Won't Love You Back", warum „das zu tun, was man liebt" ein Rezept für Ausbeutung ist. Und warum das eine neue Tyrannei der Arbeit schafft, in der wir uns damit abfinden, Jobs zu machen, die unser Leben übernehmen. Jaffe konstatiert ein Muster: „Mitarbeiter werden dazu gedrängt, Opfer zu bringen für das Privileg, das tun zu können, was sie lieben." Das gelte unabhängig davon, ob es sich um ausgelaugte Praktikanten bei Investmentbanken, überarbeitetes Pflegepersonal oder sogar Profisportler handelt.

Wohlfühlpakete als Kalkül[2] im Kampf gegen die Personalknappheit

Wirtschaftspsychologe Kastner rät daher, sich bewusst zu machen: „Wohlfühlpakete zu spendieren und Wirgefühl zu erzeugen entspringen keiner sozialromantischen Veranlagung der Konzernchefs.

Textanalyse

Sie sind vielmehr nüchternes Kalkül beim Kampf um die klügsten Köpfe in Zeiten von Personalknappheit, wie sie die Techszene zurzeit erlebt. Es rechnet sich."

Der Experte empfiehlt, den eigenen Arbeitgeber zu hinterfragen: „Was hat er davon?" Und sich selbst die Frage zu stellen: „Wie sehr brauche ich das Gefühl, dazuzugehören und für meine Leistung von anderen anerkannt zu werden?" Denn daraus ergäben sich Folgen für die Unternehmenskultur: „Wer mitmacht, ist in, wer sich weigert, ist out. Widerstand leisten zu wollen kann anstrengend sein. Sich anzupassen ist so viel einfacher – birgt aber auch die Gefahr des bösen Erwachens."

(www.handelsblatt.com)

1 der Spill-over-Effekt (auch Übertragungseffekt): wenn ein Ereignis/Zustand Auswirkungen auf andere Ereignisse/Zustände hat
2 das Kalkül: eine im Voraus einschätzende Überlegung/Berechnung

1 Fertigen Sie eine Textanalyse zu dem Text „Der geplatzte Google-Traum" an.

a) Fassen Sie die Aussagen des Textes zusammen.
b) Erläutern Sie die Argumentationsstrategie der Autorin und untersuchen Sie in diesem Zusammenhang den Einsatz sprachlicher Mittel.
c) Nehmen Sie kritisch Stellung zur Meinung der Autorin.

CHECKLISTE – Eine Sachtextanalyse verfassen

Einleitung

- ☑ Haben Sie alle wichtigen Angaben zum Text eingebracht?
- ☑ Gibt es eine thematische Hinführung?

Hauptteil

Textwiedergabe

- ☑ Haben Sie die wichtigsten Textaussagen strukturiert zusammengefasst?
- ☑ Haben Sie die Thesen herausgearbeitet?
- ☑ Haben Sie im Präsens geschrieben?
- ☑ Haben Sie die indirekte Rede verwendet?

Untersuchung der Textgestaltung

- ☑ Haben Sie die eingesetzten Argumente untersucht?
- ☑ Haben Sie die Argumenttypen ermittelt?
- ☑ Haben Sie einen Zusammenhang zwischen Argumentation und eingesetzter Sprache hergestellt?
- ☑ Haben Sie Textbelege eingebracht und richtig zitiert?

Kritische Stellungnahme

- ☑ Haben Sie die Textaussagen daraufhin kritisch geprüft, ob sie die Argumentation (ganz oder teilweise) unterstützen bzw. einzelnen Aspekten (ganz oder teilweise) widersprechen?
- ☑ Ist Ihr Argumentationsgang geordnet und vollständig?
- ☑ Sind alle Ihre Argumente gut begründet?

Schluss

- ☑ Haben Sie ein Fazit der Textanalyse formuliert?
- ☑ Haben Sie einen Ausblick oder eine thematische Abrundung an das Ende Ihres Textes gestellt?

VII Prüfungsvorbereitung

Texterörterung

Aufgaben wie die folgende könnten Ihnen in der Prüfung vorgelegt werden. Im Leistungskurs wird hinsichtlich der eigenen Argumentation ein sprachlich und inhaltlich komplexeres Ergebnis erwartet.

In der Angstspirale

von Alexander Grau

[…] Der westliche Mensch der späten Moderne hat Angst. Angst vor Corona, Angst vor Pandemien, vor dem Klimawandel, vor Kriminalität und Terror. Und obwohl er wie besessen versucht, seine Ängste zu kontrollieren und zu rationalisieren, holen sie ihn selbst in seinem Hochsicherheitsalltag immer wieder ein. Geradezu manisch hat er sich einen schützenden Kokon aus Wohlstand, gesunder Lebensführung, Hochleistungsmedizin und ausgefeilten Sicherheitstechnologien gewebt. Nie lebten Menschen risikofreier. Nie sicherer. Doch es hilft nichts. Wir entkommen der Angst nicht. Sie bestimmt unsere persönliche Lebensplanung, die gesellschaftlichen Debatten und das politische Handeln. Wie Fliegen, die sich aus einem Spinnennetz zu befreien suchen, strampeln wir uns immer weiter in das klebrige Gefängnis unserer Phobien.

Damit verbunden ist eine tiefe narzisstische Kränkung[1]. Schritt für Schritt haben wir uns über Jahrhunderte von der übermächtigen Last aus Traditionen und Überlieferungen, Rollenvorstellungen und Vorurteilen befreit. Immer in der Hoffnung, nicht nur äußerlich freier zu werden, sondern auch innerlich. Doch je freier wir äußerlich wurden, desto deutlicher zeigte sich, dass grenzenlose Freiheiten uns nicht freier machen. […]

Auch wenn es uns nicht immer bewusst ist: Wir leben in einem permanenten Alarmzustand, stets bereit, eine gefährliche Situation als solche zu erkennen, Angst zu bekommen und Gegenmaßnahmen zu ergreifen.

Angst ermöglicht nicht nur das Überleben. Zugleich belastet sie und lähmt. Deshalb erfand Homo sapiens die Kultur als Schlüsseltechnik kollektiver Angstbewältigung. Denn Kultur schafft Sicherheit. Zunächst, indem sie die Wildnis kultiviert, also durch Ackerbau, Veredelung, Bearbeitung und Pflege (lat. cultura). Durch Kultur gestaltet sich der Mensch einen überschaubaren Ort der Geborgenheit, eine Kulturlandschaft inmitten des natürlichen Chaos. So bannt der Mensch mit der neolithischen Revolution[2] die Angst und das Grauen, indem er das Chaotische und Unheimliche aussperrt und Ordnung, Übersichtlichkeit und Strukturen schafft. […]

Mit dem Niedergang der Kultur als verbindlichem und überzeitlichem Normierungssystem kehrt jedoch die Angst zurück, die mit der Kultivierung der menschlichen Lebenswelt gebannt wurde. Die Moderne, die die Angst besiegen wollte, pulverisiert unter dem von ihr entfesselten Veränderungsrausch, was den Menschen Sicherheit und Halt gab und sie über das Zeitliche erhob. […]

Langfristig droht diese Strategie jedoch zu scheitern. Denn je heterogener die Gesellschaft wird und je schneller soziale Beziehungen, Institutionen und Präferenzen sich wandeln, desto kleiner wird die Basis an gemeinsamen Überzeugungen, Ritualen und Regeln und umso schneller schwindet damit die Gewissheit von Stabilität und Orientierung. […]

Zugleich haben Kultur, Religionen und Kulte endgültig ihre Sicherungsfunktion verloren. Einen gemeinsamen Code zur Angstbewältigung gibt es in heterogenen Gesellschaften nicht mehr. Traditionelle Narrative[3], die Bedrohungen eine Sinndimension abringen konnten, haben sich aufgelöst. Die Idee historischer Schicksalsgemeinschaften, die sich in den Wechselfällen der Geschichte bewähren, ist vom Zeitgeist als reaktionäre Konstruktion entlarvt. Und die Vorstellung eines Weltlenkers, die Katastrophen immerhin als Strafe und Aufruf zur sittlichen Umkehr deutbar machte, ist unter dem Bannstrahl der Aufklärung verdampft. Der moderne Gott züchtigt nicht mehr, sondern hat unterschiedslos jeden lieb. […]

Das Projekt Moderne, einst initiiert, um die Menschen aus Unmündigkeit und Angst zu befreien, droht an seinem eigenen Erfolg zu scheitern. Seiner traditionellen Angstbewältigungssysteme beraubt, schlägt sich das befreite, emanzipierte Individuum der Moderne in die Fesseln seiner Phobien. Und in

Texterörterung

seinen verzweifelten Versuchen, jene Sicherheit wiederzugewinnen, derer es sich selbst beraubte, ertränkt es auch noch den letzten Rest an Anarchie und Freiheit in Vorschriften, Verboten und Regelungen.

(aus: Der Spiegel, 30.01.2021)

1 die narzisstische Kränkung: Angriff gegen den Narzissmus / die Selbstliebe
2 die neolithische Revolution: Aufkommen von Ackerbau und Viehzucht in der Jungsteinzeit (Neolithikum)
3 das Narrativ: eine sinnstiftende Erzählung

1 **Fassen Sie die Aussagen des Autors zusammen. Berücksichtigen Sie die Textgestaltung.**

2 **Setzen Sie sich kritisch mit den Argumenten des Autors auseinander.**

3 **Erörtern Sie über den Text hinausgehend, inwieweit das „Projekt Moderne“ gelungen oder gescheitert ist.**

CHECKLISTE – Eine Texterörterung verfassen

Einleitung

☑ Haben Sie alle wichtigen Angaben zum Text eingebracht?
☑ Gibt es eine thematische Hinführung?

Hauptteil

Textwiedergabe

☑ Haben Sie die wichtigsten Textaussagen strukturiert zusammengefasst?
☑ Haben Sie die Thesen herausgearbeitet?
☑ Haben Sie im Präsens geschrieben und die indirekte Rede verwendet?

Untersuchung der Textgestaltung

☑ Haben Sie die eingesetzten Argumente untersucht und die Argumenttypen ermittelt?
☑ Haben Sie einen Zusammenhang zwischen Argumentation und eingesetzter Sprache hergestellt?
☑ Haben Sie Textbelege eingebracht und richtig zitiert?

Kritische Stellungnahme

☑ Haben Sie die Textaussagen daraufhin kritisch geprüft, ob sie die Argumentation (ganz oder teilweise) unterstützen bzw. einzelnen Aspekten (ganz oder teilweise) widersprechen?
☑ Ist Ihr Argumentationsgang geordnet, vollständig und begründet?

Weiterführende Erörterung

☑ Haben Sie die Fragestellung geklärt und eingeleitet?
☑ Haben Sie eine eigene Argumentation aufgebaut?
☑ Wurde eine lineare oder dialektische Erörterung angefertigt?
☑ Ist Ihr Argumentationsgang geordnet, vollständig und begründet?

Schluss

☑ Haben Sie ein Fazit formuliert?
☑ Haben Sie einen Ausblick oder eine thematische Abrundung an das Ende Ihres Textes gestellt?

Kapitel 7

Einen argumentierenden Text materialgestützt verfassen

7.1 Thema, Inhalt, Aussagen erschließen

7.2 Materialien aufbereiten und verknüpfen

7.3 Einen argumentierenden Text verfassen

7.4 Den Zieltext erweitern und schärfen

●●●

7.5 Anwenden, Vertiefen, Fazit

Um einen eigenen argumentierenden Text verfassen zu können, ist es wichtig, nicht nur die Aussagen meinungsbetonter Texte richtig zu erschließen, sondern auch die Argumentationsweise nachvollziehen zu können. Auf dieser Grundlage kann man sich dann eine eigene Meinung zur Fragestellung bilden. Im folgenden Kapitel werden die genannten Kompetenzen mit Texten zum Thema Lesen erarbeitet.

Erklärvideo zum materialgestützten Schreiben

Kompetenzen

- ✓ Thema, Inhalt und Aussagen eines linearen bzw. nicht linearen Textes erfassen
- ✓ Informationen auswerten
- ✓ Informationen miteinander vernetzen
- ✓ einen strukturierten argumentierenden Text verfassen
- ✓ Schreibstrategien anwenden
- ✓ Strategien zur Textüberprüfung anwenden

Methoden und Arbeitstechniken

- ✓ Blitzlicht
- ✓ Lesetechniken
- ✓ Textlupe
- ✓ IDEMA-Methode

Das kennen Sie schon

- ✓ sieben Schritte für das informierende materialgestützte Schreiben
- ✓ Aufbau eines materialgestützten Textes

Thema, Inhalt, Aussagen erschließen

Thema erfassen, Vorwissen aktivieren (Schritte 1 und 2)

Beim argumentativen materialgestützten Schreiben ist die Aufgabenstellung besonders wichtig. Deshalb müssen die Anforderungen der Aufgaben genau erfasst und verstanden werden. Auch das eigene Vorwissen zum Thema sollte man sich vergegenwärtigen.

Aufgabenstellung

Zum Welttag des Buches am 23. April wird es in Ihrer regionalen Tageszeitung eine Sonderbeilage geben. Sie wurden von der Redaktion gebeten, einen Beitrag einzureichen. Sie sollen zu folgender Fragestellung einen Kommentar schreiben: Welchen Nutzen habe ich davon, wenn ich Bücher von Anfang bis Ende lese? Ist das in unserer digitalen Welt überhaupt noch notwendig?
Bei Ihrer Recherche sind Sie auf vier Materialien gestoßen, die Ihnen als Grundlage für Ihren Kommentar dienen.

1 Untersuchen Sie die Aufgabenstellung. Notieren Sie, worum es geht:

a) Was ist das Thema Ihres Zieltextes?
b) Zu welchem Anlass soll der geforderte Text geschrieben werden?
c) Welchem Kommunikationsziel dient der Text?
d) Wer sind die Adressaten des Textes? Haben die Adressaten bestimmte Erwartungen an den Inhalt und die Textgestaltung?
e) Welche Textsorte sollen Sie verfassen? Informieren Sie sich über die Merkmale der Textsorte (↗ GZW „Merkmale und Aufbau der Textsorte Kommentar", S. 133).
f) Welche Aspekte müssen Sie in Ihrem Text berücksichtigen?

2 Sammeln Sie in Ihrem Kurs spontane Assoziationen zum Thema Buch bzw. Lesen von ganzen Büchern in Form eines Blitzlichts (↗ Kapitel 11.1, S. 203).

a) Fassen Sie zusammen, wie Ihr Kurs den Stellenwert von Büchern beurteilt.
b) Stellen Sie Vermutungen darüber an, welche Bedeutung Bücher für unterschiedliche Personengruppen haben könnten.
c) Diskutieren Sie im Kurs die Frage, ob es notwendig ist, Bücher von Anfang bis Ende zu lesen.

3 Erstellen Sie eine Mindmap, in der Sie Oberbegriffe und Informationen festhalten zu den Fragestellungen „Welchen Nutzen habe ich vom Lesen ganzer Bücher?" und „Ist dies in unserer digitalen Welt überhaupt noch notwendig?".

4 Recherchieren Sie weitere Hintergründe zum Welttag des Buches.

a) Wann wurde er eingeführt und warum?
b) Wie wird er in unterschiedlichen Ländern begangen?

Überblick verschaffen, Aussagen erschließen (Schritt 3)

GUT ZU WISSEN **Sieben Schritte für das argumentierende materialgestützte Schreiben**

Immer wieder brauchen Sie Arbeitstechniken, die es Ihnen ermöglichen, Informationen oder Argumente aus Textquellen zu entnehmen und daraus einen argumentierenden Text zu verfassen. Dabei müssen sowohl die **Zielgruppe** als auch der **Anlass** sowie **die formalen und sprachlichen Vorgaben einer Textsorte berücksichtigt** werden. Sie müssen die **Informationen und Argumente** aus den verschiedenen Materialien **filtern**, sollten aber auch eigenes **Vorwissen einbringen**. Hierfür sollen die wichtigsten Aspekte – im Hinblick auf die Aufgabenstellung – notiert und geordnet werden. Es bietet sich an, zuerst eine **Gliederung** für das geforderte Textprodukt zu erstellen, um dann die relevanten Informationen und Argumente aus den Materialien entsprechend zuordnen zu können. Bei einem argumentierenden Text müssen **Argumente aus den Materialien** aufgegriffen und dann **kenntlich gemacht** werden. Damit **stützen** Sie Ihre **eigene Meinung**. Natürlich kann und sollte ein argumentierender Text **auch informierende Anteile** enthalten.

Folgende Schritte sollten Sie nacheinander ausführen:

Schritt 1: das Thema erfassen

Schritt 2: Vorwissen aktivieren

Schritt 3: sich einen Überblick verschaffen und Aussagen erschließen

Schritt 4: das Material auswerten und sich auf Grundlage des Materials selbst positionieren

Schritt 5: einen Schreibplan für den Zieltext erstellen

Schritt 6: einen Zieltext verfassen

Schritt 7: den Zieltext überarbeiten

Überblick verschaffen, Aussagen erschließen (Schritt 3)

Wie man mit Büchern umgeht, ist individuell sehr verschieden. Moderne Technologien beeinflussen auch das Lesen. Aktuelle Entwicklungen rund um Bücher werden in den folgenden vier Materialien aufgegriffen.

Material 1: Schaubild zum Leseverhalten der Deutschen

Überblick verschaffen, Aussagen erschließen (Schritt 3)

1 **Beschreiben und analysieren Sie das auf Seite 127 abgebildete Schaubild (Material 1).**

2 **Formulieren Sie zu den beiden Fragen des Schaubilds jeweils eine Alternative.**

GUT ZU WISSEN – Materialien zielgerichtet erschließen

Um einen materialgestützten argumentativen Text zu verfassen, müssen die vorgegebenen Materialien **zielgerichtet im Hinblick auf die Aufgabenstellung** gelesen werden. Dabei geht es nicht darum, alle Materialien umfassend zu analysieren. Vielmehr müssen die Texte bzw. Abbildungen/Diagramme daraufhin ausgewertet werden, **ob sie Informationen und/oder Argumente** für den geforderten Text **enthalten**. Es bietet sich an, die Argumente, die für den Zieltext relevant sind, gezielt zu **markieren.** Sinnvoll ist es in dem Zusammenhang, für Pro- und Kontraargumente unterschiedliche Farben zu verwenden. Grundsätzlich sollte man zur Bearbeitung der Texte einheitliche Randnotizen bzw. Markierungen wie Fragezeichen, Ausrufezeichen o. Ä. nutzen. Nach Sichtung aller vorgegebenen Materialien ist es für den nächsten Schritt (Schritt 4: das Material auswerten und sich eine eigene Meinung bilden) hilfreich, **alle relevanten Aspekte in eine Tabelle** zu **übertragen** und gegenüberzustellen. Sortieren Sie am Schluss alle überflüssigen Argumente/Informationen aus.

Material 2: Wie man über Bücher spricht, die man nicht gelesen hat

von Pierre Bayard

Da ich in ein Milieu[1] hineingeboren wurde, in dem kaum jemand las, da ich außerdem nur wenig für diese Beschäftigung übrighatte und mir ohnehin die Zeit dafür fehlte, bin ich durch ein Zusammentreffen von Umständen, die das Leben so mit sich bringt, oft in heikle Situationen geraten, in denen ich mich gezwungen sah, über Bücher zu sprechen, die ich nicht gelesen hatte.

Als jemand, der an der Universität Literatur unterrichtet, kann ich mich der Verpflichtung, Bücher zu kommentieren, die ich in den meisten Fällen gar nicht aufgeschlagen habe, nur schwer entziehen. Das Gleiche trifft zwar auch für die Mehrheit meiner Studenten zu, doch es muss nur ein Einziger von ihnen den Text, über den ich rede, gelesen haben, schon hat das Auswirkungen auf meine Vorlesung, und ich kann von einem Moment auf den andern in Verlegenheit geraten. […]

Da solche Situationen für mich zum Alltag gehören, fühle ich mich einigermaßen in der Lage, vielleicht nicht unbedingt Lehren zu erteilen, aber doch wenigstens meine fundierte Erfahrung als Nichtleser weiterzugeben und damit eine Auseinandersetzung über ein Tabuthema in Gang zu bringen, die aufgrund der vielen ungeschriebenen Gesetze, die sie unweigerlich verletzt, bisher kaum möglich war.

Tatsächlich gehört ein gewisser Mut dazu, von solchen Erfahrungen zu berichten, und so ist es nicht verwunderlich, dass nur wenige Texte die Vorzüge des Nichtlesens rühmen. Denn dieses stößt auf eine ganze Reihe verinnerlichter gesellschaftlicher Zwänge, die verhindern, dass die Frage so schonungslos angegangen wird, wie ich es hier versuchen möchte. Mindestens drei davon sind entscheidend.

Den ersten dieser Zwänge könnte man als den Zwang zu lesen bezeichnen. Wir leben in einer – allerdings im Verschwinden begriffenen – Gesellschaft, in der die Lektüre noch immer Gegenstand einer Form von Sakralisierung[2] ist. Diese Sakralisierung bezieht sich vorzugsweise auf eine bestimmte Anzahl kanonischer Texte – die Liste variiert je nach Milieu –, die nicht gelesen zu haben praktisch verboten ist, wenn man sich nicht blamieren will.

Den zweiten Zwang, eng mit dem ersten verbunden, aber doch von ihm unterschieden, könnten wir als die Verpflichtung bezeichnen, alles zu lesen. Wenn es verpönt ist, nicht zu lesen, so gilt es als fast ebenso anstößig, flüchtig oder querzulesen, und vor allem,

Überblick verschaffen, Aussagen erschließen (Schritt 3)

das auch noch einzugestehen. Für einen Literaturprofessor ist es zum Beispiel undenkbar zuzugeben – auch wenn es für die meisten zutrifft –, dass er Prousts Werk nicht in seiner Gänze gelesen, sondern nur darin geblättert hat.

Der dritte Zwang betrifft das Reden über Bücher. Ein stillschweigendes Postulat[3] unserer Kultur besagt, dass man ein Buch gelesen haben muss, um etwas darüber auszusagen. Nun aber ist es meiner Erfahrung nach absolut möglich, ein spannendes Gespräch über ein ungelesenes Buch zu führen, auch und vielleicht erst recht mit jemandem, der es ebenfalls nicht gelesen hat.

Mehr noch, es ist, wie sich im Laufe dieses Essays herausstellen wird, manchmal sogar wünschenswert, dass man ein Buch, über das man sich zutreffend äußern möchte, nicht vollständig gelesen, ja, es gar nicht erst aufgeschlagen hat. Ich kann gar nicht eindringlich genug auf die oft unterschätzten Risiken hinweisen, die mit dem Lesen verbunden sind, insbesondere für jemanden, der über ein Buch reden oder es sogar besprechen möchte.

Dieses Zwangssystem aus Pflichten und Verboten hat zu einer allgemeinen Scheinheiligkeit in Bezug auf die angeblich gelesenen Bücher geführt. Ich kenne nur wenige Bereiche des Privatlebens, von Geld und Sexualität einmal abgesehen, über die man so schwer verlässliche Informationen bekommt wie über Bücher.

In Fachkreisen ist das Lügen aufgrund der drei Zwänge, von denen ich eben sprach, allgemein verbreitet, was die Wichtigkeit bestätigt, die dem Buch in diesem Milieu zugemessen wird. Wenn ich auch selbst wenig gelesen habe, so kenne ich doch einige Bücher hinreichend – auch hier wieder denke ich an Proust –, um in Diskussionen mit Kollegen einschätzen zu können, ob sie die Wahrheit sagen oder nicht, wenn sie über ihn reden, und auch, um zu wissen, dass dies nur selten der Fall ist.

Man belügt die anderen, aber auch und wahrscheinlich in erster Linie sich selbst, weil es manchmal äußerst schwerfällt, sich einzugestehen, dass man ein bestimmtes, in den Kreisen, in denen man verkehrt, als wesentlich eingestuftes Buch nicht gelesen hat. Und dementsprechend groß ist in diesem wie in vielen anderen Bereichen unsere Fähigkeit, die Vergangenheit unseren Wünschen entsprechend etwas zurechtzurücken.

Dieses allgemeine Lügen, sobald man über Bücher spricht, ist ein weiterer Aspekt des Tabus, das auf dem Nichtlesen lastet und mit Ängsten zu tun hat, die wahrscheinlich aus unserer Kindheit stammen. Es besteht kaum Hoffnung, unbeschadet aus Situationen dieser Art hervorzugehen, wenn man nicht das unbewusste Schuldgefühl analysiert, das mit dem Geständnis einhergeht, gewisse Bücher nicht gelesen zu haben. Dieser Essay möchte sich zur Aufgabe machen, unser Gewissen wenigstens etwas zu entlasten. […]

(aus: Wie man über Bücher spricht, die man nicht gelesen hat, 2007)

1 das Milieu: das soziale Umfeld
2 die Sakralisierung: etwas als heilig ansehen
3 das Postulat: die Forderung, das Gebot

Material 3: Das Ende vom Buch

von Johannes Franzen

Erst verschenkt, dann vergessen: Immer weniger Menschen versenken sich in Bücher. Zugleich versprechen Apps effizientes Schnelllesen. Schlimm? Oder neu und erfreulich?

Zu den beliebtesten kulturkritischen Horrorgeschichten unserer Tage gehört, dass wir uns in einer Krise des Lesens befinden. 2018 manifestierte[1] sich das in der Schreckensnachricht, dass sich über die letzten Jahre mehr als sechs Millionen Leser und Leserinnen in Deutschland endgültig vom Medium Buch verabschiedet haben.

Zugleich lesen die Verbleibenden zwar immer noch, aber – wie es scheint – immer schlechter: Folgt man der einschlägigen Leseforschung, bewegen wir uns von einem *Deep Reading*, einem tiefen und gehaltvollen Eintauchen in die gedruckte Welt der Texte, hin zu einem oberflächlichen Lesen, das die Bildschirme nur gierig überfliegt, immer auf der Suche nach neuem „content“. […]

Überblick verschaffen, Aussagen erschließen (Schritt 3)

Es lohnt sich, in diesem Kontext einen Blick auf das andere Extrem zu werfen – dorthin, wo das Lesen seit 2013 vor allem eins machen soll: reich. Blinkist heißt ein Berliner Start-up, das sein Produkt „Buchclub der Milliardäre" nennt und von den „Lesegewohnheiten extrem erfolgreicher Menschen" schwärmt. Helden der Gegenwart wie Warren Buffett, Elon Musk oder Mark Zuckerberg lesen laut Blinkist viele Bücher […]. Die Macher möchten ihre Nutzer*innen an dieser Quelle des Wohlstands teilhaben lassen, indem sie in ihrem kostenpflichtigen Dienst Bücher in handlichen fünfzehn- bis zwanzigminütigen Zusammenfassungen zur Verfügung stellen; allerdings nur Sachbücher, denn offenbar machen Romane nicht auf die gleiche Art reich. Nach eigener Aussage von Blinkist nutzen bereits 12 Millionen Menschen weltweit die Bibliothek von über 3000 Büchern, die in jeweils ungefähr zehn Abschnitte (sogenannte Blinks) zusammengefasst werden. Diese Blinks kann man sich auch in Hörbuchqualität auf einem Spaziergang, beim Sport oder auf dem Weg zur Arbeit anhören.

Um sich quasi nebenbei reich zu lesen, muss man die Bücher also gar nicht im klassischen Sinne gelesen haben, es reicht eine Zusammenfassung, die das brauchbare Wissen extrahiert. […]

Bei allem Spott über diese Versuche, der Unübersichtlichkeit des Wissens entgegenzuwirken, muss man zugeben, dass die Diagnose, auf die sie reagieren, nicht falsch ist: Wir brauchen Übersicht. Die Unsicherheit in Bezug darauf, was Allgemeinwissen eigentlich ist, erscheint zwar vor allem begrüßenswert (Demokratisierung eben), führt allerdings dazu, dass wir Gefahr laufen, in der neuen Vielfalt des Wissens verloren zu gehen, dass wir unsere knapper werdende Aufmerksamkeit in das falsche Wissen investieren. […]

Gerade in Bezug auf eine App wie Blinkist sollte man deshalb die Frage stellen, die die Schriftstellerin und Journalistin Kathrin Passig im Titel ihres aktuellen Buches stellt: *Vielleicht ist das neu und erfreulich?* Tatsächlich zeigt Blinkist echte Ansätze zu einer hilfreichen Bildungs-App. Man findet dort eine Mischung aus Klassikern und aktuellen Veröffentlichungen aus Geschichte, Philosophie, Soziologie und Kognitionsforschung. Dazu gehören Werke aus dem Bereich der politischen Philosophie (Platon, Machiavelli, Locke, Hobbes) […].

So könnte Blinkist eine Ergänzung zum im deutschsprachigen Raum eher schwach vertretenen Sachbuchfeuilleton[2] sein, ein Instrument, um sich Übersicht zu verschaffen und eine informierte Auswahl der Bücher zu treffen, denen man dann die Lesezeit wirklich widmen möchte. Gleichzeitig könnte Blinkist eine Bibliothek zeitgenössischer Diskurse sein, denn es werden auch viele Debattenbücher zusammengefasst – Bücher also, die nicht unbedingt geschrieben wurden, um gelesen zu werden, sondern um bestimmten Thesen Aufmerksamkeit im großen Streitgespräch der Gegenwart zu verschaffen. […]

An dem effizienzgetriebenen Bildungsideal von Blinkist und speziell an seinen meistgelesenen deutschen Werken zwischen Chefratgebern und Burn-out-Prävention werden die Konturen einer zeitgenössischen Sozialfigur sichtbar: der Start-up-Mensch, der gleichermaßen Workaholic und Achtsamkeitsfreak ist, und der, wenn er sich genug Mühe gibt, zum visionären Ideenmenschen oder Entrepreneur aufsteigen kann, der Wissen verdaut, um geniale Ideen auszuscheiden. […]

Eine App wie Blinkist ist wegen ihres engen Bildungskonzepts, das Bücher als intellektuelle Nutztiere und Statusobjekte ansieht, keine angemessene Antwort auf die Verunsicherungen, die durch die Demokratisierung und Explosion des Wissens erzeugt wurden. Zugleich gilt, dass das *Deep Reading* durch Trauer kaum zurückkommt. Versenkung lässt sich nicht verordnen.

Was sich daher empfiehlt, wäre vor allem eine gewisse Gelassenheit im Angesicht technischer Innovationen und sozialer Umbrüche. Der Kern dessen, was das Lesen ausmacht, ist intellektueller Hedonismus[3], und dazu gehört eben auch die bange Frage, ob man genug gelesen hat, ob man das Richtige liest und ob man, eben, richtig liest. Das Krisenbewusstsein, das dort entsteht, wo das Verschwinden des Alten auf den Schock des Neuen trifft, gehörte dementsprechend auch schon immer zum Lesen. […]

(aus: www.zeit.de)

1 sich manifestieren: sich abzeichnen
2 das Feuilleton: die Kulturseiten einer Zeitung
3 der Hedonismus: das Leben nach dem Lustprinzip bzw. Lust und Genuss als wesentliches Lebensziel ansehen

Überblick verschaffen, Aussagen erschließen (Schritt 3)

Material 4: Eingesperrte Bücher: Warum E-Books nicht die Zukunft des Lesens sind

von Imre Grimm

[…] Nein, dies wird nicht schon wieder so ein nostalgisch-verklärter Text über die sinnlichen Segnungen von Papier, über das gute Gefühl bildungsbürgerlicher Erhabenheit, ausgelöst durch die knisternde Haptik[1] eines Druckwerkes im Zusammenklang mit einer friedvollen Tasse Kaffee. Derlei Analog-Romantik hilft nicht weiter. In Wahrheit hat der Journalismus zum Beispiel mehrheitlich ja längst erkannt, dass die trotzig-sentimentale Rückschau auf netzlose Zeiten der suchenden Branche den, Verzeihung, Arsch nicht retten wird. Die Druckauflagen sinken, die digitale Nutzung steigt. […]

In der Literaturwelt aber sieht das ganz anders aus. Gedrucktes hält sich hartnäckig. Und dabei dachte auch diese Branche lange, E-Book und Hörbuch würden dem gedruckten Buch früher oder später den Garaus machen. […] Die Nutzerzahlen von E-Books würden in immer neue Höhen steigen, orakelten die Kulturpropheten. Und das gedruckte Buch werde allenfalls zur Bildungsfolklore für Kulturbürger mit Eigelb im Bart, zu einem geschätzten, aber vom Normalleser ignorierten Anachronismus.

Nichts da. Das Gegenteil passiert. Der Markt für E-Books stagniert. Und zwar schon seit Jahren. Das belegen frische Zahlen des Digitalverbandes Bitkom. Seit 2014 ist die Zahl der E-Book-Nutzer praktisch unverändert. Ein Viertel aller Deutschen ab 16 Jahre (26 Prozent) liest aktuell elektronische Bücher. Es sind fast exakt so viele wie vor fünf Jahren – damals waren es 24 Prozent. Drei Viertel aller E-Book-Nutzer (77 Prozent) lesen dabei hauptsächlich auf Geräten mit E-Ink-Displays, die mit hohem Kontrast und ohne Hintergrundbeleuchtung Buchseiten simulieren. Das zeigt: Auch digitale Leser suchen bei Büchern das analoge Leseerlebnis. […]

Fünf Jahre Stillstand – in digitaler Währung ist das eine Ewigkeit. Warum ist das so? Warum stagnieren E-Books, obwohl digitale Medien insgesamt boomen? Warum lesen unverändert etwa 80 Prozent der Deutschen gedruckte Bücher, aber die Buchbranche macht nur 6 Prozent ihres Umsatzes mit E-Books? Weil es beim Genuss eines Buches um etwas anderes geht als beim Lesen von Nachrichten. Der „Verzehr" eines guten Buches ist hirntechnisch ein anderer Vorgang als das interessierte Scannen von Neuigkeiten. Über die Qualität des aktuellen Literaturangebots sagt das zwar wenig aus – technisch aber scheint die Sache entschieden. Das Buch ist tot. Es lebe das Buch.

Ein Buch ist ein Gegenstand der Kontemplation[2]. Das echte, in sich selbst verlorene Lesen ist ein intimer Vorgang. Wir erlauben einem fremden Autor über Stunden den direkten Zugriff auf unser Unterbewusstsein, unsere Gefühlswelt, unsere Assoziationen und damit unsere Seele. Dabei entsteht ein magischer Raum, in dem die Fantasie tanzen geht. Ein gutes Buch ist ein schweigsamer Kumpan, ein Lebensabschnittsgefährte. Der Geruch des Buches und die Schwere seiner Seiten gehört zum emotionalen Erlebnis. Ein E-Book dagegen fühlt sich abends im Bett an wie ein Gast hinter Glas. […]

Die Nachteile des E-Books wiegen die Vorteile schlicht nicht auf:

- E-Books können nicht durch Freundeskreise wandern.
- E-Books kann man nicht verleihen.
- E-Books gehen am Strand kaputt.
- In E-Books kann man nichts hineinkritzeln.
- Es gibt keine gebrauchten E-Books günstiger.
- E-Books sind wegen der komplizierten Rechtelage viel zu teuer […].
- E-Books lassen sich, einmal gelesen, nach Jahren kaum je im Regal wiederentdecken.
- E-Books sind oft an ihr Gerät gebunden […].
- Und über einem E-Book in einer stillen Mondnacht sanft in den Schlaf hinüberzudämmern fühlt sich morgens an, als habe man einen Spaten im Gesicht. […]

Das gedruckte Buch dagegen bietet – abgesehen von Download und Speicherplatz – genügend Vorteile, um seine Existenz auch im Digitalzeitalter dauerhaft zu rechtfertigen:

- Ein Buch darf herunterfallen.
- In einem gedruckten Buch zu „springen" ist sehr viel leichter.

Überblick verschaffen, Aussagen erschließen (Schritt 3)

- Einem gedruckten Buch fühlt man stets an, wie weit man schon ist.
- Ein Buch braucht keine Batterie.
- Du musst nicht 150 Euro für ein Gerät bezahlen, das es dir überhaupt erst ermöglicht, Bücher zu lesen.

Das sind Fragen des Komforts. Doch beim Zweikampf zwischen Buch und E-Book geht es um viel mehr. Hirnforscher arbeiten daran, die Folgen des Bildschirmlesens zu entschlüsseln. Was sie wissen: Das menschliche Gehirn interpretiert Texte ähnlich wie reale Landschaften. Es erkennt nicht nur Buchstabenkombinationen als feste Wortbilder, es liebt auch die feste Struktur. In einem gedruckten Buch mit klarer Seitenaufteilung fällt es ihm deshalb leichter, sich zu orientieren, als in einem E-Book mit variabler Schriftgröße oder Gestaltung. […]

Doch es ist nicht die Sorge um die Sehkraft oder die Gehirnhygiene, die das E-Book in die Krise getrieben haben dürfte. Es sind: zu hohe Preise, zu wenig Titel, eine enervierende Rechteverwaltung und unsere tiefe kulturelle Prägung. E-Books drohen damit zur Minidisc[3] unter den Lesemedien zu werden: nette Idee, kurze Blüte, keine Zukunft. […]

Das Buch hat eine 500 Jahre alte Kulturgeschichte. Das klingt dann doch wieder ziemlich nostalgisch, aber es ist eine ganz rationale Erklärung dafür, dass die Erwartungen an Bücher eben völlig andere sind. Für Zeitungen, Radio und Fernsehen brachte die Digitalisierung zahllose Vorteile mit sich: höheres Tempo, massenhafte Verbreitung, smarterer Vertrieb, gezieltere Werbung, globale Wahrnehmung, mehr Komfort. Das Buch dagegen soll andere Ansprüche erfüllen. Es ist da. Es ist anfassbar. Es ist eine Schatztruhe. Man könnte auch sagen: Es war schon perfekt, so wie es war.

(www.rnd.de)

1 die Haptik: die Lehre vom Tastsinn
2 die Kontemplation: die Versenkung in etwas
3 die Minidisc: ein Speichermedium (kleine CD), das sich nicht durchgesetzt hat

3 **Lesen Sie die Überschriften der Materialien M2–M4 (S. 128 ff.) und halten Sie Ihre Vermutungen darüber fest, worum es in den Materialien gehen könnte.**

4 **Nutzen Sie nun eine Lesetechnik (↗ Kapitel 11.1, S. 201 f.), um M2–M4 zu sichten, und gliedern Sie die Materialien in Sinnabschnitte. Finden Sie passende Überschriften.**

5 **Ordnen Sie M1–M4 jeweils der Pro- oder Kontra-Seite in Bezug auf die Frage zu, ob es noch sinnvoll ist, ganze Bücher zu lesen. Notieren Sie auch die Quelle und Textsorte des Materials.**

6 **Ergänzen Sie Ihre Mindmap aus Aufgabe 3 von Seite 126 mit Informationen und Argumenten aus M2. Notieren Sie in Klammern, dass es sich um Aussagen aus M2 handelt.**

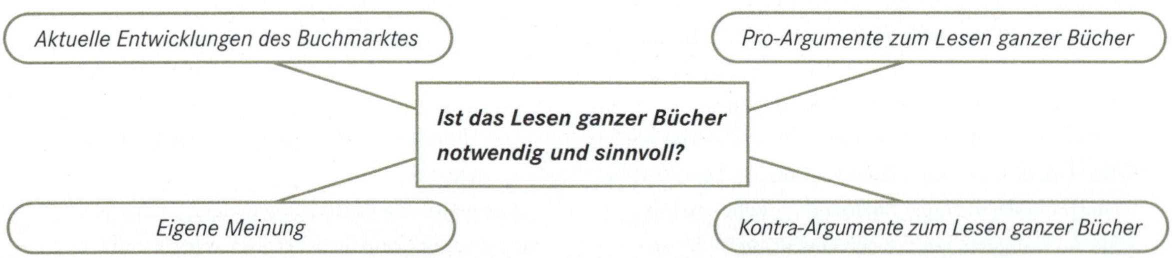

7 **Ergänzen Sie Ihre Mindmap mit Informationen und Argumenten aus M3. Notieren Sie in Klammern, dass es sich um Aussagen aus M3 handelt.**

8 **Ergänzen Sie Ihre Mindmap mit Informationen und Argumenten aus M4. Notieren Sie in Klammern, dass es sich um Aussagen aus M4 handelt.**

Materialien aufbereiten und verknüpfen

Material auswerten, eigene Meinung bilden (Schritt 4)

Sie haben in Schritt 3 Ihr Material gesichtet und Aussagen erschlossen. Um einen argumentierenden Text verfassen zu können, ist es nun notwendig, dem Material wichtige Informationen und Argumente für Ihren Text zu entnehmen und in Bezug zueinander zu setzen.

1 Formulieren Sie zu jedem Material mindestens eine Kernaussage.

2 Legen Sie eine Tabelle an und notieren Sie inhaltliche Aspekte von M1–M4, die Sie für Ihren Kommentar verwenden möchten (↗ GZW „Materialien zielgerichtet erschließen", S. 128).

Nr.	*Aspekte*	*M1*	*M2*	*M3*	*M4*	*eigene Überlegungen*

3 Ergänzen Sie die Tabelle mit eigenen Argumenten und Aspekten, die Ihnen wichtig erscheinen.

★ **4** Stellen Sie mithilfe von GUT ZU WISSEN „Merkmale und Aufbau der Textsorte Kommentar" grafisch dar, was Sie beim Verfassen eines Kommentars berücksichtigen müssen.

GUT ZU WISSEN — Merkmale und Aufbau der Textsorte Kommentar

Kommentare zählen zu den **klassischen journalistischen Textsorten** und gehören zu den **meinungsbetonten Texten**. Deshalb stehen **die Meinung, Ansicht und Perspektive der Verfasser/-innen** im Vordergrund. Allerdings unterscheidet sich der in der Schule geforderte Kommentar etwas von seinem Zeitungsverwandten. Die Schülerinnen und Schüler sollen ein **komplexes Thema sachlich und argumentativ erschließen** und sich hierbei **erkennbar positionieren**. Ziel ist es, die erwartete Leserschaft zu überzeugen und Sprache adressatengerecht einzusetzen. In der Regel werden zu Beginn des Kommentars **die relevanten Informationen** (auf Grundlage der vorliegenden Materialien) **kurz dargestellt** und danach **analysierend kommentiert**.

Aufbau eines Kommentars:

- Die **Überschrift** eines Kommentars ist **kurz und knackig**. Häufig gibt es auch einen Untertitel.
- Danach folgen die **These** und eine **kurze Darlegung/Zusammenfassung des Themas**.
- Nun **stellt der Autor** des Kommentars **seinen Standpunkt dar** und verwendet dabei **unterschiedliche Argumentationsstrategien**. Wenn erforderlich, werden an dieser Stelle gegnerische Argumente widerlegt.
- Im **Schlussteil** des Kommentars wird die These vom Anfang aufgegriffen und **Appelle, Schlussfolgerungen oder Warnungen**, die sich aus der Argumentation ergeben haben, werden dargelegt.
- Unter dem Kommentar wird grundsätzlich der Verfasser bzw. die Verfasserin genannt.

Sprache und Stil eines Kommentars:

- Ein Kommentar ist **subjektiv/wertend, klar aufgebaut** und in seiner Argumentation **schlüssig**.
- Man verwendet die Zeitform des **Präsens**.
- Die eigene Meinung wird durch **Argumente** verdeutlicht.
- Es werden **stilistische Mittel** verwendet, um die eigene Meinung zu untermauern.
- Der Leser / Die Leserin wird direkt angesprochen.

Einen argumentierenden Text verfassen
Einen Schreibplan für den Zieltext erstellen (Schritt 5)

Bevor Sie nun anfangen, Ihren Kommentar zu schreiben, ist es sinnvoll, den Kommentar mit einem Schreibplan zu planen.

1 **Verwenden Sie die Informationen aus GUT ZU WISSEN „Den Schreibprozess in fünf Schritten planen", um eine Gliederung für Ihren Kommentar (↗ Muster unten) zu entwerfen.**

GUT ZU WISSEN — Den Schreibprozess in fünf Schritten planen

Sie haben mithilfe der Aufgaben auf den vorangegangenen Seiten Ihren Aufsatz vorbereitet. Bevor Sie nun beginnen, Ihren Text zu schreiben, erstellen Sie einen Schreibplan.

Schritt 1: die **Aufgabe** noch einmal **lesen**
Lesen Sie noch einmal genau, was die Aufgabenstellung verlangt. Überprüfen Sie dann, ob Sie das bei den Vorarbeiten alles bedacht haben. Verdeutlichen Sie sich Ihre Zielgruppe und die verlangte Textsorte.

Schritt 2 und Schritt 3: die **Gliederung erstellen** und das **Material zuordnen**
Schreiben Sie auf ein Blatt/Konzeptpapier die Gliederungspunkte: **Einleitung, Hauptteil, Schluss.** Ordnen Sie Ihre Ergebnisse aus der Auswertung der Materialien den einzelnen Gliederungspunkten zu. Denken Sie hierbei auch daran, die Merkmale der geforderten Textsorte einzuhalten. Klären Sie für sich eindeutig, welche Argumente Pro- und welche Kontra-Positionen sind.

Schritt 4: Absätze planen
Überlegen Sie sich eine schlüssige Gedankenführung, planen Sie entsprechende Absätze ein (neuer Gedanke → neuer Abschnitt). Verwenden Sie durchgängig ein Prinzip (Sanduhr- oder Reißverschlussprinzip), um alle Argumente darzulegen. Denken Sie auch daran, Ihre eigenen Argumente mit einzuarbeiten.

Schritt 5: Sprache und Stil der Textsorte **bedenken**
Die Sprache Ihres Zieltextes sollte sich an Ihrer **Zielgruppe** und der **geforderten Textsorte** orientieren.

2 **Notieren Sie nun zu jedem Gliederungspunkt Stichpunkte, um Ihren Schreibplan fertigzustellen. Sie können Ihre Ergebnisse aus den vorangegangenen Aufgaben zu Hilfe nehmen.**

MUSTER Gliederung

Einleitung: *Ausgangsfrage formulieren*
Anlass nennen und beschreiben (Welttag des Buches)
Aktuelle Zahlen zum Leseverhalten der Deutschen (Material 1)
...

Hauptteil:

Argumente für das Lesen ganzer Bücher:	***Argumente gegen das Lesen ganzer Bücher:***
• *Bücher sind Gegenstände der Versenkung (M4)* • *Vorteile der Digitalisierung gelten nur für Zeitung, TV u. Ä. (M4)*	• *Blinkist bietet zu vielen Sachbüchern kurze Zusammenfassungen (M3)* • *Möglichkeit, über Bücher zu reden, die man nicht gelesen hat (M2)*

Schluss: ...

Einen Zieltext verfassen (Schritt 6)

1 **Verfassen Sie auf der Basis Ihrer Gliederung Ihren Kommentar zu der Frage, ob man Bücher von Anfang bis Ende lesen sollte. Nutzen Sie dazu Sprache und Stil „Signalwörter im Rahmen einer Meinungsäußerung“ und das folgende Muster.**

MUSTER Den Hauptteil schreiben

Inhalt	***Zieltext***	***Struktur***
Hinweise zum Vorgehen *Signalwort* *Eigene Position*	*Die Frage, ob es noch sinnvoll ist, ganze Bücher zu lesen, kann nicht pauschal beantwortet werden, sondern hängt stark von der eigenen Einstellung zum Lesen ab. Zweifellos bin ich der Meinung, dass das Lesen ganzer Bücher essenziell für unser Leben ist.*	
Beleg aus Material 1	*Wie bereits in der Einleitung erwähnt, teilen viele Deutsche diese Meinung und lesen nach wie vor gerne und auch „dicke Wälzer“ (Material 1).*	*Bezug zu Material 1* *Zitat* *Absatz*
Argument aus Material 2	*Grundsätzlich muss man nicht jedes Buch, über das man spricht, auch wirklich gelesen haben, wie Pierre Bayard in seinem Vorwort treffend feststellt. Das Lügen über angeblich gelesene Werke sei laut Bayard besonders in gebildeten Kreisen gang und gäbe. Auf diese Weise werde der gesellschaftlichen Norm entsprochen. Zu lügen sei aber gar nicht nötig, führt Bayard weiter aus.*	*Redewiedergabe: Kontra-Argument* *Absatz*
Interesse wecken *Eigene Position / Signalwort* *Beleg/Argument aus Material 4* *Signalwort*	*Aber warum liest der Mensch wirklich?* *Meiner Einschätzung nach sicher nicht, um einem bestimmten Bildungskanon zu entsprechen, sondern hauptsächlich zum eigenen Vergnügen. Imre Grimm sagt in seinem Kommentar, dass ein Buch vor allem ein Gegenstand der Kontemplation sei und das in sich selbst verlorene Lesen ein intimer Vorgang. Fraglos kann man dem Autor da nur zustimmen.* ...	*Frage an Leser* *Redewiedergabe aus Material 4*

SPRACHE UND STIL **Signalwörter im Rahmen einer Meinungsäußerung**

Zustimmung: *jedenfalls, fraglos, sicher, bestimmt, garantiert, gewiss, bekanntermaßen, zweifellos*

Unentschlossenheit: *möglicherweise, eventuell, womöglich, vielleicht, wahrscheinlich, anscheinend*

Ablehnung: *keinesfalls, niemals, nicht, nie, auf keinen Fall*

Den Zieltext überarbeiten (Schritt 7)

1 **Führen Sie in Ihrem Kurs anhand der Checkliste von Seite 142 die Methode der Textlupe (↗ Kapitel 11.1, S. 209) durch, um Rückmeldungen zu Ihrem Kommentar zu erhalten.**

2 **Überarbeiten Sie auf Grundlage der Rückmeldungen Ihren Kommentar.**

Den Zieltext erweitern und schärfen

Nach dem Verfassen eines Textes können sich neue Informationen oder Aspekte ergeben, die es nötig machen, den ursprünglichen Text noch einmal zu überarbeiten.

Lesen als Medizin

von Andrea Gerk

[…] Als *Doktor Kästners Lyrische Hausapotheke* 1936 in der Schweiz erschien, hatte der Autor seine Gedichtsammlung im Vorwort ausdrücklich zu einem „der Therapie des Privatlebens" dienenden Mittel erklärt. […] In der Gebrauchsanweisung, die er samt Register mitliefert, lassen sich gleich mehrere Gedichte für jede Problemlage finden, etwa „wenn das Alter traurig stimmt", einem „die Ehe kaputtgeht", „man zu wenig von Kunst versteht" oder „uns die Großstadt zum Hals raushängt".

[…] die gereimten Arzneien aus dieser *Lyrischen Hausapotheke* zeigen wie durch ein Vergrößerungsglas ein wesentliches Merkmal von Dichtung und Literatur: Wörter entfalten mitunter eine magische Kraft, die uns nicht nur intellektuell voranbringt, sondern auf vielschichtige Weise im Innersten berührt. Manchmal so sehr, dass ein Vers, eine Erzählung, ein Roman, das ganze Leben verändern kann, und sei es nur für ein paar Stunden.

Dass Literatur „seelisch verwendbar" ist, wie es in Kästners *Hausapotheke* heißt, weiß jeder Leser aus eigener Erfahrung. Aus der weltschmerzgeschwängerten Pubertät, in der tote Dichter einen besser zu verstehen scheinen als die lebenden Eltern, aus jenen Augenblicken, in denen zwei Buchdeckel Schutz vor dem bedrohlichen Alltag bieten – in der vollen Bahn ebenso wie in einem von Streit erfüllten Wohnzimmer.

Leser wissen, dass ein elektrisierender Pageturner über manchen Kummer hinweghelfen kann und dass der spröde Charme eines Gentlemans wie Mr. Darcy (der in Jane Austens Roman *Stolz und Vorurteil* der selbstbewussten Elizabeth Bennett den Kopf verdreht) auch nach der soundsovielten Enttäuschung mit dem anderen Geschlecht den Glauben an ewiges Liebesglück reanimieren kann.

Bücher können Trost schenken, Mut machen, Spiegel vorhalten, Zuflucht sein, Erfahrungen vermitteln, Perspektiven ändern, Sinn stiften. Bücher amüsieren und berühren. Und sie können ablenken – nicht zuletzt von uns selbst. […]

Als mir eine Freundin erzählte, dass sie eine Ausbildung zur Bibliotherapeutin[1] begonnen hatte, war ich zunächst eher belustigt, mit was für ausgefallenen Methoden andere ihre Seelen pflegen. Aber dann fiel mir wieder ein, wie ich mit Hermann Hesse meinen jugendlichen Weltschmerz gelindert hatte. Ich erinnerte mich an heilsame – und heillose – Buchbegegnungen. […]

Anderen scheint es ähnlich zu gehen. Wenn ich von meinen Streifzügen durch die Heilstätten der Literatur berichtete, eine historische Anekdote zum Besten gab oder das Schicksal eines besonders verrückten literarischen Patienten schilderte, waren die meisten erst einmal etwas irritiert. Biblio… was? Selbst meine Kollegen aus Verlagen und Literaturredaktionen gaben zu, noch nie etwas von dieser Kreativtherapie gehört zu haben. Kein Wunder, wenn selbst in Alberto Manguels epochaler *Geschichte des Lesens,* die ich als Erstes nach Hinweisen durchforstet habe, diese „merkwürdige Wissenschaft der Bibliotherapie" nur im Nachwort Erwähnung findet. […]

(aus: Lesen als Medizin, 2015)

1 die Bibliotherapie: Bücher zu Therapiezwecken einsetzen

1 Lesen Sie den Text und gliedern Sie ihn in Sinnabschnitte. Finden Sie passende Überschriften.

a) Ergänzen Sie Ihre Tabelle von Seite 133 mit Argumenten dieses Textes.
b) Überarbeiten Sie Ihren Kommentar, indem Sie neue Argumente des obigen Textes verwenden.
c) Vergleichen Sie Ihren ursprünglichen Kommentar mit Ihrer überarbeiteten Version. Hat sich in der Grundaussage etwas verändert? Begründen Sie die Überarbeitungen.

Anwenden, Vertiefen, Fazit
Einen Kommentar in eine Rede umgestalten

Ändert sich die Textsorte, so ändern sich auch die Anforderungen, die an einen Text gestellt werden. Verfasst man beispielsweise statt eines schriftlichen Kommentars ein Skript für eine Rede, können – je nachdem, welche Ansprüche das Thema, die Redesituation und die Adressaten an den Redner oder die Rednerin stellen – andere sprachliche und stilistische Strategien in den Vordergrund treten.

1 Reaktivieren Sie Ihr Vorwissen zum Thema Rede.

a) Wie ist eine Rede aufgebaut?

b) Nennen Sie die Merkmale der Textsorte Rede und stellen Sie sie in einer Mindmap grafisch dar.

c) Erstellen Sie in Partnerarbeit einen Beurteilungsbogen zur Bewertung einer Rede.

2 Sie wurden gebeten, zum Welttag des Buches ein Redeskript zu verfassen und die Rede bei einer Veranstaltung der regionalen Zeitung zum Welttag des Buches zu halten. Sie können aus folgenden Themen wählen:

- *„Lobhudelei" auf die Blinkist-App (nie wieder ein Buch lesen müssen)*
- *Grabrede für das letzte gedruckte Buch*
- *Ein Hoch auf die Erfindung des Hörbuchs*
- *Gedruckte Bücher: das ultimative Mittel gegen Leiden jeglicher Art*

Alternativ können Sie auch selbst ein Thema wählen, das zum Welttag des Buches passt.

a) Nutzen Sie zur Vorbereitung und zum Verfassen Ihrer Rede die IDEMA-Methode (↗ Kapitel 11.1, S. 200).

b) Üben Sie den Vortrag Ihrer Rede. Sie können sich gegenseitig mit einem Smartphone filmen, gegenseitiges Einverständnis vorausgesetzt.

c) Tragen Sie Ihre Rede vor Ihrem Kurs vor und unterstützen Sie den Vortrag eventuell durch Visualisierungen (↗ Kapitel 11.1, S. 211). Nutzen Sie Ihren Beurteilungsbogen aus Aufgabe 1c, um sich gegenseitig Feedback zu geben (↗ Kapitel 11.1, S. 198).

FAZIT

7.1
Thema, Inhalt, Aussagen erschließen
- Thema erfassen, Vorwissen aktivieren (Schritte 1 und 2)
- Überblick verschaffen, Aussagen erschließen (Schritt 3)

7.2
Materialien aufbereiten und verknüpfen
- Material auswerten, eigene Meinung bilden (Schritt 4)

7.3
Einen argumentierenden Text verfassen
- Einen Schreibplan für den Zieltext erstellen (Schritt 5)
- Einen Zieltext verfassen (Schritt 6)
- Den Zieltext überarbeiten (Schritt 7)

7.4
Den Zieltext erweitern und schärfen

7.5
Anwenden, Vertiefen, Fazit
- Einen Kommentar in eine Rede umgestalten

VIII Prüfungsvorbereitung

Argumentierendes materialgestütztes Schreiben (Kommentar)

Eine Aufgabe wie die folgende könnte Ihnen in der Prüfung vorgelegt werden.

Aufgabenstellung

In Ihrer Schule hat in der letzten Woche eine Projektwoche zum Thema Inklusion stattgefunden. Während dieser Zeit haben Sie sich u. a. mit Fragen zur Barrierefreiheit auseinandergesetzt. Dabei stand für Sie besonders die digitale Barrierefreiheit im Internet und in Apps im Vordergrund. Sie sollen nun zu folgender Fragestellung einen Kommentar verfassen: Wäre es sinnvoll (und/oder gerecht), eine Pflicht zur digitalen Barrierefreiheit für alle Webseiten und Apps gesetzlich vorzuschreiben?
Bei Ihrer Recherche sind Sie auf vier Materialien gestoßen, die Ihnen als Grundlage für Ihren Kommentar dienen.

Material 1: Barrierefreiheit im Internet

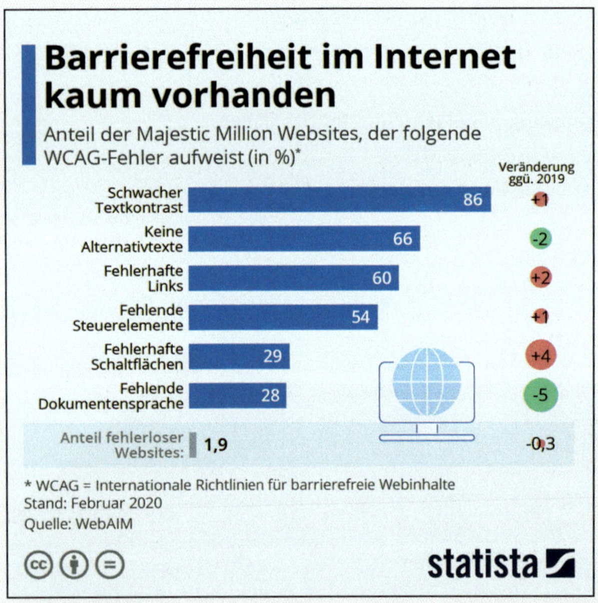

Material 2: UN-Behindertenrechtskonvention (Auszug)

Artikel 9
Zugänglichkeit

(1) Um Menschen mit Behinderungen eine unabhängige Lebensführung und die volle Teilhabe in allen Lebensbereichen zu ermöglichen, treffen die Vertragsstaaten geeignete Maßnahmen mit dem Ziel, für Menschen mit Behinderungen den gleichberechtigten Zugang zur physischen Umwelt, zu Transportmitteln, Information und Kommunikation, einschließlich Informations- und Kommunikationstechnologien und -systemen, sowie zu anderen Einrichtungen und Diensten, die der Öffentlichkeit in städtischen und ländlichen Gebieten offenstehen oder

für sie bereitgestellt werden, zu gewährleisten. Diese Maßnahmen, welche die Feststellung und Beseitigung von Zugangshindernissen und -barrieren einschließen, gelten unter anderem für

a) Gebäude, Straßen, Transportmittel sowie andere Einrichtungen in Gebäuden und im Freien, einschließlich Schulen, Wohnhäusern, medizinischer Einrichtungen und Arbeitsstätten;

b) Informations-, Kommunikations- und andere Dienste, einschließlich elektronischer Dienste und Notdienste.

(2) Die Vertragsstaaten treffen außerdem geeignete Maßnahmen,

a) um Mindeststandards und Leitlinien für die Zugänglichkeit von Einrichtungen und Diensten, die der Öffentlichkeit offenstehen oder für sie bereitgestellt werden, auszuarbeiten und zu erlassen und ihre Anwendung zu überwachen;

b) um sicherzustellen, dass private Rechtsträger, die Einrichtungen und Dienste, die der Öffentlichkeit offenstehen oder für sie bereitgestellt werden, anbieten, alle Aspekte der Zugänglichkeit für Menschen mit Behinderungen berücksichtigen;

c) um betroffenen Kreisen Schulungen zu Fragen der Zugänglichkeit für Menschen mit Behinderungen anzubieten;

d) um in Gebäuden und anderen Einrichtungen, die der Öffentlichkeit offenstehen, Beschilderungen in Brailleschrift und in leicht lesbarer und verständlicher Form anzubringen;

e) um menschliche und tierische Hilfe sowie Mittelspersonen, unter anderem Personen zum Führen und Vorlesen sowie professionelle Gebärdensprachdolmetscher und -dolmetscherinnen, zur Verfügung zu stellen mit dem Ziel, den Zugang zu Gebäuden und anderen Einrichtungen, die der Öffentlichkeit offenstehen, zu erleichtern;

f) um andere geeignete Formen der Hilfe und Unterstützung für Menschen mit Behinderungen zu fördern, damit ihr Zugang zu Informationen gewährleistet wird;

g) um den Zugang von Menschen mit Behinderungen zu den neuen Informations- und Kommunikationstechnologien und -systemen, einschließlich des Internets, zu fördern;

h) um die Gestaltung, die Entwicklung, die Herstellung und den Vertrieb zugänglicher Informations- und Kommunikationstechnologien und -systeme in einem frühen Stadium zu fördern, sodass deren Zugänglichkeit mit möglichst geringem Kostenaufwand erreicht wird.

(aus: Die UN-Behindertenrechtskonvention, 2017)

Material 3: Interview mit Cornelia Holsten: „Probleme ins Scheinwerferlicht rücken“

von Alexandra Knief

Wer in den Medien auf Barrieren stößt, kann sich ab sofort bei einer Zentralen Online-Anlaufstelle beschweren. Cornelia Holsten von der Brema[1] spricht im Interview darüber, warum dieses Angebot wichtig ist.

Frau Holsten, seit Ende November gibt es online die Zentrale Anlaufstelle für barrierefreie Angebote (Zaba) in den Medien. Die Seite bietet Informationen zum Thema Barrierefreiheit, aber auch die Möglichkeit, Beschwerden loszuwerden. Warum ist sie nötig?

Cornelia Holsten: Jedes Engagement im Zusammenhang mit Barrierefreiheit in den Medien ist wichtig, weil es nicht nur für eine Sensibilisierung sorgt, sondern weil Teilhabe an den Medien gleichbedeutend ist mit Teilhabe an Gesellschaft. Diesen Ansatz hat auch die EU-Kommission so gesehen, die festgelegt hat, dass der Aufbau einer solchen Stelle in allen europäischen Mitgliedsstaaten erfolgen muss. In den vergangenen vier Monaten haben wir die Seite gemeinsam mit ARD, ZDF, Deutschlandradio und Deutsche Welle realisiert. Soweit ich weiß, sind wir in Deutschland die ersten, die diese Aufgabe geschultert haben.

Gibt es schon erstes Feedback zu Zaba?

Zaba ist noch nicht einmal drei Wochen alt. Aber bisher ist das Feedback super. Nun müssen wir gucken, wie die Seite genutzt wird und was es bei denen, die eine Beschwerde bekommen, bewirkt.

Argumentierendes materialgestütztes Schreiben (Kommentar)

Da sind wir sehr gespannt. Zaba soll neutral sein und ist darauf ausgelegt, dass Beschwerden nicht über den Tisch der Landesmedienanstalten gehen, sondern direkt an den Radio- oder TV-Sender. Wir erfahren also nicht, wer wie viele Beschwerden bekommt. Die Seite soll dazu beitragen, dass Betroffenen auf unkomplizierte Weise eine Möglichkeit geboten wird, sich Gehör zu verschaffen.

Tun sich einige Anbieter so schwer, Angebote zu schaffen, weil sie die Zielgruppe unterschätzen?

Barrierefreiheit betrifft nicht nur Menschen mit Beeinträchtigung. Von leichter Sprache profitieren zum Beispiel auch Menschen, die eine andere Muttersprache haben oder die über sechs Millionen Menschen in Deutschland, die nicht so gut lesen können. Untertitel helfen auch älteren Menschen, die vielleicht nicht mehr so gut hören – die Gesellschaft wird älter. Barrierefreiheit ist bei Weitem nicht nur für diejenigen gedacht, die einen Schwerbehindertenausweis besitzen!

Bringen Zaba und der im November in Kraft getretene Medienstaatsvertrag denn neue Regeln für die Sender mit sich?

Nach dem neuen Medienstaatsvertrag sollen die Sender über ihr bereits bestehendes Engagement hinaus im Rahmen ihrer Möglichkeiten barrierefreie Angebote aufnehmen und deren Umfang nach und nach ausweiten. Zudem müssen die TV-Sender alle drei Jahre über die getroffenen Maßnahmen berichten. Vor ein paar Tagen ist zudem eine öffentliche Anhörung gestartet zu einer Ergänzung des Medienstaatsvertrags nur zum Thema Barrierefreiheit.

Gibt es dafür nicht schon die sogenannten Monitorings der Landesmedienanstalten?

Ja, die erfolgen allerdings auf freiwilliger Basis. Sie haben trotzdem eine gute Steuerungswirkung entfaltet. Wir befragen jedoch nur die großen Sendergruppen und die Sender ab einem Prozent Marktanteil. Die neuen Berichtspflichten gelten für alle TV-Sender.

Wie steht es denn aktuell um die Barrierefreiheit bei den großen Sendern?

Bei den privaten Sendern ist die Lage in den vergangenen sechs Jahren, seit Beginn unserer Erhebungen, deutlich besser geworden. Die Sensibilisierung für das Thema ist gestiegen und ich sehe auch, dass die Möglichkeiten besser werden. Ein klassisches Beispiel: Social-Media-Videos sind fast alle untertitelt. Das gab es früher nicht. Das ist technisch heute viel einfacher zu realisieren. Es ist ein Lernprozess, aber wir können hinter das Thema noch lange keinen Haken machen.

Wo besteht noch Nachholbedarf?

Barrierefreiheit muss als Teil von Diversität betrachtet werden. Ich würde es gut finden, wenn sich Diversität noch besser vor und hinter der Kamera abbilden ließe. Ein Mensch hat eben Sommersprossen, ein anderer bewegt sich mit dem Rollstuhl fort. Der dritte hat keine Haare, ein vierter eine andere Hautfarbe. So bunt ist die Gesellschaft. Ich glaube, man braucht mehr Normalität im Umgang mit unserer Vielfältigkeit.

Würden Sie sagen, Streaminganbieter sind dem Fernsehen da einen Schritt voraus?

Ich habe mit den Anbietern bisher in Sachen Barrierefreiheit nicht zusammengearbeitet, deswegen kann ich das inhaltlich noch nicht bewerten. Grundsätzlich sind Streamingangebote aber häufig barrierefreier als TV-Sendungen, alleine, weil es fast immer Untertitel gibt. Das ist aber möglicherweise nur ein zufälliger Nebeneffekt. Barrierefreiheit beginnt mit der Haltung der Entscheider. Man braucht Köpfe, die das Thema vorantreiben wollen.

[…] **Fernsehen wird immer interaktiver – inwieweit wird hier das Thema Barrierefreiheit mitgedacht?**

Auch bei crossmedialen Angeboten ist Barrierefreiheit keine Selbstverständlichkeit. Oft ist das Problem nicht, dass etwas nicht geht, sondern einfach nur, dass die Leute nicht darüber nachdenken. Wenn man sehbehinderten Menschen zum Beispiel eine Mail schickt, liest ihnen der Screenreader diese vor. Viele Screenreader können Worddokumente besser vorlesen als ein PDF – für den sehenden Absender eine Kleinigkeit, für den blinden Empfänger ein Problem. All das sind Probleme, die man leicht beheben kann, die man aber kennen muss. Und dafür müssen sie ins Scheinwerferlicht gerückt werden.

(www.weser-kurier.de)

1 Brema: Bremische Landesmedienanstalt

Argumentierendes materialgestütztes Schreiben (Kommentar)

Material 4: Digitale Barrierefreiheit: „Es bringt nichts, wenn eine App 75 Prozent barrierefrei ist“

von Clara Thier

Wenn Louis Braille heutzutage 15 Jahre alt wäre, hätte er seine Blindenschrift vielleicht nie erfunden. Er hätte sie gar nicht gebraucht. Der blinde Franzose entwickelte damals mit 15 Jahren ein Punktschriftsystem, mit dem er so schnell schreiben und lesen konnte, dass andere zunächst glaubten, er habe die Texte auswendig gelernt. Erst nach seinem Tod wurde die Braille-Schrift offiziell an Blindenschulen gelehrt. Seine Erfindung war eine Revolution – und wirkt doch sehr beschränkt im Vergleich zu den Möglichkeiten, die heute offenstehen.

Der 15-jährige Louis von heute hätte ein Smartphone in seiner Hosentasche, jederzeit griffbereit. Auf ihm könnte er sich Texte einfach vorlesen lassen, er könnte die Diktierfunktion verwenden und mithilfe von Navigationsapps an die Orte gelangen, die er im Alltag erreichen muss. Eine dieser Apps, die viele blinde und sehbehinderte Menschen heute nutzen, ist zum Beispiel „Seeing AI“. […] Mithilfe der Handy-Kamera liest Seeing AI Texte und Dokumente vor, erkennt Personen, Produkte, Licht, Farben, Geld und beschreibt, wenn auch noch ausbaufähig, die Umgebung.

Die App sei ein „Schweizer Taschenmesser für Blinde“, sagt Erdin Ciplak. […] Der 35-jährige Hamburger gilt mit seinen zwei Prozent Sehvermögen dem Gesetz nach als blind und stellt kleine Filme über seinen Alltag ins Netz: Ums Einkaufen und Verreisen geht es da und um Aufklärung über Vorurteile. […]

In seinen Videos stellt der studierte Sozialarbeiter immer wieder Hilfsmittel für blinde und sehbehinderte Menschen vor. Vor Kurzem testete er eine Navigations-App für Blinde, die ein deutsches Start-up-Team aus Ettlingen entwickelte. Routago, so nennt sich die App, gibt den Nutzern exakte Anweisungen, um sich zurechtzufinden: „Zwei Meter geradeaus. Jetzt auf Fußweg“ oder „Jetzt rechts auf Treppe“, tönt es aus dem Handy, als Ciplak den Weg zum Supermarkt sucht. Er empfiehlt die App weiter, trotz Verbesserungspotenzial. Eine andere App, von der er im Gespräch mit der SZ erzählt, heißt „Ampelpilot“. Mit ihr können Nutzer erkennen, wann eine Ampel grün leuchtet – praktisch, da viele Ampeln nicht mit eingebauten Signalgebern für Blinde ausgestattet sind. Neben diesen Beispielen gibt es noch zahlreiche andere Apps, die in den letzten Jahren auf den Markt gekommen sind, um blinden und sehbehinderten Menschen das Leben zu erleichtern. […]

Dennoch sind viele Webseiten und die meisten Apps nicht barrierefrei. „Alle Apps, die nicht speziell für Blinde sind, müssen Entwickler so bauen, dass sie mit Voice Over bedienbar sind“, erklärt Ciplak. Oft sind Icons nicht beschriftet, Text nicht als solcher abgespeichert, sondern als Bild. Ein Screenreader kann deswegen nichts erkennen. Für eine blinde Person ist das, als ob der Bildschirm einfach schwarz wäre. „Es bringt nichts, wenn eine App nur 75 Prozent barrierefrei ist. Sie muss immer 100 Prozent barrierefrei sein“, sagt Erdin Ciplak – sonst ist sie nicht nutzbar. […]

Nicht nur blinde Menschen, auch Gehörlose, Menschen mit geistiger Behinderung und viele mehr profitieren von barrierefreien Angeboten. „Digitale Barrierefreiheit ist für alle Menschen mit Einschränkungen wichtig“, sagt Simone Miesner, stellvertretende Leiterin der Bundesfachstelle Barrierefreiheit. Sie verweist auf den demografischen Wandel: „Auch ältere Menschen mit Seheinschränkungen können mit barrierefreien Websites und Apps digital unterwegs sein.“ Dass Websites und Apps öffentlicher Stellen aufgrund der Barrierefreie-Informationstechnik-Verordnung seit dem vergangenen Jahr barrierefrei sein müssen, sieht sie als Erfolg an. Auch wenn der private Sektor leider noch hinterherhinke, so Miesner.

Der Grund für dieses Problem: Wenn Apps oder Webseiten an Nutzern getestet werden, sind unter den Versuchspersonen so gut wie nie Menschen mit Behinderung. […]

[Detlev] Fischer ist einer von denen, die das ändern wollen. Er leitet das Projekt Team Usability, bei dem Menschen mit Behinderung digitale Angebote testen. Dabei überprüfen sie einerseits die Einhaltung

Argumentierendes materialgestütztes Schreiben (Kommentar)

internationaler Standards für Barrierefreiheit, andererseits, ob Menschen mit unterschiedlichen Behinderungen ganz praktische Aufgaben erfüllen können. Können sie zum Beispiel die Suchfunktion in einer App nutzen oder sich bei einer Webseite registrieren? Auch Erdin Ciplak ist Teil des Teams. […] Während Erdin Ciplak mit seinem Restsehvermögen viel über extreme Vergrößerung arbeitet, nutzen andere mit dem gleichen Sehvermögen nur die Sprachausgabe. Und auch für den Computer gibt es Braille-Tastaturen, mit denen man lesen kann – nur in die Hosentasche passen die Tastaturen nicht so gut, da ist ein Smartphone schon praktischer. Der Louis Braille von heute wäre deswegen vielleicht Programmierer geworden, mit dem Ziel, barrierefreie Apps zu entwickeln.

(www.sueddeutsche.de)

CHECKLISTE — Einen argumentierenden Text materialgestützt schreiben

- ☑ Haben Sie eine treffende Überschrift gewählt?

Einleitung

- ☑ Haben Sie in der Einleitung den Anlass für Ihren Text genannt?
- ☑ Haben Sie das Thema Ihres Textes klar formuliert?
- ☑ Wecken Sie mit Ihrer Einleitung das Interesse des Lesers bzw. der Leserin?
- ☑ Haben Sie eine Überleitung zum Hauptteil verfasst?

Hauptteil

- ☑ Haben Sie eine eigene These zur Ausgangsfrage formuliert?
- ☑ Haben Sie Informationen aus den Materialien aufgegriffen und diese mit eigenen Überlegungen verknüpft?
- ☑ Haben Sie in Ihrem Text die Materialien benannt, die Sie verwendet haben?
- ☑ Haben Sie Argumente aus den Materialien aufgegriffen, beurteilt und gegeneinander abgewogen?
- ☑ Haben Sie zwischen einzelnen Aspekten sinnvolle Überleitungen formuliert?
- ☑ Haben Sie die Informationen aus den Materialien inhaltlich korrekt wiedergegeben?
- ☑ Haben Sie die ausgewählten Materialien im Hinblick auf Zielsetzung und Adressaten sinnvoll im eigenen Text aufeinander bezogen?
- ☑ Ist Ihr Text in sich schlüssig aufgebaut und lässt sich ein roter Faden erkennen?

Schluss

- ☑ Haben Sie Ihren Text inhaltlich und sprachlich sinnvoll abgerundet?

Darstellung und äußere Form

- ☑ Haben Sie die Merkmale der vorgegebenen Textsorte berücksichtigt?
- ☑ Haben Sie Ihren Text durch Absätze optisch gegliedert?
- ☑ Haben Sie eine zu der Textform und den Adressaten passende Sprache verwendet?
- ☑ Haben Sie die vorgegebene Textlänge eingehalten?
- ☑ Haben Sie auf eine korrekte Grammatik, Rechtschreibung und Zeichensetzung geachtet?

Kapitel 8

Essayistisches Schreiben untersuchen und einen Essay verfassen

Ein Essay bezieht sich auf gesellschaftliche Probleme, menschliche Grundbefindlichkeiten oder kulturelle Entwicklungen. Er ist subjektiv-reflektierend und spielt auf geistreiche, anspruchsvolle Weise mit Sprache. Im Gegensatz zu einer Erörterung lässt die Textform des Essays sehr viele gestalterische Spielräume zu. Dieses Kapitel führt in das Handwerk des essayistischen Schreibens ein. Die Auswertung von Textmaterialien (Dossiers) sowie das Verfassen von Abstracts ebnen den Weg zum eigenen Essay.

Erklärvideo zu Textsorten in Zeitungstexten

Kompetenzen

- ✓ Textform Essay einordnen
- ✓ Möglichkeiten der stilistischen Gestaltung kennenlernen
- ✓ Gliederungsprinzipien erkennen
- ✓ sprachliche Mittel und deren Funktion verstehen
- ✓ Dossier auswerten
- ✓ Abstracts verfassen
- ✓ Essay schreiben

Methoden und Arbeitstechniken

- ✓ Fünf-Schritt-Lesemethode
- ✓ Cluster
- ✓ Schreibplan

Das kennen Sie schon

- ✓ Schaubild/Diagramm beurteilen
- ✓ Intention und Kernaussage
- ✓ Text überarbeiten

Essayistisches Schreiben kennenlernen

Die Textform einordnen

Die offene Form des Essays lässt viele Freiheiten. Um die Textform kennenzulernen, sollen jedoch im Folgenden all jene Merkmale aufgezeigt werden, die greifbar sind und konkret dargestellt werden können.

Der Essay

von Wolfgang Adam

[…] Was berechtigt dazu, von einer eigenen literarischen Form des Essays zu sprechen? […] Die Beantwortung dieser Fragen fällt nicht leicht – wie kaum eine andere Textart entzieht sich der Essay allen literaturwissenschaftlichen Einordnungen, und nichts wäre unangemessener als eine enge definitorische Umgrenzung einer literarischen Form, deren Kennzeichen gerade die Vielfalt und spielerische Anordnung der Themen ist. […]

Was unterscheidet z. B. einen Essay über die Anlage der italienischen Villa von einer wissenschaftlichen Abhandlung zum gleichen Thema? Die gravierenden Differenzen zeigen sich in der Intention, der Methode und dem Stil. Während der Verfasser einer wissenschaftlichen Abhandlung für einen Kreis von Fachleuten seine Forschungsergebnisse veröffentlicht und den Leser mithilfe von Daten und Fakten belehren und überzeugen will, schreibt der Essayist seine Meditationen über einen selbst gewählten Gegenstand für Liebhaber, denen durch gleiche Bildungs- und Reiseerlebnisse das Sujet des Essays vertraut ist. Der Autor doziert nicht, er muss nicht die ganze inhaltliche Breite des Themas in einer kausal begründeten Reihenfolge abhandeln und die Ergebnisse durch nachprüfbare Zitate belegen. Im Essay herrscht das Gesetz der losen Verknüpfung: Beginn, Ende, ja Abbruch bestimmt der Autor, der nur die Aspekte des Themas streift, die ihm wichtig erscheinen. Der Exkurs, die assoziative Verbindung, die Spekulation – all dies ist im Essay erlaubt, charakterisiert ihn als eigene Kunstgattung. […]

(aus: Formen der Literatur, 1991)

Über den Essay und seine Prosa

von Max Bense

[…] Es ist also offenbar: der Essay entspringt dem kritischen Wesen unseres Geistes, dessen Lust am Experimentieren einfach eine Notwendigkeit seiner Seinsart, seiner Methode ist. Wir wollen erweiternd sagen, der Essay ist die Form der kritischen Kategorie unseres Geistes. Denn wer kritisiert, der muss mit Notwendigkeit experimentieren, er muss Bedingungen schaffen, unter denen ein Gegenstand erneut sichtbar wird, noch anders als bei einem Autor, und vor allem muss jetzt die Hinfälligkeit des Gegenstandes erprobt, versucht werden, und eben dies ist ja der Sinn der geringen Variation, die ein Gegenstand durch seinen Kritiker erfährt. Man könnte einen Literaturkritiker veranlassen, Gesetze, Vorschriften aufzustellen, wie das in alten Poetiken ja auch für andere Kategorien geschehen ist; er müsste es aussprechen, dass es in jeder guten Kritik ein Gesetz der Erhaltung minimaler Variation des Gegenstandes gibt – es wird diese Variation aber gerade auf den Ort bringen, auf dem entweder die volle Größe oder das volle Elend des betreffenden Autorengegenstandes sichtbar wird. Jedenfalls, und das wollen wir zu sagen haben, ist das Gesetz der minimalen Veränderung (Verrückung) auch das Gesetz, unter dem der kritische Essayist arbeitet, es ist die Methode seines Experimentes.

In diesem Sinne enthält sie alles, was kategorial unter den kritischen Geist fällt: Satire, Ironie, Zynik, Skepsis, Räsonieren[1], Nivellieren[2], Karikieren[3] usw. So wird aber gerade durch seine Bevorzugung des Essays offenbar, dass der Kritiker im Confinium[4] zwischen dem schöpferischen und ästhetischen Stadium einerseits und dem ethischen Stadium der Tendenz andererseits beheimatet ist. Er gehört keinem Stadium an, sondern einem Confinium, und in soziologischer Sicht kommt darin zum Ausdruck, dass er als Typ zwischen den Klassen und als Zeitgenosse

Die Textform einordnen

zwischen den Zeiten, dort, wo die offenen oder geheimen Revolutionen, die Widerstände, die Umschichtungen sich vollziehen oder vorbereitet werden, seine Freunde finden wird. […]

(www.merkur-zeitschrift.de)

1 räsonieren: kritisieren, sich Luft machen
2 nivellieren: hier: Argumente durch verschiedene Standpunkte ausgleichen
3 karikieren: den Sachverhalt überspitzt und überzeichnet darstellen
4 das Confinium: der Grenzbereich

1 **Ermitteln Sie mithilfe der Fünf-Schritt-Lesemethode (↗ Lesetechniken, Kap. 11.1, S. 201) die wichtigsten Aussagen der Textauszüge von Wolfgang Adam und Max Bense über das essayistische Schreiben und den Essay.**

2 **Lesen Sie GUT ZU WISSEN „Essayistisches Schreiben" und stellen Sie Vorüberlegungen an, was essayistisches Schreiben von Ihnen verlangt und worin für Sie die Herausforderung beim Schreiben eines Essays besteht.**

3 **Untersuchen Sie den letzten Abschnitt des Textes „Über den Essay und seine Prosa" von Max Bense genauer. Ermitteln Sie, welche Gestaltungsmittel des Essays hier genannt werden.**

GUT ZU WISSEN | Essayistisches Schreiben

Essay *(von frz. essai)* bedeutet Versuch. Die vage Beschreibung als **Schreibversuch** lässt den Schluss zu, dass der Verfasserin oder dem Verfasser sehr **viele Freiheiten** gegeben werden. Die Herausforderung beim Schreiben besteht darin, in **offener und unabgeschlossener Form** die Leser/-innen dazu anzuregen, sich auf ein Thema zu besinnen, sich inspirieren zu lassen und mit eleganter Leichtigkeit Interesse für den Sachverhalt zu entwickeln. Die Themenfelder sind dabei unerschöpflich und reichen von **politischen und kulturkritischen Reflexionen** aktueller Diskurse bis hin zur Betrachtung von **Phänomenen des Alltagslebens**. Der Essay folgt dabei **keinen festen Schreibregeln**, sondern nimmt die Lesenden quasi mit auf einen **Gedankenspaziergang**, wobei er beispielsweise zu den Fragen des gesellschaftlichen, sozialen und politischen Lebens keine Lösungen anbietet, sondern vielmehr einen gedanklichen Weg eröffnet. Dennoch besteht ein Essay aus **Einleitung**, **Hauptteil** und **Schluss**. Die Einleitung hat die Funktion, in die **Problemstellung einzuführen** und einen ersten **Leseanreiz** zu schaffen. Der daran anschließende Hauptteil ist zumeist **sprunghaft-assoziativ**, aber auch dieses **umkreisende Reflektieren** verlangt unbedingt, einen **roten Faden** zu entwickeln, auch wenn keine stringente Erörterung oder Schlussfolgerung das Ziel ist. Im Schlussteil wird **auf pointierte Weise die Problemstellung** erneut **infrage gestellt** oder ein völlig neuer Aspekt aufgegriffen, um einen **weiteren Denkanstoß** zu ermöglichen.

Der Verfasser bedient sich zudem ganz bewusst **abwechslungsreicher sprachlich-stilistischer Gestaltungsmittel** und bringt auf diese Weise Individualität und Kreativität zum Ausdruck, was die **subjektive Ausrichtung** dieser Textsorte unterstreicht.

4 **Recherchieren Sie Themenschwerpunkte bekannter deutscher Essayisten, beispielsweise von Martin Seel, Hans Magnus Enzensberger oder Sibylle Berg.**

5 **Überlegen Sie sich in Ihrer Lerngruppe Themen, die Sie bewegen und über die Sie gerne einen Essay schreiben würden.**

Die Textform einordnen

Aspekte essayistischen Schreibens

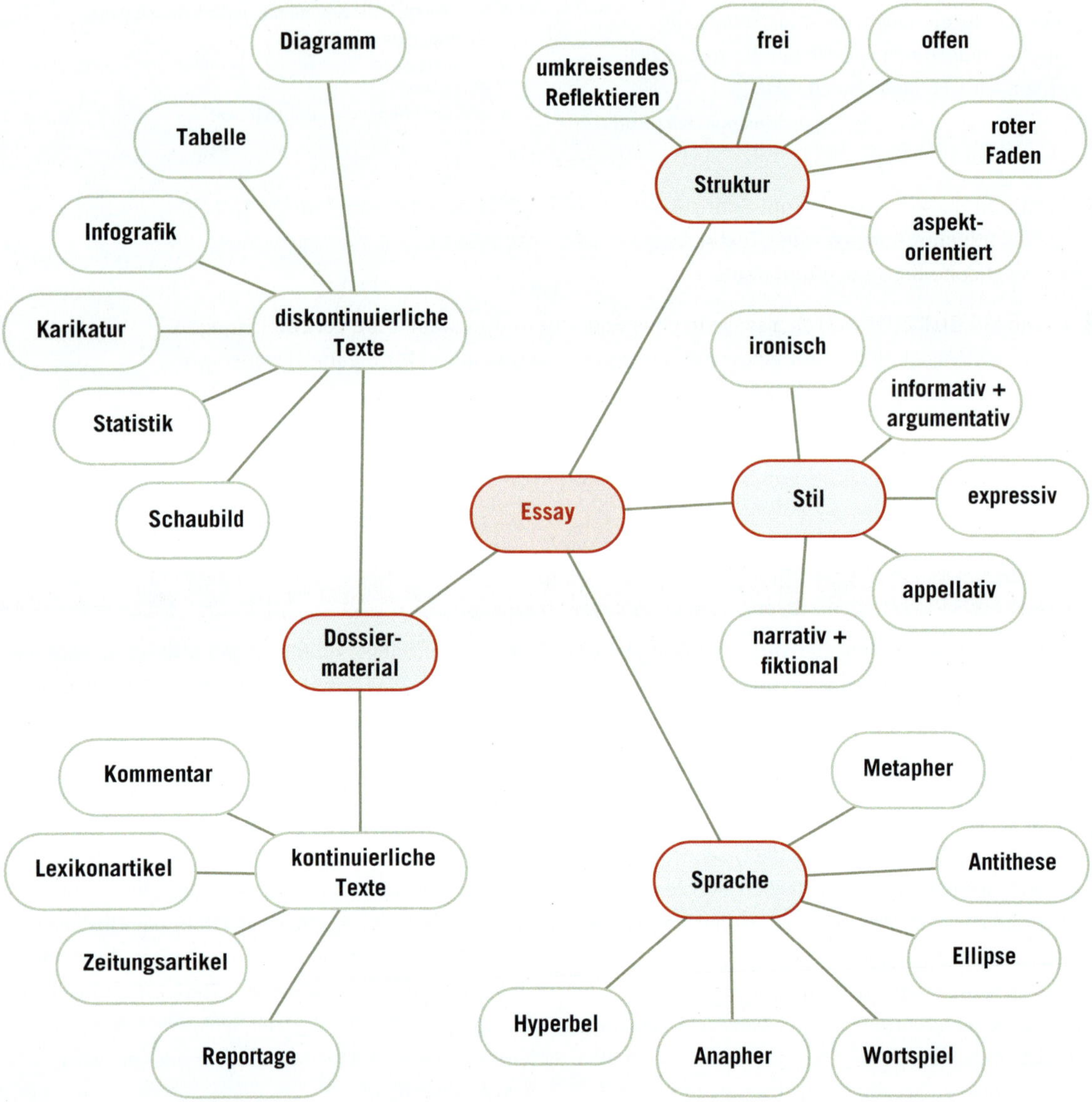

6 Lesen Sie das Schaubild.

a) Prüfen Sie, ob Ihnen alle Begriffe bekannt sind. Schlagen Sie ggf. nach.

b) Fassen Sie die aus dem Schaubild gewonnenen Erkenntnisse zusammen.

7 Skizzieren Sie, inwiefern sich der Essay von einer freien Erörterung unterscheidet.

8 Erstellen Sie anhand des Schaubilds eine To-do-Liste für das essayistische Schreiben.

Möglichkeiten der sprachlich-stilistischen Gestaltung kennenlernen

Der Sprachstil sollte beim essayistischen Schreiben mit Bedacht gewählt werden. Es bietet sich an, informativ-argumentative, expressive, appellative und fiktionale Passagen zu variieren.

1 **Ordnen Sie die in Aufgabe 3 auf Seite 145 gefundenen Gestaltungsmittel den im GUT ZU WISSEN „Sprachlich-stilistische Gestaltung eines Essays" genannten Passagen zu.**

2 **Bestimmen Sie die folgenden Aussagen, indem Sie diese den Kategorien appellativ, argumentativ, expressiv, fiktiv und ironisch zuschreiben.**

A Das auffälligste Instrument der Macht ist das Schweigen, denn immer wenn es still wird, wird es besonders gefährlich.

B Wir sollten endlich begreifen, dass es nur ein Miteinander gibt und wir alle im gleichen Boot sitzen.

C In meiner Vorstellung bin ich bereits dort angekommen, wo ich im Leben hin möchte: Ich sitze vor meinem kleinen Haus in der Sonne, blicke aufs Meer und habe die Leichtigkeit des Seins erlernt.

D Ein tiefes Unbehagen raubt mir tagtäglich fast den Verstand, wenn ich daran denke, nichts dagegen getan zu haben.

E Die Jugend hat auch ihre Probleme: Sie muss sich jeden Tag mit der Frage quälen, was sie mit dem Leben noch anfangen soll. Da kann man schon ganz schön schnell altern.

GUT ZU WISSEN – Sprachlich-stilistische Gestaltung eines Essays

Der Stil eines Textes ist Ausdruck einer **bewussten Auswahl** aus einem Repertoire sprachlicher Möglichkeiten. Diese Kompetenz muss der Verfasser eines Essays erwerben, damit er unterschiedliche Stile bewusst einsetzen kann **(funktionaler Stil)**. Stil ist aber auch **Ausdruck der Individualität** des Schreibenden und seiner Kreativität **(eigener Stil)**, daher kommt es beim Verfassen des Essays darauf an, sich die folgenden zur Verfügung stehenden sprachlich-stilistischen Gestaltungsmittel gekonnt und abwechslungsreich zunutze zu machen:

Informative und argumentative Passagen Fakten, begründete Positionen, Belege und Beispiele	⇨	sollen zur intellektuellen Auseinandersetzung animieren; fordern die Leser/-innen auf, zuzustimmen oder zu widersprechen
Expressive Passagen Ich-Botschaften, zynische Wendungen oder direkte Leseransprache	⇨	zeigen, dass man ein authentischer Schreiber ist und gewillt, Position zu beziehen
Appellative Passagen Rhetorische Fragen, versteckte oder offene Imperative, Bitten, Aufforderungen	⇨	sprechen die Leser/-innen direkt an und bewegen sie dazu, sich zu positionieren
Narrative und fiktionale Passagen Erfundene Dialoge, Fantasiereisen, geistige Spaziergänge	⇨	lassen bei Leser oder Leserin Bilder entstehen, regen die Fantasie an
Ironische Passagen Übertreibungen, bewusst falsche Analogien, nicht ernst gemeinte Kommentare	⇨	erheitern die Leser/-innen und zeigen, dass man nicht den Anspruch hat, zu dem Thema die letztgültigen Weisheiten zu vermitteln

Möglichkeiten der sprachlich-stilistischen Gestaltung kennenlernen

Durs Grünbein: Betonte Zeit (2003, Auszug)

Während ich all das hier zu Papier bringe, tastet ein Laserstrahl in der Hi-Fi-Wundertruhe hinter mir eine kleine, silbern glänzende Scheibe ab. Das Resultat der Prozedur ist die Umwandlung Tausender digitaler Signale in eine Folge elektrischer Impulse, die aus den Lautsprechern als Schwingungen sich im Zimmer verbreiten. Selbst bei flüchtigem Hinhören erreicht mich das Timbre der Sopranistin. Sie singt einen Liebeszyklus von Gustav Mahler. Leise atmend verfolge ich, nicht ohne Respekt, was für ein majestätischer Klangteppich da ausgerollt wird für ein paar spärliche Dichterworte.

Brigitte Kronauer: Die Konstanz der Tiere (2015, Auszug)

Selbstverständlich benötigen die Tiere den Menschen! Sie brauchen uns wie alte Eltern, gegen die wir eine Weile revoltiert haben, und die eines Tages, geschwächt, der ehemaligen Macht beraubt, unseren Schutz verlangen. Wir allerdings haben sie erst recht nötig, und zwar gar nicht so dringend für Labor, Freigehege am Sonntag, Gag für die Autoreklame und Maskottchen für Fußballclubs. Wir sind auf sie angewiesen wegen ihrer Sturheit, auf Gedeih und Verderben nichts als wortlose Gestalt zu sein, was uns wegen der Umständlichkeit und Uneindeutigkeit der Verlautbarung lästig ist, genau wie die Langatmigkeit der Kunst.

3 Analysieren Sie die beiden Textauszüge in Bezug auf den Sprachstil.

a) Beschreiben Sie zunächst die Assoziationen, die Durs Grünbeins Ausführungen bei Ihnen hervorrufen.
b) Benennen Sie den Sprachstil, den Grünbein wählt, um seine Gedanken zu veranschaulichen.
c) Brigitte Kronauer setzt in ihrem Essay auf eine expressive Darstellung. Diskutieren Sie in Partnerarbeit, was sie damit beim Leser erreicht.

4 Setzen Sie sich intensiver mit den Textauszügen und ihrer sprachlichen Gestaltung auseinander, indem Sie

a) den Textauszug zum Thema Musik von Grünbein in Ihrer eigenen Auslegung des Themas neu schreiben, dabei aber den Sprachstil übernehmen.
b) Kronauers Impuls zum Thema Tier und Mensch um- oder weiterschreiben, den Sprachstil allerdings verändern.

5 Analysieren Sie, welche sprachlichen Mittel (↗ Kapitel 12.3, S. 224 ff.) für die folgenden Aussagen verwendet wurden.

A Wir sollten endlich aufhören, Verfehlungen fremder Menschen schamlos zu kommentieren.
B Ich möchte an dieser Stelle dazu aufrufen, die Debatte über Hasskommentare im Netz endlich öffentlich zu führen.
C Wir müssen uns fragen, ob wir in solch einer Gesellschaft des Hasses und der Schuldzuweisungen leben wollen.
D Ab wann ist das Zücken der Kamera selbst ein rituelles Opfern und stellt eine Bedrohung dar?
E Wer wird mir widersprechen, wenn ich behaupte, dass laute und streitsüchtige Stimmen im Internet ungeniert und mächtig Gefühle der Feindschaft und Verachtung säen?

★ **6 Formulieren Sie weitere appellative Passagen zum Thema Hasskommentare im Netz.**

Schreibwerkstatt Essay

Struktur und Sprache eines Essays analysieren

Der Essay hebt sich in Stil und Struktur von anderen Textsorten ab. Leichtigkeit und Eleganz wird ihm zugesprochen, da er nicht streng linear aufgebaut ist und keine systematische und streng analysierende Darstellung eines Themas verlangt.

Warum ich nicht mehr fliege

von Meike Stoverock

Es gab nicht den einen Moment, in dem ich beschloss, nicht mehr zu fliegen. Es war eher ein mehrmonatiger Bewusstwerdungsprozess, an dessen Ende ich zu meinem Mann sagte: „Ich glaube, ich will nicht mehr fliegen." Sein Lächeln nach diesem Satz wirkte etwas schief. Denn mein Entschluss bedeutete, dass wir den Weißensee in Kärnten, an dem wir jährlich unsere Seelen für ein paar Tage zum Trocknen über die Leine hängten, nicht mehr wiedersehen würden.

Da wir grundsätzlich nur Kurztrips unternehmen, würden sich Urlaube an Orten, die außerhalb eines sechsstündigen Zugreiseradius um unseren Wohnort Berlin liegen, nicht mehr lohnen. In die Zufriedenheit über meine Entscheidung mischte sich bei uns beiden ein gehöriger Anteil Wehmut. Trotzdem bin ich überzeugt, das Richtige zu tun. Ich fliege nicht mehr, weil mir die Klimakrise im Genick sitzt.

Genau genommen sitzt sie uns allen im Genick, auch wenn manche das Ziehen im Nacken noch für einen blockierten Halswirbel halten. Der Klimawandel lässt uns wahrscheinlich nicht noch zweihundert Jahre Zeit, in denen wir uns an den Gedanken gewöhnen können, irgendetwas gegen ihn zu unternehmen. Die Klimakrise ist jetzt, heute, in jeder Minute. Und jede Handlung im Alltag kann sie beschleunigen oder eben auch nicht. Ich habe beschlossen, dass ich sie nicht mehr als unvermeidbar beschleunigen will.

Zwar ist der Anteil der Fliegerei am weltweiten CO_2-Ausstoß mit zwei bis drei Prozent nicht riesig, doch der Pro-Kopf-Wert ist es schon, weil diese Menge nur von einer winzigen Gruppe Menschen erzeugt wird. Nur geschätzte 18 Prozent der Weltbevölkerung sind überhaupt schon einmal geflogen und nur drei Prozent im vergangenen Jahr. Bei ansonsten klimaneutralem Verhalten ruiniert allein Fliegen den mit eiserner Disziplin geschrumpften CO_2-Abdruck.

Meine Entscheidung gegen das Fliegen hat also eine verhältnismäßig große Wirkung. Während ich andere Maßnahmen zur CO_2-Reduktion nicht unbegrenzt durchführen kann, weil ich nun einmal in einem beheizten Gebäude wohne und durch mehr oder weniger klimaschädliche Landwirtschaft erzeugte Lebensmittel essen muss, ist das Fliegen für mich absolut optional. Kein Zwang macht es für mich zu einer unausweichlichen Notwendigkeit, die ich zähneknirschend hinnehmen muss.

All diese Gründe erleichterten mir die Entscheidung, künftig auf das Fliegen zu verzichten, enorm. Hinzu kommt, dass ich noch nie viel geflogen bin. Meine Eltern waren früher zu hoch verschuldet, um an regelmäßige Familienurlaube in entfernte Länder auch nur denken zu können.

Als ich Kind war, klangen die Namen fremder Orte in meinen Ohren wie die Namen ferner Planeten. Und so wenig es mir unter den Nägeln brennt, endlich mal einen Abstecher zum Saturn zu machen, so wenig entwickelte ich Fernweh nach diesen unerreichbaren Ländern.

Inzwischen weiß ich, wie wenig mir fehlt. Auch wenn ich in Österreich Augenblicke magischen Glücks empfunden habe, so verpasse ich ohne die Reisen nicht zwingend etwas. Denn Wunder habe ich auch im Brandenburgischen Hinterland oder an der Mecklenburgischen Ostseeküste erlebt.

Struktur und Sprache eines Essays analysieren

Ich habe gemerkt, dass das Wichtigste zum Erweitern des eigenen Horizonts nicht das Bereisen eines fremden Lands ist, sondern die eigene Neugier. Wenn man darauf vertraut, dass jeder Ort kleine und große Wunder bereithalten kann, dann offenbaren sie sich fast überall. Für mich als Biologin sind unsere heimischen Schmetterlinge nicht weniger spektakulär als tropische Arten. Vollkommen war unser Urlaubsglück im ganz Nahen, als wir nach einer anstrengenden Nachtwanderung in Teltow-Fläming auf unserem Zimmer zwei kalte Biere und einen Riesenteller Butterbrote vorfanden, den uns die Wirtin zurechtgemacht hatte.

Aber auch, wenn man es etwas urbaner mag: ein Streifzug durch das örtliche Historische Museum ist nicht weniger bereichernd als ein durch Billigflieger ermöglichter Besuch des British Museum in London. Einem friesischen Kapitän die Krabben direkt vom Kutter abzukaufen und sie dann auf der Hafenmole sitzend zu pulen, ist nicht weniger exotisch, als einen Springbock-Burger in Namibia zu probieren.

Ich bin inzwischen seit zweieinhalb Jahren nicht mehr geflogen. In dieser Zeit habe ich im Berliner Naturkundemuseum einen echten Tyrannosaurus rex getroffen, von einem Ruderboot aus über dem Parsteiner See in Brandenburg kreisende Seeadler beobachtet und mit meinem Mann viele entspannende Abende in unseren Lieblingsrestaurants verbracht. Warum soll ich fliegen? Wohin? Ich weiß es nicht.

(www.spiegel.de)

1 Erschließen Sie den Essay „Warum ich nicht mehr fliege“ von Meike Stoverock, indem Sie

a) drei für Sie zentrale Gedanken aus dem Text notieren.

b) ausgewählte Merkmale der Textsorte Essay nachweisen.

c) die elegante Leichtigkeit der verwendeten Sprache erklären.

2 Analysieren Sie das Gliederungsprinzip des Textes und notieren Sie mithilfe von GUT ZU WISSEN „Der Aufbau eines Essays“, wie Stoverock vorgeht.

GUT ZU WISSEN – Der Aufbau eines Essays

Der Essay kann nach folgenden Gliederungsprinzipien aufgebaut werden:

- **Vom Allgemeinen zum Besonderen**/Einzelfall
- **Vom Besonderen**/Einzelfall **zum Allgemeinen**
- Über verschiedene **Vergleiche**
- Nach dem Prinzip von **Ursache und Wirkung**, welche die Abfolge aufeinander bezogener Ereignisse zeigen
- Mithilfe eines **roten Fadens**, der als These, Zitat, Leitmotiv oder Begriff immer wieder auftaucht
- Auf eine plötzlich unerwartete Wendung **(Pointe)** hin

3 Erläutern Sie die Absicht des Essays „Warum ich nicht mehr fliege“, indem Sie die sprachlichen Mittel notieren, die Stoverock einsetzt, um ihre Gedanken zu veranschaulichen (↗ Sprache und Stil, S. 151).

Textstelle	*Sprachliche Mittel und ihre Wirkung*
„Ich fliege nicht mehr, weil mir die Klimakrise im Genick sitzt.“ (Z. 16 f.)	*Metapher – veranschaulicht hier die empfundene Last der Verantwortung für den Klimaschutz*

Struktur und Sprache eines Essays analysieren

SPRACHE UND STIL | **Häufig genutzte rhetorische Mittel im Essay und ihre Wirkung**

für informative und argumentative Passagen	**Aufzählung** (Enumeratio)	vermittelt ein hohes Maß an Anschaulichkeit	*Sie finden es in Romanen, Erzählungen, Gedichten.*
	Antithese	entschärft Gegenpositionen	*Ein Essay ist ein Spaziergang, keine Handlungsreise.*
für expressive Passagen	**Hyperbel** (Übertreibung)	verleiht Gewicht	*Er wartete eine Ewigkeit.*
	Metapher	dient der Veranschaulichung	*Ein Klangteppich wird ausgerollt.*
	Adynaton (Vergleich mit Unmöglichem)		*Eher würde ich mich umbringen, als dass ich mich darauf einließe.*
für appellative Passagen	**Imperativ**	fordert auf nachzudenken / zu handeln	*Sapere aude!*
	Bitte **Ausruf**		*Macht es uns doch nicht so schwer.*
	rhetorische Frage		*Ist das so schwer zu verstehen?*
	Satzfragment **(Ellipse)**	erreicht größere Gefühlswirkung	*Gesagt, getan.*
	Klimax (Steigerung) **Trias** (Dreierfigur) **Akkumulation** (Reihung)	schafft Plastizität	*des Vermessers, des Bauern, des Spekulanten*
	Asyndeton (Wort- oder Satzreihe ohne Bindungswörter)		*Kleinkinder, Jugendliche, Schutzbedürftige aller Art – ewig werden wir uns vor diesen rechtfertigen müssen.*
für fiktionale Passagen	**Anapher** (Wiederholung des Satzanfangs)	fördert Einprägsamkeit	*Wer sehen kann, der sehe. Wer nicht, der gehe.*
	Litotes (Untertreibung)		*Er ist nicht ohne Talent dort angelangt, wo er nun agiert.*
	Euphemismus (Beschönigung)	nimmt Härte aus sprachlichem Ausdruck	*Er hat das Zeitliche gesegnet.*
für ironische Passagen	**Zeugma** (Zusammensetzung ungleicher Satzglieder)	soll bewusst verwirren / überraschen	*Nicht nur meine Mutter, auch der Ofen war ausgegangen.*

Struktur und Sprache eines Essays analysieren

4 Lesen Sie GUT ZU WISSEN „Textkohärenz und Textbedeutung" und bewerten Sie Stoverocks Text von Seite 149 f., indem Sie

a) die Kohärenz und Intentionalität des Essays diskutieren,

b) abschließend die Akzeptabilität beurteilen.

GUT ZU WISSEN — Textkohärenz und Textbedeutung

Für das Gelingen eines Textes sind u. a. **Struktur, Logik** und **thematische Entfaltung** zentral. Ob ein Text funktioniert und das Geschriebene beim Leser ankommt, hängt von folgenden Aspekten ab:

Kohärenz *(Texttiefenstruktur)* betrifft den inhaltlichen Zusammenhang zwischen verschiedenen Textteilen	bei gelungener Textkohärenz **bauen die Sätze inhaltlich und sprachlich aufeinander** auf, eine **Geschlossenheit der Darstellung** wird angelegt
Kohäsion *(Textoberfläche)* betrifft die äußere Gestalt eines Textes, die **Verknüpfung einzelner Textteile** durch konkretes sprachliches Material	z. B. mithilfe von Wiederholung, Wiederaufnahme von Textelementen
Intentionalität Absicht der Verfasser/-innen	z. B. Wissen zu verbreiten oder ein in einem Plan angegebenes Ziel zu erreichen
Akzeptabilität betrifft die Erwartung des Rezipienten, einen Text zu erhalten, der für ihn **nützlich** ist	Verfasser/-innen müssen dies berücksichtigen, um kommunikative Ziele effizient zu erreichen
Informativität betrifft das Ausmaß der Erwartetheit bzw. Unerwartetheit der dargebotenen Textelemente	gut gebaute Texte halten gewissermaßen ein Mittelmaß ein, sie wollen dem Rezipienten **etwas Neues vermitteln**, müssen hierzu allerdings fast stets **an etwas Bekanntes anknüpfen**

5 Schreiben Sie Stoverocks Text weiter und überarbeiten Sie dann Ihren eigenen Text.

a) Analysieren Sie nach dem Schreiben, wie Ihnen die thematische Entfaltung gelingt. Wählen Sie aus den im Folgenden aufgeführten Begriffen passende aus und definieren Sie Ihre Passage:
Glaubwürdigkeit herstellen – persönliche Erfahrung vermitteln – ein Beispiel geben – Information vermitteln – eine Position begründen – Gefühle auslösen – eine Pointe setzen

b) Beurteilen Sie die Textkohärenz Ihrer Darstellung und verbessern Sie sie ggf.

6 Schreiben Sie Stoverocks Text um, indem Sie die Gedanken der Autorin appellativ formulieren.

Es gab nicht den einen Moment, in dem ich beschloss, nicht mehr zu fliegen.	*Es sollte doch bei jedem von uns mittlerweile diesen einen Moment gegeben haben, in dem man sich überlegt, ob man wirklich noch fliegen sollte.*

Einen Schreibplan erstellen

Nachdem Sie Möglichkeiten zur Gliederung und zur Verfeinerung von Stil und Sprache kennengelernt haben, können Sie sich nun auf die formale Vorbereitung konzentrieren.

1 Bereiten Sie einen eigenen Essay zur Klimadebatte vor.

a) Gestalten Sie einen Cluster mit Ihren spontanen Assoziationen zum Thema Klima.

b) Recherchieren Sie zum Thema Klimaschutz und Zukunftsverantwortung. Ergänzen Sie Ihren Cluster und finden Sie einen eigenen Standpunkt.

2 Stellen Sie Vorüberlegungen an, wie Sie dieses Thema aufbereiten wollen. Beantworten Sie dabei folgende Fragen:

a) Was weiß ich über das Thema und wie könnte meine Gliederung aussehen?

b) Welche Sprachstile bieten sich an, welche eher nicht?

3 Erstellen Sie einen Schreibplan zum Thema „Klimaschutz und Zukunftsverantwortung“, indem Sie das Muster ändern oder vervollständigen.

MUSTER Schreibplan für einen Essay

Meine Schreibmotivation *Worum soll es in meinem Essay gehen? Weshalb betrifft mich das Thema? – Anlass? Worin besteht mein Anliegen?*	***Klimaschutz und Zukunftsverantwortung*** ***Thema:*** *Zukunft meiner und nachfolgender Generationen* ***Anlass:*** *Auftauen des Permafrosts – Permafrostgebiete erwärmen sich weltweit, die gefrorenen Böden schmelzen* ***Anliegen:*** *auf Szenario und die damit verbundene Zukunftsverantwortung jedes Einzelnen aufmerksam machen …*
Meine Perspektiven zum Thema *Welche Thesen, Argumente, Beispiele enthält mein Cluster? Welche Gegenpositionen zum Thema möchte ich entkräften? Was möchte ich wann, mit welcher Wirkung sagen? Welchen Stil halte ich bei diesem Thema für angemessen? Welche rhetorischen Figuren kann ich mühelos einsetzen?*	
Mein Fazit *Worauf kommt es mir bei der Auseinandersetzung mit dem Thema konkret an? Was muss bei den Lesern im Gedächtnis bleiben?*	

Der Essay als Aufsatzform

Um eine Basis von Informationen für den Essay bereitzustellen, ist es hilfreich, Texte oder anderes Anschauungsmaterial zu sammeln. Eine solche Materialsammlung nennt sich Dossier.

Dossier: Erwachsen werden – entwachsen wollen

Material 1: Jugendkultur – Warum Abgrenzung wichtig ist

von Anna Bahr

[…] Nicht mehr Kind, aber auch noch nicht erwachsen: Im Alter zwischen 13 und 21 Jahren spricht man von Jugendlichen, wobei diese Zeitspanne in der Forschung unterschiedlich gesetzt wird. Rechtlich gesehen gelten Heranwachsende ab dem vollendeten 14. Lebensjahr als jugendlich. Manche Kinder kommen eher in die Pubertät – Mädchen im Schnitt zwei Jahre früher als Jungs.

Die Geschlechtsreife tritt ein und der Körper wächst noch einmal ein ganzes Stück nach oben. Nicht nur körperlich entwickeln sie sich zusehends, auch im kognitiven Bereich finden beachtliche Veränderungen statt. US-Psychiater Jay Giedd wies nach, welche fundamentalen Umbauarbeiten im Gehirn von Jugendlichen stattfinden. Die graue Substanz beispielsweise, welche die Nervenzellen der Großhirnrinde bildet, wird in dieser Zeit in großer Menge vom Gehirn abgestoßen, um Platz für neue Verknüpfungen zu schaffen. Alle Zeichen stehen auf Veränderung. Kein Wunder, dass die Heranwachsenden nach Orientierung suchen.

Jugendkultur – vielfältige Richtungen

Abgrenzung und Rebellion – auch das gehört zur Jugend. Ihre neue Andersartigkeit drücken viele Heranwachsende aus, indem sie sich einer Jugendkultur anschließen.

Der Begriff der Jugendkultur hat sich erst in den letzten 150 Jahren herausgebildet. Zu Beginn des 20. Jahrhunderts waren es noch die „Wandervögel“, die mit ihrer romantischen Naturflucht den industriell geprägten Erwachsenen etwas entgegensetzen wollten. Eine breitere Bekanntheit erreichte die 68er-Bewegung. Da gab es beispielsweise die Anhänger der Rolling Stones, die ihre Eltern mit dem Motto „Sex, Drugs & Rock 'n' Roll“ schockierten, oder die Hippies, die mit ihrer friedlich-harmonischen Grundhaltung die Welt verbessern wollten.

In den letzten 30 Jahren wurde die Jugendkultur immer facettenreicher. Aus den verschiedenen Gruppierungen der Punks, Techno-Anhänger oder Grunger spalteten sich immer weitere Untergruppen ab. Gleichzeitig kommen – nicht zuletzt durch die weltweite Vernetzung des Menschen im Internet – immer neue Gruppierungen dazu. Neben den Skatern und Hip-Hoppern, die vielen noch geläufig sein dürften, machen auch die Cosplayer optisch auf sich aufmerksam. Sie sind Fans japanischer Comics und animierter Geschichten und kleiden sich entsprechend grell und bunt.

Flucht in die Gruppe

Jugendkulturen bieten den Jugendlichen die Möglichkeit, sich abzugrenzen. Abzugrenzen von der Mutter, der Familie und ganz allgemein von der Erwachsenenwelt. Damit verabschieden sich die Jugendlichen auch von den Werten, Vorstellungen und oftmals von den Verboten der Erwachsenenwelt. Wer einer bestimmten Jugendkultur angehört, grenzt sich gleichzeitig von anderen Jugendkulturen ab. Eine Entscheidung für eine Richtung, ein erstes Spielen mit anderen Lebensformen als den altbekannten.

Waren eben noch die Werte der Familie ausschlaggebend, orientieren die Heranwachsenden sich nun an Gleichaltrigen und experimentieren mit anderen Lebensformen. In der Gruppe stoßen sie auf junge Menschen, denen ähnliche Fragen und Probleme im Leben wichtig sind. Wer bin ich und wo stehe ich im Leben? Wie geht es weiter nach der Schule, welchen Beruf werde ich ergreifen und wo will ich hin?

Wer sich einer Jugendkultur anschließt, kann so auch mit seiner Identität experimentieren. Grell gefärbte Haare, düster geschminkte Augen: Welche Wirkung haben Äußerlichkeiten auf meine Umwelt? Wie fühle ich mich stärker?

Der Essay als Aufsatzform

Und: Jede Gruppe trägt durch Kleidung, Accessoires und Musik eine innere Haltung zur Schau. Die Codes der Hip-Hopper – lässige Kleidung und lockerer Gang – signalisieren eine entspannte Haltung zum Leben, während die Emos stark auf ihr Seelenleben fokussiert sind und sich die Punks kritisch mit gesellschaftlichen Umständen auseinandersetzen.

In der Gruppe lassen sich auch Probleme der Außenwelt vergessen. Stress mit den Eltern, Sorgen in der Schule – die Gruppe schafft einen neuen sozialen Kosmos, in der der Alltag weit weg scheint. […] Noch fehlt der Mut zum individuellen Stil. Noch wird das Selbstbewusstsein von der Gruppenzugehörigkeit gestiftet. Aber Abgrenzung ist der erste Schritt in Richtung Selbstständigkeit. […]

(www.lernando.de)

Material 2: Die Sehnsucht nach ewiger Jugend – Warum erwachsen werden?

von Georg Gruber

[…] **Wie die Lebensphase „Jugend" entstand**
Historisch gesehen sind „Erwachsensein", „Jugend" und „Kindheit" Konzepte, die im ständigen Wandel sind. Abhängig von den gesellschaftlichen Umständen:

„Jugend ist vor allem im 19. Jahrhundert ausdifferenziert worden", sagt Bodo Mrozek, Historiker am Zentrum für Zeithistorische Forschung in Potsdam. Schwerpunkt Jugend- und Popkultur.

„Früher hatte man einen relativ harten Übergang, man war Kind und sowie man auf zwei Beinen stehen konnte und Geld verdienen, war man erwachsen, man zog sich auch an wie ein Erwachsener."

Dieser Zustand zwischen Kindheit und Erwachsensein wurde immer länger, durch Gesetze gegen Kinderarbeit und verlängerte Schul- und Ausbildungszeiten. Auch der Blick auf die Jugend hat sich verändert im Laufe der Zeit:

„Der Begriff des Jugendlichen war ursprünglich ein negatives Sozialklischee, von dem man sich abgrenzen wollte, von dem eine gewisse Bedrohung auf die Ordnung der Gesellschaft ausging, das war der Jugendliche, was später auch als Halbstarker bekannt wurde.

Irgendwann in der Mitte des 20. Jahrhunderts kippte das aber und es ist eine Art Jugendkult entstanden, verbunden mit dem Erfolg einer Kulturindustrie und einer Popkultur, wurde das als ein positiv erstrebenswerter Zustand umdefiniert. Und dieser Prozess ist, glaube ich, noch gar nicht abgeschlossen, sondern der läuft im Grunde genommen weiter."

Während in den 50er- und 60er-Jahren Rebellion und Rockmusik noch Teil der Jugendkultur waren und ein Weg, um sich von den Erwachsenen abzugrenzen, sind heute alle – Eltern wie Kinder – mit Popkultur aufgewachsen. Auch die Mode hat sich verändert, heute ist alles erlaubt, ich selbst habe weder Anzug noch Krawatte im Schrank. Seit Punk kann laute Musik oder zerrissene Kleidung niemand mehr erschrecken.

„Heute macht man sich ja schon Sorgen um einen Jugendlichen, der sich nicht irgendwie abweichend oder verrückt eine Zeit lang verhält, was ist mit dem nicht in Ordnung, zumal wenn es männliche Jugendliche sind. Wer sich also nun wirklich abgrenzen will, der muss genau das Gegenteil machen und wird wahrscheinlich ganz, ganz andere Dinge tun, als genau diese Erwartungen seiner mit Popkultur sozialisierten Eltern und Lehrer und der Gesamtgesellschaft zu erfüllen."

Der Jugendliche wird vielleicht in digitale Welten ausbrechen, wohin die Eltern nicht folgen können. Die amerikanische Philosophin Susan Neiman hat mit „Warum erwachsen werden?" eine „philosophische Ermutigung" geschrieben. Und sie hat auch eine Erklärung gefunden, warum viele die Jugendzeit so glorifizieren:

„Weil es uns nicht gelungen ist, Gesellschaften zu schaffen, in die unsere Jugend gerne hineinwachsen möchte, idealisieren wir die Phasen der Kindheit und Jugend." […]

(www.deutschlandfunkkultur.de)

Der Essay als Aufsatzform

Material 3: Karikatur

Material 4: Warum wir erst im Alter von 25 Jahren wirklich erwachsen sind

von Camares Amonat

Die Frage, ob wir uns erwachsen fühlen, ist nicht einfach zu beantworten. Zwischen Studium, Partys, Beziehungen und mehreren Jobs ist es auch nicht leicht, eine Antwort zu finden. Entwicklungsforscher liefern jetzt Erkenntnisse.

Rechtlich gesehen ist die Lage klar: An unserem 18. Geburtstag erreichen wir die Volljährigkeit und gelten als erwachsen. Aber wer fühlt sich mit 18 Jahren schon erwachsen? Irgendwie geht da doch erst alles los – und wirklich vorbereitet auf das, was da noch so kommt, fühlen wir uns auch nicht. Hört man sich im Freundeskreis um, stellt sich auch dort immer wieder die Frage: Fühlst du dich eigentlich schon erwachsen?

So einfach ist die Antwort auf die Frage nicht. Denn nicht nur die rechtliche Ebene ist wichtig, sondern auch die kulturellen und gesellschaftlichen Rahmenbedingungen. Und die haben sich in den letzten Jahrzehnten merklich verändert.

Unsere Generation scheint sich mit dem Erwachsenwerden schwerer zu tun als die unserer Eltern oder Großeltern. Das bestätigt ein australisches Forscherteam des Royal Children's Hospital.

Laut Aussagen des Teams um Entwicklungsforscherin Susan Sawyer sind wir nicht mit 18, sondern erst mit 25 Jahren so richtig erwachsen.

Und nicht nur das: Die Adoleszenz, die Phase zwischen der Pubertät bis zum Erwachsensein, endet nicht nur später, sie beginnt auch früher.

Woran lässt sich das festmachen?

Der Hauptgrund liegt laut der Forscher darin, dass sich das Gehirn bis in die späten 20er entwickelt. Die Entwicklung des präfrontalen Kortex, der wichtig für soziale Entscheidungsprozesse und die Ich-Entwicklung ist, ist erst im Alter von 24, 25 Jahren abgeschlossen. Und das ist entscheidend für unser Handeln und Verhalten und wichtig, um einen Menschen als „erwachsen“ zu bezeichnen.

Und auch die sozialen Umstände haben sich verändert. Durchschnittlich wohnen die „Kinder“ länger bei ihren Eltern, zudem studieren mehr von ihnen und tun das auch ausgiebiger. Daher verschiebt sich der Zeitpunkt, an dem wir in die Arbeitswelt einsteigen, heiraten und Kinder kriegen. Durchschnittlich heiraten Männer im Alter von 32,5 Jahren, Frauen im Alter von 30,6 Jahren. Das ist ein Anstieg von acht Jahren seit den 70ern.

Der Essay als Aufsatzform

Zusätzlich ist in Ländern wie Deutschland die Lebenserwartung gestiegen. Das weckt in uns das Gefühl, mehr Zeit als Erwachsene zu haben. Wir haben es also auch gar nicht eilig damit, „erwachsen zu sein".

Weshalb beginnt die Phase der Adoleszenz aber gleichermaßen immer eher?

Laut der Entwicklungsforscher liegt das daran, dass die Pubertät inzwischen viel früher beginnt, teilweise schon mit 10 Jahren. Der Grund liegt in der enormen Entwicklung der Ernährungs- und Gesundheitsbranchen und der schnelleren körperlichen Entwicklung junger Menschen. So stellte Professor Sawyer fest, dass der Zeitpunkt der ersten Periode beispielsweise viel früher ist als noch vor 20 Jahren.

Aber auch unser soziales Umfeld, das sich durch soziale Netzwerke enorm verändert hat, trägt zu dem früheren Beginn der Adoleszenz bei.

Sind diese Ergebnisse jetzt bloße Theorie oder nehmen wir es auch so wahr?

Eine aktuelle YouGov-Umfrage in Zusammenarbeit mit Statista widmete sich diesem Thema. Von 1.046 Befragten ab 18 Jahren gab ein Viertel an, erst mit 25 Jahren voll verantwortungsbewusst zu sein. Auf die Frage, ab welchem Alter sie sich erwachsen fühlten, sagte wiederum ein Viertel ab 25 Jahren.

Die Zahlen geben dem Forscherteam also recht. Bleibt nur noch die Frage zu klären: Woran merke ich, dass ich immerhin auf dem Weg bin, erwachsen zu werden?

Laut der YouGov-Umfrage sind dabei drei Aspekte entscheidend: Bei den Eltern auszuziehen (49 Prozent), in den Beruf einzusteigen und das erste eigene Geld zu verdienen (40 Prozent) und Kinder zu kriegen (20 Prozent). [...]

(www.welt.de)

1 Bereiten Sie Ihren Essay vor.

a) Gestalten Sie zunächst einen Cluster (↗ Kapitel 11.1, S. 196) mit Ihren spontanen Assoziationen zum Thema „Erwachsen werden – entwachsen wollen" und vervollständigen Sie ihn nach der Lektüre des Dossiermaterials.

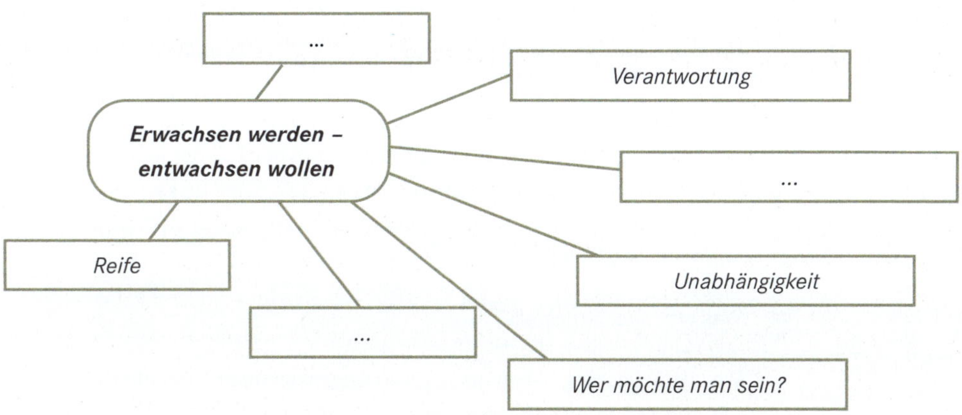

b) Stellen Sie Vorüberlegungen an, wie Sie das Thema sprachlich aufbereiten wollen. Welche Gestaltungsmittel bieten sich an, welche eher nicht?

c) Entwerfen Sie einen angemessenen Einstieg, der einerseits einen Leseanreiz bietet und andererseits das thematische Feld Ihres Essays eröffnet. Ein solcher Einstieg kann für dieses Thema beispielsweise ironisch und humorvoll, expressiv oder narrativ sein.

Abstracts zu einer Textvorlage

Die wesentlichen Informationen eines Dossiers sollen in Form von Abstracts zusammengefasst werden. Der Abstract ist eine Kurzzusammenfassung und wird dem Essay vorangestellt.

1 **Die Vorbereitung Ihres Essays beinhaltet das Verfassen von Abstracts. Lesen Sie erneut GUT ZU WISSEN „Abstracts vorbereiten und schreiben" (↗ Kapitel 5.4, S. 99) und überprüfen Sie auf dieser Grundlage das Muster „Abstract zu Material 1: Jugendkultur".**

MUSTER Abstract zu Material 1: Jugendkultur

Anna Bahr beleuchtet in ihrem Text den Begriff „Jugendkultur". Sie erklärt, dass sich Jugendliche im Alter zwischen 13 und 21 Jahren in einer besonderen Lebensphase befinden, die körperliche und kognitive Veränderungen mit sich bringt. Alle Zeichen stünden auf Veränderung, weshalb in dieser Lebensphase der Wunsch nach Abgrenzung und Rebellion sehr groß sei. Die Zugehörigkeit zu einer Gruppierung und die Orientierung an Gleichaltrigen spiele eine zentrale Rolle, gleichzeitig aber auch Abgrenzungen von Werten, Vorstellungen und Verboten der Erwachsenen. Selbstbewusstsein und Selbstständigkeit könnten in diesem sozialen Kosmos, wie sie es nennt, aufgebaut werden.

2 **Schreiben Sie zu Material 2 und 4 jeweils einen Abstract.**
Der Verfasser bezieht sich in seinem Text auf … Der Text geht darauf ein, dass …

3 **Werten Sie die Karikatur (Material 3) mithilfe von GUT ZU WISSEN „Eine Karikatur interpretieren" aus und verfassen Sie anschließend einen Abstract zu dieser Karikatur.**

4 **Schreiben Sie einen Essay mit dem Titel „Erwachsen werden – entwachsen wollen".**
Irgendwann – niemand kann sich an den genauen Zeitpunkt erinnern – beginnt auf einmal diese Phase. Sie wird Erwachsenwerden genannt. Ungeahnte biologische Prozesse werden in Gang gesetzt und man hat das Gefühl, als ob auf einmal alles kopfsteht. …

GUT ZU WISSEN Eine Karikatur interpretieren

Karikaturen sind Zeichnungen, mit denen **aktuelle Ereignisse kommentiert** oder **Personen und ihre Handlungen bewertet** und kritisiert werden. Ihre Vorläufer sind die Spottbilder aus der Zeit der Reformation. Um ihre Haltungen zu verdeutlichen, setzen Karikaturisten oft verzerrte Formen sowie Symbole ein.

Ersten Eindruck festhalten	Wie wirkt das Gezeigte?
Beschreiben	Was wird wie dargestellt?
Analysieren	Welche Bedeutung haben dargestellte Gegenstände und Handlungen **(symbolischer Gehalt / historischer Kontext)**?
Interpretieren	Wie sieht der Zeichner die dargestellten Ereignisse? Ergreift er für bestimmte Personen, Tiere oder Gegenstände Partei? Wen unterstützt und wen kritisiert der Zeichner? Was ist die **Hauptaussage** der Karikatur?

Anwenden, Vertiefen, Fazit

Zum Thema Work-Life-Balance einen Essay verfassen

Viele Menschen haben heutzutage das Gefühl, für den Beruf jederzeit verfügbar sein zu müssen. In diesem Zusammenhang taucht immer wieder der Begriff der „Work-Life-Balance" auf, der ein ganzes Themengebiet eröffnet, in dessen Vordergrund Fragen zur Beziehung und zum Zusammenspiel von Berufs- und Privatleben stehen.

Abstracts und Essay verfassen

Material auswerten
- Statistik
- Text
- Grafik/Karikatur

→

Abstracts verfassen
- kurze Inhaltszusammenfassung
- Verfasser
- Hauptgedanken
- wichtige Einzelheiten
- Intention

→

Essay verfassen
- thematische Entfaltung als Gedankenspaziergang
- sprachliche und stilistische Vielfalt

1 Suchen Sie Zitate bekannter Vertreter aus Kultur, Politik und Gesellschaft zum Thema Work-Life-Balance.

a) Setzen Sie sich mit diesen Zitaten auseinander, indem Sie folgende Aspekte diskutieren:
- Intentionalität und Akzeptabilität des Zitats
- Ihre persönliche Einstellung zum Thema

b) Halten Sie Ihre Ergebnisse stichwortartig fest und präsentieren Sie sie im Plenum.

2 Fertigen Sie zu dem Thema eine Mindmap an und halten Sie Ihre Assoziationen fest.

3 Stellen Sie weitere Recherchen zu diesem Thema an.

a) Erstellen Sie eine Art Dossier mit drei Materialien. Wählen Sie seriöse und verlässliche Quellen.
b) Werten Sie die Texte aus, indem Sie die wichtigsten Aussagen unterstreichen.
c) Verfassen Sie zu Ihrem Material Abstracts. Achten Sie darauf, in eigenen Worten zu formulieren, und kennzeichnen Sie Fremdmeinungen durch die indirekte Rede.
d) Vervollständigen Sie Ihre Mindmap mit den Erkenntnissen aus Ihrem Dossier. Nutzen Sie dafür eine andere Farbe.

4 Verfassen Sie auf der Grundlage Ihrer Erkenntnisse einen Essay zum Thema Work-Life-Balance. Wählen Sie einen Ihrer Intention entsprechenden Titel.

FAZIT

8.1
Essayistisches Schreiben kennenlernen
- Die Textform einordnen
- Möglichkeiten der sprachlich-stilistischen Gestaltung kennenlernen

8.2
Schreibwerkstatt Essay
- Struktur und Sprache eines Essays analysieren
- Einen Schreibplan erstellen

8.3
Der Essay als Aufsatzform
- Abstracts zu einer Textvorlage

8.4
Anwenden, Vertiefen, Fazit
- Zum Thema Work-Life-Balance einen Essay verfassen

IX Prüfungsvorbereitung
Essay

Aufgaben wie die folgenden könnten Ihnen in der Prüfung vorgelegt werden.

Dossier: Verantwortung tragen

Material 1: Karikatur

Material 2: Von „Low Cost"-Partizipanten zu politisch Engagierten

von Sophie Herrmann

Zur Ausgangslage: Trend zur „Low Cost"-Partizipation

Es klingt zu schön: Die bekannte Shell Jugendstudie hat in ihrer neuesten Ausgabe ein gesteigertes politisches Interesse unter jungen Menschen festgestellt. Doch leider wird dieses gesteigerte Interesse nicht auf der Ebene der politischen Beteiligung sichtbar, wie eine Studie der Friedrich-Ebert-Stiftung zeigt. Vielmehr veranschaulichen deren Ergebnisse, dass nur wenige junge Leute wirklich politisch aktiv werden. Wenn sich auch immerhin 42 % der 14- bis 29-Jährigen in einem gesellschaftlich-politischen Sinne engagieren, so werden doch nur 16 % der Befragten in einem engeren politischen Sinne aktiv.

Es ergibt sich ein Gesamtbild, wonach die Bereitschaft zur Partizipation erheblich höher ist als die tatsächliche Beteiligung. Wobei es mit der Beteiligung nicht weit her ist: Sie beschränkt sich zu großen Teilen auf Aktivitäten, die mit einem geringen Aufwand verbunden sind, auch „Low Cost"-Partizipation genannt. Beispiele dafür sind politisch motivierter Konsum oder die Teilnahme an einer Unterschriftensammlung.

Was ist politische Partizipation?

Woran liegt es, dass nur so wenige der vielen politisch interessierten jungen Leute auch wirklich aktiv im politischen Betrieb mitmachen? Um das zu erforschen, muss erst einmal geklärt werden, was unter politischer Partizipation genau zu verstehen ist.

Essay

Die gängigste Definition stammt von Max Kaase: Politische Partizipation umfasst alle Handlungen, „die Bürger freiwillig mit dem Ziel vornehmen, Entscheidungen auf den verschiedenen Ebenen des politischen Systems zu beeinflussen". Man unterscheidet drei Typen:

1. Konventionelle Partizipation, also Tätigkeiten, die im institutionalisierten politischen Bereich stattfinden, wie Wählen oder die Mitarbeit in einer Partei.
2. Demgegenüber geht es bei unkonventioneller Partizipation um Handlungsformen, die zwar nicht in politischen Institutionen stattfinden, jene aber zum Adressaten haben; Demonstrationen und Unterschriftenlisten zum Beispiel.
3. Als dritte Form verwenden die untersuchten Studien den Typ der sozialen bzw. expressiven Form, da damit eine motivationale bzw. expressive Komponente verbunden wird. Beispielhaft für diese Handlungsform sind politischer Konsum oder Diskussionen im öffentlichen oder virtuellen Raum.

Nach dem berühmten Erklärungsmodell von Verba et al. haben drei Faktoren einen Einfluss darauf, ob Menschen partizipieren: Ressourcen, soziale Netze und Motivation. Ressourcen umfassen das Geschlecht, das Alter und die Bildung. Mit sozialen Netzen sind Freunde und Familie gemeint. Unter Motivation im engeren Sinne wird von den Autoren der Studie der Friedrich-Ebert-Stiftung politisches Interesse, Selbstwirksamkeit, kritische Wertorientierung und das Vertrauen in Institutionen verstanden.

Motivation versus Hürden

Was führt nun also dazu, dass sich junge Leute politisch engagieren? Laut der Studie der Friedrich-Ebert-Stiftung tragen auf der Ebene der sozialen Netze am meisten der Einfluss von Eltern und FreundInnen dazu bei. Hinsichtlich der Ressourcen gibt die Bildung eine klare Auskunft über die Aktivität im Feld der politischen Partizipation.

Die Bedeutung von Bildung und sozialen Netzen sind gar nicht hoch genug einzuschätzen, wenn man bedenkt, dass sich hier auch die wichtigsten Gründe finden, die aus der Sicht junger Leute gegen politische Beteiligung sprechen. So, wie politisch aktive Freunde und Familienmitglieder einerseits dazu beitragen, dass sich jemand politisch engagiert, so kann andererseits ein unpolitisches soziales Umfeld als hinderlich für das Engagement empfunden werden: weil die Reaktionen gescheut werden, die das politische Handeln auslösen (könnte).

Bei den Motivationen im engeren Sinne sind als wichtigste Faktoren kritische Wertorientierung, politisches Interesse, Selbstwirksamkeit, Gemeinschaftssinn und das Streben nach persönlicher Weiterentwicklung anzuführen. Wenn es an diesen Faktoren mangelt, ergeben sich Hürden zum Engagement. Allerdings kann man davon ausgehen, dass die Motivation eines Menschen stark bedingt wird durch seine Bildung und sein politisches Umfeld; es scheint auszureichen, wenn eine der beiden Dimensionen vorhanden ist, damit es zu Partizipation kommt.

Politische Bildung fördern

Bildung und ein politisch engagiertes Umfeld sind also ausschlaggebend dafür, ob sich junge Menschen politisch engagieren. Welche Handlungsanweisungen ergeben sich aus dieser Erkenntnis für politische Bildungsträger?

Im Hinblick auf die Motivation im weiteren Sinne sollten Angebote geschaffen werden, die junge Menschen mit den genannten Faktoren ausstatten. Ein möglicher Ansatzpunkt wäre beispielsweise die Förderung von Projekttagen zur politischen Partizipation. Diese Angebote sollten von externen AkteurInnen durchgeführt werden, damit die SchülerInnen mit von der Schulbildung abweichenden Themen und politischen BildnerInnen in Kontakt treten können.

Ein weiterer Ansatz wäre die Förderung von Jugendzentren, indem diese z. B. durch politische BildnerInnen ausgestattet werden.

Im Hinblick auf die Motivation im engeren Sinne wäre das Entwickeln von Konzepten vorstellbar, die das politische Interesse fördern. Vor allem sollten die Wünsche junger Menschen nach kritischen Wertorientierungen und nach Selbstwirksamkeit Beachtung finden. […]

(lpb.sachsen-anhalt.de)

Material 3: Neue Dimensionen der Verantwortung

von Hans Jonas

[…] Die moderne Technik hat Handlungen von so neuer Größenordnung, mit so neuartigen Objekten und so neuartigen Folgen eingeführt, dass der Rahmen früherer Ethik sie nicht mehr fassen kann. […] Man nehme zum Beispiel, als die erste größere Veränderung in dem überkommenen Bild, die kritische *Verletzlichkeit* der Natur durch die technische Intervention des Menschen – eine Verletzlichkeit, die nicht vermutet war, bevor sie sich in schon angerichtetem Schaden zu erkennen gab. Diese Entdeckung, deren Schock zu dem Begriff und der beginnenden Wissenschaft der Umweltforschung (Ökologie) führte, verändert die ganze Vorstellung unserer selbst als eines kausalen Faktors im weiteren System der Dinge. Sie bringt durch die Wirkungen an den Tag, dass die Natur menschlichen Handelns sich de facto geändert *hat* und dass ein Gegenstand von gänzlich neuer Ordnung, nicht weniger als die gesamte Biosphäre des Planeten, dem hinzugefügt worden ist, wofür wir verantwortlich sein müssen, weil wir Macht darüber haben. […]

(aus: Das Prinzip Verantwortung, 1979)

Material 4: Infografik

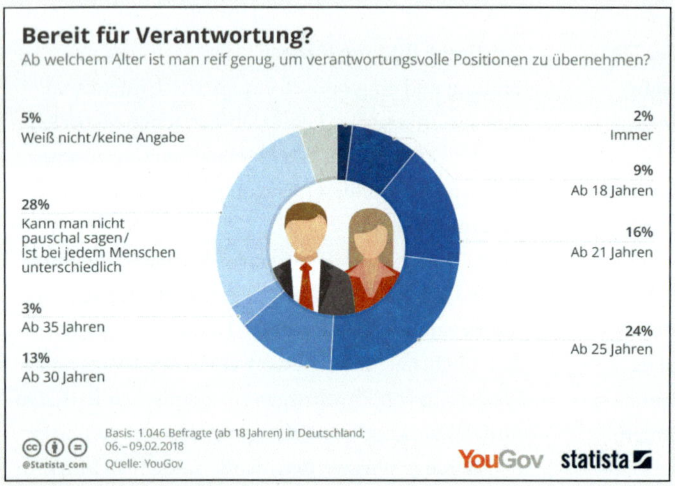

Material 5: Shell Jugendstudie: Eine Generation meldet sich zu Wort

Jugendliche melden sich vermehrt zu Wort und artikulieren ihre Interessen und Ansprüche nicht nur untereinander, sondern zunehmend auch gegenüber Politik, Gesellschaft und Arbeitgebern. Dabei blickt die Mehrheit der Jugendlichen eher positiv in die Zukunft. Ihre Zufriedenheit mit der Demokratie nimmt zu. Die EU wird überwiegend positiv wahrgenommen. Jugendliche sind mehrheitlich tolerant und gesellschaftlich liberal. Am meisten Angst macht Jugendlichen die Umweltzerstörung.

Das sind zentrale Resultate der **18. Shell Jugendstudie,** die am 15. Oktober 2019 in Berlin vorgestellt wurde. […]

Die wesentlichen Ergebnisse in Kürze:

Ängste und Sorgen: Die Ängste und Sorgen reflektieren die Debatten der vergangenen Jahre. Umweltängste haben insbesondere bei höher Gebildeten stark an Bedeutung gewonnen.

Essay

Die Debatten um Flucht und Migration spiegeln sich in gestiegener Angst sowohl vor Ausländerfeindlichkeit als auch – auf niedrigerem Niveau – vor Zuwanderung wider. Angst vor Zuwanderung äußern tendenziell eher die niedriger Gebildeten.

Schule und Abschluss: Der Trend zu höheren Bildungsabschlüssen hält an. Das Gymnasium ist unangefochten die populärste Schulform und unter den Mädchen sogar schon die Schule, die von einer absoluten Mehrheit besucht wird. Entsprechend ist das Abitur der mit Abstand am häufigsten angestrebte Schulabschluss. Der Trend zur akademischen Bildung nimmt weiter zu. Integrierte Schulformen, die in fast allen Bundesländern eingeführt wurden, verzeichnen die stärksten Zuwächse seit 2015. Der Anteil der Jugendlichen, die sie besuchen, hat sich seit 2002 verdoppelt. Entsprechend weniger Jugendliche gehen auf eine Haupt- oder Realschule.

Berufstätigkeit: Einen sicheren Arbeitsplatz halten 93 Prozent der Jugendlichen für (sehr) wichtig. Ein Arbeitsplatz, für den die Jugendlichen nicht umziehen müssen, ist für sie dagegen deutlich seltener (sehr) wichtig (52 %). Für fast alle Jugendlichen (93 %) dürfen Familie und Kinder neben dem Beruf nicht zu kurz kommen. Die Erwartungen an die Berufstätigkeit und deren Gestaltung lassen sich anhand von fünf Dimensionen zusammenfassen: Beim Thema Nutzenorientierung stehen ein hohes Einkommen und gute Aufstiegsmöglichkeiten im Vordergrund, aber auch genügend Freizeit neben der Berufstätigkeit spielt hier eine Rolle. Bei der Erfüllungsorientierung steht die Sinnhaftigkeit des eigenen Handelns im Erwerbsleben im Vordergrund. Zentrale Aspekte sind die Möglichkeiten, sich um andere zu kümmern und etwas Nützliches für die Gesellschaft zu tun. Die Vereinbarkeit von Arbeit und Leben umfasst den Wechsel auf Teilzeit, sobald Kinder da sind, und die Möglichkeit einer kurzfristigen Anpassung der Arbeitszeit an die eigenen Bedürfnisse. […] Junge Männer betonen die Nutzenorientierung und die Karriereorientierung stärker, während jungen Frauen Erfüllungsorientierung, die Vereinbarkeit von Arbeit und Leben sowie die Planbarkeit der Berufstätigkeit wichtiger sind.

Eltern und Familie: Im Ergebnis zeichnet sich ein relativ familienorientiertes Bild ab. Das Verhältnis der Jugendlichen zu ihren Eltern ist überwiegend gut. Die Mehrheit sieht ihre Eltern als Erziehungsvorbilder. Der Kinderwunsch ist stabil. Bei der Familiengründung wünschen sich vor allem westdeutsche Männer und Frauen, dass der Mann der Haupt- oder Alleinversorger der Familie ist.

Bildung und soziale Herkunft: Nach wie vor lässt sich ein starker Zusammenhang zwischen Bildungserfolg und sozialer Herkunft feststellen. Bei Jugendlichen aus bildungsfernen Elternhäusern ist es nur halb so wahrscheinlich, dass sie das Abitur erreichen, wie bei Jugendlichen aus gebildeten Elternhäusern. Allerdings ist die Bildungspolitik der letzten Jahre insofern erfolgreich, als auch Jugendliche aus bildungsfernen Schichten das Abitur mittlerweile deutlich häufiger anstreben bzw. erreichen als früher.

Wertorientierungen: Für die überwältigende Mehrheit der Jugendlichen bilden nach wie vor gute Freunde, eine vertrauensvolle Partnerschaft und ein gutes Familienleben die wichtigsten Werte. Ein hoher Lebensstandard und die Durchsetzung eigener Bedürfnisse verlieren vergleichsweise stark an Bedeutung. Insgesamt stehen idealistische, eher sinnstiftende Wertorientierungen bei jungen Menschen wieder höher im Kurs. Gegenläufig ist die Entwicklung bei tendenziell materialistischen Orientierungen, die darauf abzielen, die persönliche Macht und Durchsetzungskraft zu steigern.

Zuversicht und Gerechtigkeit: Mehr als die Hälfte der Jugendlichen sieht die gesellschaftliche Zukunft eher positiv. 59 Prozent finden, dass es in Deutschland insgesamt gerecht zugeht. Das gilt für West- und Ostdeutschland gleichermaßen.

[…]

Vielfalt und Toleranz: Die Trends zu einer immer bunteren Gesellschaft gehen bei Jugendlichen mit einem hohen Maß an Toleranz einher. Die Studie zeigt, dass Mädchen und Jungen verschiedenen gesellschaftlichen Gruppen und Minderheiten mit sehr großer Mehrheit positiv gegenüberstehen. Die Ablehnungswerte liegen durchweg bei unter 20 Prozent.

Essay

Interesse an Politik: Das seit Beginn des Jahrtausends stark gestiegene Interesse an Politik bleibt stabil. Jugendliche meinen, dass politisches Engagement eine hohe Bedeutung hat. Diese Auffassung nimmt insbesondere bei Mädchen zu, bleibt jedoch vornehmlich auf höher gebildete Jugendliche beschränkt.

Zufriedenheit mit der Demokratie, Politikverdrossenheit und Vertrauen in Institutionen: Mehr als drei Viertel der Jugendlichen sind mit der Demokratie zufrieden. Gleichzeitig kritisieren mehr als zwei Drittel, dass die Politiker sich nicht um ihre Belange kümmern, was als Ursache für Politikverdrossenheit gesehen werden kann. Bei der Frage nach dem Vertrauen in Institutionen kommen die Polizei, das Bundesverfassungsgericht und Umweltschutzgruppen auf deutlich überdurchschnittliche Werte. Großen Unternehmen, Kirchen, Parteien und Banken wird deutlich weniger Vertrauen entgegengebracht.

Europäische Union: 50 Prozent der Jugendlichen stehen der EU insgesamt positiv, aber nur acht Prozent negativ gegenüber. Das Vertrauen in die Staatengemeinschaft hat eher zugenommen. Sie steht bei Jugendlichen für Freizügigkeit, kulturelle Vielfalt und Frieden, im Vergleich zu 2006 zunehmend aber auch für wirtschaftlichen Wohlstand und soziale Absicherung. […]

Die 18. Shell Jugendstudie stützt sich auf eine repräsentativ zusammengesetzte Stichprobe von 2572 Jugendlichen im Alter von 12 bis 25 Jahren. Die Erhebung fand im Zeitraum von Anfang Januar bis Mitte März 2019 statt. Im Rahmen der qualitativen Studie wurden zwei- bis dreistündige Interviews mit 20 Jugendlichen dieser Altersgruppe durchgeführt. […]

(IHK Hannover)

1 Verfassen Sie Abstracts zu den Materialien 2, 4 und 5.

2 Verfassen Sie einen Essay zum Dossier „Verantwortung tragen“. Wählen Sie einen Ihren Intentionen entsprechenden Titel.

CHECKLISTE – Einen Essay schreiben

Inhalt

- ☑ Hat Ihr Essay eine klare Fragestellung, die beantwortet werden soll?
- ☑ Bietet der Essay eine gedankliche Vielfalt (über das Dossier hinaus)?
- ☑ Finden sich kreative und originelle Gedanken in Ihrem Text?
- ☑ Geht Ihr Essay über die Darstellung persönlicher Erfahrungen hinaus?
- ☑ Sind Bezüge zum Dossier klar erkennbar?
- ☑ Haben Sie einzelne Aspekte reflexiv vertieft?
- ☑ Sind die assoziativen Verknüpfungen für die Lesenden nachvollziehbar?

Aufbau

- ☑ Steigen Sie mit einem Leseanreiz in den Text ein, der das thematische Feld eröffnet?
- ☑ Ist der Text trotz seiner freien Form systematisch und strukturiert?
- ☑ Haben Sie einen pointierten Abschluss gefunden?

Sprache

- ☑ Haben Sie die schriftsprachlichen Standards eingehalten?
- ☑ Haben eventuelle Abweichungen von der Schriftsprache und Stilbrüche eine erkennbare inhaltliche Funktion?
- ☑ Zeigt die sprachliche Gestaltung insgesamt Kreativität und Originalität?

Projekt: Audiowerkstatt

Ein Hörbuch einlesen

Hörbücher erleben in den letzten Jahren einen Boom, was u. a. daran liegt, dass die Verbreitung des Smartphones einen Zugriff auf Hörbücher wesentlich vereinfacht hat. Zunehmend können auch Fachbücher gehört statt gelesen werden. Die in das Smartphone integrierte Technik ermöglicht es Ihnen sogar, ein Hörbuch selbst einzulesen.

1 Stellen Sie in Ihrem Kurs weitere Vermutungen darüber an, warum sich Hörbücher einer großen Beliebtheit erfreuen.

2 Führen Sie eine Punktabfrage (↗ Kapitel 11.1, S. 206) zu der Frage durch, in welchen Situationen Sie gerne Hörbücher hören.

In welchen Situationen hören Sie gerne Hörbücher, Hörspiele oder Podcasts?

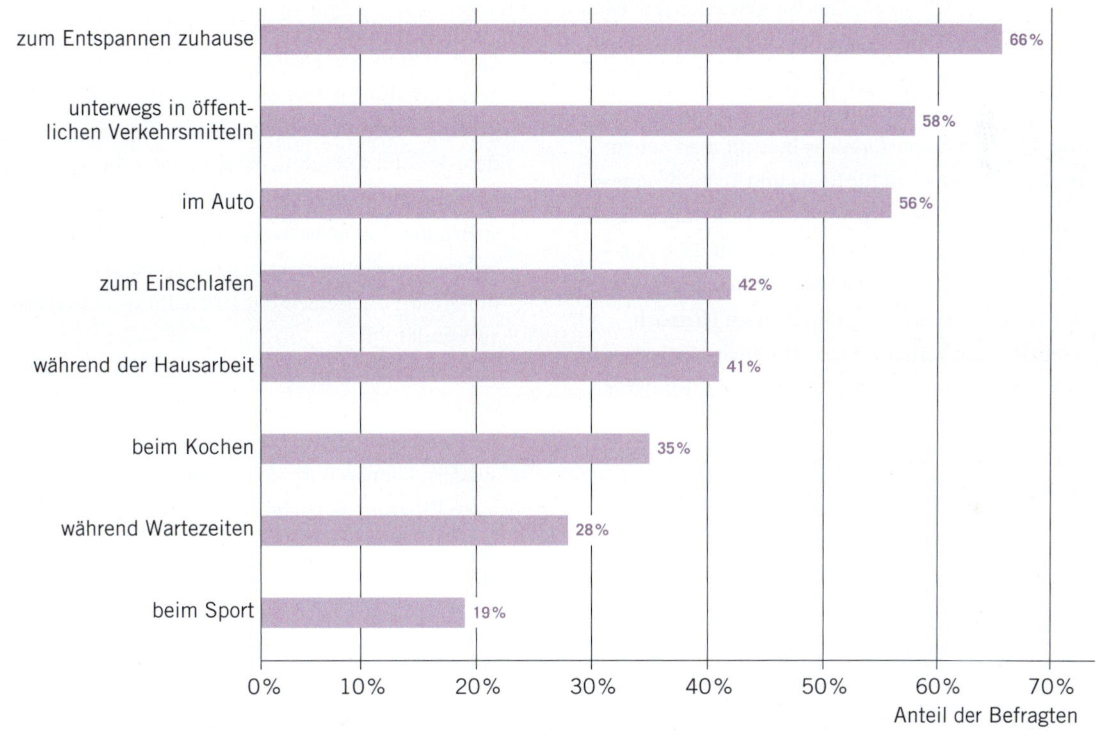

Quelle: Audible Weitere Informationen: Deutschland; Kantar EMNID; 2037 Befragte; ab 14 Jahre; Nutzer von Hörbüchern, Hörspielen und Podcasts; telefonische Befragung

3 Beschreiben Sie die Grafik und vergleichen Sie sie mit den Ergebnissen Ihrer Punktabfrage.

4 Erarbeiten Sie in der Lerngruppe Kriterien, die für Sie ein gutes Hörbuch ausmachen. Nutzen Sie u. a. Auszüge aus Romanen und deren Umsetzung als Hörbuch, um Ihren Kriterienkatalog zu prüfen, zu verbessern und ggf. zu vervollständigen.

5 Stellen Sie Ihre Ergebnisse im Kurs vor und einigen Sie sich auf einen gemeinsamen Kriterienkatalog für die weitere Arbeit am eigenen Hörbuch.

Ein Hörbuch einlesen

Wie lese ich ein Hörbuch ein?

Zum Einlesen eines Hörbuchs benötigt man kein großes technisches Equipment. Ausreichend sind ein Computer, Smartphone oder Laptop sowie ein Mikrofon.

Vorbereitung: In einem ersten Schritt einigt man sich darauf, welchen Text man als Hörbuch einlesen möchte. Es bietet sich an, zunächst nur einen kurzen Text bzw. nur ein Kapitel aus einem Buch auszuwählen.

Im zweiten Schritt wird der ausgewählte Text bearbeitet und ein Hörbuch-Skript erstellt. Dieses ähnelt einem Storyboard für ein Video.

Zudem müssen die Aufgaben verteilt werden. Zum Einlesen eines Hörbuchs braucht man neben den Verantwortlichen für Regie und Technik, einem oder mehreren Sprechern und der Aufnahmeleitung vor allem auch eine Person, die sich um die Geräusche kümmert. Da den Zuhörenden die Bilder fehlen, ist der Einsatz von Geräuschen im Hörbuch essenziell. Am besten wird im Hörbuch-Skript jeweils vermerkt, welche Aufgaben anfallen und wer dafür zuständig ist.

Nach der Vorbereitung geht es an die eigentliche Produktion des Hörbuchs. Im Internet finden sich kostenlose Programme für Aufnahme und Schnitt sowie Musik und zahlreiche verschiedene Geräusche, die verwendet werden dürfen. Es ist sinnvoll, sich vor der Aufnahme intensiv mit der Funktionsweise dieser Programme vertraut zu machen.

Der Vortrag des Textes muss im Vorfeld geübt werden. Hierbei helfen Auszeichnungen und Markierungen im Text, die beispielsweise auf eine andere Betonung oder sonstige Veränderung der Stimmlage aufmerksam machen.

Bei der Aufnahme ist unbedingt darauf zu achten, dass die Sprecher den Kopf oben halten und eine gerade Haltung einnehmen, damit die Stimme nicht gepresst klingt. Außerdem muss dafür gesorgt werden, dass am Aufnahmeort absolute Ruhe herrscht (unbedingt Fenster schließen, Handy auf Flugmodus stellen usw.). Eine bessere Akustik lässt sich erreichen, indem man die Aufnahme unter einer Decke durchführt oder einen Popschutz für das Mikrofon verwendet.

Nach dem Einlesen kann die Audiodatei geschnitten werden. Geräusche und Musik müssen nicht zusammen mit dem Text aufgenommen werden, sondern können mithilfe der oben erwähnten kostenlosen Programme nachträglich eingefügt werden.

6 Arbeiten Sie die einzelnen Schritte zum Einlesen eines Hörbuchs heraus.

7 Einigen Sie sich in der Gruppe auf einen Text, den Sie gerne einlesen möchten. Auch in diesem Deutschbuch finden sich zahlreiche Texte, die sich für die Vertonung eignen.

8 Nutzen Sie die obige Anleitung und die unten stehende Tabelle, um ein Hörbuch-Skript zu erstellen.

Sprecher	*Text*	*Geräusche*	*Regieanweisungen*

9 Nehmen Sie mithilfe Ihres Skripts Ihr Hörbuch auf.

10 Präsentieren Sie Ihre Hörbücher im Kurs und nutzen Sie für Ihr Feedback (↗ Kapitel 11.1, S. 198) den Kriterienkatalog aus Aufgabe 5.

Kapitel 9

Über Spracherwerb und Sprachwandel reflektieren

9.1
Den Erstspracherwerb betrachten

9.2
Den Dialektgebrauch reflektieren

9.3
Tendenzen der Gegenwartssprache diskutieren

9.4
Über Sprache philosophieren
●●●

9.5
Anwenden, Vertiefen, Fazit

In diesem Kapitel wird vermittelt, wie der Mensch die Sprache erwirbt. Sie erfahren, dass die deutsche Sprache aus zahlreichen regionalen Varietäten besteht, lernen die grundlegenden Unterschiede kennen und reflektieren die Verwendung regionaler Varietäten. Zudem erfolgt eine Auseinandersetzung mit einer Bewertung der gegenwärtigen Sprache. Im erhöhten Anforderungsniveau stehen linguistische und philosophische Vorstellungen von Sprache und Kommunikation im Mittelpunkt.

Kompetenzen

- ✓ Theorien des Erstspracherwerbs kennen
- ✓ die Dialektsituation beschreiben
- ✓ ausgewählte Dialekte benennen
- ✓ Tendenzen der Gegenwartssprache kennen und reflektieren
- ✓ verschiedene Zeichenmodelle kennen und unterscheiden
- ✓ die Sprechakttheorie bei der Kommunikationsanalyse nutzen

Methoden und Arbeitstechniken

- ✓ Visualisierung

Das kennen Sie schon

- ✓ Kommunikationsquadrat
- ✓ Sprachvarietät Jugendsprache
- ✓ Sprachvarietät Fachsprache

Den Erstspracherwerb betrachten

Während Jugendliche und Erwachsene sich beim Fremdsprachenlernen abmühen, erlernen Kleinkinder anscheinend von allein und komplikationslos eine oder auch mehrere Sprachen. Hierbei spielen die Strukturen des Gehirns eine maßgebliche Rolle.

Gehirnforschung, Lernen und Spracherwerb

von Holger Küls

Gehirn und Lernen

Das neugeborene Kind kann noch nicht sprechen. Das darf nicht mit der Fähigkeit verwechselt werden, Kontakt zur Umwelt aufzunehmen und zu kommunizieren. Dazu sind auch Babys in der Lage, wie jede Mutter und jeder Vater bestätigen können. Allerdings steht die symbolgestützte sprachliche Form der Interaktion noch nicht zur Verfügung. Sie muss gelernt werden. […] Dazu ist es hilfreich, sich die Entwicklungsprozesse im Gehirn anzuschauen. Das Gehirn und das Nervensystem sind die zentrale Steuerungsinstanz für unser Verhalten und unser Handeln in dieser Welt. Lernen kann dabei besser verstanden werden, wenn man sich diese Prozesse auf neuronaler Ebene vergegenwärtigt. Neuronal heißt, auf der Ebene der Nervenzellen und ihrer Verbindungen. […]

Diese Verbindungen bzw. Verschaltungen zwischen verschiedenen Nervenzellen oder Nervenzellarealen entstehen und verstärken sich in der Entwicklung des Kindes vor allem, wenn Nervenzellen oder Nervenzellareale gleichzeitig aktiviert werden. […]

Diese Prozesse, in denen neue Verbindungen entstehen oder sich bestehende neuronale Verschaltungen verändern und sich damit neue Netzwerke ergeben, in denen unser Wissen repräsentiert ist, erfolgen ein Leben lang. […]

Der Spracherwerb

Wie aber läuft der Prozess des Spracherwerbs konkret? Jedenfalls nicht über bewusste Lernprozesse, also über das bewusste Lernen von Wortbedeutungen und Grammatikregeln. Es ist vielmehr so, dass Kinder bzw. ihre Gehirne Regeln in jeglichem Input, der auf sie einstürmt, erkennen. Zu diesem Input gehört eben auch die Sprache der anderen. Indem Eltern mit ihren Kindern sprechen, werden die dabei wahrgenommenen Lauteinheiten und ihre Beziehungen zueinander in neuronalen Netzwerken abgebildet. […] Die dabei aktivierten Verbindungen werden zunehmend stabiler, wenn das Kind immer wieder mit den gleichen sprachlichen Strukturen konfrontiert wird. Wenn nun bestimmte Sprach- bzw. Lautstrukturen immer wieder im Gesprochenen auftauchen, werden diese neuronal immer wieder aktiviert und schleifen sich ein. Das Kind hat diese Regelmäßigkeiten dann gelernt und kann auf sie zurückgreifen, wenn es selbst zu sprechen anfängt.

Das Selbersprechen aktiviert ebenfalls die entsprechenden Areale im Gehirn und führt so dazu, dass sich die entsprechenden Verschaltungen noch weiter stabilisieren. Vor allem dient es dem Kind, sein Kommunikationsverhalten so zu gestalten, wie es gerade in seiner Entwicklung benötigt wird. […]

So taucht vielleicht im Leben eines kleinen Kindes die Lautfolge „Auto“ immer wieder auf, wenn es ein solches sieht bzw. vor Augen hat. Wenn dies häufig genug geschieht und die Areale des Gehirns für die Verarbeitung des akustischen Reizes „Auto“ und für den optischen Reiz des Autos jedes Mal aktiviert werden, entsteht zwischen ihnen eine stabile Verschaltung, und eine „Regel“ über den richtigen Gebrauch eines Begriffes ist gelernt. Das ist dann auch die Grundlage dafür, dass das Kind selbst „Auto“ sagt. Die freudige Bestätigung der Eltern hilft dann, dass sich diese Lernschritte verfestigen. Denn Neues prägt sich umso besser ein, je mehr es mit Emotionen wie dem guten Gefühl der freudigen Bestätigung durch die Eltern verbunden ist. Auf diese Weise filtert das Kind die regelhaften Zusammenhänge aus den Bemerkungen und Worten des Umfeldes heraus. […]

Hängen bleiben das Allgemeine, die Regeln, Muster und Zusammenhänge, die immer wieder vorkommen. Kinder lernen dadurch sprechen, dass sie viele Beispiele verarbeiten (z. B. viele Tausend Wörter) und aus diesen Beispielen die Grammatikregeln *selbst* produzieren. Dazu sind viele Lernerfahrungen notwendig, die langsam die Synapsenstärken verändern.

Den Erstspracherwerb betrachten

Dann „kann" ein Kind eine Regel, ohne dass es sie „weiß". [...]

Dieser Prozess des Erstspracherwerbs verläuft unbewusst und automatisch sowie aufgrund der besonderen Sensibilität der entsprechenden Gehirnareale für diese Lernprozesse in der frühen Kindheit auch sehr schnell. [...]

Einige Anmerkungen zum Zweitspracherwerb

Neuere Forschungen haben ergeben, dass sich beim späteren Lernen einer zweiten Sprache in Teilen ein neues neuronales Netzwerk in den Sprachzentren des Gehirns entwickelt. Dies trifft etwa beim Fremdsprachenunterricht in der Schule zu oder wenn ein Mensch als älteres Schulkind oder später in ein anderes Land mit einer anderen Sprache umsiedelt. Interessanterweise sieht das anders aus, wenn ein Kind im frühen Alter zwei Sprachen lernt, also zweisprachig aufwächst. In diesem Fall entsteht ein einziges neuronales Netz für beide Sprachen. In der Computertomografie (CT) werden bei der Nutzung beider Sprachen die gleichen Areale und Bereiche als aktiv angezeigt. Das Kind, das sehr früh mehrere Sprachen erwirbt, lernt dabei jede der Sprachen mühelos und nahezu automatisch.

Wenn ein Mensch hingegen später lernt, dann entwickelt sich für diese zweite Sprache teilweise ein neues Netzwerk. Und das führt dazu, dass das Erlernen dieser zweiten Sprache sehr viel mehr Anstrengung, Mühe und Üben bedeutet und nicht wie bei der ersten Sprache nahezu automatisch und intuitiv durch Nachahmung und fast spielerischen Versuch und Irrtum läuft. Zudem wird auch niemals die Vollkommenheit der ersten Sprache erreicht. [...]

(www.kindergartenpaedagogik.de)

1 Erschließen Sie den Fachtext zum Erstspracherwerb.

a) Recherchieren Sie die Bedeutung der Begriffe „neuronales Netzwerk" und „Synapse".

b) Visualisieren Sie die Kernaussagen der Abschnitte „Gehirn und Lernen" sowie „Der Spracherwerb" in einer geeigneten Form (↗ Kapitel 11.1, S. 211).

c) Erläutern Sie mit eigenen Worten den Zusammenhang zwischen dem Gehirn und äußeren Einflüssen beim Erstspracherwerb.

2 Erklären Sie, inwiefern sich das gleichzeitige Erlernen zweier Sprachen beim Kleinkind vom späteren Erlernen einer Fremdsprache in neuronaler Hinsicht unterscheidet.

3 Setzen Sie sich mit der Beschreibung des Erstspracherwerbs auseinander.

a) Erläutern Sie die unterschiedlichen Grundannahmen der Spracherwerbstheorien (↗ GZW „Theorien des Erstspracherwerbs").

b) Diskutieren Sie, ob man hinsichtlich der Erstsprache eher von Erwerb oder Entwicklung sprechen sollte.

GUT ZU WISSEN | Theorien des Erstspracherwerbs

Die Spracherwerbsprozesse laufen bei allen Kindern ungefähr gleich ab. Die wissenschaftliche Forschung zum Spracherwerb versucht, Spracherwerbsprozesse mit unterschiedlichen theoretischen Ansätzen zu erklären. Im **Nativismus** geht man von **angeborenen Mechanismen** aus, die es dem Menschen erlauben, aus dem sprachlichen Input ein aktiver Sprecher/Hörer zu werden. Die **kognitivistischen** Ansätze des Spracherwerbs stellen den Zusammenhang von sprachlicher und sonstiger kognitiver Entwicklung des Kindes her. Der **Spracherwerb** gilt **als Reifungsprozess** mit unterschiedlichen Stadien. Im **Interaktionismus** hingegen steht ein **Interagieren mit Kommunikationspartnern** im Zentrum der Erklärungen. Ohne sprachliche Vorbilder und Anregungen sei der Spracherwerb nicht möglich.

Den Dialektgebrauch reflektieren

In ganz Deutschland spricht man Deutsch. Und doch klingt die Sprache in Kiel anders als in Dresden oder Oberhausen oder Nürnberg. Das hat historische Gründe.

1 Betrachten Sie die Wortwolke.

a) Erstellen Sie eine zweispaltige Tabelle mit den Ausdrücken, die Sie kennen, und solchen, die Ihnen unbekannt sind.

b) Recherchieren Sie die Bedeutung der Ihnen unbekannten Ausdrücke und ergänzen Sie die Tabelle um die Erklärungen. Benennen Sie Auffälligkeiten.

c) Ordnen Sie die Begriffe in die Karte auf Seite 172 ein.

Dialekte heute

von Doris Tophinke

[…] Dialekte im Sinne der „alten" Basisdialekte sind heute bereits weitgehend verschwunden. […] Ihren „Sitz im Leben" hatten sie in lokal orientierten, dörflichen Bezugswelten, die im Zuge der gesellschaftlichen, wirtschaftlichen und technologischen Entwicklungen des 20. Jahrhunderts ihre Relevanz gänzlich verloren haben. Kulturveranstaltungen, auf denen Dialektliteratur vorgetragen wird, halten Basisdialekte noch im kollektiven Gedächtnis wach. […]

Sind die Basisdialekte auch verschwunden, so ist Dialektalität aber dennoch gegenwärtig. Der Sprachgebrauch ist nach wie vor areal geprägt, wenn auch deutlich schwächer und großräumiger […]. In Norddeutschland spricht man anders als in Süddeutschland und auch innerhalb dieser Großräume zeigen sich sprachliche Unterschiede. […] Um diese großräumigen und weniger tiefen „Dialekte" von den „alten" Dialekten zu unterscheiden, spricht man auch von arealen Varietäten, von Regionalsprachen oder Regiolekten. Zudem finden sich in der Gegenwart vielfältig neue Gebrauchsweisen und Erscheinungsformen von Dialektalität. Dies ist in dialektfernen Gesprächssituationen der Fall, in denen die Beteiligten punktuell aber doch stärker in den Dialekt wechseln und dies bedeutsam ist. Dies gilt aber auch für Vorkommen von Dialektalität in der Werbung, in der Musikkultur, im Kabarett oder in der Jugendkultur, in denen diese spielerisch-kreativ inszeniert und symbolisch aufgeladen wird. Solche Formen „neuer Dialektalität" finden sich insbesondere auch in den digitalen Medien, in Internetvideos, Blogs, Foren und sozialen Netzwerken. […]

Areale Variation in Geschichte und Gegenwart

Am Anfang der durch Schrifttexte überlieferten Sprachgeschichte des Deutschen, im 8. Jahrhundert,

Den Dialektgebrauch reflektieren

gibt es noch keine Standardsprache, sondern nur kleinräumig verwendete Dialekte, die aufgrund ihrer lexikogrammatischen Ähnlichkeiten[1] einen Verbund bilden. Sie verdanken sich einer lokal orientierten Alltagswelt mit begrenzter räumlicher Mobilität und begrenztem Kommunikationsradius. […] Eine Standardsprache, die den gesamten deutschsprachigen Raum „überdacht", entwickelt sich erst allmählich seit dem 17. Jahrhundert. Dabei spielt die vereinheitlichende Wirkung der Schriftlichkeit, insbesondere das Interesse an einer überregionalen Verständlichkeit der Schrifttexte, eine zentrale Rolle […].

Parallel dazu hat sich die Dialektsituation verändert. Die kleinräumigen Dialekte sind in einem langen Prozess, der bereits im Spätmittelalter eingesetzt hat, geschwunden. Entstanden sind großräumiger vorkommende Varietäten, d. h. Regionalsprachen/Regiolekte und regionale Umgangssprachen […]. Dabei spielten gesellschaftliche Veränderungen, die zu wachsender räumlicher Mobilität führten, eine entscheidende Rolle. Im 20. Jahrhundert hat sich dieser Prozess dann mit der weitergehenden Industrialisierung, mit der Auflösung dörflich-bäuerlicher Lebenswelten, der Modernisierung, Urbanisierung und Technisierung der Alltagswelten beschleunigt.

Nord-Süd-Unterschiede

Das Standard-Dialekt-Spektrum ist innerhalb des deutschen Sprachraums unterschiedlich gestaltet. Im süddeutschen Raum ist die geografische Variation bis in den standardnahen Bereich markanter als im norddeutschen Raum. […]

Diese Unterschiede gehen darauf zurück, dass der deutsche Sprachraum bis in das Spätmittelalter zweigeteilt war in einen niederdeutschen und einen hochdeutschen Raum […]. Heute ist das Niederdeutsche, auch „Platt(deutsch)" genannt, weitgehend verschwunden. Seine Geschichte ist interessant und ein Beispiel dafür, dass eine Sprache ihre Bedeutung verlieren und aussterben kann. Niederdeutsch war bis in das 16. Jahrhundert eine eigene, voll entwickelte Sprache neben dem Hochdeutschen. […]

(aus: Praxis Deutsch 275, 2019).

1 die lexikogrammatischen Ähnlichkeiten: Ähnlichkeiten sowohl im Wortschatz als auch in den grammatischen Strukturen

2 Reflektieren Sie in Partnerarbeit den Sprachgebrauch in Ihrem Umfeld.

a) Sprechen Sie selbst oder Familienmitglieder noch Dialekt? Wenn ja, zu welchen Anlässen?

b) Beschreiben Sie, inwiefern der Dialekt Ihrer Region noch lebendig ist.

3 Erklären Sie, wie Doris Tophinke die alten Dialekte von der heutigen Sprachsituation abgrenzt. Beziehen Sie die Begriffe „Regiolekt", „Umgangssprache" sowie „Standard" in Ihre Überlegungen ein und nehmen Sie eine Abstufung im Hinblick auf eine bundesweite Verständlichkeit vor (↗ GZW „Basisdialekt – Regiolekt").

GUT ZU WISSEN | Basisdialekt – Regiolekt

Mit **Basisdialekt** werden die „alten" Dialekte bezeichnet, die ihre Bedeutung als Folge gesellschaftlicher, technologischer und wirtschaftlicher Veränderungen bis zur Mitte des 20. Jahrhunderts weitgehend eingebüßt haben. An ihre Stelle sind **Regiolekte** getreten, die Eigenarten der Basisdialekte weiterführen, aber **deutlich weniger ausgeprägt** sind. Auch die Regiolekte werden vornehmlich in der gesprochenen Sprache gebraucht. Umgangssprachlich werden die Regiolekte oft als Dialekt bezeichnet.

Den Dialektgebrauch reflektieren

4 Betrachten Sie die Sprachkarte Deutschlands.

a) Welche Dialekte werden in Ihrem Bundesland gesprochen?

b) Recherchieren Sie Merkmale Ihres Dialektes/Regiolektes in der Lautung (↗ GZW „Die zweite Lautverschiebung") und im Wortschatz.

5 Informieren Sie sich über Projekte (Theater, Gesprächskreise, wissenschaftliche Dokumentationen ...) in Ihrer Region, die sich mit dem regionalen Dialekt beschäftigen.

a) Stellen Sie das Projekt, seinen Adressatenkreis und die Ziele vor.

b) Nehmen Sie Stellung dazu, inwiefern das Projekt die Wertigkeit und den Erhalt von Dialekten fördert.

Verteilung der Dialekte in Deutschland

© 2021 mr-kartographie, Gotha

GUT ZU WISSEN – Die zweite Lautverschiebung

Durch die sogenannte **zweite Lautverschiebung** unterscheiden sich die **hochdeutschen Dialekte** nicht nur **von den norddeutschen**, sondern auch **von den anderen germanischen Sprachen**, die diesen Lautwandel ebenfalls nicht vollzogen haben. Die **Grenze** verläuft mit fließenden Übergängen **entlang der „Benrather Linie"** auf der Höhe der Stadt Benrath von Westen nach Osten **quer durch Deutschland**. Gewandelt haben sich die **Laute p, t und k am Wortanfang und im Wortinnern**.

Laut	Niederdeutsch (und andere germanische Sprachen)	Hochdeutsch
p → pf, ff	*Peper* (engl. *pepper*, schwed. *peppar*), *Appel* (engl. *apple*, schwed. *äpple*)	*Pfeffer, Apfel*
t → s, z, tz	*Water* (engl. *water*, schwed. *vatten*), *taumaken, Tung* (engl. *tongue*, schwed. *tunga*), Katte (schwed. *katt*)	*Wasser, zumachen, Zunge, Katze*
k → ch	*Kauken* (engl. *cake*), *maken* (engl. *make*), Book (schwed. *bok*)	*Kuchen, machen, Buch*

Tendenzen der Gegenwartssprache diskutieren

Sprache wandelt sich, um im Hinblick auf die Kommunikation weiterhin funktional zu sein. Nicht selten werden die Veränderungen aber mit einer Verschlechterung gleichgesetzt.

Ist die deutsche Sprache noch zu retten?

von Fred Langer

[…] Wolfgang Klein, der auch Vizepräsident der Deutschen Akademie für Sprache und Dichtung ist, kann den Schatz unserer Wörter genauer ermessen, als es je möglich war.

Verarmt die deutsche Sprache?
„Der Zustand des Deutschen ist hervorragend", sagt Klein. „Nur wenige andere Sprachen besitzen einen derart reichen Wortschatz." Und dieser Schatz wachse stetig weiter, allein in den vergangenen hundert Jahren habe er sich um 30 Prozent vermehrt. „Das entspricht mindestens einer Million neuer Wörter."

Eine Million zusätzliche Wörter innerhalb von hundert Jahren? „Der deutsche Wortschatz ist vielfältiger, als unsere Schulweisheit es für möglich hält", bekräftigt Klein, „er ist heute viel ausdrucksmächtiger als zur Goethezeit." […]

Der größte Teil der Neubildungen, etwa 90 Prozent, sind Kompositionen. „Herdprämie" etwa, oder, ganz neu, „Flugscham" für das Gefühl, durch Flugreisen den Klimawandel zu beschleunigen. Oder die Klimakrise. Oder die Klimakatastrophe. Es sind Wörter, in denen zwei bekannte Begriffe aus unterschiedlichen Sphären verschmelzen und eine neue Bedeutung hervorzaubern. Sprachkunst, ganz alltäglich. […]

Verkommt die deutsche Sprache?
Ja, es gibt tatsächlich Bereiche, in denen die deutsche Sprache verkommt. Das aber hat weder mit Anglizismen noch mit Kürzeln oder falscher Grammatik zu tun. Die Gründe für jene Sprachverschluderung, die ich meine, liegen im „Online-Enthemmungseffekt". […] Die Anonymität der Netzkommunikation fördert sprachliche Entgleisungen. Versteckt hinter dem Schutz des Pseudonyms geben viele Menschen ihr zivilisiertes Verhalten auf, Rufmord und Volksverhetzung sind plötzlich keine Tabus mehr. […]

Die Zukunft der Sprache erschien schon immer als Abgrund, der sie zu verschlingen droht. Einer, auf den sie sich gefühlt schneller und schneller zubewegt – und dem sie doch niemals näher kommt. Das Deutsche hat sich immer schon verändert und ist nie untergegangen in den gut tausend Jahren seines Bestehens. Ein prächtiges Gewächs, das gerade in Zeiten der Internationalisierung und Digitalisierung üppig gedeiht.

Aber wir sollten den reichhaltigen Schatz seiner Wörter dennoch sorgsam hüten. Weil es nicht egal ist, wie wir sprechen und wie wir schreiben. Weil die Sprache unser Denken prägt – und das Denken unsere Sprache.

(aus: GEO 10, 2019)

1 Benennen Sie, woran Langer den Zustand der deutschen Sprache festmacht.
Bei der Beurteilung der deutschen Sprache stützt sich Langer auf …

2 Diskutieren Sie zu zweit den letzten Satz des Artikels „Ist die deutsche Sprache noch zu retten?".

3 Erörtern Sie die These, dass eine „Sprachverschluderung" (Z. 29) nicht die Grammatik oder den Wortschatz betreffe, sondern von einer enthemmten Sprachverwendung ausgehe.
Betrachtet man Langers These genauer, dann zeigt sich zum einen …

Tendenzen der Gegenwartssprache diskutieren

4 **Ordnen Sie die in GUT ZU WISSEN „Tendenzen der Gegenwartssprache" genannten Aspekte des Sprachwandels den Ebenen Lexik, Morphologie, Syntax und Pragmatik zu. Diskutieren Sie ggf. Schwierigkeiten bei der Zuordnung.**

Lexik	*neue Wörter;*
Morphologie	
Syntax	
Pragmatik	

5 **Nehmen Sie Stellung zu weiteren Phänomenen des Sprachwandels (↗ GZW „Tendenzen der Gegenwartssprache") und begründen Sie, was Sie als Bereicherung oder Verlust erfahren.**

GUT ZU WISSEN Tendenzen der Gegenwartssprache

Die Sprache der Gegenwart wandelt sich unter dem Einfluss der Globalisierung und Digitalisierung/Technisierung vielleicht schneller als in den Jahrhunderten zuvor. Die Zeit wird zeigen, welche der aktuell zu beobachtenden Phänomene Bestand haben und welche wieder verschwinden. Der Sprachwandel kann sich auf den Wortschatz (Lexik), die Struktur der Wörter (Morphologie) und den Satzbau (Syntax) beziehen. Eine Besonderheit sind Phänomene, die ihren Ursprung eher in der Sprachverwendung (Pragmatik) haben und sich teilweise in den anderen Sprachebenen widerspiegeln. Unter anderem sind folgende Phänomene besonders auffällig:

- Es kommen **neue Wörter** hinzu, während andere aus dem Sprachgebrauch verschwinden. Insbesondere ist der Zustrom von **Anglizismen** auffällig, der vielfältige Ursachen hat.
- Erhöhtes Aufkommen von **Abkürzungen** *(LoL, LG)* und **graphostilistischen Mitteln** wie Emoticons in Kurznachrichtendiensten
- **Vereinfachungen** in der Sprache, z. B. bei der Flexion starker Verben (*er fechtet* statt *er ficht*) oder Zusammenfallen von Kasusmarkierungen *(er sieht einen Hund → er sieht ein Hund)*
- In der geschriebenen Sprache gibt es eine Tendenz zur **Verkürzung von Sätzen**. Die durchschnittliche Satzlänge hat sich gegenüber dem 18. und 19. Jahrhundert deutlich reduziert.
- Verwendung der **Konjunktion *weil* mit der Wortstellung des Hauptsatzes** anstatt des Nebensatzes
- Die **Formen des Konjunktivs** werden sowohl in der geschriebenen als auch umso mehr in der gesprochenen Sprache **durch umschreibende Bildungen ersetzt** *(er flöge → er würde fliegen).*
- Beim **Präsens Indikativ** breitet sich die **sogenannte rheinische Verlaufsform** immer mehr aus, bei der das konjugierte Vollverb im Prädikat durch das konjugierte Hilfsverb *sein* und *am* + substantivierten Infinitiv ersetzt wird *(ich arbeite gerade → Ich bin am Arbeiten).*
- Mit einer erhöhten Aufmerksamkeit gegenüber sprachlichen Diskriminierungen wird deutlich stärker auf eine **politisch korrekte Sprache** geachtet (*Sinti und Roma* anstatt *Zigeuner*). Dazu gehört auch die **geschlechtergerechte Sprache**: Nachdem sich die gleichzeitige Verwendung weiblicher und männlicher Formen *(Schülerinnen und Schüler)* mittlerweile in vielen Bereichen durchgesetzt hat, sind derzeit Bemühungen um Schreibweisen zu erkennen, die alle Spielarten von Geschlechtsidentitäten umfassen *(Schüler*innen, Schüler:innen),* aber orthografisch nicht legitimiert sind. Eine andere Möglichkeit ist die Umschreibung mit dem Partizip Präsens *die Lernenden.*

Über Sprache philosophieren

Sprachliche Zeichen betrachten

Seit Langem stellen Menschen sich die Frage, wie die Bedeutung in die Sprache kommt. Antworten darauf suchen die Semiotik (Zeichenlehre) und die Sprachphilosophie.

Die Natur des sprachlichen Zeichens

von Ferdinand de Saussure

[...] Das sprachliche Zeichen vereinigt in sich nicht einen Namen und eine Sache, sondern eine Vorstellung und ein Lautbild. [...]

Das sprachliche Zeichen ist also etwas im Geist tatsächlich Vorhandenes, das zwei Seiten hat und durch folgende Figur dargestellt werden kann: [s. Abb. u.]

[...] Mit dieser Definition wird eine wichtige terminologische Frage aufgeworfen. Ich nenne die Verbindung der Vorstellung mit dem Lautbild das Zeichen; dem üblichen Gebrauch nach aber bezeichnet dieser Terminus im Allgemeinen das Lautbild allein, z. B. ein Wort (*arbor* usw.). Man vergisst dabei, dass, wenn *arbor* Zeichen genannt wird, dies nur insofern gilt, als es Träger der Vorstellung „Baum" ist, sodass diese Bezeichnung außer dem Gedanken an den sensorischen Teil den an das Ganze einschließt.

Die Mehrdeutigkeit dieses Ausdrucks verschwindet, wenn man die drei hier in Rede stehenden Begriffe durch Namen bezeichnet [...]. Ich schlage also vor, dass man das Wort Zeichen beibehält für das Ganze, und Vorstellung bzw. Lautbild durch Bezeichnetes und Bezeichnung (Bezeichnendes) ersetzt [...]. [...]

Das Band, welches das Bezeichnete mit der Bezeichnung verknüpft, ist beliebig; und da wir unter Zeichen das durch die assoziative Verbindung einer Bezeichnung mit einem Bezeichneten erzeugte Ganze verstehen, so können wir dafür auch einfacher sagen: das sprachliche Zeichen ist beliebig.

So ist die Vorstellung „Schwester" durch keinerlei innere Beziehung mit der Lautfolge *Schwester* verbunden, die ihr als Bezeichnung dient; sie könnte ebensowohl dargestellt sein durch irgendeine andere Lautfolge: das beweisen die Verschiedenheiten unter den Sprachen und schon das Vorhandensein verschiedener Sprachen: das Bezeichnete „Ochs" hat auf dieser Seite der Grenze als Bezeichnung *o-k-s,* auf jener Seite *b-ö-f* (bœuf). [...]

(aus: Grundfragen der allgemeinen Sprachwissenschaft, 1931)

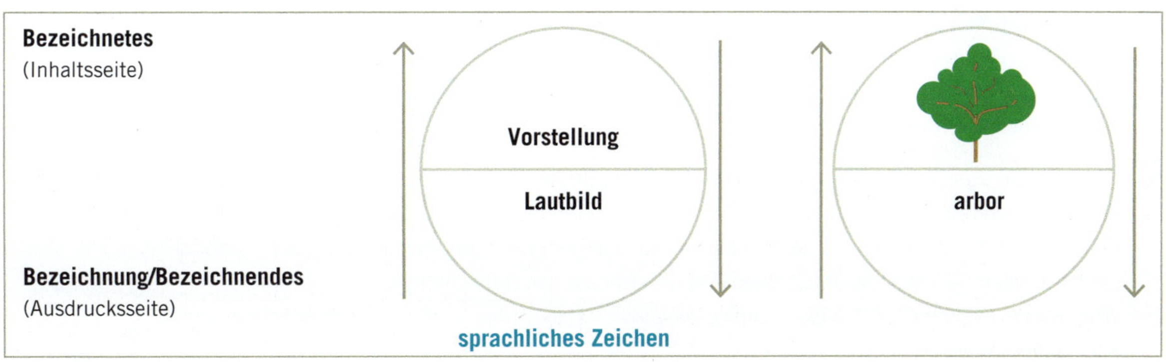

1 Erläutern Sie den Begriff des sprachlichen Zeichens, wie er von de Saussure definiert wird.

2 Erklären Sie anhand des Vergleichs der englischen Begriffe „wood" und „forest" mit den deutschen Begriffen „Wald" und „Holz" die „Beliebigkeit" sprachlicher Zeichen. Berücksichtigen Sie dabei die Bedeutungen der Begriffe.

Sprachliche Zeichen betrachten

Das Organon-Modell der Sprache

von Karl Bühler

Ich denke, es war ein guter Griff Platons[1], wenn er im Kratylos angibt, die Sprache sei ein *organum*[2], um einer dem andern etwas mitzuteilen über die Dinge. […]

Der Kreis in der Mitte symbolisiert das konkrete Schallphänomen. Drei variable Momente an ihm sind berufen, es dreimal verschieden zum Rang eines Zeichens zu erheben. Die Seiten des eingezeichneten Dreiecks symbolisieren diese drei Momente. Das Dreieck umschließt in einer Hinsicht weniger als der Kreis (Prinzip der abstraktiven Relevanz). In anderer Richtung wieder greift es über den Kreis hinaus, um anzudeuten, dass das sinnlich Gegebene stets eine apperzeptive Ergänzung erfährt. Die Linienscharen symbolisieren die semantischen Funktionen des (komplexen) Sprachzeichens. Es ist *Symbol* kraft seiner Zuordnung zu Gegenständen und Sachverhalten, *Symptom* (Anzeichen, Indicium) kraft seiner Abhängigkeit vom Sender, dessen Innerlichkeit es ausdrückt, und *Signal* kraft seines Appells an den Hörer […].

(aus: Sprachtheorie. Die Darstellungsfunktion der Sprache, 1934)

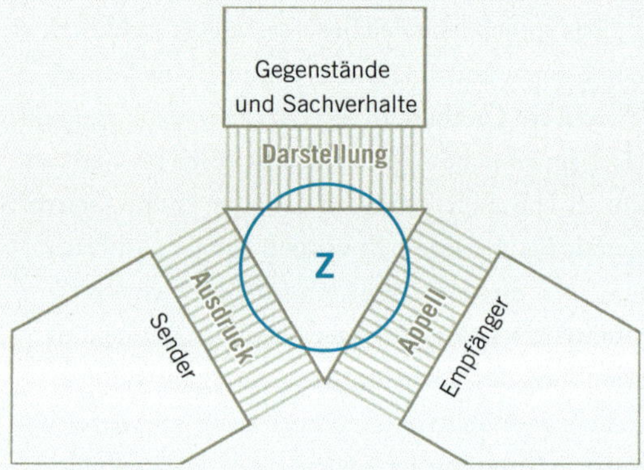

1 Platon: Philosoph (427–347 v. Chr.) der griechischen Antike, setzte sich im „Kratylos" mit der Frage auseinander, wie die Bedeutung eines sprachlichen Ausdrucks zustande kommt
2 organum: eigentlich ὄργανον, altgr. für „Werkzeug"

1 **Erläutern Sie die „Werkzeugmetapher" für die Sprache, die Bühler von Platon übernommen hat.**

2 **Erklären Sie das Organon-Modell.**

a) Recherchieren Sie das „Prinzip der abstraktiven Relevanz" sowie die „apperzeptive Ergänzung".

b) Erläutern Sie die drei semantischen Funktionen des Zeichens in Bezug auf Sender, Empfänger und Gegenstände/Sachverhalte.

3 **Wenden Sie das Organon-Modell in Ihrer Lerngruppe an.**

a) Auch Texte sind sprachliche Zeichen und enthalten daher immer alle drei semantischen Funktionen. Verorten Sie die folgenden Sachtextsorten im Spannungsfeld von Appell – Ausdruck – Darstellung. Beachten Sie dabei die unterschiedliche Gewichtung der drei Funktionen.
Telefonbuch, Gesetzestext, Tagebucheintrag, Bauanleitung, Biografie, Werbeplakat, Posting in einem Kurznachrichtendienst

b) Diskutieren Sie, inwiefern sich die drei literarischen Gattungen Lyrik, Epik und Dramatik jeweils einer der drei Seiten Appell, Ausdruck und Darstellung als dominanter Sprachfunktion zuweisen lassen.

★ **4** **Untersuchen Sie, inwiefern sich die Zeichenmodelle de Saussures und Bühlers unterscheiden.**

Sprachliche Zeichen betrachten

Philosophische Untersuchungen

von Ludwig Wittgenstein

[...] 26. Man meint, das Lernen der Sprache bestehe darin, dass man Gegenstände benennt. Und zwar: Menschen, Formen, Farben, Schmerzen, Stimmungen, Zahlen etc. Wie gesagt – das Benennen ist etwas Ähnliches wie einem Ding ein Namentäfelchen anheften. Man kann das eine Vorbereitung zum Gebrauch eines Wortes nennen. Aber *worauf* ist es eine Vorbereitung?

27. „Wir benennen die Dinge und können nun über sie reden. Uns in der Rede auf sie beziehen." – Als ob mit dem Akt des Benennens schon das, was wir weiter tun, gegeben wäre. Als ob es nur Eines gäbe, was heißt: „von Dingen reden". Während wir doch das Verschiedenartigste mit unsern Sätzen tun. Denken wir allein an die Ausrufe. Mit ihren ganz verschiedenen Funktionen.

Wasser!
Fort!
Au!
Hilfe!
Schön!
Nicht!

Bist du nun noch geneigt, diese Wörter „Benennungen von Gegenständen" zu nennen? [...]

28. Man kann nun einen Personennamen, ein Farbwort, einen Stoffnamen, ein Zahlwort, den Namen einer Himmelsrichtung etc. hinweisend definieren. Die Definition der Zahl Zwei „Das heißt ‚zwei'" – wobei man auf zwei Nüsse zeigt – ist vollkommen exakt. – Aber wie kann man denn die Zwei so definieren? Der, dem man die Definition gibt, weiß ja dann nicht, *was* man mit „zwei" benennen will; er wird annehmen, dass du *diese* Gruppe von Nüssen „zwei" nennst! – Er *kann* dies annehmen; vielleicht nimmt er es aber nicht an. Er könnte ja auch, umgekehrt, wenn ich dieser Gruppe von Nüssen einen Namen beilegen will, ihn als Zahlnamen missverstehen. [...] Das heißt, die hinweisende Definition kann in *jedem* Fall so und anders gedeutet werden.

29. [...] Ob das Wort „Zahl" in der hinweisenden Definition der Zwei nötig ist, das hängt davon ab, ob er sie ohne dieses Wort anders auffasst, als ich es wünsche. Und das wird wohl von den Umständen abhängen, unter welchen sie gegeben wird, und von dem Menschen, dem ich sie gebe.

Und wie er die Erklärung „auffasst", zeigt sich darin, wie er von dem erklärten Wort Gebrauch macht. [...]

37. Was ist die Beziehung zwischen Namen und Benanntem? – Nun, was *ist* sie? [...] Diese Beziehung kann, unter vielem andern, auch darin bestehen, dass das Hören des Namens uns das Bild des Benannten vor die Seele ruft, und sie besteht unter anderem auch darin, dass der Name auf das Benannte geschrieben ist, oder dass er beim Zeigen auf das Benannte ausgesprochen wird. [...]

43. Man kann für eine *große* Klasse von Fällen der Benützung des Wortes „Bedeutung" – wenn auch nicht für *alle* Fälle seiner Benützung – dieses Wort so erklären: Die Bedeutung eines Wortes ist sein Gebrauch in der Sprache. [...]

(aus: Philosophische Untersuchungen, 1953)

1 Betrachten Sie die Ausrufe in Abschnitt 27.

a) Benennen Sie die unterschiedlichen Funktionen, die diese haben können. Greifen Sie dabei auch auf die Zeichenmodelle von Karl Bühler und Friedemann Schulz von Thun zurück.

b) Erklären Sie, was Wittgenstein mit den Beispielen erreichen möchte.

2 Erläutern Sie anhand der Textauszüge die Sichtweise, Wittgenstein vertrete eine „Gebrauchstheorie der Sprache".

3 Recherchieren Sie im Internet.

a) Informieren Sie sich über Wittgensteins Sprachtheorie.

b) Ordnen Sie die obigen Auszüge in den Gesamtzusammenhang ein.

Kommunikation mit der Sprechakttheorie untersuchen

Die Sprachtheoretiker John L. Austin und John Searle gehen davon aus, dass die sprachlichen Äußerungen in der Kommunikation Sprechakte darstellen: Jemand handelt sprachlich oder versucht, damit andere zum Handeln zu bewegen.

Sprechakte

von David Crystal

Der britische Philosoph J. L. Austin (1911–1960) lenkte als Erster die Aufmerksamkeit auf die vielen Funktionen, die Äußerungen im Rahmen der zwischenmenschlichen Kommunikation haben. Insbesondere wies er darauf hin, dass viele Äußerungen keine Informationen vermitteln, sondern Handlungen gleichkommen. Durch Äußerungen wie „Ich möchte mich entschuldigen …“ […] oder „Ich taufe dieses Schiff auf den Namen …“ wird unmittelbar eine neue psychische oder gesellschaftliche Realität hergestellt. Eine Entschuldigung findet erst in dem Augenblick statt, in dem sich jemand entschuldigt. Ein Schiff trägt erst dann einen Namen, wenn die Taufe vollzogen ist. In solchen Fällen ist Sprechen gleich Handeln. Austin nannte Äußerungen dieser Art *performativ* und betrachtete sie als grundlegend verschieden von Feststellungen, die Informationen übermitteln *(konstative Äußerungen).* […]

Bei der Sprechaktanalyse wird die Wirkung von Äußerungen auf das Verhalten von Sprecher und Zuhörer anhand eines dreiteiligen Unterscheidungsschemas untersucht. Zuerst erkennen wir die schlichte Tatsache, dass ein kommunikativer Akt stattfindet: der *lokutionäre* Akt. Dann betrachten wir die Handlung, die durch die Äußerung des Sprechers ausgeführt wird, also die Fälle, in denen „Sprechen gleich Handeln“ ist – wetten, versprechen, willkommen heißen, warnen etc. Solche *illokutionären* Akte bilden den Kern jeder Sprechakttheorie. Schließlich untersuchen wir die besondere Wirkung, die die Äußerung des Sprechers auf den Zuhörer hat: Er kann zum Beispiel erheitert, überzeugt oder gewarnt sein. Äußerungen, die solche Wirkungen herbeiführen, nennt man *perlokutionäre* Akte. Die illokutionäre Kraft einer Äußerung und ihre perlokutionäre Wirkung müssen einander nicht unbedingt entsprechen: Wenn ich Sie vor einem bestimmten Schritt warne, können Sie meine Warnung beherzigen oder übergehen.

Es gibt Tausende möglicher illokutionärer Akte […]. Die Klassifizierung ist schwierig, weil die Bedeutungen von Verben oft nicht leicht voneinander abzugrenzen und die Absichten der Sprecher nicht immer klar sind. In einem wichtigen Ansatz werden fünf grundlegende Typen unterschieden (nach J. R. Searle, 1976):

- *Repräsentative:* Der Sprecher legt sich mehr oder minder verbindlich auf die Wahrheit einer Proposition fest, z. B. *versichern, glauben, schlussfolgern, abstreiten, berichten.*
- *Direktive:* Der Sprecher versucht, den Hörer zu einer Handlung zu veranlassen, z. B. *bitten, herausfordern, befehlen, auf etwas bestehen, ersuchen.*
- *Kommissive:* Der Sprecher legt sich mehr oder weniger verbindlich auf eine bestimmte Vorgehensweise fest, z. B. *garantieren, sich verpflichten, versprechen, schwören, geloben.*
- *Expressive:* Der Sprecher drückt seine Haltung gegenüber einem Sachverhalt aus, z. B. *sich entschuldigen, bedauern, gratulieren, danken, willkommen heißen.*
- *Deklarative:* Der Sprecher verändert den äußeren Status oder die Beschaffenheit eines Gegenstands oder einer Situation allein durch seine Äußerung, z. B. *Ich trete zurück, Ich taufe dich, Sie sind entlassen, Hiermit erklären wir den Krieg.*

Geglücktheitsbedingungen

Sprechakte sind nur dann erfolgreich, wenn sie verschiedene Kriterien erfüllen – die „Geglücktheitsbedingungen“. Zum Beispiel müssen die „vorbereitenden“ Bedingungen stimmig sein: Die den Sprechakt ausführende Person muss die Befugnis dazu besitzen. […] Außerdem muss der Sprechakt in korrekter Weise ausgeführt werden: In gewissen Fällen ist eine besondere Vorgehensweise genau und vollständig zu befolgen (z. B. *taufen*), in anderen sind bestimmte

Kommunikation mit der Sprechakttheorie untersuchen

Erwartungen zu erfüllen (z. B. kann man einen anderen nur mit einer freundlichen Haltung *willkommen heißen*). Ein drittes Beispiel bilden die „Aufrichtigkeitsbedingungen“: Der Sprechakt muss in aufrichtiger Weise ausgeführt werden. Verben wie *sich entschuldigen, etwas garantieren* und *schwören* sind nur dann wirksam, wenn die Sprechenden meinen, was sie sagen […]. […]

(aus: Die Cambridge Enzyklopädie der Sprache, 1995)

1 **Klären Sie alle Fremdwörter des Textes mithilfe eines Wörterbuchs (↗ Kapitel 11.1, S. 195).**

2 **Erläutern Sie die Grundannahmen der Sprechakttheorie (↗ GZW „Sprechakttheorie“).**

a) Erklären Sie den Unterschied zwischen konstativen und performativen Äußerungen.

b) Stellen Sie den Aufbau/Ablauf eines Sprechaktes in Form eines Flussdiagramms dar (↗ Kapitel 11.1, S. 211).

3 **Analysieren Sie die Aussage „Putz bitte deine Schuhe“ anhand der vier Teilakte (↗ GZW).**

GUT ZU WISSEN – Sprechakttheorie

R. Searle hat die Sprechakttheorie **Austins** weiterentwickelt und unterscheidet im Gegensatz zu Austin **vier Teilakte, aus denen ein Sprechakt besteht**. Die Sprechakttheorie kann bei der Analyse und Interpretation von dialogischen Texten helfen, vor allem von Dramen. Mit dem **Typ des illokutionären Akts** liefert die Sprechakttheorie Bezeichnungen für sprachliche Handlungen **(Sprachhandlungsverben)**.

Sprechakt: „Peter raucht“				
	Akt der Äußerung (Äußerungsakt)	**Propositionaler Akt**	**Illokutionärer Akt**	**Perlokutionärer Akt**
Erklärung	Artikulation von Wörtern / eines Satzes	**Aussage über die Welt**: Handlung, mit der vom Sprecher auf einen Gegenstand Bezug genommen wird	**Handlungstyp der Äußerung: Funktion** der Sprachhandlung wie *Behaupten, Erfragen, Warnen, Raten, Befehlen, Versprechen …*	**Konsequenzen** und **Wirkungen** der Sprachhandlung beim Adressaten: **intendierte Reaktion** des Hörers wie *das Überzeugen, Umstimmen, Einschüchtern, Erschrecken …*
Beispiel	die Aussprache von „Peter raucht“ [pe:tɐ rau̯xt]	Bezug auf Peter und die Zuschreibung der Eigenschaft des Rauchens	Behauptung, dass Peter raucht	Adressat glaubt, dass Peter raucht
Bewertung	Die Aussprache und Artikulation kann grammatisch und lautlich angemessen sein oder nicht angemessen sein.	Die Aussage über die Welt kann wahr oder falsch sein.	geglückt oder nicht geglückt	Wirkung/Reaktion wird erzielt oder wird nicht erzielt (erfolgreich sein oder nicht erfolgreich sein)

Anwenden, Vertiefen, Fazit

Über Sprachentwicklung philosophieren

Im Folgenden verbinden sich Tendenzen der gegenwärtigen Sprachentwicklung mit sprachphilosophischen Überlegungen.

Wann wird Sprache zur Gefahr?

von Maria-Sibylla Lotter

[…] Oft reichen einzelne Worte nicht aus, um eine Situation sowohl in ihrer phänomenal-affektiven als auch in ihrer politisch-moralischen Dimension angemessen zu beschreiben. Hier kann es erkenntnisfördernd sein, einmal den gewöhnlichen Wortgebrauch zu verlassen und übertrieben starke – oder, als Ironie, auch zu schwache – Ausdrücke zu benutzen, um etwas in anderem Licht erscheinen zu lassen.

Neue Probleme entstehen allerdings, wenn solche Ausnahmen zur Regel werden. In den letzten Jahrzehnten hat die Dehnung von Begriffen, die sich auf negative Aspekte menschlichen Erlebens und Verhaltens beziehen, konstant zugenommen. Begriffe der Alltagssprache wie „Hass" und „Gewalt" […] und andere umfassen heute ein viel breiteres Spektrum von Phänomenen als noch vor ein paar Jahrzehnten. […]

Diese Begriffsblähungen sind unheimlich, weil sie mitten im Gespräch den Eindruck hervorrufen können, in verschiedenen Welten zu leben. Dann fühlt man sich in der Sprache nicht mehr zu Hause, man erlebt sie nicht mehr als ein Medium, in dem man sich mit allen verständigen kann, auch wenn man anderer Meinung ist.

Dieses Phänomen ist inzwischen ein prägendes Moment unserer Lebensform geworden und stellt ein viel größeres, da meist undurchschautes Hindernis einer Verständigung dar als alle Versuche der gezielten und kontrollierten Sprachregelung, wie es etwa die Verhandlungen über eine gendergerechte Sprache sind. Diese Sprachregelungen werden begründet und diskutiert, man verhält sich zu ihnen zustimmend oder ablehnend, jedenfalls bewusst. […]

Die Aufblähung des Gewaltbegriffs hat ebenfalls Folgen. Wenn etwa physische Gewalt allgemein auf „strukturelle Gewalt" zurückgeführt wird, scheint der Gewalttäter von Verantwortung moralisch entlastet. Und wenn auch die weniger offensichtlichen Formen diskriminierender oder einschüchternder Rede als Gewalt bezeichnet werden können, kann die Bereitschaft sinken, irritierende Äußerungen als normalen Bestandteil freier akademischer Debatten zu akzeptieren. […]

(aus: www.zeit.de)

1 Erläutern Sie das von Maria-Sibylla Lotter skizzierte Problem der „Begriffsblähungen".

2 Diskutieren Sie, inwiefern diese unbewusste „Dehnung von Begriffen" gefährlicher ist als „alle Versuche der gezielten und kontrollierten Sprachregelung" (Z. 28 f.).

FAZIT

9.1 Den Erstspracherwerb betrachten

9.2 Den Dialektgebrauch reflektieren

9.3 Tendenzen der Gegenwartssprache diskutieren

9.4 Über Sprache philosophieren
- Sprachliche Zeichen betrachten
- Kommunikation mit der Sprechakttheorie untersuchen

9.5 Anwenden, Vertiefen, Fazit
- Über Sprachentwicklung philosophieren

Kapitel 10

Besser schreiben

10.1 Richtig rechtschreiben und Zeichen setzen

10.2 Grammatikwissen auch mithilfe des Feldermodells anwenden

10.3 Korrekt und stilsicher formulieren

10.4 Zitate in den eigenen Text einbauen

10.5 Anwenden, Vertiefen, Fazit

Auch wenn in Kurznachrichten schnell formulierte, flapsige Halbsätze üblich sind, ist ein guter Schreibstil mit korrekter Rechtschreibung, Zeichensetzung und Grammatik von Bedeutung. Er lässt Rückschlüsse auf die Schreibenden zu und zeigt, dass diese Qualität liefern und mit Worten umzugehen wissen.
In diesem Kapitel erfahren Sie, wie Sie Ihre Fehlerschwerpunkte erkennen können. Sie wenden Ihr Wissen im Sprachgebrauch an, um sprachlich korrekt und stilistisch angemessen schriftliche Texte zu formulieren. Durch Zitate belegen Sie Ihre Aussagen und machen deutlich, auf wen oder worauf Sie sich beziehen.

Kompetenzen

- ✓ individuelle Fehlerschwerpunkte erkennen
- ✓ Regeln der Rechtschreibung und Zeichensetzung anwenden
- ✓ Wissen der Grammatik anwenden
- ✓ sprachlich differenziert und stilistisch angemessen formulieren
- ✓ zitieren

Methoden und Arbeitstechniken

- ✓ Rechtschreibstrategien
- ✓ Lernkärtchen und Lernkartei
- ✓ zitieren

Das kennen Sie schon

- ✓ Aussagesätze und Satzklammer (Feldermodell)
- ✓ trennbare und untrennbare Verben
- ✓ adverbiale Bestimmungen

Richtig rechtschreiben und Zeichen setzen

Individuelle Fehlerschwerpunkte erkennen

Ihre Klassenarbeiten und Hausaufgaben geben Rückschlüsse auf Ihre Fehlerschwerpunkte. Nutzen Sie diese Möglichkeit, Ihre Fehler zu analysieren und zukünftig zu vermeiden.

1 **Analysieren Sie korrigierte Hausaufgaben und Klassenarbeiten im Hinblick auf Ihre Fehlerschwerpunkte.**

a) Übertragen Sie die Tabelle in Ihr Heft und tragen Sie ein, in welchen Bereichen Sie Fehler gemacht haben.

Achtung, Fehler!

Fehlerbereich	Beispiele / eigene Fehler	Fehleranzahl
Rechtschreibung		///////
Groß- und Kleinschreibung	*etwas neues; die Beiden; er berichtete Morgens ...*	///
s-Laut		
das/dass	*Ich hoffe, das du weißt ... Die Autorin stellt überzeugend dar, das ...*	//
i-Laut	*Maschiene*	/
k/ck		
d/t		
tz/z		
mit oder ohne h		
Zusammen-/Getrenntschreibung	*Diese Frage wird offen bleiben.*	/
Fremdwörter, Fachbegriffe		
andere Rechtschreibfehler		
Zeichensetzung		/////
Komma zwischen Haupt- und Nebensätzen	*Ich frage mich ob das Argument das er vorgebracht hat wirklich überzeugend war.*	///
Komma bei Infinitivgruppen	*Er dachte nicht daran darauf einzugehen.*	/
andere Zeichensetzungsfehler	*Führungen durch die einzelnen Bereiche des Museums und sogar Anleitungen zum eigenen künstlerischen Schaffen, finden sich ...*	/
Grammatik		////
Satzbau		
Tempus		
Kasus	*Sie schickte die Rezension an Herr Müller.*	/
Ausdruck/Stil		
unpassende Sprachvarietät	*Folgende Aussage kommt rüber: ... rein/raus.*	///
Füllwörter		

b) Bestimmen Sie Ihre Fehlerschwerpunkte. In welchen Bereichen gibt es besonders viele Fehler?

Individuelle Fehlerschwerpunkte erkennen

2 Welche Strategien zur Vermeidung von Rechtschreibfehlern kennen Sie? Tauschen Sie sich darüber aus.

3 Arbeiten Sie an Ihren individuellen Fehlerschwerpunkten.

a) Wiederholen Sie Regeln und Rechtschreibstrategien, die Ihnen bei der Bewältigung Ihrer Fehler helfen (↗ Kapitel 11.1, S. 206 f.).

b) Notieren Sie Wörter, deren Schreibweise Ihnen schwerfällt, auf Lernkärtchen und legen Sie eine Lernkartei an (↗ Kapitel 11.1, S. 201). Wiederholen Sie diese Wörter regelmäßig.

4 Setzen Sie sich mit der folgenden Liste häufig falsch geschriebener Wörter auseinander.

a) Notieren Sie die korrekte Variante in Ihr Heft.

Achtung, Fehler!

des weiteren	*des Weiteren*	*die Antipathie*	*die Antipatie*
die Schiene	*die Schine*	*der Tipp*	*der Tip*
aggressiv	*agressiv*	*eigentlich*	*eigendlich*
am Besten	*am besten*	*vermeintlich*	*vermeindlich*
die Lappalie	*die Lapalie*	*schnellstmöglich*	*schnellst möglich*
vorraussichtlich	*voraussichtlich*	*währenddessen*	*während dessen*
persönlich	*persöhnlich*	*des Öfteren*	*desöfteren*
übrigends	*übrigens*	*die Krise*	*die Kriese*
statt	*stadt*	*Gerbersons Aussage*	*Gerberson's Aussage*
zuende	*zu Ende*	*geliked*	*gelikt*

b) Ergänzen Sie Ihre Lernkartei.

5 Schreiben Sie den folgenden Text ab.

a) Ergänzen Sie die fehlenden Kommas.

Achtung, Fehler!

Berufswunsch Journalist/-in

Die Traumberufe von Jugendlichen haben sich in den vergangenen Jahren kaum verändert. Viele Jugendliche sind auf ihren Traumberuf festgelegt und schlagen Angebote in weniger bekannten Berufen aus. Dabei lohnt es sich in viele Bereiche hineinzuschnuppern auch der Bereich rund um das Schreiben ist interessant.

Hier gibt es eine Vielzahl von Berufen wozu z. B. der Beruf der Journalistin / des Journalisten zählt. Wenn man in diesem Bereich arbeiten möchte gibt es vielfältige Einstiegsmöglichkeiten. Diese können bei einer Tageszeitung einem Wochenmagazin dem Fernsehen dem Lokalradio oder im Internet sein. Schreiben und Formulieren müssen Freude bereiten denn klar ist dass Schreiben Arbeit Stress sowie Termindruck mit sich bringt und Arbeit am Wochenende oder spätabends miteinschließt. Aber es bedeutet auch dass man Menschen kennenlernt etwas Neues herausfindet und andere darüber informiert sowie Zusammenhänge verständlich darstellt. Letztendlich hat jede Journalistin und jeder Journalist die Hoffnung etwas bewegen zu können.

Eine sehr gute Ausdrucksweise in der deutschen Sprache ist ein Muss um für ein deutschsprachiges Medium zu arbeiten andere Sprachkenntnisse sind immer erwünscht und hilfreich. Für eine Ausbildung wird das Fachabitur oder Abitur vorausgesetzt um ein Volontariat oder eine Ausbildung an einer Journalistenschule absolvieren zu können wird teilweise sogar ein abgeschlossenes Bachelorstudium verlangt.

b) Tauschen Sie sich über die Kommasetzung aus. Begründen Sie die Zeichensetzung.

Grammatikwissen auch mithilfe des Feldermodells anwenden

Satzbau

Kenntnisse in der Grammatik helfen, Fehler zu vermeiden, und ermöglichen eine eindeutige Verständigung. Beim Satzbau spielt das Verb eine wichtige Rolle.

1 **Was wissen Sie über die Stellung des Verbs in verschiedenen Satzarten? Formulieren Sie Aussagen. Beachten Sie dabei das Feldermodell.**

Hauptsatz/Verbzweitsatz

Vorfeld	Verb (linke Klammer)	Mittelfeld	Verb (rechte Klammer)	Nachfeld
Für eine Ausbildung	*wird*	*das Fachabitur oder Abitur*	*vorausgesetzt.*	

Robert Gernhardt: Walderkenntnis (2006)

Ein Männlein steht im Walde
ganz still und stumm.
Wenn ich es nicht umfahre,
dann fahre ich es um.

2 **Analysieren Sie ein grammatisches Phänomen.**

a) Beschreiben Sie das grammatische Phänomen, mit dem Robert Gernhardt in den letzten Versen seines Gedichts spielt.

b) Notieren Sie, welche Bedeutung die folgenden Verben haben, wenn sie trennbar bzw. untrennbar sind:
übergehen, unterstellen, übersehen

c) Was bedeutet dies in Bezug auf ihre Position in Sätzen, die im Präsens stehen?

Berufswahl

Die Berufswahl, das ist ein schwieriges Thema. Also, ich freu mich, dass ich bald meinen Schulabschluss mache und dann ins Berufsleben starten kann. Ich weiß noch nicht wirklich, ob das ein Studium oder eine Ausbildung sein wird, weil ich kann mich jetzt noch nicht wirklich festlegen. Jeder aus meiner Familie und meinem Freundeskreis hat einen anderen Tipp. Aber es ist doch so, dass wenn ich alles berücksichtige, ich gar nicht mehr blicke, was Sache ist. Ich muss das erst mal für mich klären. Je eher, desto besser für mich. Die Wahl des richtigen Berufes, war sie für Sie einfacher? Ich werde auf jeden Fall noch zur Berufsberatung gehen mit all meinen Fragen.

3 **Setzen Sie sich mit den obigen Aussagen auseinander, die in einem Interview zur Berufswahl geäußert wurden.**

a) Analysieren Sie, welche Kennzeichen des mündlichen Sprachgebrauchs vorliegen.

b) Geben Sie den Text schriftlich korrekt wieder (↗ GZW „Satzbau im Schriftlichen“, S. 185).

Satzbau

GUT ZU WISSEN — Satzbau im Schriftlichen

Gesprochene Sprache unterscheidet sich von geschriebener: Neben Unterschieden im **Wortschatz** findet man in gesprochenen Äußerungen häufig Konstruktionen, die in schriftlicher Form als Verstoß gegen die Grammatik oder als schlechter Stil gewertet werden.

Die **Anordnung der Satzglieder** in der geschriebenen Sprache **folgt bestimmten Satzbauplänen** (Verbzweit-, Verbletzt- und Verberstsätze). Die **Sätze müssen vollständig sein**, d. h. ein Verb enthalten. Die rhetorische Figur der Ellipse kann jedoch z. B. beim essayistischen Schreiben zielorientiert angewendet werden.

Im Nachfeld sind in der Regel nur **Nebensätze** und längere Infinitivkonstruktionen zu finden. Um einer Äußerung einen besonderen ästhetischen oder poetischen Wert zu verleihen, kann diese ins Nachfeld gerückt werden.

4 **Untersuchen Sie die folgenden Sätze, die ein Mitschüler in einem Interpretationsaufsatz geschrieben hat.**

A Die aufgrund der häufigen Wiederholung sehr verstärkte Aussage der Hauptfigur prägt sich ganz besonders ein.

B Die Hauptfigur wandte sich, nachdem sie viele Gespräche geführt und ihre Gedanken in einem Tagebuch festgehalten hatte, ab.

C Auch die sich rasch verändernde Mimik der immer wieder um Fassung ringenden Hauptfigur zeigt sehr deutlich ihren Ausnahmezustand.

D Auch Markus Maier setzt sich mit diesem Thema in seinem Kommentar „Warum nicht jetzt?", der in der ortsansässigen Presse erschienen ist, auseinander.

E Er schrieb diese Passage, als ihm viele Gedanken durch den Kopf gingen, um.

a) Notieren Sie Tipps, die Ihrem Mitschüler helfen, die Satzkonstruktionen übersichtlicher zu machen.

b) Formulieren Sie die Sätze entsprechend um.

5 **Vergleichen Sie jeweils die beiden Varianten einer Aussage (↗ GZW „Übersichtlicher Satzbau"). Welche Formulierung ist besser? Begründen Sie Ihre Wahl.**

A

- *Der Autor deutet in dieser Kurzgeschichte, die er während eines Aufenthalts in der Schweiz schrieb, als er den Aufenthalt in einem Kurort zur Genesung nutzte, seine prekäre Situation an.*
- *Der Autor deutet in dieser Kurzgeschichte seine prekäre Situation an. Er schrieb die Geschichte während eines Aufenthalts in der Schweiz, den er zur Genesung nutzte.*

B

- *Der Journalist befragte die Schriftstellerin, die ihn in ihrem Ferienhaus im Schwarzwald, das sie mehrere Wochen im Jahr bewohnt, empfing, zu ihrem neuesten Buch.*
- *Der Journalist befragte die Schriftstellerin in ihrem Ferienhaus im Schwarzwald zu ihrem neuesten Buch. Das Haus bewohnt sie mehrere Wochen im Jahr.*

GUT ZU WISSEN — Übersichtlicher Satzbau

Ein Satz sollte **nicht zu viele Informationen** enthalten und vor allem **nicht durch unübersichtliche Attribute** zu komplex angelegt sein. Es empfiehlt sich, für eine neue Information einen weiteren Satz zu bilden. Wird in einem Nebensatz eine zweite Hauptaussage formuliert, verliert sie durch diese Positionierung an Gewicht.

Satzbau

6 Schreiben Sie die folgenden Sätze im Mittelfeld des Satzes um.

Vorfeld	Verb (linke Klammer)	Mittelfeld	Verb (rechte Klammer)	Nachfeld
Sie	*vertraut*	*der Reporterin nach Jahren des Schweigens ihre Geschichte*	*an.*	
Sie	*beantwortet*	*dem Interviewer alle Fragen nach bestem Gewissen.*		
Der Verlag	*gibt*	*der Autorin die Verkaufszahlen des neuesten Buches*	*durch.*	

a) Ersetzen Sie im Mittelfeld des Satzes ein Objekt durch das entsprechende Pronomen.
b) Ersetzen Sie im Mittelfeld des Satzes alle Objekte durch entsprechende Pronomen.

7 Setzen Sie sich mit dem Mittelfeld der folgenden Sätze auseinander.

a) Ergänzen Sie das Mittelfeld durch sinnvolle (weitere) adverbiale Bestimmungen, wie in den Klammern angegeben.
A Er ging in die Redaktion. (kausal, modal und temporal)
B Sie hat den Roman vor einem Jahr geschrieben. (temporal)
C Wolfgang Koeppen erblickte am 23. Juni das Licht der Welt. (lokal und temporal)
b) Formulieren Sie eine Regel für deren Anordnung.

GUT ZU WISSEN – Das Mittelfeld eines Satzes (Feldermodell)

Es gibt viele Möglichkeiten, Satzglieder im Mittelfeld eines Satzes zu positionieren. Dennoch sind einige Regeln zu beachten: Wenn im Mittelfeld **ein Dativ- und ein Akkusativobjekt** angeführt sind, gilt folgende **Reihenfolge bei Nomen**: Dativ – Akkusativ, **bei Pronomen**: Akkusativ – Dativ.

Vorfeld	Verb	Mittelfeld (Nomen):	
		Dativ	Akkusativ
Sie	*gibt*	*dem Kollegen*	*das Manuskript.*

Vorfeld	Verb	Mittelfeld (Pronomen):	
		Akkusativ	Dativ
Sie	*gibt*	*es*	*ihm.*

Wenn **adverbiale Bestimmungen** eingefügt sind, gilt die **TE-KA-MO-LO-Regel**, d. h., die Reihenfolge temporal – kausal – modal – lokal wird eingehalten.

Vorfeld	Verb	Mittelfeld (adverbiale Bestimmungen):				Verb
		temporal	kausal	modal	lokal	
Das Manuskript	*musste*	*gestern*	*wegen des vorgezogenen Abgabetermins*	*schnell*	*in die Redaktion*	*gebracht werden.*

Bei **adverbialen Bestimmungen einer Art** gilt es, eine **Reihenfolge von Groß nach Klein oder Klein nach Groß** einzuhalten.

Ich habe vor drei Jahren im März an einem Sonntag um 19 Uhr ein Interview geführt, das mich bis heute beschäftigt.

Ich habe um 19 Uhr an einem Sonntag im März vor drei Jahren ein Interview geführt, das mich bis heute beschäftigt.

Kongruenz

Bestimmte Teile eines Satzes müssen kongruent sein, d. h. in Bezug auf Genus, Kasus, Person und Numerus übereinstimmen.

1 **Überprüfen Sie die folgenden Sätze auf ihre grammatische Korrektheit.**

Achtung, Fehler!

A Das Team der Eine-Welt-Gruppe hatte ihren Stand auf dem Markt aufgebaut.

B Heute wollen wir Ihnen eine Person vorstellen, nach dem der Platz benannt wurde. Es ist Johann Maier.

C Der kolumbianische Superstar Shakira hat ihre Musikverlagsrechte verkauft.

D Die männliche Hauptfigur überzeugt durch seine Ausstrahlungskraft.

E Das Model hat viele lukrative Werbeverträge abgeschlossen. Sie ist äußerst erfolgreich.

a) Notieren Sie die von Ihnen korrigierten Sätze.

b) Begründen Sie Ihre Verbesserungen.

Alte und neue Berufe

Berufsbilder verändern sich, eine Menge Berufe (sein) im Lauf der Zeit hinzugekommen, dafür sind andere verschwunden. Der Beruf des Laternenanzünders oder der des Bremsers (zählen) dazu. Auch der Eismann, der Uhrenträger und der Kinopianist (sein) dieser Gruppe zuzuordnen. Wenn man Menschen danach fragt, (können) sich ca. ein Drittel der Befragten nichts mehr darunter vorstellen. Nicht nur ich, sondern auch meine kleine Schwester (wissen) aber, was ein Software-Entwickler oder ein Designer (machen).

2 **Setzen Sie im Text „Alte und neue Berufe“ die Verben in die richtige Form.**

GUT ZU WISSEN | Kongruenz von Subjekt und Verb

Subjekt und Verb stehen bezüglich Person und Numerus im Einklang, in Kongruenz. Das ist in der Regel einfach, aber manchmal ist es nicht ganz so leicht festzustellen, ob das **Subjekt im Singular oder im Plural** steht.

Nach den Konjunktionen „oder“ und „nicht nur ..., sondern auch“ gibt es in der Regel nur einen Handelnden, daher wird der Singular benutzt.

Nicht nur Yannic, sondern auch Marie wird sich auf diese Stelle bewerben.

Goethe oder Schiller, da bin ich mir nicht sicher, hat dieses Gedicht geschrieben.

Werden **Subjekte im Singular aufgezählt**, steht das Verb im **Plural**.

Die Autorin und der Autor machen deutlich, dass ...

Wenn Singular und Plural beim Subjekt zusammenkommen, empfiehlt es sich, **bei Mengenangaben** das Verb in den **Singular** zu setzen.

Ein Viertel der Schülerinnen und Schüler bereitet sich kontinuierlich vor.

Eine Menge Schüler kommt nie zu spät.

Wenn **eine Zahl das Subjekt** ist, sollte man das Verb in den **Plural** setzen.

400 Euro reichen nicht, um die Band für die Abifeier zu bezahlen.

25 Prozent der Klasse kommen zu Fuß in die Schule.

Präpositionen und präpositionale Ergänzungen

Viele Verben sind mit feststehenden Präpositionen verknüpft (↗ Kapitel 12.5, S. 230 ff.).

Respekt zum Deutsch

von Peter Köhler

[…] „Das Volk der Bolebedu blickt über eine 400 Jahre währende Geschichte des Regenmachens zurück", heißt es in einem Heft […], das auf Südafrika blickt. Ein Reiseprospekt über die Westtürkei rühmt die antiken Denkmäler von Sardes, denn sie „vermitteln ein beeindruckendes Bild über den damaligen Reichtum der Stadt", aber ein schlechtes vom Sprachgefühl der Werber. […]

Zum Ausgleich wird, wo „über" am Platz wäre, eine andere Präposition aus dem Lostopf gefischt: […] „Uros Djurovic macht einen Film zum Neonazi".

Sowieso ist „zu" die zweite Allzweckwaffe. Horacio Cortes in Guatemala „sucht den Schulterschluss zu den USA", Obama aber „richtet seinen Blick zu den Wachstumsregionen im Pazifik" […].

Ein Drittes: Man zeigt den grammatischen Status nicht mehr durch Kasusendungen an (geht „synthetisch" vor), sondern durch Präpositionen („analytisch"): „Das ist eine Täuschung am Leser", behauptete die 3sat-„Kulturzeit" über eine nicht als Reklame gekennzeichnete Scheinrezension. Man sieht: Nicht nur der Dativ – auch die Präposition ist der Tod am Genitiv. Respekt zu diesem Deutsch! (Über? Für? Vor?)

(www.taz.de)

1 Analysieren Sie den Text „Respekt zum Deutsch".

a) Worüber macht sich der Autor lustig?

b) Verbessern Sie seine zitierten Beispiele.

c) Erklären Sie den letzten Satz.

Die Zerstörung des Regenwaldes

Viele Naturvölker verfügen … Kenntnisse und Fähigkeiten, die uns längst abhandengekommen sind. Die Zukunft dieser Völker ist bedroht. Das Volk der Yanomami z. B. bewohnt den Regenwald, … dessen Erhaltung sich nicht nur viele Umweltorganisationen sorgen. Holzfäller und Bergbaufirmen gehen … vieler Proteste rigoros vor und zerstören den Lebensraum … Menschen und Tieren. Leider sind Gartenmöbel … Teakholz gefragt und der Bedarf … Rindfleisch, Palmöl, Kakao, Kaffee oder Soja ist in den letzten Jahren gestiegen. Wir sollten … all das weitgehend verzichten, um den Raubbau einzudämmen. Doch das ist leichter gesagt als getan. … besseres Wissen pflegen wir unsere schlechten Gewohnheiten und nehmen die Zerstörung des Regenwaldes in Kauf. Wir sollten uns jedoch … seinen Schutz einsetzen und damit einen wichtigen Beitrag auch … die Veränderung des Klimas leisten.

2 Lesen Sie den Text „Die Zerstörung des Regenwaldes" und ergänzen Sie dabei mündlich die erforderlichen Präpositionen.

Das Dorf der Indigenen liegt mitten in (dichter Regenwald), die Hütten sind mit (Gras und Blätter) bedeckt. Mittels (ein Führer) gelangten wir dorthin und erfuhren vieles über (die Menschen) dort. Entgegen (viele Bedenken) hatten wir uns auf (der Weg) dorthin gemacht. Die Reise wollten wir binnen (ein Monat) durchführen. Aufgrund (unsere gute Vorbereitung) gelang uns dies auch.

3 Setzen Sie oben die Wörter in der Klammer in den Kasus, den die Präposition fordert.

Korrekt und stilsicher formulieren

Sprache ist etwas sehr Lebendiges. So unterliegen Ausdruck und Stil einem stetigen Wandel und manche Ausdrücke, die gerade noch aktuell waren, sind jetzt schon nicht mehr zeitgemäß. Bei vielen Formulierungen hängt es auch vom Kontext ab, ob sie angemessen oder weniger angemessen sind.

1 Recherchieren Sie zu den folgenden Wörtern.

Feierabendheim – allenthalben – Bückware – Grilletta – blümerant

a) Wann wurden sie benutzt?

b) Finden Sie zeitgemäße Ausdrücke dafür.

2 Ersetzen Sie die folgenden Ausdrücke oder Sätze durch schriftsprachlich angemessene.

A Der Autor wechselt seine Ansichten wie andere ihre Klamotten.

B Das Motiv kommt hier voll zum Tragen.

C Die Protagonistin ist mal wieder dabei, ihr Gegenüber zu überzeugen.

D Sie meint damit was ganz anderes, aber es kommt nicht wirklich rüber.

E An dem Abend jagt ein Event das andere.

3 Ein Mitschüler hat die folgenden Sätze in einer Texterörterung zum Thema Work-Life-Balance geschrieben. Geben Sie ihm eine Rückmeldung, die ihm hilft, den Text zu überarbeiten.

MUSTER Ausschnitt aus einer Texterörterung

Achtung, Fehler!

Der Autor polemisiert in seinem Kommentar über die Work-Life-Balance andauernd. Natürlich ist es wichtig, dass er seine Meinung rüberbringt, aber die Art und Weise finde ich irgendwie nicht gut. Ein Beruf fordert heraus, man kann seine Fähigkeiten erweitern, was einem natürlich auch an seine Grenzen bringen kann.

Deshalb ist es wichtig, dass Familie, soziale Aktivitäten oder andere Sachen im Gleichgewicht mit der Arbeit stehen. Im Bestreben nach Gleichgewicht sind individuelle Einstellungen und Ziele sowie betriebliche oder gesellschaftliche Bedingungen mehr als relevant. Im Zusammenhang mit veränderten Geschlechterrollen und demografischer Entwicklung im 20. und 21. Jahrhundert hat sich die Schaffung von Bedingungen für eine Erwerbstätigkeit zu einem zentralen gesellschaftlichen und politischen Thema entwickelt. Je nach Alter und Situation können die Schwerpunkte anderster liegen. Das gibt dem Verfasser aber wirklich nicht das Recht, sich über alles lächerlich zu machen. Oder?

a) Halten Sie in einer Tabelle fest, was Ihnen auffällt.

unpassende Ausdrücke	unkonkrete Formulierung / nichtssagende Füllwörter	Nominalstil	
rüberbringen	*polemisiert ... andauernd*		

b) Notieren Sie, welche konkreten Tipps Sie Ihrem Mitschüler geben.

c) Formulieren Sie die Sätze um.

4 Notieren Sie, was man prinzipiell für einen guten Stil tun kann.

Zitate in den eigenen Text einbauen

Wenn Sie Fremdtexte in Ihre Ausarbeitungen übernehmen, müssen Sie dies kenntlich machen.

Georg Büchner: Woyzeck (1836/37, Auszüge)

Buden. Lichter. Volk

ALTER MANN, *der zum Leierkasten singt,* KIND, *das tanzt:*
Auf der Welt ist kein Bestand,
Wir müssen alle sterben,
Das ist uns wohlbekannt!
MARIE: Hei! Hopsa!
WOYZECK: Arm Mann, alter Mann! Arm Kind! Jung Kind! Sorgen und Fest!

1 Zitieren Sie aus der Textstelle oben (↗ Kapitel 11.1, S. 212).

a) Geben Sie Woyzecks Äußerung ohne die unterstrichene Passage als direktes Zitat wieder.

b) Geben Sie das Lied des alten Mannes in der indirekten Rede wieder. Nutzen Sie den Konjunktiv.

2 Geben Sie den Inhalt des folgenden Textauszugs aus „Woyzeck" in eigenen Worten und mit Textverweisen wieder.

Das Innere der Bude

MARKTSCHREIER: Zeig dein Talent! Zeig deine viehische Vernünftigkeit! Beschäm die menschlich Sozietät! Meine Herren, dies Tier, das Sie da sehn, Schwanz am Leib, auf sei vier Hufe ist Mitglied von alle gelehrte Sozietät[1], ist Professor an unse Universität, wo die Studente bei ihm reiten und schlage lerne. Das war einfacher Verstand. Denk jetzt mit der doppelte raison[2]. Was machst du, wann du mit der doppelte Raison denkst? Ist unter der gelehrte Société da ein Esel? *(Der Gaul schüttelt den Kopf.)* Sehn Sie jetzt die doppelte Räson? Das ist Viehsionomik. Ja, das ist kei viehdummes Individuum, das ist eine Person. Ei Mensch, ei tierisch Mensch und doch ei Vieh, ei bête[3]. *(Das Pferd führt sich ungebührlich auf.)* So beschäm die Société. Sehn Sie, das Vieh ist noch Natur, unideale Natur! Lern Sie bei ihm. Fragen Sie den Arzt, es ist höchst schädlich. Das hat geheißе: Mensch sei natürlich! Du bist geschaffe Staub, Sand, Dreck. Willst du mehr sein als Staub, Sand, Dreck? Sehn Sie was Vernunft, es kann rechnen und kann doch nit an de Finger herzählen, warum? Kann sich nur nit ausdrücke, nur nit expliziern, ist ein verwandelter Mensch! Sag den Herrn, wie viel Uhr es ist. Wer von den Herrn und Damen hat eine Uhr, eine Uhr?

1 die Sozietät bzw. Société (frz. la société): die Gesellschaft
2 die Raison (frz. la raison): die Vernunft
3 das Bête (frz. la bête): das Tier

3 Setzen Sie sich mit der folgenden Textstelle aus „Woyzeck" sowie dem Auszug aus Büchners Brief an seine Eltern auseinander. Ergänzen Sie das Muster auf Seite 191 mit sinnvollen Zitaten aus Büchners Texten. Nutzen Sie dabei GUT ZU WISSEN „Zitate im eigenen Text" (S. 191).

Zitate in den eigenen Text einbauen

Der Hauptmann. Woyzeck

[…] HAUPTMANN: Woyzeck, Er sieht immer so verhetzt aus. Ein guter Mensch tut das nicht, ein guter Mensch, der sein gutes Gewissen hat. – Red Er doch was, Woyzeck. Was ist heut für Wetter?
WOYZECK: Schlimm, Herr Hauptmann, schlimm; Wind.
HAUPTMANN: Ich spür's schon. s' ist so was Geschwindes draußen; so ein Wind macht mir den Effekt wie eine Maus. *(Pfiffig.)* Ich glaub, wir haben so was aus Süd-Nord.
WOYZECK: Jawohl, Herr Hauptmann.
HAUPTMANN: Hahaha! Süd-Nord! Hahaha! Oh, Er ist dumm, ganz abscheulich dumm. […]
WOYZECK: Wir arme Leut. Sehn Sie, Herr Hauptmann, Geld, Geld. Wer kein Geld hat. Da setz einmal einer seinsgleichen auf die Moral in die Welt. Man hat auch sein Fleisch und Blut. Unseins ist doch einmal unselig in der und der andern Welt, ich glaub, wenn wir in Himmel kämen, so müssten wir donnern helfen.

Georg Büchner: An die Eltern in Darmstadt (Auszug, 1834)

Ich verachte niemanden, am wenigsten wegen seines Verstandes oder seiner Bildung, weil es in niemands Gewalt liegt, kein Dummkopf oder kein Verbrecher zu werden, – weil wir durch gleiche Umstände wohl alle gleich würden, und weil die Umstände außer uns liegen. Der Verstand nun gar ist nur eine sehr geringe Seite unsers geistigen Wesens und die Bildung nur eine sehr zufällige Form desselben. […] Jemanden kränken, ist eine Grausamkeit, ihn aber zu suchen oder zu meiden, bleibt meinem Gutdünken überlassen. […] Der Hass ist so gut erlaubt als die Liebe, und ich hege ihn im vollsten Maße gegen die, welche verachten. Es ist deren eine große Zahl, die im Besitze einer lächerlichen Äußerlichkeit, die man Bildung, oder eines toten Krams, den man Gelehrsamkeit heißt, die große Masse ihrer Brüder ihrem verachtenden Egoismus opfern. […] Ich hoffe noch immer, dass ich leidenden, gedrückten Gestalten mehr mitleidige Blicke zugeworfen, als kalten, vornehmen Herzen bittere Worte gesagt habe. –

MUSTER Auszug aus einer Interpretation

Büchner bekennt sich zum einfachen Menschen, der nichts dafür kann, dass er zu dem wurde, was er ist. Menschen, denen es an intellektuellen Fähigkeiten fehle, solle man nicht kränken oder herablassend auf sie reagieren, wie es beispielsweise der Hauptmann tut. Dieser macht sich über Woyzeck lustig und bezeichnet ihn als dumm. Er empfindet kein Mitgefühl mit Woyzeck und dessen Schicksal.

GUT ZU WISSEN Zitate im eigenen Text

Wenn Zitate in den eigenen Satz eingebaut werden, sollten sie nicht zu umfangreich sein. Zu viele und **zu umfangreiche Zitate stören den Lesefluss**. Bei Kürzungen des Zitats ist darauf zu achten, dass der **Sinn erhalten** bleibt. Die **Regeln des Satzbaus** sind einzuhalten. Dabei sollte man den eigenen Satz dem Zitat anpassen oder kleine grammatische Änderungen am Zitat (z. B. Anpassung der Endungen) vornehmen, die kenntlich gemacht werden müssen. Der Ort des Geschehens ist nicht mit der Stelle im Buch gleichzusetzen.

Dies wird im Gespräch der beiden besonders deutlich (vgl. S. 3) statt: *Auf S. 3 wird dies besonders deutlich.*

Anwenden, Vertiefen, Fazit

Korrektes Deutsch versus Alltagssprache

Wolf Schneider setzt sich mit dem Wandel von Sprache und deren Bewahrung auseinander.

Volkes Maul ist nicht genug

von Wolf Schneider

Wer es wagt, als Ratgeber für korrektes Deutsch auf den Plan zu treten, der wird zugleich von drei Einwänden überfallen: erstens, dass es sich um ein uferloses Thema handle; zweitens, dass die Profis selbstverständlich am besten wüssten, was richtig ist; und drittens, dass es altmodisch sei, die Frage des korrekten Sprachgebrauchs, der grammatischen Normen, der Rechtschreibung nach dem Duden allzu wichtig zu nehmen. Die Sprache wachse und ändere sich wie jedes Lebewesen; „scheinbar" gegen „anscheinend" abzugrenzen, sei eine Pedanterie; und wenn das Volk keinen korrekten Konjunktiv mehr wolle, dann möge der korrekte Konjunktiv eben sterben, und wer dagegen sei, könne ohnehin nichts ändern.

Ein uferloses Thema: ja. […]

Was aber den Punkt angeht, dass es altmodisch sei, zerbrechende Normen zu verteidigen, oder gar hoffnungslos und lächerlich wie der Kampf des Don Quijote gegen die Windmühlenflügel: darüber sollte man keine zu rasche Meinung haben.

Es war schon immer so, dass Feinheiten oder zusätzliche Verfeinerungen der Grammatik nicht von Landarbeitern und Halbwüchsigen ersonnen oder hochgehalten wurden, sondern von Dichtern, Mönchen und Lehrern; das Volk neigt zu saftigem Ausdruck in schlampiger Form. Jahrtausendelang hat sich das Volk *nicht* gegen die Lehrer und Mönche durchgesetzt; und da wir mit dem Ergebnis, nehmt alles nur in allem, doch zufrieden sind, muss die Frage erlaubt sein, warum Lehrer und Journalisten plötzlich vor der uralten Formfaulheit des Volkes kapitulieren sollen. (Bloß weil die Mönche fehlen?)

Im Zusammen- und Gegeneinanderwirken der erfindenden und der bewahrenden, der experimentierenden und der reglementierenden Kräfte, des kraftvollen Inhalts und der geschmiedeten Form sind die großen Sprachen groß geworden, und dabei sollte man es lassen.

Man könne es nicht, die alten Regeln würden von der Entwicklung überrollt? Dieser Einwand ist allgegenwärtig, ziemlich ausgeleiert und im Grunde einfach falsch. Wenn hunderttausend Lehrer und Journalisten ihre historische Pflicht gegenüber der Sprache nicht mehr erfüllen wollen, weil sie es nicht mehr zeitgemäß finden oder weil es ihnen zu mühsam ist, dann freilich hat Volkes Maul gesiegt […].

(aus: Deutsch für Profis, 2001)

1 Unterscheiden Sie „scheinbar" und „anscheinend" (Z. 10).

★ **2** Sollten Lehrer und Journalisten vor „Volkes Maul" kapitulieren? Nehmen Sie Stellung.

FAZIT

10.1 Richtig rechtschreiben und Zeichen setzen
- Individuelle Fehlerschwerpunkte erkennen

10.2 Grammatikwissen auch mithilfe des Feldermodells anwenden
- Satzbau
- Kongruenz
- Präpositionen und präpositionale Ergänzungen

10.3 Korrekt und stilsicher formulieren

10.4 Zitate in den eigenen Text einbauen

10.5 Anwenden, Vertiefen, Fazit
- Korrektes Deutsch versus Alltagssprache

Projekt: Sprachwerkstatt

Debattieren zwischen Strategie und Verständigung

In vielen Gemeinden gibt es sogenannte Debattierklubs, deren Mitglieder nach bestimmten Regeln über interessante Fragen des politisch-gesellschaftlichen Lebens diskutieren. In Wettbewerben treten diese Klubs gegeneinander an und messen sich im Argumentieren, im Eintreten für ihre Position und Widerlegen der gegnerischen Seite. Ein respektvoller Umgang zwischen Befürwortern und Gegnern ist dabei selbstverständlich.
Die folgenden Informationen helfen Ihnen, einen solchen Debattierklub in Ihrer Jahrgangsstufe beziehungsweise an Ihrer Schule einzurichten.

1 Bringen Sie in Erfahrung, ob es in Ihrer Nähe einen Debattierklub gibt. Laden Sie ggf. ein Klubmitglied ein, das Ihre Gruppe darüber informiert, was es bei der Gründung eines Debattierklubs zu beachten gilt. Überlegen Sie im Vorfeld genau, was Sie wissen müssen, um Ihr Vorhaben zu realisieren.

2 Recherchieren Sie im Internet nach Debattierklubs. Schauen Sie sich Videos dieser Klubs an und verschaffen Sie sich einen Eindruck von den durchgeführten Debatten.

British Parliamentary Style (BPS)

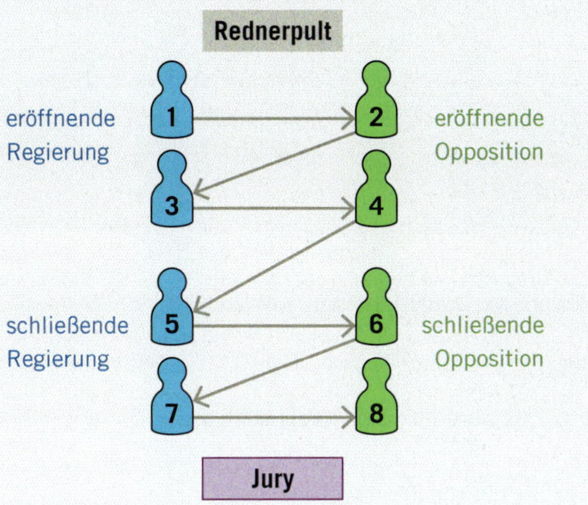

Fokus: Logik der Zusammenhänge in einer Rede sowie Tiefe der Argumente

Besonderheit: je zwei Regierungen bzw. Oppositionen mit sich jeweils ergänzenden Standpunkten

Offene Parlamentarische Debatte (OPD)

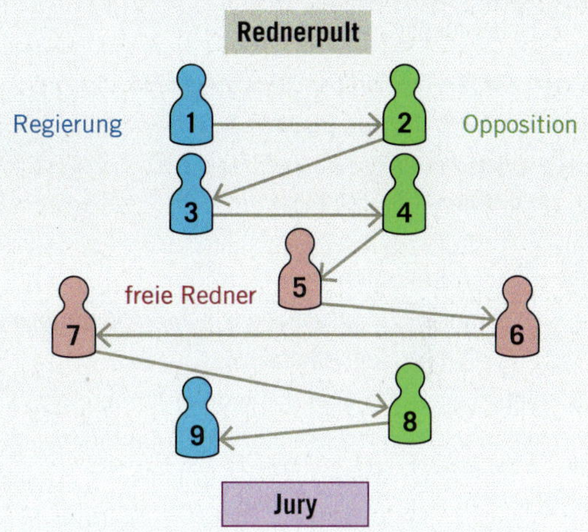

Fokus: Richtigkeit der Argumente sowie Gesamtdarstellung (Auftreten, Sprachkraft, Urteilskraft)

Besonderheit: Einbindung freier Redner möglich (Redezeit: 3,5 Minuten statt 7 Minuten)

3 Betrachten Sie die Schaubilder und lesen Sie die Regeln, nach denen üblicherweise debattiert wird. Entscheiden Sie, welche dieser Regeln Sie in Ihrem Debattierklub anwenden wollen.

4 Wer spricht, sagt nicht nur verbal etwas über den von ihm gemeinten Inhalt aus. Erläutern Sie, inwieweit dem Gegenüber zusätzliche Informationen durch:
a) nonverbale und
b) paraverbale Kommunikation (Stimmeigenschaften und Sprechverhalten) gegeben werden.

Debattieren zwischen Strategie und Verständigung

5 **Die Positionen in einer Debatte (pro/kontra) werden per Zufall entschieden. Erläutern Sie, warum das sinnvoll ist.**

6 **Finden Sie Ihr Debattierthema. Orientieren Sie sich ggf. an den unten stehenden Beispielen.**

a) Formulieren Sie weitere Themen.

b) Stimmen Sie ab. Wählen Sie das Thema aus, mit dem Sie beginnen wollen.

Sollte man Lebensmittel mit Fotos versehen, welche die negativen Auswirkungen der jeweiligen Lebensmittelproduktion zeigen (z. B. Tiere in nicht artgerechter Haltung, Menschen mit Hautausschlägen auf Bananenplantagen)?	*Sollte man Naturkatastrophen und extreme Wetterlagen zukünftig nach Politikerinnen und Politikern benennen, die den Klimawandel abstreiten?*	*Sollte man in Stadtvierteln, in denen Reiche wohnen, Unterkünfte für Asylbewerber/-innen bauen?*
Sollten Politiker/-innen den Durchschnittslohn ihres Landes verdienen?	*?*	*Sollte man zwei Monate vor einer Wahl keine Wahlprognosen mehr veröffentlichen?*
Sollten in allen Bundesländern die gleichen Abituraufgaben geschrieben werden?	*Brauchen wir das Gendersternchen in unserer Sprache?*	*Sollte der Nahverkehr kostenfrei von allen genutzt werden können?*

7 **Führen Sie einen Probelauf durch.**

a) Bestimmen Sie ausgehend von Ihrer Debattierregel die Anzahl der Debattierenden. Alle anderen Anwesenden sind Beobachter/-innen.

b) Entscheiden Sie über die Redepositionen (pro/kontra) per Los.

c) Wenden Sie in Ihrer Debatte Argumentationstechniken an. Orientieren Sie sich dabei auch an GUT ZU WISSEN „Argumentationstechniken“ (↗ Kapitel 5.3, S. 96).

d) Tauschen Sie sich im Anschluss an die Debatte aus. Geben Sie ein konstruktives Feedback (↗ Kapitel 11.1, S. 198). Gehen Sie dabei vor allem auf die Schlüssigkeit der Argumentation, die sprachliche Ausdrucksfähigkeit und das Auftreten ein.

8 **Erstellen Sie eine Mindmap (↗ Kapitel 11.1, S. 203), in der wichtige Verhaltensregeln für Ihre Debatten festgehalten werden.**

9 **Bereiten Sie einen Redebeitrag vor, mit dem Sie in der nächsten SMV-Sitzung für einen Debattierklub werben.**

a) Erläutern Sie vor allem die Gründe, die für Ihr Projekt sprechen.

b) Gehen Sie auch auf die Bedeutung eines Debattierklubs für eine demokratische und pluralistische Gesellschaft ein.

Kapitel 11

Methoden, Arbeitstechniken und Projekte

Arbeit mit dem Wörterbuch

Silbentrennung
Artikel
gelb: empfohlene Schreibweise
Bedeutung
Endung im Genitiv
Endung im Plural
Aussprache
Sprachvarietät
ugs. = umgangssprachlich
Verweise: vgl. = vergleiche

Duden – Die deutsche Rechtschreibung

Ki|ne|ma|thek, die; -, -en <griech.> (Sammlung von Filmen; Filmarchiv)

Ki|ne|ma|tik, die; - (*Physik* Lehre von den Bewegungen); **ki|ne|ma|tisch** (die Kinematik betreffend)

Ki|ne|ma|to|graf, Ki|ne|ma|to|graph, der; -en, -en (der erste Apparat zur Aufnahme u. Wiedergabe bewegter Bilder; *Kurzform* Kino)

Ki|ne|ma|to|gra|fie, Ki|ne|ma|to|gra|phie, die; - (Filmwissenschaft u. -technik, Aufnahme u. Wiedergabe von Filmen)

ki|ne|ma|to|gra|fisch, ki|ne|ma|to|gra|phisch

Ki|ne|sio|lo|gie, die; - (Lehre von den Bewegungsabläufen); **ki|ne|sio|lo|gisch** (die Kinesiologie betreffend)

Ki|ne|sio|tape, Ki|ne|sio-Tape [...teɪp]; **Ki|ne|sio|the|ra|pie** (Bewegungstherapie)

Ki|ne|tik, die; - (*Physik* Lehre von den Kräften, die nicht im Gleichgewicht sind); **ki|ne|tisch;** kinetische Energie (Bewegungsenergie)

Ki|ne|to|se, die; -, -n (*Med.* Bewegungs- od. Reisekrankheit)

King, der; -[s], -s <engl.> (*engl. für* König; *ugs. für* Anführer; jmd., der größtes Ansehen genießt)

King|size [...saɪs], die, *auch* das; - (Großformat, Überlänge [von Zigaretten])

Kings|ton [...tn̩] (Hauptstadt Jamaikas)

Kings|town [...taʊn] (Hauptstadt des Staates St. Vincent u. die Grenadinen)

Kink, der; -en, -en, *auch* die; -, -en (*Seemannsspr. u. nordd. für* Knoten, Fehler im Tau)

Kin|ker|litz|chen *Plur.* (*ugs. für* Nichtigkeiten)

Kinn, das; -[e]s, -e

Kinn|ba|cke[n]; Kinn|ha|ken; Kinn|la|de; Kinn|län|ge; die Haare auf Kinnlänge schneiden lassen; **Kinn|rie|men; Kinn|spit|ze**

Ki|no, das; -s, -s (Lichtspieltheater); *vgl.* Kinematograf

(aus: Duden. Die deutsche Rechtschreibung, 2020)

Methoden und Arbeitstechniken

Blitzlicht (↗ Moderationstechniken)

Brainstorming (↗ Moderationstechniken)

Brainwriting (↗ Methode 635)

Cluster

Die Schülerin / Der Schüler schreibt ein Thema in die Mitte eines leeren Blatts und zieht einen Kreis um das Wort oder die Phrase. Anschließend werden spontane Gedanken dazu darum herumgruppiert und mit Strichen verbunden, wenn sie thematisch zusammenhängen. Ein Cluster ist weniger stark strukturiert als eine Mindmap und dient nicht dazu, eine Gliederungsstruktur festzuhalten, sondern Assoziationsketten zu notieren.

Diagonales Lesen (↗ Lesetechniken)

Diskussionsformen

Bei der **Plenumsdiskussion** haben alle Anwesenden Rederecht (z. B. Unterrichtsdiskussionen). Eine Moderatorin / Ein Moderator lenkt dabei die Beiträge.

In einer **Podiumsdiskussion** hingegen diskutiert nur eine bestimmte Personengruppe (z. B. Expertinnen und Experten). Während des von einer Moderatorin / einem Moderator geleiteten Gesprächs werden Gegensätze herausgearbeitet und Möglichkeiten der Annäherung gesucht. Die Zuhörerinnen und Zuhörer erhalten im Verlauf der Diskussion Gelegenheit, sich mit ihren Fragen und Gegenargumenten in das Gespräch einzuschalten.

Die **Fishbowl-Diskussion** ist eine alternative Methode der Diskussionsführung, bei der eine kleinere Gruppe in einem Innenkreis diskutiert, während die übrigen Teilnehmerinnen und Teilnehmer in einem Außenkreis sitzen und die Diskussion beobachten, ohne sich einzumischen. Eine Teilnehmerin oder ein Teilnehmer kann als Moderatorin/ Moderator fungieren, nachfragen und sicherstellen, dass alle die Möglichkeit bekommen, ihre Meinung zu äußern.

Dokumentation des Textverständnisses

Um Gelesenes weiterzuverarbeiten, ist es wichtig, gezielt unterschiedliche Methoden der Dokumentation des Textverständnisses anwenden zu können:

- Schlüsselwörter unterstreichen
- Randkommentare verfassen
- Sinnzusammenhänge und Argumentationsschritte kennzeichnen
- Exzerpte schreiben
- Stichpunktartige Zusammenfassungen schreiben
- Basissätze formulieren
- Gliederungen aufzeigen
- Personenkonstellationen aufzeichnen

Bei Grafiken und Statistiken sollte man die wichtigsten Informationen ebenfalls verschriftlichen.

Methoden und Arbeitstechniken

Expertenkarussell

Für ein Expertenkarussell benötigt man drei Gruppen (A, B und C) mit je drei (bis fünf) Schülerinnen und Schülern. Jede Gruppe bereitet ein Thema vor und nacheinander präsentiert je ein Gruppenmitglied die Ergebnisse den anderen beiden Gruppen. In größeren Klassen können mehrere Expertenkarusselle parallel durchgeführt werden.

Beispiel Gruppe A: In der ersten Runde informiert Schüler 1 die Gruppe B über die Ergebnisse von Gruppe A und kehrt zurück. In der zweiten Runde informiert Schüler 2 die Gruppe C über die Ergebnisse und kehrt zurück. In der dritten Runde empfängt Schüler 3 diejenigen Schüler aus Gruppe B und C, die selbst präsentiert haben, während ihre Gruppe informiert wurde, und stellt diesen die Ergebnisse der Gruppe A vor.

Expertenteam

Die Schülerinnen und Schüler bilden Gruppen von drei bis fünf Personen, die je einen (meist längeren) Text sprachlich und stilistisch kooperativ überarbeiten. Die Autorin bzw. der Autor des Textes sollte nicht Teil der Gruppe sein.

Innerhalb der Gruppe wird arbeitsteilig vorgegangen. Die Beteiligten werden somit zu „Experten“ für einen speziellen Untersuchungsaspekt, z. B. für Satzbau, Ausdruck/Stil, Rechtschreibung und Zeichensetzung oder für andere Gebiete, die sich aus der Aufgabenstellung ergeben. Die Methode kann variiert werden, z. B. können die Experten aufgefordert werden, nach der Überarbeitung eines längeren Textes eine Art Gutachten für die Autorin oder den Autor des Textes zu schreiben. Für kürzere Texte reicht ein knappes Fehlerprotokoll für die Verbesserung.

Exzerpieren / Texte zusammenfassen

Wenn man einen Text auf eine bestimmte Fragestellung hin untersucht, kann man die relevanten Textstellen exzerpieren, d. h., man gibt den Text auszugsweise in kurzen Sätzen und/oder Stichpunkten wieder. Dabei kann es sich um wörtliche oder paraphrasierende (sinngemäße) Textauszüge handeln.

Ein Exzerpt hat den Vorteil, dass nur die Textpassagen notiert werden, die für das eigene Thema von Bedeutung sind. So kann man später auf wichtige Informationen zurückgreifen, ohne den Text nochmals zu lesen. Außerdem haftet ein „abgespeckter“ und selbst verfasster Text besser im Gedächtnis.

Ein Exzerpt kann bei entsprechender Berücksichtigung der einschlägigen Zitierregeln in Teilen in andere Texte übernommen werden.

Man kann zwei **Methoden** anwenden:

1. Texte kürzen: Textstellen, die für das eigene Thema nicht wichtig sind, werden weggelassen.
2. Texte verdichten: Ausführlich dargelegte Informationen werden so zusammengefasst, dass der Text übersichtlicher wird.

Vorgehen: Man unterteilt den zu bearbeitenden Text in Sinnabschnitte und formuliert die Kernaussage des jeweiligen Abschnitts. Definitionen, Schlüsselwörter und wichtige Thesen zitiert man wörtlich (Zitate müssen als solche kenntlich gemacht werden). Beispiele und ausführliche Argumentationen werden stichwortartig zusammengefasst.

Tipp: Man teilt den oberen Teil einer DIN-A5-Karteikarte in zwei Hälften. Auf der linken Seite werden alle Angaben zu Autor/-in und Werk, auf der rechten Seite wird die dem Exzerpt zugrunde liegende Fragestellung notiert. Darunter wird das Exzerpt aufgeschrieben.

Methoden und Arbeitstechniken

Feedbackregeln

Feedback geben

- Zu Beginn werden immer positive Bemerkungen geäußert *(„Mir hat gefallen, dass ...“).*
- Wertende Begriffe werden vermieden (nicht: *„Die Schrift auf dem Plakat ist krakelig“,* sondern z. B. *„Die Schrift ist schwer zu lesen“).*
- Ich-Botschaften werden verwendet *(„Mir ist aufgefallen ...“, „Ich habe beobachtet ...“).*
- Man äußert sich konstruktiv, konkret und sachlich *(„Die Präsentation war zu lang ...“).*
- Verbesserungsvorschläge können angeboten werden, wenn die Feedback annehmende Person einverstanden ist.
- Feedback bezieht sich nicht auf die Person, sondern auf den Sachverhalt.

Feedback annehmen

- Die Feedback gebende Person lässt man ungehindert aussprechen.
- Man nimmt eine offene, aktiv zuhörende Haltung ein.
- Man vermeidet Rechtfertigungen oder Diskussionen.
- Man bedankt sich für das Feedback, auch wenn man nicht allen geäußerten Punkten zustimmen kann.
- Ob und wie man das Feedback annimmt, kann man in einem zweiten Schritt überlegen. Zum Beispiel ist eine kurze Rückmeldung in Form einer Ich-Botschaft möglich.

Fortlaufendes Lesen (↗ Lesetechniken)

Fünfsatz

Mit dem sogenannten Fünfsatz können Diskussionsbeiträge zielgerichtet gegliedert und einprägsam gestaltet werden. Man spricht vom Fünfsatz, weil es in fünf aufeinanderfolgenden Denkschritten (fünf Sätzen) möglich wird, kurz, logisch und gegliedert zu argumentieren. Es gibt verschiedene Arten von Fünfsätzen, die sich jedoch immer wie folgt zusammensetzen:

1. Schritt: Die Aufmerksamkeit der Gesprächspartner wird auf den Diskussionsbeitrag gelenkt oder eine Verknüpfung mit anderen Meinungen/Vorrednern wird hergestellt.

2.–4. Schritt: Hier folgt die eigentliche Beweisführung, z. B. durch die Gegenüberstellung der Vor- und Nachteile bzw. der Pro- und Kontra-Argumente, welche die Grundlage für das eigene Urteil bilden.

5. Schritt: Der Kerngedanke wird in einem Ziel oder Zwecksatz zugespitzt und einprägsam zusammengefasst.

Für einen Redebeitrag in einer Diskussion kann der Fünfsatz folgendermaßen aussehen:

1. Eigenen Beitrag in die Diskussion einordnen / an Vorredner anknüpfen
2. Eigenen Standpunkt formulieren
3. Argument vorbringen
4. Begründung/Veranschaulichung
5. Fazit – Appell – Forderung

Fünf-Schritt-Lesemethode (↗ Lesetechniken)

Methoden und Arbeitstechniken

Gallery-Walk

Bei einem Gallery-Walk werden zunächst Aufgaben in Teams bearbeitet. Die Ergebnisse werden z. B. in Form von Plakaten, Fotostorys oder Collagen festgehalten und anschließend im Kursraum wie in einer Ausstellung präsentiert. Jedes Team wählt eine Person, die die Ergebnisse vorstellt und erklärt. Die anderen Teammitglieder wandern von „Ausstellungsstück“ zu „Ausstellungsstück“. Zum Schluss kommen alle Teilnehmenden im Plenum zusammen und diskutieren über die Ergebnisse.

Gruppenpuzzle

Diese kooperative Lernform ermöglicht eine gezielte Bearbeitung einer Aufgabe in mehreren Schritten.

Ablauf

1. Phase: Stammgruppe

- Erstinformationen erarbeiten (mehrere Minuten Lesen des Materials in Einzelarbeit)
- Untersuchungsfrage/Problemstellung, z. B. Frage(n) analysieren, Schlüsselwörter markieren

2. Phase: Expertengruppen

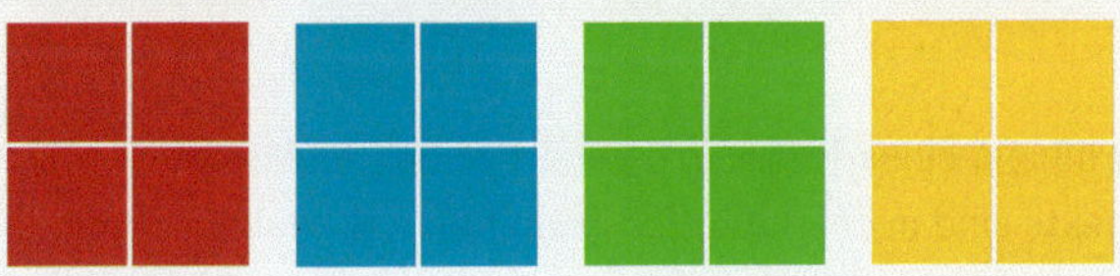

- Aus jeder einzelnen Gruppe treffen Experten zusammen und tauschen Informationen aus.
- Zusammen bearbeiten sie ihr spezifisches Thema anhand der vorher durchgelesenen Texte/Materialien.

3. Phase: zurück in den Stammgruppen

- Jeder Experte informiert in seiner Stammgruppe über die Ergebnisse aus der jeweiligen Expertengruppe.
- Gemeinsam bearbeiten sie die gestellte(n) Aufgabe(n) und erarbeiten ein präsentierbares Ergebnis.

Heißer Stuhl

Die Methode „Heißer Stuhl“ (auch Hot Seat oder Hot Chair genannt) kommt aus der Theaterpädagogik. Durch intensives Befragen wird versucht, einer Figur (eines epischen oder dramatischen Textes) möglichst viele tiefer gehende Informationen zu entlocken. Dabei hat sich die Person, die in die Figur schlüpft, intensiv mit der Figur auseinandergesetzt. Sie muss nun die Fragen der anderen Anwesenden beantworten, die mitunter auch sehr persönlich sein können. Natürlich müssen die Antworten am Text, aus dem die Figur stammt, belegbar sein. Die befragte Person sitzt beim Interview auf einem Stuhl gegenüber den Personen, die sie befragen.

Methoden und Arbeitstechniken

IDEMA-Methode

Bereits die Rhetoriker der Antike verwendeten die IDEMA-Methode: fünf Schritte zur Vorbereitung und Durchführung einer Rede.

I **Inventio:** das Sammeln von Gedanken und Einfällen zum Thema der Rede

D **Dispositio:** die Gliederung des gesammelten Materials

E **Elocutio:** die sprachliche Gestaltung und Ausschmückung der Rede

M **Memoria:** das Einprägen der Rede

A **Actio:** der Redevortrag und seine Gestaltung

Intensives Lesen (↗ Lesetechniken)

Kaffeehausmethode

Bei dieser Methode werden die Tische wie in einem Café gestellt und mit weißen Papiertischdecken bedeckt. Darauf können die Gesprächspartner ihre wichtigsten Ergebnisse kreuz und quer aufschreiben. Es empfiehlt sich, dass eine Gastgeberin bzw. ein Gastgeber an jedem Tisch sitzen bleibt, während auf ein Signal der Lehrkraft hin die anderen Gäste sich zu neuen Diskussionsgruppen zusammenfinden. Die Gastgeberin / Der Gastgeber fasst anschließend das Wesentliche der Tischgespräche mithilfe der hoffentlich vollgeschriebenen Tischdecke zusammen.

Konspekt

Ein Konspekt ist eine singgemäße Zusammenfassung des Inhalts eines Textes und gehört zu den Techniken wissenschaftlichen Arbeitens. Beim Erstellen eines Konspekts sind auch grafische Hilfsmittel (z. B. Pfeile) erlaubt. In einem Konspekt werden Fragestellung, Gedankengang, zentrale Aussagen und Ergebnisse zusammengefasst.

Kopfstandmethode

Die Kopfstandmethode ruft Schülerinnen und Schüler dazu auf, eine Fragestellung ins Gegenteil zu verkehren und zunächst Antworten auf die umgekehrte Frage zu finden. Nicht: „Was muss ich tun, damit etwas gelingt?" Sondern: „Was muss ich tun, damit etwas richtig schiefgeht?" In einem zweiten Schritt wird dann zur Ausgangsfrage zurückgekehrt und die Antworten werden „umgedreht". Zur Visualisierung wird oft eine Moderationswand eingesetzt, deren Papier dann abgenommen und umgedreht wird, sodass die korrekten, passenden Antworten richtig herum und lesbar, die Antworten auf die erste, gegenteilige Frage jedoch unlesbar, „auf dem Kopf" erscheinen.

Kugellager

Setzen Sie sich in einem **Außen-** und einem **Innenkreis** einander gegenüber. Jeder hat eine Gesprächspartnerin bzw. einen Gesprächspartner. Erläutern Sie Ihrem Gegenüber Ihre Überlegungen anhand Ihrer Notizen. Nach einer vorher festgelegten Zeit **drehen sich Innen- und Außenkreis in gegensätzlicher Richtung** einen Platz weiter. So kommen neue Paare zustande. Erklären Sie Ihrem neuen Gegenüber wieder Ihre Überlegungen anhand Ihrer Notizen und Ihrer Erkenntnisse aus dem vorherigen Gespräch. Fahren Sie fort, bis Sie sich mit mehreren Gesprächspartnerinnen/-partnern ausgetauscht haben.

Methoden und Arbeitstechniken

Lernkärtchen und Lernkartei

Auf einer Karteikarte notiert man zu lernende Inhalte, z. B. schwierige Wörter. Zusätzlich braucht man einen passenden länglichen Kasten, der in mindestens drei Fächer unterteilt ist.

- Erstes Fach: Kärtchen, deren Inhalte man **noch nicht beherrscht**
- Zweites Fach: Kärtchen, deren Inhalte man **noch nicht sicher beherrscht**
- Drittes Fach: das **gefestigte Wissen**

Die Karten wandern je nach Wissensstand weiter oder bleiben im Fach. Für Wiederholungen zu einem späteren Zeitpunkt sollte man ein weiteres Fach anlegen. Statt mit Karteikarten aus Papier können Sie auch mit einer digitalen Lernkartei üben.

Lernplakat

Wichtige Ergebnisse kann man auf Plakatpapier festhalten und einprägsam visualisieren. Die Darstellung muss sachlich richtig und ansprechend sein. Bei einem gut gestalteten Plakat werden wenige Farben gezielt eingesetzt, die Schrift ist lesbar. Es zeigt durch Überschrift und Aufbau, worum es geht.

Lerntempoduett

Bei dieser Methode arbeiten zunächst alle für sich allein in ihrem eigenen Lerntempo. Wer den Arbeitsauftrag beendet hat, steht auf und wartet, bis jemand anderes fertig ist. Nun arbeiten diese beiden in Partnerarbeit. Die Lerntempopartner tauschen sich über ihre Arbeitsergebnisse aus und ergänzen sie. Eventuell bearbeiten sie gemeinsam weitere Arbeitsaufträge. Am Ende werden die Ergebnisse in der Gruppe besprochen.

Lesetechniken

In Beruf und Alltag muss man oft den Inhalt umfangreicher und schwieriger Texte verstehen und wiedergeben können. Es gibt verschiedene Techniken, die das Lesen erleichtern, z. B.:

Fünf-Schritt-Lesemethode: Wenn man sich Informationen aus einem Text für eine Klassenarbeit oder Prüfung merken oder diese in ein Referat einbauen möchte, kann man die Informationen mithilfe der Fünf-Schritt-Lesemethode in eigene Worte fassen:

1. *Überfliegen:* Man überfliegt den Text zuerst grob und achtet dabei auf Titel, Untertitel, Hervorhebungen, Inhaltsverzeichnis, Autor oder Autorin. So erhält man einen Eindruck vom Aufbau und Inhalt des Textes und findet heraus, welche Abschnitte für den eigenen Zweck relevant sind.
2. *Fragen:* Beim ersten Lesen entstandene Fragen werden formuliert. Dies können reine Verständnisfragen sein, sie können sich aber auch auf alle Unklarheiten des Textes beziehen. Gut geeignet sind die W-Fragen.
3. *Lesen:* Der Text wird gründlich gelesen und dabei wird versucht, auf die zuvor formulierten Fragen Antworten zu finden. Wichtige Textstellen können markiert (↗ Texte sinnvoll markieren, S. 209), unbekannte Wörter in einem Wörterbuch nachgeschlagen werden. Schwierige Passagen sollten mehrmals gelesen werden.
4. *Schreiben:* Schlüsselbegriffe und die wichtigsten Gedanken des Textes werden notiert. Komplizierte Sätze, die wichtig für das Verständnis des Textes sind, können in eigene Worte gefasst werden (↗ Exzerpieren, S. 197).
5. *Wiederholen:* Der Inhalt des Textes wird anhand der Notizen wiedergegeben, Fehlendes wird ergänzt.

Methoden und Arbeitstechniken

Zielorientierte Lesetechniken

Wenn man liest, hat man unterschiedliche Ziele, z. B. sucht man in einem Text nach Details oder man möchte sich einen Gesamtüberblick verschaffen. Je nach Leseabsicht kann man zwischen folgenden Lesetechniken wählen:

Lesetechnik	Vorgehen	Ziel
Punktuelles/ Selektives Lesen	Der Text wird nach speziellen Begriffen durchsucht, dabei orientiert man sich an den Überschriften und liest nur relevante Abschnitte gründlich.	Es sollen Detailinformationen gefunden werden.
Diagonales Lesen	Der Text wird überflogen, dabei werden einzelne Passagen, hervorgehobene Textstellen und Überschriften gelesen, Sprünge beim Lesen sind sinnvoll.	Man möchte sich einen Überblick über den Text verschaffen und eine Entscheidung über die weitere Beschäftigung mit dem Text treffen.
Fortlaufendes Lesen	Der Text wird gründlich gelesen, wichtige Stellen werden markiert (↗ Texte sinnvoll markieren, S. 209), Notizen werden gemacht.	Man möchte sich umfassend informieren.
Intensives Lesen	Der Text wird gründlich gelesen. Man konzentriert sich auf die Lösung einer vorgegebenen Aufgabe. Dazu werden Notizen gemacht, es wird markiert und unterstrichen.	Man möchte den gesamten Text vollständig erfassen, um sich ein Urteil über Autor/-in und Absicht bilden zu können.

Meinungslinie

Eine Meinungslinie dient dazu, Meinungen, Haltungen oder Denkweisen abzufragen. Im Klassenzimmer wird eine Linie gezogen (z. B. mit Klebeband oder Kreide). Die beiden Linienenden sind jeweils den thematisch gegensätzlichen Standpunkten vorbehalten (wie richtig/falsch, notwendig/überflüssig, dafür/dagegen etc.). Nun gibt die Lehrkraft oder ein Moderator das Thema vor und stellt diesbezüglich eine Entscheidungsfrage. Die Schülerinnen und Schüler demonstrieren ihre Haltung, indem sie sich an dem Punkt auf der Linie positionieren, der ihrer Meinung entspricht. Der Moderator hält das Ergebnis schriftlich fest. Zum Schluss begründen sämtliche Teilnehmer/-innen, warum sie sich am jeweiligen Punkt positioniert haben.

Merkhilfen für Rechtschreibregeln

Merksätze und Regeln

Nach l, m, n, r – das merke ja, steht **nie tz** und **nie ck!**
Beispiele: *die Sülze, der Umzug, die Grenze, der Arzt; der Alkohol, der Imker, tanken, die Marke*

Diese Regel ist wirklich nett, auch **nach ei, äu, eu steht nie tz!**
Beispiel: *die Heizung*

wider/wieder: Das Wort „wider“ hat die Bedeutung „gegen“, „wieder“ bedeutet „noch einmal“.
Beispiele: *der Widerspruch; wiederholen*

Methoden und Arbeitstechniken

i oder ie: Am Ende einer Silbe wird meistens ie geschrieben, in der Mitte einer Silbe meistens i.
Beispiele: *das Fieber, der Riegel; gibt*

Stimmloser s-Laut: Wenn vor dem s-Laut ein kurzer Vokal steht, schreibt man ss, nach einem langen Vokal oder Doppelvokal ß.
Beispiele: *muss; die Straße, heißen*

Getrennt oder zusammen: Adjektiv + Verb oder Verb + Verb werden zusammengeschrieben, wenn das zusammengesetzte Verb eine Bedeutung im übertragenen Sinn hat.
Beispiele: *offen bleiben* (z. B. *ein offen gebliebenes Fenster); offenbleiben* (z. B. *eine offengebliebene Frage)*

Merkwörter: z. B. *das Klima, der Tiger, die Margarine, die Krise, mahlen/malen*

Methode 635

Die Methode 635 ist eine Form des Brainwritings. Der Name 635 leitet sich aus den drei wesentlichen Verfahrenselementen der Methode ab: Jeweils **sechs** Schüler/-innen finden sich in Gruppen zusammen. Alle Gruppenmitglieder erhalten ein Blatt, auf dem sie im Rahmen einer Tabelle neben dem eigenen Namen jeweils **drei** Ideen zur Aufgabenstellung notieren. Nach einem (evtl. auch genau festgelegten) Zeitraum von wenigen Minuten reichen alle ihr Blatt gleichzeitig im Uhrzeigersinn weiter. Nach **fünf** weiteren Runden hält jedes Gruppenmitglied das eigene Blatt wieder in den Händen – gefüllt mit vielen guten Gedanken.

Mindmap

Textinhalte können mithilfe grafischer Elemente dargestellt und zusammengefasst werden. Neben Diagrammen eignen sich dafür besonders Mindmaps:

Mithilfe einer Mindmap können Schlüssel- bzw. Oberbegriffen Detailinformationen in Form von Unterbegriffen zugeordnet werden. Das zentrale Thema wird in die Mitte eines Blattes geschrieben und eingekreist. Um das Thema herum werden Hauptäste angeordnet, auf denen die Hauptgedanken (Schlüsselbegriffe) stichwortartig festgehalten werden. Für jeden neuen Aspekt wird ein weiterer Ast eingerichtet. Zur weiteren Differenzierung werden Nebenäste angelegt, auf denen weitere Teilaspekte (Unterbegriffe) notiert werden.

Moderationstechniken

Blitzlicht: In einem Blitzlicht äußert sich jeder Teilnehmer zu seiner aktuellen Stimmungslage. Es gibt keine Diskussionen während des Blitzlichts. Die Moderatorin / Der Moderator kann ein Blitzlicht nutzen, um z. B. latent vorhandenen Unmut, der die Arbeit beeinträchtigt, ins Bewusstsein aller zu rücken. Die Blitzlicht-Methode kann auch zur Abfrage aktueller Themen herangezogen werden, um ein rasches Meinungsbild einzuholen.

Brainstorming: Beim Brainstorming geht es darum, in kurzer Zeit möglichst viele Ideen zu sammeln.
Ablauf: Die Gruppenmitglieder äußern nacheinander Ideen zu einem Stichwort, ohne dass diese bewertet werden. Die Äußerungen werden von zuvor ausgewählten Mitschülern an der Tafel, auf Folien etc. notiert. Erst nach Abschluss des Brainstormings wird die Sammlung strukturiert und bewertet.

Kartenabfrage: Diese Methode eignet sich, um zu Beginn einer Diskussion, Unterrichtsreihe oder Projektplanung Vorkenntnisse, Erwartungen oder Lösungsansätze von den Teilnehmern abzufragen.
Ablauf: Die Teilnehmer notieren ihre Ideen auf vorbereitete Karten. Es genügen Stichworte. Erste Strukturierungsmöglichkeiten ergeben sich durch unterschiedlich farbige Karten (doppelte Kartenabfrage).

Methoden und Arbeitstechniken

Beispiel: Bei der Planung des Tagesablaufs stehen rote Karten für die Frage: „Was sollten wir heute auf jeden Fall schaffen?“, gelbe Karten für Aussagen zu: „Das hat Zeit bis morgen.“

Themengewichtung: Gibt es unterschiedliche Auffassungen zur Auswahl und Bewertung gesammelter Ideen, können die Teilnehmer mithilfe von Klebepunkten eine Gewichtung der Lösungen/Vorschläge vornehmen.

Achten Sie darauf, Ihre Moderation mit unterschiedlichen **Visualisierungstechniken** zu unterstützen: Auf Flipcharts können Aussagen der Teilnehmer festgehalten und Ergebnisse notiert werden. Nichts geht verloren. Auch Moderations- bzw. Metaplanwände eignen sich. Auf ihnen arbeitet man mit unterschiedlichen Formen von Karten und mit Linien, die Zusammenhänge verdeutlichen (Präsentationsmedien).

Murmelrunde/Murmelphase

Die Schülerinnen und Schüler erhalten für wenige Minuten Gelegenheit, sich leise über eine im Unterricht aufgetretene Fragestellung mündlich auszutauschen.

Partnerdiskussion

Ziel der Methode ist, dass sich zufällig ausgewählte Partner in freier Rede üben und sich möglichst viele Teilnehmer/-innen an der Diskussion beteiligen. Durch häufigen Wechsel kommen verschiedene Personen ins Gespräch und überwinden mögliche Hemmschwellen zu aktiver Teilnahme.

Placemat

Jede Gruppe erhält ein DIN-A3-Blatt mit fünf Feldern, das sogenannte Placemat. Jedes Gruppenmitglied schreibt die eigenen **Ideen zu einem Thema** in eines der äußeren Felder. Die Mitte bleibt zunächst frei. Die Ideen werden vorgelesen und die Gruppe entscheidet, welche Ideen ausgewählt und in die Mitte geschrieben werden.

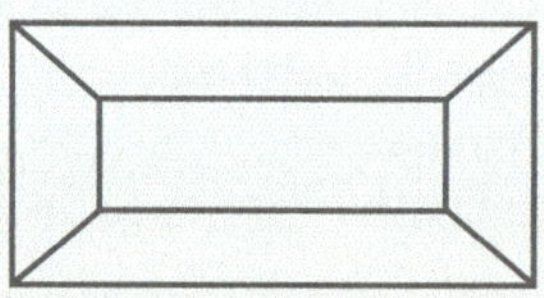

Podcast

Bei einem Podcast handelt es sich um eine Reihe von Audio- oder Videobeiträgen zu einem Thema. Die einzelnen Beiträge lassen sich herunterladen und können somit jederzeit und an jedem Ort angehört bzw. angeschaut werden.

Ein Audiobeitrag kann unterschiedliche journalistische Formen wie Meldungen, Nachrichten, Reportagen, Features, Kommentare, Interviews, Diskussionen oder Umfragen umfassen. Ein häufiges Merkmal ist der Wechsel zwischen Autorentext und Originaltönen (O-Tönen). Oft kommen Geräusche und Musik hinzu, die das Interesse wecken sollen. Zu Beginn und am Ende des Podcasts erklingt oftmals eine kurze Melodie (Jingle) als Erkennungszeichen.

Die Beiträge sind im Allgemeinen zwischen zwei und fünf Minuten lang. Ein Sprecher oder eine Sprecherin moderiert die einzelnen Beiträge an und verabschiedet am Ende die Zuhörer/-innen. Als Grundlage für einen Beitrag dient ein strukturiertes Manuskript mit farbigen Auszeichnungen, Unterstreichungen etc.

Die Audiodateien lassen sich mit einem Smartphone, Tablet oder Laptop und einem (evtl. ins Gerät integrierten) Mikrofon aufnehmen und mit kostenlosen Audio-Schnittprogrammen bearbeiten.

Methoden und Arbeitstechniken

Präsentieren

Präsentieren kann man mit vielen Medien, u. a. mit:

1 Flipchart

- Vorteile: ist einfach zu handhaben und zu transportieren
- Nachteile: Flipchartblock ist teuer / nicht geeignet für große Räume (auf den hinteren Plätzen nicht zu sehen)
- Tipps: dicken Filzer verwenden / in Druckbuchstaben schreiben

2 Folien (analog und digital)

- Vorteile: analoge Folien (Folie und Overheadprojektor): sind gut transportierbar und verschiebbar, Folien können vorbereitet werden

  digitale Folien (Folien mit digitaler Präsentationstechnik erstellt): können schnell geändert werden
- Nachteile: analoge Folien (Folie und Overheadprojektor): weiße Projektionsfläche muss vorhanden sein, Sonnenlicht kann blenden, zu viele Folien können verwirren, Folien sind häufig überladen

  digitale Folien (Folien mit digitaler Präsentationstechnik erstellt): Laptop mit Beamer muss vorhanden sein
- Tipps: nicht mit der Wand sprechen oder im Licht stehen, nicht hinter dem OHP/Beamer verschanzen, bei längeren Pausen abschalten, Folien durchnummerieren, Zeigehilfen verwenden, Blickkontakt zum Publikum suchen

3 Laptop mit Beamer/Whiteboard

- Vorteile: ist transportierbar, DVDs und MP3-Musikformat sind abspielbar, eigene Aufnahmen können gezeigt werden, Grafiken, Abbildungen, Bilder usw. können professionell und schnell gestaltet werden, digitale Präsentationsprogramme sind sinnvoll einsetzbar
- Nachteile: gute Software- und Hardwarekenntnisse sind erforderlich, der Präsentierende gerät in den Hintergrund, eine zu große Bilderflut kann zu Reizüberflutung führen, es kann monoton wirken
- Tipps: andere Medien einbauen, z. B. Flipchart, max. 15 Minuten präsentieren, ausreichend Redepausen machen

4 Metaplanwand und Karten

- Vorteile: Metaplankarten sind flexibel einsetzbar (lassen sich verschieben und neu anordnen), Übersicht wird gewährleistet durch unterschiedliche Formate/Formen/Farben der Karten, Clustern (Haufenbildung nach Sinnzusammenhängen) und die Bildung von Oberbegriffen sind leicht, Teilnehmer werden aktiv beteiligt
- Nachteile: Moderationsregeln (Moderationstechniken) müssen beherrscht werden, der Umgang mit Karten und Wand erfordert Routine
- Tipps: nur ein Aspekt auf eine Karte / nur Stichworte notieren, höchstens drei Zeilen pro Karte / in Druckbuchstaben schreiben, Kartenfragen sorgfältig und zielführend formulieren

5 Wandtafel

- Vorteile: ist einfach zu handhaben / bietet große Schreibfläche, Veränderung ist durch Abwischen jederzeit möglich
- Nachteile: gleichzeitiges Sprechen und Schreiben ist schwierig, große Gefahr, mit der Tafel zu sprechen, Tafelbilder können nicht gesichert werden
- Tipps: auf gut lesbare Schrift und auf Raumaufteilung achten, kontrastierende Kreidefarben benutzen

Methoden und Arbeitstechniken

6 Interaktives Whiteboard

- Vorteile: bietet die Möglichkeit, vorbereitete Materialien zu präsentieren und während der Präsentation zu ergänzen, Inhalte können gesichert und wiederverwendet werden, weitere digitale Formate können eingebaut werden (Videos, Musik, Links)
- Nachteile: gute Software- und Hardwarekenntnisse sind erforderlich, der Präsentierende gerät in den Hintergrund
- Tipps: unbedingt vorher den technischen Ablauf testen

Punktabfrage

Die Punktabfrage kann eine Methode zur Entscheidungsfindung sein oder als Grundlage für ein Unterrichtsgespräch dienen.

An der Tafel oder auf einem Plakat werden eine oder mehrere Aussagen notiert. Dazu werden verschiedene Beurteilungsmöglichkeiten vorgegeben, z. B. *ja – nein, ich stimme zu, ich stimme teils zu, ich stimme nicht zu* o. Ä. Die Schüler/-innen kleben ihren Punkt oder ihre Punkte an der für sie zutreffenden Aussage auf. Die Abfrage sollte möglichst verdeckt von der Klasse durchgeführt werden, um eine Beeinflussung zu vermeiden.

Alternativ lässt sich auch eine virtuelle Punktabfrage durchführen. Über PC, Tablet oder Smartphone kann dafür gemeinsam (kollaborativ) eine digitale Pinnwand angelegt werden, auf der Texte, Links, Videos, Zeichnungen, Sprach- und Bildschirmaufnahmen abgelegt, kommentiert und gelikt werden können.

Punktuelles/Selektives Lesen (↗ Lesetechniken)

Rechtschreibstrategien

Deutlich aussprechen und Silben mitschwingen: Bei vielen Wörtern kann man die Rechtschreibung erschließen, wenn man die Wörter deutlich ausspricht und evtl. die Silben mitschwingt.
Beispiel: *ge sche hen*

Wortfamilie bilden: Wörter, die zu einer Wortfamilie gehören, haben meist denselben Wortstamm. Er wird in der Regel gleich geschrieben.
Beispiele: *lehren – Lehrer – Lehrling; Macht – mächtig*

Wörter verlängern: Bei den auslautenden Buchstaben b/p, d/t und g/k lässt sich die richtige Schreibweise ermitteln, indem man das Wort verlängert (z. B. Plural, Steigerung, Genitivform bilden, Adjektiv ableiten).
Beispiele: *Wald – Wälder; passend – passender; fleißig – fleißiger; Geduld – geduldig*

Ersatzprobe bei das/dass: Die Ersatzprobe hilft zu entscheiden, ob *das* oder *dass* die richtige Schreibweise ist. Lässt sich anstelle des fraglichen Wortes *dieses, jenes* oder *welches* einsetzen, wird es mit einem *s* geschrieben, also *das.*
Beispiele: *Das Getränk, **das** er mir angeboten hat, hat mir nicht geschmeckt.*

*Das Getränk, **welches** er mir angeboten hat, hat mir nicht geschmeckt.*

*Ich finde, **dass** dieses Getränk wirklich erfrischend ist.*

*Ich finde, ~~**welches**~~ **dass** dieses Getränk wirklich erfrischend ist.*

Methoden und Arbeitstechniken

Nominalisierungen an Begleitern erkennen: Artikel, ein mit einer Präposition verschmolzener Artikel, Possessivpronomen und Indefinitpronomen zeigen an, dass es sich um ein Nomen bzw. eine Nominalisierung handelt. Diese schreibt man groß.
Beispiele: *das Essen, beim Essen, sein Essen, genug Gutes*

Rollenspiel (↗ Szenisches Interpretieren)

Schreibkonferenz

Eine Schreibkonferenz ist ein Beratungsgespräch, das sich mit einem Textentwurf beschäftigt. Die Verfasserin / Der Verfasser eines Textes benötigt eine bis maximal drei Personen, die den Text lesen und ihn prüfen.

Möglicher Ablauf einer Schreibkonferenz:

1. Der Text wird vorgelesen.
2. Alle äußern sich spontan zum Inhalt, ggf. werden im Anschluss Fragen dazu gestellt.
3. Gemeinsam gehen alle den Text durch und besprechen sprachliche wie inhaltliche Aspekte. Die Verfasserin / Der Verfasser markiert Stellen, die sie/er ändern will, und notiert Vorschläge (↗ Texte sinnvoll markieren, S. 209).
4. Der Text wird in Bezug auf die Rechtschreibung überprüft.
5. Anschließend überarbeitet die Verfasserin / der Verfasser den Text inhaltlich, sprachlich und orthografisch.

Schreibplan

Es ist sehr effektiv, vor dem Schreiben einen Schreibplan anzufertigen. Er erfüllt die Funktion eines Gerüstes, an dem man sich entlanghangeln kann. Dieser Schreibplan soll einem den **Weg zum Ziel** aufzeigen.

Ein Schreibplan umfasst die **Reihenfolge der übergeordneten Aspekte** sowie Hinweise darauf, an welcher Stelle welche Informationen eingebaut werden. Folgende **Anordnungsmöglichkeiten** sind denkbar:

vom Allgemeinen zum Konkreten	allgemeine Ausführungen zu einem Thema: Fokussierung auf einzelne Aspekte, die mit genauen Erklärungen und konkreten Beispielen dargelegt werden
chronologisch	sinnvoll, um zeitliche Entwicklungen aufzuzeigen
sachlogisch	sinnvoll, um Sachverhalte aufzuzeigen, die sich aufeinander beziehen, z. B. Ursache – Wirkung, Problem – Problemlösung

Darüber hinaus ist es möglich, **Ideen für einen geeigneten Titel**, für einen **interessanten Einstieg** sowie für einen **sinnvollen Schluss** ebenfalls im Schreibplan festzuhalten.

Sortieraufgabe

Mithilfe einer Sortieraufgabe kann **Vorwissen überprüft** werden. Begriffe aus einem bestimmten Wissensgebiet werden nach „verstanden“ und „nicht verstanden“ sortiert. Ein Begriff gilt als verstanden, wenn mindestens ein erklärender Satz dazu formuliert werden kann. Im Anschluss sollen die nicht verstandenen Begriffe besprochen und geklärt werden.

Methoden und Arbeitstechniken

Standbilder bauen (↗ Szenisches Interpretieren)

Stationenlernen in 90 Minuten

Ein Text (z. B. ein Gedicht) wird in Einzelteile zerschnitten (beispielsweise in „Versschnipsel"). Die Einzelteile werden an verschiedenen Stationen ausgelegt. Die Lernenden arbeiten in Kleingruppen jeweils zehn Minuten an einer Station und notieren ihre Gedanken zur Aussagekraft, Form und Sprache. Die Zettel bleiben an der Station liegen und werden zum Schluss von der letzten Gruppe an der Station ausgewertet, zusammengefasst und präsentiert. Der Vorteil der Methode ist, dass sich die Lernenden jeweils nur auf einen Textteil konzentrieren und z. B. Bilder und Mehrdeutigkeiten tiefer ausdeuten können.

Stilles Schreibgespräch

Das stille Schreibgespräch ist eine Variante der Placemat-Methode (↗ S. 204). Der Text (z. B. ein Gedicht) wird in die Mitte eines Blatt Papiers geklebt. Außen gibt es vier Felder, die beispielsweise mit „Form", „Sprache", „Inhalt" und „Deutungsansätze" überschrieben werden. Das Blatt wird im Uhrzeigersinn gedreht – von Schüler/-in zu Schüler/-in. Dabei notiert jede(r) eigene Gedanken, kommentiert, antwortet auf die Äußerungen anderer. Wichtig ist, dass nicht gesprochen wird, d. h., die Lernenden sind gezwungen, sich schriftlich auszudrücken.

Strukturierte Kontroverse

Die strukturierte Kontroverse dient dazu, für eine umstrittene Fragestellung Argumente für beide Standpunkte zu sammeln und zu beurteilen. Ablauf:

1. Es werden in Einzelarbeit Argumente für oder gegen die vorgegebene Fragestellung gesammelt.
2. Die Argumente werden einem Partner vorgestellt, der die Gegenposition vertritt.
3. Die Positionen werden zu zweit diskutiert.
4. Danach werden die Positionen getauscht und es wird erneut eine Diskussion zur Ausgangsfrage durchgeführt.
5. Die Ergebnisse der Diskussion werden dem Plenum vorgestellt.

Szenisches Interpretieren

Unterschiedliche Möglichkeiten des szenischen Darstellens dienen der Interpretation von Texten aller Art.

Das **Rollenspiel** ermöglicht durch den Rollentausch, auf spielerische Art eine Situation nachzuempfinden und in dieser als eine fremde Person zu agieren, um Handlungsabläufe und Verhaltensweisen besser nachvollziehen zu können. Rollenspiele können folglich auch als Trainingseinheiten genutzt werden (z. B. im Falle von Bewerbungen, zur Aufarbeitung von Konflikten, zum Erlernen von Gesprächsstrategien). Damit sich die Teilnehmerinnen und Teilnehmer besser in ihre Rollen einfinden, kann mit Rollenkarten gearbeitet werden.

Nach Beendigung des Spiels ist es erforderlich, dass die Teilnehmerinnen und Teilnehmer aus ihren Rollen entlassen werden, um z. B. im Rollenspiel ausgetragene Konflikte nicht in die Wirklichkeit zu übertragen. Die Reflexion der Ereignisse des Rollenspiels kann im freien Gespräch der Rollenspielteilnehmer und des Auditoriums erfolgen. Die Auswertung kann jedoch auch auf der Grundlage von Beobachtungsbögen geschehen, die z. B. durch die Zuschauerinnen und Zuschauer erstellt werden.

Methoden und Arbeitstechniken

Standbilder bauen: Mit dieser Methode können die Konstellation eines Problems, einer sozialen Situation oder eines Themas dargestellt werden. Eine Gruppe baut die Figuren und ihre Beziehungen zueinander in einem „eingefrorenen“ Bild nach. Ein Gruppenmitglied übernimmt die Rolle der Regisseurin / des Regisseurs, positioniert die Figuren im Raum und achtet auf Mimik und Gestik. Die Beobachtenden beschreiben das Bild und stellen Verständnishypothesen auf. Anschließend kann das Bild auch noch korrigiert werden.

Szenische Lesung: Eine Szene wird so vorbereitet, dass sie vorgetragen werden kann. Dabei sollte Folgendes vorher geklärt werden: Wie ist der Spannungsverlauf der Szene? Welche Eigenschaften besitzen die handelnden Figuren? Welche Informationen bietet der Nebentext? Worauf ist zu achten, wenn der Text vorgetragen wird? In welcher Position befinden sich die Figuren auf der Bühne? In welcher Beziehung stehen sie zueinander?

Rezitationstechniken ausprobieren: Variationen in Modulation, Lautstärke und Sprechtempo ermöglichen neue Zugänge zu einzelnen Figuren oder Szenen.

Rollenbiografie schreiben: Zu einer Figurencharakteristik kann in der Ich-Form eine Rollenbiografie erstellt werden, um so die Komplexität einer Figur zu erfassen.

Texte sinnvoll markieren

Farben und grafische Zeichen helfen, Wichtiges im Text zu markieren.

Farben: Mit farbigen Textmarkern überstreichen Sie Textteile; mit farbigen Stiften unterstreichen Sie Textteile. Schon die Wahl der Farbe kann Informationswert haben (z. B. Rot für Wichtiges).

Grafische Zeichen: Die markierten Textteile gewichten die Bedeutung für das Gesamtverständnis, je nachdem ob man Umrahmungen oder Kringel wählt oder nur verschiedene Stricharten beim Unterstreichen.

Symbole als Randmarkierung: Sie helfen dabei, den Text gezielt nachzubearbeiten. Zusätzlich können sie farblich verschieden sein. Beispiele:

➔ wichtig	↓ kritisch, stimme nicht zu	} gehört zusammen
! besonders wichtig	? unklar, nicht verstanden	▽ prüfen, weiterrecherchieren

Texte zusammenfassen (↗ Exzerpieren)

Textlupe

Die Textlupe ist eine kollaborative Methode zur Überarbeitung von Texten. Im Rahmen der Methode werden die von den Mitschülerinnen und Mitschülern verfassten Texte genauer unter die Lupe genommen. In Gruppen von maximal fünf Schülern lesen die Gruppenmitglieder gegenseitig die Texte, versehen einen Rückmeldezettel mit kurzen Kommentaren und reichen den Zettel weiter. **Vorlage für einen Rückmeldezettel:**

Das hat mir gut gefallen:	Hier stört mich etwas:	Tipps zur Verbesserung:

Think-Pair-Share

Think-Pair-Share (denken, teilen, austauschen) ermöglicht auf einfache Weise kooperatives Lernen.

Phase 1: Think – Jeder arbeitet für sich allein, setzt sich mit der Aufgabe auseinander, entwickelt Lösungen.

Methoden und Arbeitstechniken

Phase 2: Pair – Die Ergebnisse werden in Partner- oder Gruppenarbeit besprochen und vertieft.

Phase 3: Share – Die Ergebnisse aus Phase 2 werden im Plenum vorgestellt und weiter vertieft.

Über-den-Rand-hinaus-Schreiben

Bei dieser Methode der kooperativen Textüberarbeitung arbeiten drei bis vier Schüler/-innen zusammen, lesen gemeinsam den Aufsatz einer anderen Verfasserin oder eines anderen Verfassers und identifizieren zunächst Textstellen, die gemessen an den eingeführten Bewertungskriterien als schwach empfunden werden. Die Schwächen können sprachlicher, stilistischer oder inhaltlicher Art sein. Diese Textstellen werden in die Mitte eines großen Arbeitsbogens (etwa in der Größe eines Flipchartpapiers) (ab-)geschrieben oder aufgeklebt. Anschließend nummerieren die Schülerinnen und Schüler die Mängel, die sie diagnostiziert haben, und schreiben ihre Verbesserungsvorschläge mit den entsprechenden Nummern neben den Text. Um verschiedene Arten von Fehlern zu markieren, können auch unterschiedliche Farben verwendet werden. Der Verfasserin oder dem Verfasser des Aufsatzes steht anschließend frei, sich für verschiedene Varianten zu entscheiden, die ihr oder ihm am besten gefallen. (In Tabletklassen kann ein entsprechendes Word- oder PDF-Dokument erzeugt werden, das sich simultan am Gerät bearbeiten lässt.)

Umfrage

Die Umfrage ist eine Methode, um zu einer bestimmten Fragestellung Informationen über Menschen zu sammeln.

Zielgruppe bestimmen: Bevor eine Umfrage zu einem Thema durchgeführt werden kann, muss zunächst der Personenkreis bestimmt werden, der befragt werden soll. Man kann entweder einen repräsentativen Personenkreis befragen oder nach dem Zufallsprinzip auswählen, wen man befragt.

Repräsentativumfrage: Hier wird eine überschaubare Anzahl von Personen befragt, die in ihrer Zusammensetzung (Alter, Berufsstand, Geschlecht, Interessen etc.) ein möglichst genaues Abbild der Zielgruppe darstellen. Die Ergebnisse der Befragung werden auf die Gesamtgruppe hochgerechnet.

Auswahl nach dem Zufallsprinzip: Eine Befragung nach dem Zufallsprinzip ist wesentlich einfacher durchzuführen, die Fehlerquote ist aber auch erheblich höher als bei einer Repräsentativumfrage.

Die Erhebungsmethode bestimmen: Die geeignete Erhebungsmethode hängt von den eigenen organisatorischen und zeitlichen Möglichkeiten ab. Man kann:

- Fragebögen verteilen oder verschicken,
- eine Telefonumfrage starten,
- geeignete Personen in einem Interview befragen,
- einen Fragebogen ins Internet stellen.

Fragen formulieren: Grundsätzlich sollten alle Fragen standardisiert sein, d. h. in der Reihenfolge und Wortwahl immer gleich sein. Es empfiehlt sich, Fragen möglichst eindeutig, präzise und leicht verständlich zu formulieren und mit einfachen Fragen („Eisbrechern") zu starten. Je nach Zielstellung kann zwischen offenen und geschlossenen Fragen gewählt werden.

Geschlossene Fragen: Bei geschlossenen Fragen muss der Befragte zwischen zwei Alternativantworten auswählen (Ja/Nein, Richtig/Falsch oder A/B). Es können auch mehrere Antworten zur Auswahl gestellt werden wie bei einer Multiple-Choice-Frage. Als Sonderform kann man die Skalenfrage verwenden, bei der die Umfrageteilnehmer durch Ankreuzen auf einer Skala eine These bewerten.

Methoden und Arbeitstechniken

Offene Fragen: Bei offenen Fragen können die Teilnehmer/-innen die Antworten frei formulieren. Vermeiden sollte man Suggestivfragen (dabei werden den Befragten die Antworten in den Mund gelegt, z. B. „Sind Sie auch der Meinung, dass ...?“). Geschlossene Fragen lassen sich leichter auswerten als offene Fragen, da bei offenen Fragen ein Vergleich der Antworten schwierig ist.

Validität und Reliabilität einer Umfrage: Die Ergebnisse einer Umfrage sollten dem Anspruch an Validität und Reliabilität genügen. Valide oder gültig sind die Ergebnisse, wenn die Fragen eindeutige Antworten liefern und Fehldeutungen unmöglich sind. Reliabel oder zuverlässig sind die Forschungsergebnisse, wenn die Antworten der Befragten möglichst repräsentativ die Ansichten der Zielgruppe wiedergeben.

Präsentation der Umfrage: Für die Präsentation oder Visualisierung von Ergebnissen eignen sich Schaubilder und Diagramme.

Umstellprobe

Mit der **Umstellprobe** können **Satzglieder** ermittelt werden. Die Teile eines Satzes, die zusammenbleiben, bilden ein Satzglied. Bei der Umstellprobe bleibt das konjugierte (gebeugte) Verb immer an der zweiten Stelle im Satz. Satzglieder sind z. B.:

Ich	***gebe ...***		
Subjekt: Wer oder was?	**Prädikat:** Was geschieht?		

Ich	*gebe*	***dir ...***	
		Dativobjekt: Wem?	

Ich	*gebe*	*dir*	***die Unterlagen.***
			Akkusativobjekt: Wen oder was?

Wenn ein Objekt von einer Präposition eingeleitet wird, spricht man von einem **Präpositionalobjekt**. Hier hängt es von der Präposition ab, in welchem Fall das Objekt steht.

Visualisierung

Neben Mindmap und Cluster gibt es zahlreiche andere grafische Visualisierungsmethoden, die sich dafür eignen, Stoffsammlungen anzulegen oder Zahlenmaterial, Entwicklungen, Abläufe etc. übersichtlich darzustellen.

Balken-, Säulen-, Kreis- und Kurvendiagramme zeigen vergleichend Größen, Mengen, Verteilungen und Entwicklungen.

Bei einem **Assoziogramm** ordnet man einem vorgegebenen Oberbegriff verschiedene Ideen, Begriffe etc. (Assoziationen) zu, ohne diese zu strukturieren. Diese Methode hilft, Vorwissen zu einem Thema zu aktivieren.

Mit einem **Strukturbild** kann man die in einem Text thematisierten Sachverhalte, Ereignisse etc. darstellen; Bildelemente können eingefügt werden.

Das **Flussdiagramm** stellt eine besondere Form des Strukturbilds dar. Mit ihm können Handlungen, Abläufe und Prozesse anschaulich dargestellt werden. Dazu werden die einzelnen Schritte in ihrer Reihenfolge z. B. durch Pfeile verbunden.

Methoden und Arbeitstechniken

Vorfeldtest

Satzglieder lassen sich auch mit dem Vorfeldtest ermitteln.

Ein Satzglied kann allein im Vorfeld stehen. Beim Vorfeldtest stellt man einen Satz so um, dass die einzelnen Satzglieder nacheinander ins Vorfeld verschoben werden.

Vorfeld	Verb (linke Klammer)	Mittelfeld	Verb (rechte Klammer)
Ich	*will*	*dir heute Abend die Unterlagen*	*geben.*
Heute Abend	*will*	*ich dir die Unterlagen*	*geben.*
Die Unterlagen	*will*	*ich dir heute Abend*	*geben.*
Dir	*will*	*ich heute Abend die Unterlagen*	*geben.*

Zitieren

Mit Zitaten verweist man in textbasierten Aufsätzen und wissenschaftlichen Arbeiten auf bestimmte, wichtige Textstellen. In argumentativen Texten werden so die eigenen Behauptungen belegt. In Erörterungen stützen gut gewählte Zitate die Beweisführung. Auch in Auseinandersetzung mit literarischen Texten belegt man mit Zitaten die Gedankenführung des eigenen Interpretationsansatzes oder nennt Beispiele im Rahmen einer Sprachanalyse.

Wörtliches Zitieren

- Wörtliche Zitate sollten nicht zu lang sein. Verwenden Sie sie nur, wenn Sie eine wichtige Aussage belegen.
- Wörtliche Zitate sind kein Ersatz für Ihre eigenen Gedankengänge, sie untermauern diese nur.
- Für alle Zitate sind Quellenangaben mit Seitenangabe in runden Klammern direkt hinter dem Zitat (oder bei Seminararbeiten auch als Fußnoten) nötig.
- Wörtliche Zitate dürfen im Wortlaut nicht verändert werden. Sie können gekürzt werden. Dann ist die Kürzung durch drei Punkte in eckigen Klammern zu kennzeichnen: [...].
- Zitate, die in den eigenen Satzbau eingepasst werden, müssen grammatikalisch angepasst werden. Diese Veränderungen müssen in eckigen Klammern kenntlich gemacht werden.
- Kürzere wörtliche Zitate werden in den laufenden Text eingebaut und mit doppelten Anführungszeichen versehen.
- Längere wörtliche Zitate stehen ohne Anführungszeichen in einem eigenen Abschnitt, der eingerückt werden sollte.
- Wenn die Textstelle bereits eine direkte Rede mit Anführungszeichen enthält, so erscheint diese im Zitat mit einfachen Anführungszeichen.

Sinngemäßes (indirektes) Zitieren

- Bei sinngemäßen Zitaten (Paraphrasen) dürfen Sie frei formulieren, ohne jedoch den Sinn zu verfälschen.
- Verwenden Sie dabei die indirekte Rede und formulieren Sie im Konjunktiv.
- Zur Kenntlichmachung des fremden Gedankens formulieren Sie einen Einleitungssatz, der sich auf den Autor/Text bezieht (z. B. *Der Autor meint, dass ...*).
- Auch sinngemäße Zitate brauchen eine Quellenangabe. Diese beginnt mit „vgl." und ist in runden Klammern direkt hinter dem Zitat (oder bei Seminararbeiten auch als Fußnote) anzubringen.

Ein Projekt strukturieren

Auch wenn Sie gern sofort inhaltlich in Ihr Projekt einsteigen wollen, ist eine sorgfältige Planung und Kontrolle für den Erfolg Ihres Projekts unverzichtbar. Das eigentliche Projektmanagement ist in der Regel Aufgabe der Projektleiterin / des Projektleiters oder eines Leitungsteams. Die folgenden Arbeitsschritte haben sich in Projekten bewährt:

I Das Projekt definieren
- Ein Thema finden
- Die Projektrahmenbedingungen formulieren
- Die Projektorganisation planen

II Das Projekt planen
- Aufgaben in Arbeitspakete bündeln
- Einen Projektstrukturplan aufstellen
- Einen Projektablaufplan erstellen
- Meilensteine definieren
- Zuständigkeiten regeln

III Das Projekt durchführen
- Projektcontrolling, z. B. durch Zwischenberichte der Teams
- Fortlaufende Projektdokumentation

IV Das Projekt abschließen
- Projektpräsentation
- Projektabschlussbericht
- Projektevaluation

Jedes Projektmanagement hat eine inhaltliche, eine personelle und eine zeitliche Dimension. Auf der inhaltlichen Ebene überlegen Sie, welche Teilaufgaben oder Arbeitsschritte nötig sind, um das gesetzte Ziel zu erreichen. Dazu eignen sich Kreativitätstechniken wie Brainstorming, Brainwriting, Kartenabfrage oder Mindmapping. Aufgaben, die zusammengehören, werden gebündelt. Zu jedem gebündelten Arbeitspaket, beispielsweise „Pressearbeit", lassen sich konkrete Handlungsanweisungen oder Teilschritte formulieren, beispielsweise einen Presseverteiler erstellen, Kontakte zu örtlichen Presseorganen herstellen oder Pressetexte entwerfen.

1 Strukturieren Sie Ihr Projekt inhaltlich.

a) Sammeln Sie mit einer Kreativitätstechnik Ihrer Wahl, z. B. der Kartenabfrage, alle Ideen und Überlegungen, die den Mitgliedern Ihrer Projektgruppe einfallen. Wichtig ist, dass zunächst kein Vorschlag kommentiert oder bewertet wird.
b) Ordnen Sie die Ergebnisse hinsichtlich ihrer Bedeutung für das Thema. Dazu können Sie jedem Teilnehmer drei Klebepunkte geben, mit denen er seine Wahl trifft.
c) Ordnen und bündeln Sie alle Vorschläge zu Arbeitspaketen, die Sie durchnummerieren.
d) Stellen Sie fest, welche Arbeiten aufeinander aufbauen und welche Arbeiten zeitaufwendig sind.
e) Listen Sie auf, welche organisatorischen Voraussetzungen für einzelne Arbeitspakete notwendig sind und welche Materialien Sie benötigen.

Auf der personellen Ebene geht es um die Bildung von Teams, die unterschiedliche Anforderungen bewältigen und möglichst viele Aufgabenbereiche abdecken können. Jedes Team ist für ein oder mehrere Arbeitspakete verantwortlich; die Zuständigkeiten sollten in einem Protokoll festgehalten werden. Jedes Team ernennt eine Teamleiterin bzw. einen -leiter und/oder eine Teamsprecherin bzw. einen -sprecher.

Ein Projekt strukturieren

2 Bilden Sie Teams. Ordnen Sie den Teams die Arbeitspakete aus Aufgabe 1 zu.

Auf der zeitlichen Ebene überlegen Sie, in welcher Reihenfolge die Arbeitsschritte erledigt werden sollen. Dafür erstellen Sie einen Projektstrukturplan nach folgendem Schema:

Schema

Projektstrukturplan		
I Vorbereitungs- und Sammelphase	II Planungsphase	III Durchführungsphase
Arbeitspaket 1: ...	**Arbeitspaket 2: ...**	**Arbeitspaket 3: ...**

Die konkrete Zeitplanung wird in einem Projektablaufplan festgehalten.

Schema

Projektablaufplan (Auszug)

	Termin	1. Woche	2. Woche	3. Woche	4. Woche	5. Woche	**verantwortliches Team**	**erledigt**
Arbeitspaket	**Beginn**							
1: Zeitungen anschreiben	02.06.						Florian	

Als Meilensteine trägt man Termine ein, die für alle Projektteilnehmerinnen und -teilnehmer und für den weiteren Ablauf wichtig sind.

Schema

Meilensteindiagramm

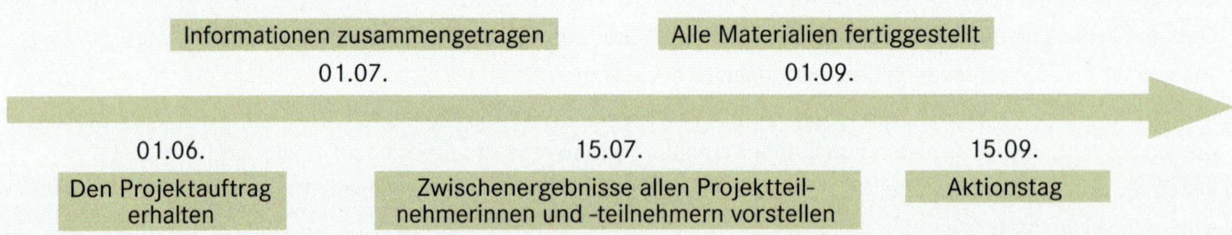

3 **Planen Sie den zeitlichen Ablauf Ihres Projekts.**

a) Erstellen Sie einen Projektstrukturplan.

b) Erstellen Sie am Computer einen vollständigen Ablaufplan für die Dauer des Projekts.

c) Übertragen Sie den Ablaufplan auf eine Wandzeitung.

d) Einigen Sie sich auf drei bis vier Meilensteine, die für den Erfolg Ihres Projekts wichtig sind.

Kapitel 12

Nachschlagen

Barock (1600–1750)

Der Begriff „Barock" (der oder das) lässt sich zurückführen auf den portugiesischen Begriff „barocco", was „unregelmäßige, schiefe Perle" bedeutet. Zunächst wurde die Bezeichnung „barock" abwertend im Sinn von „absonderlich", „schwülstig" verwendet, im 20. Jahrhundert etablierte sich die Bezeichnung als Epochenbegriff.

Der Barock ist eine Zeit mit großem Zwiespalt: Besonders zur Zeit des **Dreißigjährigen Krieges (1618–1648)** sind sich die Menschen der Kürze des Lebens und ihrer **Vergänglichkeit** sehr bewusst. Die alltägliche Erfahrung großen Leids bewirkt aber auch eine starke Sehnsucht nach Liebe und **Sinnlichkeit**. Bedrückende Gedanken, wie **Vanitas** (Vergeblichkeit, Eitelkeit) und **Memento mori** („Bedenke, dass du sterben musst"), sowie der frohe Aufruf **Carpe diem** („Genieße den Tag") werden zu zentralen Motiven der Kunst.

Die Lyrik folgt strengen poetischen Regeln. Häufig wird in Gedichten über **das Wesen und die Rolle des Menschen** nachgedacht: Kann ich, unabhängig von Gott oder einer höheren Macht, die Welt verstehen? Erkenne ich sie nur, indem ich meine körperlichen Sinne benutze, oder auch durch mein Denken? Kann ich die Welt aus eigener Kraft verändern, besser machen? Kurz: Wer bin ich, wie bin ich, was sind die Aufgaben des Menschen in der Welt?

Ein Gegengewicht zum Memento mori bilden die Wanderbühnen, auf denen die Commedia dell'Arte Einzug hält. In Form von Stegreifspielen werden hier heitere zwischenmenschliche Verwicklungen präsentiert. Mit der **Schäferdichtung** wird die Utopie eines friedlichen Lebens auf dem Lande – gleichsam als Zufluchtsort vor der harten Realität – entworfen. Nicht zuletzt reiht sich hier auch der **Schelmenroman** ein, in dessen Mittelpunkt ein Schelm steht, der alle Attribute eines Helden bewusst negiert und sich am Rand der gesellschaftlichen und menschlichen Existenz bewegt. Der berühmteste Schelmenroman, „Der Abenteuerliche Simplicissimus Teutsch" von Hans Jakob Christoffel von Grimmelshausen, wirft einen satirischen Blick auf die gesellschaftlichen Verhältnisse in Deutschland vor dem Hintergrund des Dreißigjährigen Krieges.

Die Epoche des Barock ist auch gekennzeichnet durch die Anstrengungen im Bereich der Poetologie, dem Bemühen, die Dichtkunst zu kategorisieren, ein formales Regelwerk für die gängigen literarischen Gattungen zu erstellen und die sprachliche Gestaltung zu reglementieren. Von zentraler Bedeutung war dabei Martin Opitz, der mit seinem „Buch von der Deutschen Poeterey" eine Anleitung für das regelgerechte Verfassen von Literatur entwickelte. Er entwarf u. a. eine Übersicht von klar definierten literarischen Gattungen. Vor allem seine berühmte Ständeklausel sollte bis ins 18. Jahrhundert das literarische Schaffen maßgeblich beeinflussen.

Vom Barock bis zur Gegenwartsliteratur

Aufklärung (1720–1800)

Der Begriff „Aufklärung“ ist die Bezeichnung für eine geistesgeschichtliche Epoche, die sich im 18. Jahrhundert in ganz Europa und Nordamerika ausbreitete. Es entstanden **literarische Werke**, die Adel und Kirche **kritisierten**. Weil Kritik an der Obrigkeit zu dieser Zeit unter Strafe stand, versuchten die Autoren, sie zu verdecken. Als besonders geeignet erwies sich die Fabel, denn mithilfe von Tiergeschichten konnte menschliches Verhalten maskiert und entlarvt werden. Die **Fabel** war auch wegen ihres lehrhaften Charakters beliebt, denn die **„Aufklärer“** wollten mit ihren Texten **belehren**.

Die Kant'sche Forderung „Habe Mut, dich deines eigenen Verstandes zu bedienen“ unterstreicht das Emanzipationsbestreben der Aufklärer: Der aufgeklärte Mensch soll sich aus der **Bevormundung durch staatliche und kirchliche Autorität befreien** und **autonom** werden.

Als geistige Bewegung setzt sich die Aufklärung in allen Bereichen des kulturellen Lebens durch und verbreitet sich in ganz Europa. Während sie in **Frankreich zur Revolution** führt, verläuft sie in Deutschland weitgehend friedlich. Hierfür sind zwei entscheidende Gründe verantwortlich: Zum einen ist Deutschland kein Staat im eigentlichen Sinn, sondern eher **ein Herrschaftsverband mit unzählig vielen Kleinstaaten**. Es besteht kein einheitliches Rechts- und Herrschaftssystem, sodass es sehr unterschiedliche Ausprägungen des Absolutismus gibt. Zum anderen erkennt der Adel die Sprengkraft des aufklärerischen Gedankenguts und macht sich zentrale Ideen zu eigen. Im Schlagwort des **„aufgeklärten Absolutismus“**, der vor allem mit Friedrich II. von Preußen verbunden ist, findet die neue Legitimation der adligen Herrschaft ihren Ausdruck: Nicht der göttliche Wille etabliert die weltliche Macht, sondern ein ungeschriebener Vertrag zwischen Fürst und Untertanen; in diesem verpflichtet sich der Fürst, dem Staat und der Gesellschaft zu dienen. Im Gegenzug darf er dafür Gehorsam und Treue der Untertanen erwarten.

In allen politisch relevanten Bereichen des öffentlichen Lebens dominiert **der Adel**; er besetzt die einflussreichen Stellen in der Verwaltung und übernimmt repräsentative Funktionen an den fürstlichen Residenzen. **Das Bürgertum** genießt zwar wirtschaftliche Freiräume und bringt es nicht selten zu finanziellem Wohlstand, hat aber sonst kaum politischen Einfluss. **Bauern und einfache Handwerker** leiden zunehmend unter den feudalistischen Herrschaftsstrukturen und drohen unter dem enormen Druck von Steuern und Abgaben zu verelenden.

Das **Bürgertum als die treibende Kraft der Aufklärung** entfaltet sich im Verlauf des 18. Jahrhunderts in einem **aufblühenden literarischen Austausch**, der sich in umfangreichen Briefwechseln, Zeitschriften und literarischen Zirkeln manifestiert. Da die Zahl der Lesekundigen rasant zunimmt, entstehen **erste Verlage**, die einen Markt für schöne Literatur erschließen. Die damit verbundene Unabhängigkeit der Autoren von einem Fürsten, der das literarische Wirken finanziell unterstützt, schafft Freiräume, die die Aufklärer für ihre **Kritik an Adel und Klerus** nutzen. Zu den großen bürgerlichen Vertretern der Aufklärung gehören u. a. **Johann Friedrich Gottsched, Immanuel Kant, Gotthold Ephraim Lessing** und **Georg Christoph Lichtenberg**.

Im Zuge der Aufklärung entsteht das **bürgerliche Trauerspiel** als Ausdruck der Emanzipation des aufstrebenden Bürgertums. Im Mittelpunkt stehen hier nicht mehr Figuren der Adelswelt, sondern Vertreter des Bürgertums. Der Zuschauer identifiziert sich mit dem **bürgerlichen Helden**. Durch diese Nähe soll Leidenschaft und Mitleid erregt werden. Im Gegensatz zum aristotelischen Drama gelten Verstand und Gefühl dabei nicht mehr als Gegensatz. Die bürgerlichen Figuren handeln **rational** und **emotional**. Die Vertreter der Adelswelt sind die Gegenspieler der positiv besetzten bürgerlichen Figuren. Sie nutzen oft ihre Macht skrupellos aus und stürzen so die bürgerlichen Figuren ins Verderben. An den adligen Figuren wird der sittlich-moralische Verfall der Aristokratie im Zeitalter der Aufklärung dokumentiert. **Bürgerlich** steht zumeist als Synonym für **menschlich**. Die Auseinandersetzung mit unterschiedlichen Wertvorstellungen sowie Familien- bzw. Generationenkonflikte lassen sich ebenfalls im bürgerlichen Trauerspiel finden.

Vom Barock bis zur Gegenwartsliteratur

Sturm und Drang (1770–1785)

Die Bezeichnung „Sturm und Drang“ ist auf das gleichnamige Drama (1776) von Friedrich Maximilian von Klinger zurückzuführen.

Der Sturm und Drang war eine Bewegung **junger Autoren**, deren Grundhaltung die des **Protestes** ist – gegen überkommene **kleinbürgerliche Moralvorstellungen**, gegen **Ausbeutungspraktiken des Adels**, gegen die **Enge der bürgerlichen Welt**, aber auch gegen Reglementierungen das literarische Schaffen betreffend. Mehrere Zirkel junger Poeten bildeten die Zentren des Sturm und Drang: um Goethe in Straßburg, Frankfurt am Main und Darmstadt, um Friedrich Schiller in Schwaben und um Johann Kaspar Lavater in der Schweiz.

Zentraler Ausdruck des neuen Selbstbewusstseins jener jungen Autorengruppe war der **Genie-Begriff**, der gegen den der Lehre und des angelernten Wissens gestellt wird. **Begabung, Inspiration, Kreativität** waren die neuen Quellen des literarischen Schaffens. Diese Hervorhebung des Genius, des Typus des genialen Künstlers, ging mit dem Anspruch auf künstlerische und finanzielle Unabhängigkeit einher. Der vorherrschende künstlerische Enthusiasmus spiegelte sich sowohl in der literarischen Experimentierfreude als auch in der Wahl der Themen wider.

Das bürgerliche Trauerspiel, der Briefroman, Parodien, Grotesken, Satiren – die Gattungsvielfalt dokumentiert die Offenheit und Begeisterung der Stürmer und Dränger, sich aus dem Korsett der Regelwerke die literarische Arbeit betreffend zu befreien.

Im **Drama**, einer der vorherrschenden Gattungen des Sturm und Drang, wendet sich der Held gegen bestehende **Gesellschaftsordnungen** und tritt dabei als **naturverbundenes Genie** auf. Er ist angelehnt an antike Helden wie Prometheus aus der griechischen Mythologie, der sich gegen die Götter auflehnt und seine individuelle Autonomie gegenüber deren Anspruch auf Allmacht behauptet. Auch die tragischen Helden aus den Dramen Shakespeares (z. B. Hamlet) dienten den Stürmern und Drängern als Leitfiguren. Zentrale **Motive** im Drama des Sturm und Drang sind **Selbsterfahrung** und die Befreiung des Individuums aus gesellschaftlichen Zwängen. Emotionen stehen im Vordergrund, der aufklärerische Rationalismus tritt in den Schatten.

Trotz aller starken Impulse blieb die Bewegung des Sturm und Drang eine **zeitlich begrenze Episode der Literaturgeschichte**, die im Verlauf von ungefähr fünfzehn Jahren (ca. 1770–1785) Europa ergriff und eine Woge der Begeisterung entfachte, dann jedoch relativ schnell verebbte. Dichter wie Goethe und Schiller etablierten sich in der bürgerlichen Welt, erhielten Ämter, die sie ernährten. Andere Künstler wie Jakob Michael Reinhold Lenz scheiterten, weil ihnen die finanzielle Basis fehlte, um als freie Dichterexistenz zu leben.

Bekannte Werke des Sturm und Drang sind „Die Leiden des jungen Werther“ (1774) von Goethe, „Die Soldaten“ (1776) von Lenz und „Kabale und Liebe“ (1784) von Schiller.

Weimarer Klassik (1786–1805) (↗ Kapitel 2.1, S. 33)

Als „klassisch“ bezeichnet man im Allgemeinen Werke, die als **vorbildlich und mustergültig** gelten. Die „Weimarer Klassik“, die ihr Zentrum in Weimar hatte und deren bedeutendste Vertreter Johann Wolfgang Goethe und Friedrich Schiller sind, gilt als „vorbildliche“ Epoche. Zeitlich begrenzt wurde die „Weimarer Klassik“ durch Goethes Reise nach Italien (1786–1788) und Schillers Tod (1805).

Die „Weimarer Klassik“ fiel in eine **Zeit gesellschaftlicher Umbrüche und politischer Instabilität**. Das gewaltsame Ende der Französischen Revolution und der europaweite Kampf des Bürgertums gegen die Ständegesellschaft veranlassten die Dichter, sich in ihren Werken in eine Idealwelt zurückzuziehen. Die gereiften Schriftsteller wandten sich vom gefühlsbetonten Sturm und Drang ab, überbordende Gefühle erfuhren Mäßigung. An ihre Stelle trat eine **Erhöhung von Menschheitsidealen**. Die neuen **Leitgedanken** waren **Humanität und Harmonie**: Die Dichter

Vom Barock bis zur Gegenwartsliteratur

strebten nach Anerkennung des Einzelnen in seiner Individualität und Andersartigkeit sowie nach Achtung fremder Nationen und Kulturen; ein harmonisches Miteinander konnte ihrer Ansicht nach nur durch die **„ästhetische" Erziehung mittels Kunst und Literatur** erreicht werden, welche die religiös-moralische Erziehung ablösen sollte. Die griechische Antike diente den Dichtern als ideales Vorbild und so verarbeiteten sie - insbesondere Goethe - antike Stoffe; aber auch andere europäische Stoffe erregten ihr Interesse und fanden Eingang in ihre Werke. Als „klassisch" wird diese Epoche aber nicht nur wegen ihrer Inhalte, sondern auch wegen ihrer **vorbildhaften Sprachgestaltung** bezeichnet. Die Dichter vermieden (nun wieder) Umgangssprache und Dialekt und verwendeten in den Dramen eine gebundene Sprache. Ihnen gelang es, die deutsche Sprache auf hohem Niveau zu vereinheitlichen und damit maßgeblich den Sprachgebrauch breiter Bevölkerungsschichten im Laufe des 19. Jahrhunderts zu beeinflussen.

Romantik (1795–1835) (↗ Kapitel 2.1, S. 33)

Der Begriff „Romantik" ist zurückzuführen auf das Wort „Roman" (romanhaft, fantastisch, abenteuerlich). Die Romantik ist zu verstehen als **Abkehr vom Vernunftdenken der Spätaufklärung**, aber auch von der Formenwelt und dem Weltverständnis der Klassik.

Die Zeit der Romantik ist geprägt von den Revolutions- und den napoleonischen Kriegen, ab 1815 (Wiener Kongress) von der Rückkehr zum Absolutismus und der einsetzenden Industrialisierung. Die Romantiker wandten sich gegen die arbeitsteilige Spezialisierung, die dem Menschen ihrer Ansicht nach seine ursprüngliche „Ganzheit" raubte. Die Romantiker sahen diese Veränderung der Welt zwiespältig. Sie flohen in die **„heile" Welt der Literatur**, die es ihnen ermöglichte, ihre Idealwelt darzustellen. Bei der Gestaltung literarischer Werke vertraten die Romantiker die Einstellung, **der Dichter habe absolute Freiheit**. Mystische, fantastische und märchenhafte Themen fanden Einzug in die Literatur; es entstand die Gattung des **Kunstmärchens**, in dem Fantasie und Realität vereint wurden. Der Begeisterung für überliefertes Volksgut ist es zu verdanken, dass viele Sammlungen volkstümlicher Märchen und Lieder entstanden (beispielsweise Brüder Grimm).

Die Literatur der Romantik zeichnet sich durch die Entdeckung der Subjektivität aus und durch die **Vereinigung von Gegensätzen, die bisher als unvereinbar galten** (Geist und Natur, Endlichkeit und Unendlichkeit, Vergangenheit und Gegenwart). Ziel des Dichters war es, im **Einklang mit dem Universum** zu existieren. Die Romantiker bevorzugten neben dem Roman die **Lyrik**, die es ihnen erlaubte, Gefühle auszudrücken. Zur Zeit der Romantik entstanden in einigen Städten Freundes- oder Gesprächskreise, sogenannte **Salons**. Diese wurden oft von Frauen geführt, wie z. B. der Salon der Rahel Varnhagen in Berlin.

Die Romantik lässt sich in drei Phasen aufteilen, die auch jeweils wechselnde literarische Zentren hatte:

- **Frühromantik oder Jenaer Romantik (ca. 1796–1804)**
  Hauptvertreter: die Brüder August Wilhelm und Friedrich Schlegel, Novalis, Ludwig Tieck u. a.
- **Hochromantik oder Heidelberger Romantik (ca. 1805–1818)**
  Hauptvertreter: Joseph von Eichendorff, Achim von Arnim, Clemens Brentano, Wilhelm und Jakob Grimm u. a.
- **Spätromantik oder Berliner Romantik (ca. 1818–1835)**
  Hauptvertreter: Ludwig Tieck, E. T. A. Hoffmann, Eduard Mörike, Bettina von Arnim und Friedrich de la Motte Fouqué, Ludwig Uhland u. a.

Ähnlich wie der Barock zeigt auch die Romantik ambivalente Züge: Der **Lebenslust und Lebensfreude**, dem Gefühl der unbeschwerten Jugend und der Sehnsucht nach Weite und Ferne (bei Eichendorff) stehen ein Rückzug von der als elend empfundenen Welt und eine **tiefe Todessehnsucht** (bei Novalis) gegenüber. Im politisch-gesellschaftlichen Bereich wird anknüpfend an die Verherrlichung des Mittelalters eine Überbetonung des Nationalgefühls deutlich, die nationalistische Züge in sich trägt.

Vom Barock bis zur Gegenwartsliteratur

Junges Deutschland / Vormärz (1815–1848) (↗ Kapitel 3.2, S. 56)

Nach dem politischen Niedergang Napoleons wurde auf dem Wiener Kongress (1814/15) eine Neuordnung Europas beschlossen mit dem Ziel, flächendeckend die Monarchie wieder einzuführen. Anstatt den Bürgern mehr Rechte einzuräumen, wie von den Fürsten im Krieg gegen Napoleon zugesichert, verschärfte man die Pressezensur, entließ liberal eingestellte Lehrkräfte an Universitäten, verhaftete Studenten national gesinnter Studentenvereinigungen und erließ ein Schreibverbot gegen antimonarchische Schriftsteller. Grundlage für die **Unterdrückung aller liberalen und nationalen Bestrebungen** waren die 1819 verabschiedeten Karlsbader Beschlüsse.

Aus dieser Unterdrückung heraus entstand zwischen 1815 und der Märzrevolution 1848 eine **Bewegung von oppositionellen Schriftstellern**. Sie setzten sich für die Einheit Deutschlands, die Aufhebung der Pressezensur, das Respektieren der Grundrechte aller Menschen, eine gerechte Verteilung der materiellen Güter, aber auch für die Rechte der Frauen ein. Neben **essayistischen und journalistischen Texten** bevorzugten die jungen Schriftsteller des Vormärz die Gattung **Lyrik**. Viele dieser Autoren mussten aus Deutschland fliehen und ins Exil gehen. Einer davon war Heinrich Heine (1797–1856), der 1831 ins Exil nach Paris ging. Andere wichtige Schriftsteller dieser Zeit waren Georg Büchner, Georg Herwegh und Hermann Ferdinand Freiligrath.

Die nationale Begeisterung des Vormärz warf aber bereits die Schatten eines hemmungslosen Nationalismus und eines irrationalen Antisemitismus voraus.

Bürgerlicher Realismus (1848–1890) (↗ Kapitel 2.3, S. 42)

Mitte des 19. Jahrhunderts strebten zahlreiche **Dichter aus dem Bürgertum** danach, in ihren Werken die **reale Welt** zu zeigen. Dieser Anspruch der **wirklichkeitsgetreuen Darstellung der Dinge** gab der Epoche ihren Namen. Zeitlich wurde der Realismus von der Märzrevolution 1848 und dem Naturalismus (ab 1880) begrenzt. Beide Strömungen, Realismus und Naturalismus, existierten eine Zeit lang nebeneinander.

Die Dichter des Realismus wandten sich von den politischen Zielen des Vormärz ab. Zu enttäuschend war für sie die politische Realität nach der niedergeschlagenen Revolution 1848. Auch die Ideale der Romantik lehnten sie ab. In die Zeit des Realismus fielen **tiefgreifende gesellschaftliche und wirtschaftliche Veränderungen**. Die zunehmende Industrialisierung führte zur Verelendung der stetig wachsenden Stadtbevölkerung, aber auch zu einem Aufstieg des wirtschaftlich erfolgreichen Bürgertums. In der Mitte des 19. Jahrhunderts wuchs der **Glaube an die Allmacht der Naturwissenschaften**. Wichtige wissenschaftliche Entdeckungen und Theorien sowie technische Erfindungen fielen in diese Zeit.

Naturalismus (ca. 1880–1900) (↗ Kapitel 2.3, S. 42)

Die sich dem Naturalismus verbunden fühlenden Schriftsteller wollten die **Wirklichkeit ungeschönt** in ihre literarischen Werke übertragen. Die Grundlage dafür bildete die **genaue Beobachtung der Natur**. Damit standen die Naturalisten im Gegensatz zu der verklärenden Wirklichkeitsdarstellung der Realisten.

Das Leben des ausgehenden 19. Jahrhunderts war geprägt vom Wachstum der Großstädte, der Beschleunigung des Lebens und den immer mehr an Bedeutung gewinnenden Naturwissenschaften. Dem Fortschrittsoptimismus stand die Kritik am Verlust überlieferter Werte entgegen. Mittelpunkt naturalistischer Darstellungen waren die einfachen Leute: die leidenden Armen, die Geknechteten – sie repräsentierten die Schattenseiten der Industrialisierung und Technisierung. Durch die **Fokussierung auf gesellschaftliche Missstände** und das soziale Elend (Mietskasernen, Elendsviertel, Ausbeutung der Fabrikarbeiter) ergriffen die Naturalisten für die armen Leute Partei. Sie bildeten schonungslos das Hässliche und Schockierende, das moralische wie materielle Elend ab.

Vom Barock bis zur Gegenwartsliteratur

Die Naturalisten revolutionierten nicht nur die Themen ihrer literarischen Werke, sondern auch deren Sprache. Sie verwendeten in ihren Dramen beispielsweise **Jargon und Dialekt**. Neben Gerhart Hauptmann sind wichtige Vertreter des Naturalismus beispielsweise Arno Holz, Johannes Schlaf, Wilhelm Bölsche und Hermann Sudermann.

Expressionismus (ca. 1910–1925) (↗ Kapitel 2.3, S. 42)

Der Begriff „Expressionismus" (lat. „ex" = aus; „premere" = drücken) bedeutet **„Ausdruckskunst"** und bezeichnet eine literarische Strömung in der Zeit von etwa 1910 bis 1925.

Die Expressionisten wollten **neue, revolutionäre Ausdrucksformen** schaffen und wandten sich gegen bestehende Normen und Konventionen. Das Leben in der Großstadt und die Verkümmerung des Menschen (körperlicher und psychischer Verfall, Verelendung) inspirierten die Expressionisten. Sie lehnten die Nachahmung der Natur, wie die Naturalisten sie anstrebten, ab. Ihre Werke drückten **innerlich gesehene Wahrheiten und Erlebnisse** aus. Der Erste Weltkrieg (1914–1918), eine bis dahin noch nie erlebte Welle der Vernichtung von Menschen, wurde ebenfalls Gegenstand der expressionistischen Kunst. Viele Expressionisten begrüßten den Krieg, da sie Sehnsucht nach dem Neuen Menschen hatten, der so entstehen würde. Neben **schockierenden Inhalten** zeichneten auch **freie Sprachexperimente** die expressionistischen Werke aus. In rauschhaften, explosiven Sprachfantasien durchbrachen sie das Realistische, sie lösten grammatische Strukturen auf und zerstörten damit die „normale" Raum-Zeit-Vorstellung, auch Wortneuschöpfungen und eine auffällige Farbsymbolik kennzeichnen ihre Werke.

Es entstanden Werke, die heute noch Geltung haben und deren Einfluss seither spürbar ist. Auch auf Schöpfungen bekannter Autoren späterer Zeit hat der Expressionismus Einfluss genommen. Wichtige Vertreter des literarischen Expressionismus sind neben Alfred Döblin und Gottfried Benn beispielsweise Georg Trakl, Jakob van Hoddis (eigentlich: Hans Davidsohn), Georg Heym und Franz Kafka.

Exilliteratur (1933–1945)

Mit der Machtübernahme der Nationalsozialisten am 30. Januar 1933 veränderte sich nicht nur das politische Leben, sondern auch das Leben der Künstler und Schriftsteller in Deutschland. Am 10. Mai 1933 fand auf dem Vorplatz der Berliner Universität eine öffentliche **Bücherverbrennung** statt. Betroffen waren vor allem Autoren und Schriftsteller jüdischer Herkunft, mit anderen politischen Überzeugungen, aber auch Autoren, die mit Literatur experimentierten und in den Augen der Nationalsozialisten „entartet" waren. Da während der Weimarer Republik (1919–1933) zahlreiche unterschiedliche schriftstellerische Richtungen entstanden waren, wurde sehr schnell deutlich, dass diese im „Dritten Reich" in Deutschland keinen Platz mehr hatten. Die Künstler wurden durch die neuen Machthaber gnadenlos verfolgt. So blieben ihnen nur zwei Möglichkeiten: Einige Autoren blieben in Deutschland, zogen sich zurück und gingen in die sogenannte **innere Emigration**, d. h., sie arrangierten sich mit dem System, wählten unpolitische Themen für ihre literarischen Werke oder schrieben gar nicht mehr.

Für die meisten Autoren jedoch wurde die Situation von 1933 an so unerträglich, dass sie ihre **Heimat aufgaben** und das Land verließen. Die neuen Lebensbedingungen wurden ganz besonders intensiv in Form zahlreicher **Gedichte** aufgearbeitet. Die Autoren der Exilliteratur verfolgten kein einheitliches Programm, ihre politischen Ansichten waren sehr unterschiedlich. Allen gemeinsam war die Ablehnung des Nationalsozialismus. Wichtige Vertreter der Exilliteratur sind beispielsweise die Brüder Thomas und Heinrich Mann, Bertolt Brecht, Anna Seghers, Erich Fried, Kurt Tucholsky und Nelly Sachs.

Vom Barock bis zur Gegenwartsliteratur

Literatur nach 1945 bis heute (↗ Kapitel 2.3, S. 43, und Kapitel 3.1, S. 50)

In dem zerstörten und in Besatzungszonen aufgeteilten Deutschland gab es nach dem Ende des Zweiten Weltkriegs in allen Bereichen des Lebens einen Neuanfang. Die Teilung Deutschlands führte dazu, dass sich in beiden Teilen **eigenständige literarische Strömungen** entwickelten.

Die westdeutsche Literatur zwischen 1945 und 1975 war eng mit der Gründung der **Gruppe 47** verknüpft. Aus der Gruppe 47 gingen Autoren wie Günter Grass, Heinrich Böll und Siegfried Lenz, aber auch die wichtigsten Vertreter der Schweiz, Max Frisch und Friedrich Dürrenmatt, sowie aus Österreich, Ingeborg Bachmann und Thomas Bernhard, hervor. Zentrales Thema der Literatur war es, das **Nazi-Regime** und seine Folgen in diesen drei deutschsprachigen Staaten kritisch **aufzuarbeiten**.

Die DDR-Literatur thematisierte zwischen 1949 und 1989 neben der **Auseinandersetzung mit dem Faschismus** den Aufbau des Sozialismus als Staatsform. Im Sinne des sozialistischen Realismus sollte der **„Bitterfelder Weg“** – benannt nach dem Tagungsort der ersten Konferenz 1959 – zur „Verherrlichung“ des sozialistischen Menschen in der DDR beitragen. Die Kulturschaffenden waren demnach verpflichtet, die Wirklichkeit in Übereinstimmung mit den Zielen des Sozialismus darzustellen. Somit war der sozialistische Realismus in den Dienst der Erziehung des Menschen zu einer sozialistischen Persönlichkeit gestellt. Herausragende Vertreter der DDR-Literatur sind u. a. Johannes R. Becher, Christa Wolf und Anna Seghers. Viele der renommierten Autoren, beispielsweise Günter Kunert, Reiner Kunze und Sarah Kirsch, verließen die DDR, um in der Bundesrepublik ohne Zensur ihrem Beruf nachgehen zu können. Der Liedermacher Wolf Biermann wurde aufgrund politischer Kontroversen aus der DDR ausgebürgert.

Zwischen 1975 und der Wiedervereinigung dominierten zwei literarische Strömungen. Zum einen setzten sich sowohl west- als auch ostdeutsche Autoren zunehmend kritisch mit dem geteilten Deutschland auseinander.
Zu nennen sind hier u. a. Martin Walser und Volker Braun. Zum anderen kam in den 1980er-Jahren der Begriff **„Postmoderne“** auf. Kennzeichnend für diese Literatur ist das Spiel mit traditionellen Erzählmustern und Motiven.

Die Literatur nach der Wiedervereinigung 1990 zeichnet sich durch große Vielfalt aus. Eine einheitliche literarische Strömung ist in der neuesten deutschen Literatur nicht feststellbar. Schlagworte, die schon früher auftauchten, Postmoderne, Neorealismus und Popliteratur, scheinen sich zu verfestigen.

Als ein auffälliges Merkmal des Literaturbetriebs kann angeführt werden, dass die großen Verlage vermehrt auf junge literarische Nachwuchstalente setzen und in den letzten Jahren zahlreiche gefeierte junge Autorinnen und Autoren hervorgebracht haben. Auch international erwarben sich deutschsprachige Schriftstellerinnen und Schriftsteller Ansehen: Michael Ende schreibt 1979 „Die unendliche Geschichte“, Patrick Süskind veröffentlicht 1985 „Das Parfum“ – beide Bücher sind Weltbestseller, die auch verfilmt wurden. Der Nobelpreis für Literatur geht 2004 an Elfriede Jelinek, 2009 an Herta Müller und 2019 an Peter Handke.

Die Fülle der Publikationen spiegelt auch die Fülle der literarischen Themen, die in den letzten Jahren im Vordergrund stehen: Erinnerungsliteratur, interkulturelle Literatur und digitale Literatur.

Epochenüberblick

Beginn und Ende literarischer Epochen und Strömungen lassen sich nur selten konkreten Jahreszahlen zuordnen, die chronologische Einteilung dient aber der Orientierung. Die folgende Übersicht gibt daher einen groben Überblick über die gängige Einteilung der Literaturgeschichte.

750 · 1470 · Epochenumbruch 1500

Anfänge der deutschen Literatur – Mittelalter (750–1470)
- religiöse Dichtung: Legende, Mystik
- höfische Dichtung: Minnesang, Epos, z. B. **Walther von der Vogelweide**

Frühe Neuzeit (1450–1600)
- Volksbuch und Schwank, z. B. „Till Eulenspiegel"
- Fastnachtsspiel, z. B. **Sachs**
- Kirchenlied, z. B. **Luther**

1600 · 1720 · 1740

Barock (1600–1750)
- Epik: Roman, z. B. **Grimmelshausen**
- Lyrik: Bildgedicht und Emblem, Sonett, z. B. **Gryphius**
- Poetik, z. B. **Opitz**: „Buch von der Deutschen Poeterey"

Aufklärung (1720–1800)
- Epik: Fabel, Parabel, z. B. **Lessing**
- Drama, z. B. **Lessing**
- Philosophische Schriften, z. B. **Kant**

1750 · 1770 · 1780 · 1785 · Epochenumbruch 1800

Empfindsamkeit (1740–1780)
- Epik: Brief- und Bildungsroman, z. B. **La Roche**: „Geschichte des Fräuleins von Sternheim"
- Lyrik: Naturlyrik, z. B. **Klopstock, Claudius**

Sturm und Drang (1770–1785)
- Drama: Bürgerliches Trauerspiel, z. B. **Schiller**
- Lyrik: Hymne, z. B. **Goethe**, politische Lyrik, z. B. **Bürger**

1795 · 1800 · 1805 · 1820 · Epochenumbruch 1800

Weimarer Klassik (1786–1805)
- Dramen von **Goethe** und **Schiller**
- Lyrik: Distichen, Ideenlyrik, Balladen von **Goethe** und **Schiller**

Romantik (1795–1835)
- Epik: Roman, z. B. **Tieck**
- Novelle/Erzählung, z. B. **E. T. A. Hoffmann**
- Kunstmärchen, z. B. **Hauff**
- Lyrik, z. B. **Novalis, Brentano, Eichendorff**
- Sammlungen von Volksliedern und Volksmärchen, z. B. **Brüder Grimm**

Frührealismus · 1830 · 1835 · 1848 · 1850

Biedermeier (1820–1850)
- Epik: Novelle, Erzählung, z. B. **Mörike, Stifter**
- Lyrik, z. B. **Droste-Hülshoff**

Vormärz (1830–1848)
- Lyrik: politische Lyrik, z. B. **Heine**
- Flugblatt, journalistische Schriften, z. B. **Büchner, Heine**

Epochenüberblick

1880 · 1890

Moderne / Epochenumbruch 1900

Poetischer/bürgerlicher Realismus

(1850–1890)
- Epik: Roman, Novelle, z. B. **Keller, Fontane**

Naturalismus

(1880–1900)
- Epik: Novelle, Roman, z. B. **Holz/Schlaf**
- Drama, z. B. **Hauptmann**

1910 · 1900

Moderne / Epochenumbruch 1900 · Moderne / Epochenumbruch

Expressionismus

(1910–1925)
- Drama, z. B. **G. Kaiser**: „Die Bürger von Calais“
- Lyrik, z. B. **Benn, Heym, Trakl**

Wichtiger Autor zur Zeit des Expressionismus: **Kafka**

Ästhetizismus – Fin de Siècle

(1890–1920): Impressionismus, Jugendstil, Décadence, Sezession, Neoromantik, Surrealismus
- Epik: Roman, z. B. **Musil**, Erzählung, Novelle, z. B. **Th. Mann**
- Lyrik, z. B. **Rilke**

1920 · 1925 · 1933 · 1945

Literatur der Weimarer Republik

(1919–1933): z. B. Neue Sachlichkeit
- Epik: Roman, z. B. **Keun**
- Drama: episches Theater, z. B. **Brecht**: „Die Dreigroschenoper“
- Lyrik: Gebrauchslyrik
- Journalistische Texte: Reportagen, z. B. **Kisch**

Exilliteratur

(1933–1945)
- Epik: Roman, z. B. **Seghers, K. Mann**
- Drama: episches Theater, z. B. **Brecht**
- Lyrik: Gebrauchslyrik
- Journalistische Texte, z. B. **Tucholsky, E. Mann**

1989 · 1980 · 1960

Vielfalt der Stile · Vielfalt der Stile

Literatur der BRD und der DDR zwischen 1960 und 1989

- Epik: postmoderner Roman, z. B. **Süskind**
- Drama: politisches Dokumentartheater, z. B. **Weiss**
- Lyrik: politische Lyrik, z. B. **Enzensberger, Rühmkorf, Biermann**

Nachkriegsliteratur

(1945–1960)
- Epik: Kurzgeschichte, z. B. **Borchert, Böll**
- Lyrik: konkrete Poesie, z. B. **Gomringer, Rühm**

Vielfalt der Stile · Vielfalt der Stile

Vielfalt der Stile / Postmoderne, Neorealismus, Popliteratur (1989 bis zur Gegenwart)
- Epik: postmoderne Erzählliteratur, z. B. **B. Strauß, Ransmayr, Zeh**, neorealistische Erzählliteratur, z. B. **Grass, M. Walser**, Popliteratur, z. B. **Berg, R. Goetz**

Rhetorische Stilmittel

Mit rhetorischen Stilmitteln werden Sätze und Texte sprachlich eindringlicher und interessanter. Es gibt sie sowohl auf der Laut- und Buchstabenebene als auch auf der Satzbauebene und der Bedeutungsebene. Rhetorische Stilmittel kommen in allen Textsorten zum Einsatz. Diese zu erkennen, hilft Ihnen bei der Analyse und Interpretation von Texten und Gedichten. Rhetorische Stilmittel in eigene Texte bewusst einzubauen, erhöht die Qualität Ihrer Texte.

Stilmittel	Beschreibung	Beispiel	Wirkung
die Alliteration	aneinandergereihte Begriffe mit gleichen Anfangslauten	*Kunst und Krempel*	betonend, einprägsam
das Anagramm	durch Umstellung von Buchstaben oder Silben eines Wortes entstandenes neues Wort	*Glasrand – Grasland*	einprägsam, anschaulich
die Assonanz	mehrere Wörter mit Vokalen mit dem gleichen Klang auf betonten Silben	*Geben und Nehmen*	atmosphärisch, einprägsam
die Onomatopoesie/ Lautmalerei	Geräusche werden in Worte gefasst	*Dingdong/knarren/ knurren*	veranschaulichend, lädt direkt ein, dabei zu sein
das Palindrom	ein Text (Wort, Wortgruppe, Satz), der vorwärts und rückwärts gelesen werden kann	*Otto/Anna/Rentner/ Reittier*	klingt oft melodisch, dient der Verschlüsselung
das Wortspiel	Verwendung von gleich oder ähnlich klingenden Wörtern, um z. B. auf Zusatzbedeutungen hinzuweisen	*Wer rastet, der rostet.*	einprägsam, unterhaltend, prägnant
die Akkumulation	Reihung von Begriffen zu einem genannten oder nicht genannten Oberbegriff	*die Schwarzen, die Roten, die Grünen*	verstärkend, veranschaulichend
die Anapher	Wortwiederholung am Satz-/ Versanfang oder am Anfang von Satzteilen	*Wir wissen ..., wir müssen ..., wir fordern ...*	etwas besonders hervorhebend, einen Rhythmus erzeugend
das Asyndeton	Wort- oder Satzreihe ohne Bindungswörter	*Kleinkinder, Jugendliche, Schutzbedürftige aller Art – ewig werden wir uns vor diesen rechtfertigen müssen.*	schafft Plastizität
der Chiasmus	spiegelartig über Kreuz angeordnete Stellung einzelner Wörter/ Satzglieder	*Eng ist die Welt und das Gehirn ist weit.*	veranschaulichend, kontrastierend

Rhetorische Stilmittel

Stilmittel	Beschreibung	Beispiel	Wirkung
die Ellipse	unvollständiger Satz	*Je mehr, desto besser.*	verknappend, Impulse setzend
das Enjambement	Zeilensprung; Fortführung eines Satzes über das Zeilen-/ Versende hinaus	*Die Farbe / der Tinte ist königsblau*	fließend und fortlaufend oder stockend und die Struktur durchbrechend
die Enumeratio/Aufzählung	erschöpfende Aufzählung der Teile eines übergeordneten Ganzen	*Sie finden es in Romanen, Erzählungen, Gedichten.*	vermittelt ein hohes Maß an Anschaulichkeit
die Epipher	Wortwiederholung am Satz-/ Versende oder am Ende von Satzteilen	*Das ist nicht erlaubt. Das ist nirgendwo erlaubt.*	hervorhebend, einen Rhythmus erzeugend
die Exclamatio / der Ausruf	affektgeladener Ausruf	*O tempora, o mores! (Oh Zeiten, oh Sitten!)*	bekundet z. B. Schrecken oder Erschütterung
die Hypotaxe	Unterordnung von Nebensätzen unter Hauptsätze („Bandwurmsatz")	*Ich sammle Worte und Sätze genau so wie Frederick, die Maus aus dem gleichnamigen Buch von Leo Lionni, durch dessen Lektüre ich schon als Kind zum Dichter berufen wurde.*	erklärend, informativ
der Imperativ	Aufforderung	*Sapere aude!*	zum Nachdenken/ Handeln auffordernd
die Inversion	Umstellung der gängigen Satzreihenfolge	*Ein Versager ist er, weiter nichts!*	hervorhebend, der Hörgewohnheit widersprechend
der Parallelismus	Sätze oder Teilsätze in symmetrischem Aufbau	*Das Wasser fließt, der Wind weht, die Blumen blühen.*	einprägsam, rhythmisch, harmonisierend
die Paraphrase	erklärende Umschreibung	*Fische, die stummen Meeresbewohner*	persönlich wertend
die Parataxe	das Aneinanderreihen einfacher Hauptsätze (Gegenstück zur Hypotaxe)	*Hier stehe ich, ich kann nicht anders.*	veranschaulichend, verknappend, einfach strukturiert
die Parenthese	Satzeinschub	*Alle – die Alten wie die Jungen – sind von diesem Problem betroffen.*	liefert zusätzliche Informationen, sorgt für Betonung

Rhetorische Stilmittel

Stilmittel	Beschreibung	Beispiel	Wirkung
die Repetitio/ Wiederholung	Wiederholung eines Worts oder Satzteils	*Sehn Sie, Herr Hauptmann, Geld, Geld.*	verstärkend, unterstreichend, intensivierend
die rhetorische Frage	eine (Schein-)Frage, die Meinung der Autorin / des Autors ausdrückend	*Wer ist schon perfekt?*	verstärkend, eindringlich, manipulierend
das Trikolon / die Trias	Dreierfigur	*Veni, vidi, vici.*	schafft Plastizität
das Adynaton	Vergleich mit Unmöglichem	*Eher geht die Welt unter, als dass ich mich darauf einließe.*	veranschaulichend
die Allegorie	konkrete Darstellung abstrakter Begriffe, oft durch Personifikation	*weiße Taube (für Frieden)*	verbildlichend, veranschaulichend
die Antithese	Entgegenstellung von Gedanken oder Begriffen	*Himmel und Hölle*	kontrastierend, macht auf Probleme aufmerksam
das Diminutiv	Verniedlichungs- oder Verkleinerungsform	*Zerbrich dir darüber nicht dein hübsches Köpfchen.*	verniedlichend, ggf. auch nicht für voll nehmend, abwertend
der Euphemismus	Beschönigung	*entschlafen (statt sterben)*	poetisch, künstlich harmonisierend
die Hyperbel	Übertreibung	*Sie wartete eine Ewigkeit.*	Aufmerksamkeit weckend, den eigenen Standpunkt verstärkend
die Ironie	Behauptung, die erkennen lässt, dass das Gegenteil gemeint ist	*Das ist ja eine schöne Bescherung.*	Abstand schaffend, wertend
die Klimax	Steigerung vom Schwächeren zum Stärkeren (bei der Antiklimax ist es umgekehrt)	*Ich sage es euch, der Stadt, dem ganzen Land.*	sehr eindringlich, betonend
die Litotes	Bejahung durch doppelte Verneinung	*nicht schlecht / gar nicht übel*	fördert die Einprägsamkeit
die Metapher	Bedeutungsübertragung; sprachliche Verknüpfung zweier semantischer Bereiche, die gewöhnlich unverbunden sind	*Ein Klangteppich wird ausgerollt.*	veranschaulichend

Rhetorische Stilmittel

Stilmittel	Beschreibung	Beispiel	Wirkung
die Metonymie	ein Begriff wird durch einen anderen, unmittelbar verwandten ersetzt	*Sie hat den ganzen Goethe gelesen.*	veranschaulichend, Bilder und Assoziationen erzeugend
der Neologismus	Wortneuschöpfung, oft Zusammensetzung zweier Begriffe	*Gendersternchen*	Aufmerksamkeit weckend
das Oxymoron	Kombination aus zwei sich widersprechenden Begriffen	*offenes Geheimnis / bittersüß*	verschärfend, Aufmerksamkeit weckend
das Paradoxon	scheinbare Widersprüchlichkeit	*Ich weiß, dass ich nichts weiß.*	Verrätselung, zum Nachdenken anregend
das Pars pro Toto	ein Teil wird für ein Ganzes gesetzt	*Nun hatte er wieder ein Dach über dem Kopf.*	veranschaulichend, ein Bild erzeugend
die Personifikation	Vermenschlichung einer Sache	*Die Zeit rennt.*	veranschaulichend, plastisch
der Pleonasmus	Aneinanderreihen sinngleicher Wörter	*rabenschwarz / runde Kugel / weißer Schimmel*	hervorhebend, verstärkend, verdeutlichend, aber ggf. auch redundant (Stilblüte)
das Symbol	Darstellung eines abstrakten Begriffs oder Zusammenhangs durch ein konkretes Bild (oft kulturell bedingt)	*Rose (für Liebe)*	einprägsam durch konkretes Bild
die Synästhesie	gleichzeitige Wahrnehmung	*Golden weh'n die Töne nieder.*	intensiviert den Eindruck durch die Aktivierung mehrerer Sinne
die Verdinglichung	Übertragung nicht menschlicher Eigenschaften auf Personen	*Sein Blick war eisern.*	wirkt veranschaulichend, dramatisch
der Vergleich	Verknüpfung zweier semantischer Bereiche durch ein Vergleichswort	*schlau wie ein Fuchs*	anschaulich, betonend, erzeugt Assoziationen
das Zeugma	syntaktisch korrekte Verbindung semantisch nicht zusammengehöriger Satzglieder	*Nicht nur meine Mutter, auch der Ofen war ausgegangen.*	bewusst verwirrend, überraschend

Arbeitsanweisungen verstehen – Operatoren kennen

Operatoren sind Arbeitsanweisungen. Sie sind wesentlicher Bestandteil jeder Aufgabenstellung, denn sie benennen die Handlungen, die zum Lösen von Aufgaben notwendig sind. Die Anforderungen der einzelnen Operatoren können pro Bundesland leicht voneinander abweichen. Vergewissern Sie sich daher bei Ihrer Lehrkraft zu den Operatoren. Je höher der Zahlenwert, desto höher der Schwierigkeitsgrad einer Aufgabe.

Verb	Anforderung (erwartete Tätigkeit)	Anforderungsbereich
analysieren	Sie erschließen einen Text als Ganzes oder unter einer bestimmten Fragestellung. Dabei beachten Sie den Zusammenhang von Inhalt, Form und Sprache.	1, 2, 3
anwenden	Sie beziehen einen bekannten Sachverhalt oder eine bekannte Methode auf eine neue Problemstellung.	2
begründen	Sie stellen einen Zusammenhang zwischen Ursachen und Folgen oder Wirkungen her. Sie untermauern eine Aussage oder These durch Sach- und Fachkenntnisse, d. h. mit nachvollziehbaren Argumenten (z. B. mit Beispielen, Belegen).	2, 3
belegen	Sie stützen eine Aussage durch ein ausgewiesenes Zitat oder einen Verweis.	2
berücksichtigen	Sie stellen Zusammenhänge her, indem Sie Bekanntes und Neues einbeziehen.	2
beschreiben	Sie stellen vorgegebene Situationen, Texte, Sachverhalte, grafische Darstellungen, Personen, Vorgänge sachlich genau dar, ohne sie zu bewerten.	1, 2
bestimmen	Sie stellen Sachverhalte und Inhalte prägnant (= auf den Punkt gebracht) und kriteriengeleitet fest.	1
beurteilen	Sie schätzen einen Sachverhalt, eine Aussage, eine Figur auf Basis von Kriterien oder begründeten Wertmaßstäben ein.	2, 3
bewerten	Die Bewertung erfordert zunächst die Beurteilung von Sachverhalten, Problemstellungen usw. Diese Beurteilung ergänzen Sie allerdings durch Ihre persönliche Sichtweise auf der Grundlage Ihrer Wertmaßstäbe, die Sie dabei offenlegen.	3
charakterisieren	Sie erfassen die wesentlichen Merkmale, Eigenschaften, Erscheinungsformen von Personen, Sachverhalten oder Zuständen und beschreiben diese.	2, 3
darstellen/vorstellen	Sie formulieren Ergebnisse, z. B. einer Informationsrecherche, einer Befragung, einer Diskussion, einer Gruppenarbeit, zusammenfassend oder unter einer bestimmten Fragestellung.	1, 2
deuten	Sie entschlüsseln sprachliche Bilder (z. B. Metaphern, Vergleiche, Personifikationen), Textteile oder Texte in ihrer übertragenen Bedeutung und beschreiben diese.	2
entwickeln	Sie werten einzelne Materialien aus, um Wissen, Analyseergebnisse und eigene Ideen zusammenzuführen. Sie gelangen dabei zu einem eigenständigen Konzept, Deutungsergebnis oder Verfahren.	3

Arbeitsanweisungen verstehen – Operatoren kennen

Verb	Anforderung (erwartete Tätigkeit)	Anforderungsbereich
erkennen	Sie erfassen durch Nachdenken und Untersuchen Voraussetzungen, Zusammenhänge und Bedeutungen und ordnen diese ein.	3
erläutern	Sie stellen Sachverhalte, Aussagen, Hintergründe, Einsichten in einem Begründungszusammenhang dar und veranschaulichen diesen mit zusätzlichen Informationen und Beispielen.	2, 3
erschließen	Sie erarbeiten den Sinngehalt oder die Problemstellung eines Textes oder Textteils. Gemäß den vorgegebenen Gesichtspunkten beziehen Sie Bekanntes und Neues ein, um Zusammenhänge herzustellen.	2
erstellen/ gestalten/ verfassen	Sie fertigen unter Beachtung von Vorgaben einen Text an.	3
in Beziehung setzen	Sie stellen auf der Grundlage einer vorgegebenen Betrachtung Sachverhalte, Aussagen oder Problemstellungen in einen Zusammenhang.	2, 3
interpretieren	Auf der Basis der Analyse eines Textes deuten Sie Sinnzusammenhänge. Sie beziehen die Wechselwirkung von Inhalt, Form und Sprache eines Textes in Ihre Betrachtungen ein und gelangen so zu einer schlüssigen Deutung.	1, 2, 3
nennen, aufschreiben/ herausschreiben, notieren, bestimmen	Sie tragen die wesentlichen Informationen (Kernaussagen) eines Textes oder eines Sachverhaltes zusammen (Sie zählen sie auf), ohne dass Sie diese kommentieren.	1
nutzen	Sie verwenden gezielt Informationen aus verschiedenen Quellen/Texten.	1
planen, entwerfen	Sie zerlegen einen Arbeitsprozess in einzelne funktionale Handlungsschritte.	2
sich auseinandersetzen mit	Sie wägen eine Aussage oder Problemstellung argumentativ und urteilend ab.	2, 3
überarbeiten	Sie analysieren ein (Text-)Produkt unter Berücksichtigung bestimmter Kriterien mit dem Ziel, es zu verbessern.	1, 2
unterscheiden	Sie ermitteln Unterschiede, Ähnlichkeiten und Gemeinsamkeiten.	2
vergleichen	Sie arbeiten Gemeinsames und Unterschiedliches heraus und stellen diese gegenüber. Sie formulieren gewichtend ein Ergebnis.	2
wiedergeben	Sie formulieren den Inhalt eines Textes mit eigenen Worten. Sie verknappen Inhalte, Aussagen, Zusammenhänge auf das Wesentliche und geben dies strukturiert in wenigen Sätzen wieder.	1, 2
zusammenfassen	Sie geben Inhalte oder Aussagen komprimiert wieder.	1, 2

12.5

Nachschlageliste: Verben mit Präpositionalergänzungen

Manche Verben haben Ergänzungen mit einer festen Präposition. Die Präposition bestimmt dann auch den Kasus (Akkusativ oder Dativ) der Ergänzung, z. B.:

achten auf + Akk.		Präpositionalergänzung	
	Achtet	*auf*	*den Tonfall!*
	Verb	Präposition +	Akkusativ

Das Feldermodell hilft bei der Analyse und Beschreibung von Sätzen und Satzgefügen. Es bildet die Grundstruktur des deutschen Satzes mit allen seinen Eigenheiten ab und zeigt die zentrale Rolle des Verbs/Prädikats.
Auch Sätze, die von Verben mit Präpositionalergänzungen regiert werden, lassen sich im Feldermodell darstellen.
Trennbare Verben mit Präpositionalergänzungen bilden eine Satzklammer.
Die folgende Liste zeigt eine Auswahl der wichtigsten Verben mit Präpositionalergänzungen. Die jeweiligen Beispielsätze wurden in das Feldermodell eingeordnet.

Infinitiv + Präposition	Kasus	Vorfeld	Verb (linke Klammer)	Mittelfeld	Verb (rechte Klammer)
ab|hängen von	+ Dat.	*Die Zusage*	*hängt*	***von** dem Termin*	*ab.*
achten auf	+ Akk.		*Achtet*	***auf** den Tonfall des Moderators!*	
etw. ändern an	+ Dat.	*Du*	*solltest*	*etwas **an** der formalen Gestaltung deiner Bewerbung*	*ändern.*
an|kommen auf	+ Akk.	*Heute*	*kommt*	*es **auf** die Gesprächsführung*	*an.*
arbeiten an	+ Dat.	*Die Forscherinnen*	*arbeiten*	***an** der Entschlüsselung des Rätsels.*	
sich ärgern über	+ Akk.	*Die Journalistin*	*ärgert*	*sich **über** die Lesermeinung.*	
auf|hören mit	+ Dat.		*Hören*	*Sie bitte **mit** den Schuldzuweisungen*	*auf!*
auf|passen auf	+ Akk.	*Die Pflegekräfte*	*passen*	***auf** ihre Schutzbefohlenen*	*auf.*
sich auf|regen über	+ Akk.	*Die Zeitungs-leser*	*regen*	*sich **über** die Rechtschreibfehler*	*auf.*
aus|geben für	+ Akk.	*Die Verbraucher*	*geben*	*mehr Geld **für** Energie*	*aus.*
sich bemühen um	+ Akk.	*Er*	*sollte*	*sich mehr **um** Pünktlichkeit*	*bemühen.*
berichten über	+ Akk.	*Die Zeugin*	*berichtet*	***über** den Vorfall.*	
sich beschäftigen mit	+ Dat.	*Ich*	*beschäftige*	*mich gerade ausführlich **mit** dieser Epoche.*	
sich beschweren bei	+ Dat.	*Der Käufer*	*beschwert*	*sich **beim** Händler.*	

Nachschlageliste: Verben mit Präpositionalergänzungen

Infinitiv + Präposition	Kasus	Vorfeld	Verb (linke Klammer)	Mittelfeld	Verb (rechte Klammer)
bestehen auf	+ Dat.	*Die Kundin*	*besteht*	***auf** der Erfüllung des Vertrages.*	
bestehen aus	+ Dat.	*Die Fortbildung*	*besteht*	***aus** einzelnen Modulen.*	
sich beteiligen an	+ Dat.	*Warum*	*beteiligen*	*sich die Menschen **an** der Sammelaktion?*	
sich bewerben bei	+ Dat.	*Sie*	*wollte*	*sich **bei** der Stadt*	*bewerben.*
sich bewerben um	+ Akk.	*Sie*	*bewarb*	*sich **um** die ausgeschriebene Stelle.*	
sich bezeichnen als	+ Akk.		*Bezeichnest*	*du dich **als** Profi?*	
sich beziehen auf	+ Akk.	*Wieso*	*beziehen*	*sich alle **auf** diese Quelle?*	
diskutieren über	+ Akk.	*Stundenlang*	*diskutierten*	*die Abgeordneten **über** die Gesetzesvorlage.*	
ein|laden zu	+ Dat.	*Wir*	*laden*	*Sie **zu** einem Vorstellungsgespräch*	*ein.*
sich entscheiden für	+ Akk.		*Entscheidest*	*du dich da**für**?*	
sich entschließen zu	+ Dat.		*Hast*	*du dich **zum** Umzug*	*entschlossen?*
sich entschuldigen bei	+ Dat.	*Wer*	*hat*	*sich **bei** wem*	*entschuldigt?*
sich entschuldigen für	+ Akk.	*Wer*	*hat*	*sich wo**für***	*entschuldigt?*
erfahren von	+ Dat.	*Ich*	*habe*	***von** ihrem Ausscheiden aus der Firma*	*erfahren.*
sich erinnern an	+ Akk.		*Erinnern*	*Sie sich **an** mich?*	
erkennen an	+ Dat.	*Alle*	*erkannten*	*den Beruf **an** der typischen Handbewegung.*	
sich erkundigen nach	+ Dat.		*Erkundigst*	*du dich **nach** den Prüfungsvorschriften?*	
erschrecken über	+ Akk.	*Er*	*erschrickt*	***über** den Zustand des Gebäudes.*	
gehen um	+ Akk.	*Immer*	*geht*	*es nur **um** ein und dasselbe Thema!*	
gehören zu	+ Dat.		*Gehört*	*dieser Kasus **zu** dieser Präposition?*	
geraten in	+ Akk.	*Beide*	*geraten*	*leicht **in** Streit.*	

Nachschlageliste: Verben mit Präpositionalergänzungen

Infinitiv + Präposition	Kasus	Vorfeld	Verb (linke Klammer)	Mittelfeld	Verb (rechte Klammer)
sich gewöhnen an	+ Akk.	*Wann*	*gewöhnst*	*du dich endlich* ***an*** *den neuen Ablauf?*	
glauben an	+ Akk.		*Glauben*	*Sie* ***an*** *das Gute im Menschen?*	
halten für	+ Akk.	*Mancher*	*hielt*	*sie* ***für*** *ein Genie.*	
halten von	+ Dat.	*Was*	*hältst*	*du da****von****?*	
sich handeln um	+ Akk.	*Dabei*	*handelt*	*es sich* ***um*** *Raubkopien.*	
handeln von	+ Dat.	*Der Roman*	*handelt*	***von*** *zwei Schwestern.*	
jdn. hindern an	+ Dat.	*Was*	*hindert*	*Sie* ***am*** *Vorwärtskommen?*	
kämpfen für	+ Akk.	*Die Gewerkschaften*	*kämpfen*	***für*** *mehr Rechte.*	
klagen über	+ Akk.	*Ihr*	*klagt*	*zu Recht* ***über*** *die Zustände.*	
kommen zu	+ Dat.	*Wiederholt*	*kommt*	*es* ***zu*** *Diskussionen.*	
sich konzentrieren auf	+ Akk.		*Konzentrieren*	*Sie sich* ***auf*** *die Kernaussage.*	
sich kümmern um	+ Akk.	*Der Verein*	*kümmert*	*sich* ***um*** *die Belange der Radfahrer.*	
leiden an	+ Dat.	*Fünf Prozent der Bevölkerung*	*leiden*	***an*** *dieser allergischen Reaktion.*	
leiden unter	+ Dat.	*Die Abteilungen*	*leiden*	***unter*** *dem Sparzwang.*	
nach|denken über	+ Akk.		*Denken*	*Sie bitte dar****über***	*nach!*
passen zu	+ Dat.		*Passt*	*dieser Job wirklich* ***zu*** *mir?*	
protestieren gegen	+ Akk.		*Protestieren*	*Sie* ***gegen*** *die Arbeitszeit-verlängerung?*	
rechnen mit	+ Dat.	*Ich*	*rechne*	***mit*** *einem erhöhten Aufwand.*	
sagen zu	+ Dat.	*Was*	*sagst*	*du* ***zu*** *meinem Berufswunsch?*	
schicken an	+ Akk.		*Schicke*	*die E-Mail bitte auch* ***an*** *unseren Chef.*	
sich schützen vor	+ Dat.	*Unternehmen*	*müssen*	*sich* ***vor*** *Hackerangriffen*	*schützen.*
sorgen für	+ Akk.	*Sie*	*sorgen*	***für*** *ein gutes Betriebsklima.*	

Nachschlageliste: Verben mit Präpositionalergänzungen

Infinitiv + Präposition	Kasus	Vorfeld	Verb (linke Klammer)	Mittelfeld	Verb (rechte Klammer)
streiten mit	+ Dat.	*Warum*	*streitet*	*er* ***mit*** *seinem Kollegen?*	
streiten über	+ Akk.		*Streiten*	*sie* ***über*** *die Arbeitsverteilung?*	
teil | nehmen an	+ Dat.	*Meine Abteilung*	*nimmt*	***an*** *dem Betriebsausflug*	*teil.*
sich treffen mit	+ Dat.	*Die Azubis*	*treffen*	*sich wöchentlich* ***mit*** *den Ausbildern.*	
sich treffen zu	+ Dat.		*Treffen*	*sie sich* ***zu*** *einem länge-ren Gespräch?*	
jdn. überreden zu	+ Dat.	*Sie*	*überredete*	*uns* ***zu*** *dieser Aktion.*	
jdn. überzeugen von	+ Dat.	*Wie*	*wollen*	*sie uns da**von***	*überzeugen?*
sich unterhalten mit	+ Dat.	*Wann*	*hast*	*du dich* ***mit*** *ihr zuletzt*	*unterhalten?*
sich unterhalten über	+ Akk.		*Habt*	*ihr euch* ***über*** *eure Pläne*	*unterhalten?*
verfügen über	+ Akk.	*Wer*	*verfügt*	***über*** *welche Grundkenntnisse?*	
vergleichen mit	+ Dat.		*Vergleicht*	*diese Ergebnisse* ***mit*** *den vorigen.*	
sich verlassen auf	+ Akk.		*Kannst*	*du dich* ***auf*** *diese Mitarbeiter*	*verlassen?*
etw. verstehen von	+ Dat.	*Ich*	*verstehe*	*etwas* ***von*** *Buchhaltung.*	
sich vor | bereiten auf	+ Akk.	*Du*	*musst*	*dich intensiv* ***auf*** *die Präsentation*	*vorbereiten.*
wählen zu	+ Dat.		*Wählt*	*sie* ***zur*** *Pressesprecherin!*	
warnen vor	+ Dat.	*Experten*	*warnen*	***vor*** *einem Fachkräftemangel.*	
warten auf	+ Akk.	*Der Aufschwung*	*lässt*	***auf*** *sich*	*warten.*
sich wehren gegen	+ Akk.		*Wehre*	*dich* ***gegen*** *Mobbing!*	
sich wenden an	+ Akk.		*Wenden*	*Sie sich* ***an*** *die Fachabteilung.*	
werden zu	+ Dat.	*Hier*	*wird*	*Abwasser* ***zu*** *Trinkwasser.*	
wissen von	+ Dat.		*Wissen*	*Sie schon* ***von*** *dieser Angelegenheit?*	
zu | gehen auf	+ Akk.	*In dieser Angelegenheit*	*musst*	*du* ***auf*** *deine Chefin*	*zugehen.*
zweifeln an	+ Dat.		*Zweifelst*	*du* ***an*** *ihren Fähigkeiten?*	

Nachschlageliste: unregelmäßige Verben

Hier finden Sie die Formen einer Auswahl unregelmäßiger Grundverben. Wenn das Verb eine Vorsilbe hat, sind die Formen genauso:

denken	*denkt*	*dachte*	*hat gedacht*
bedenken	*bedenkt*	*bedachte*	*hat bedacht*

Die meisten Verben bilden das Perfekt mit *haben*. Viele Bewegungsverben und Verben, die den Übergang von einem Zustand in einen anderen ausdrücken, bilden das Perfekt häufig mit *sein*.

bekommen	*bekommt*	*bekam*	*hat bekommen*
kommen	*kommt*	*kam*	*ist gekommen*

Infinitiv	3. Person Singular Präsens (er/es/sie/man)	3. Person Singular Präteritum (er/es/sie/man)	3. Person Singular Perfekt (er/es/sie/man)
backen	bäckt/backt	backte/buk *(veraltet)*	hat gebacken
beginnen	beginnt	begann	hat begonnen
beißen	beißt	biss	hat gebissen
betrügen	betrügt	betrog	hat betrogen
beweisen	beweist	bewies	hat bewiesen
bieten	bietet	bot	hat geboten
binden	bindet	band	hat gebunden
bitten	bittet	bat	hat gebeten
bleiben	bleibt	blieb	ist geblieben
braten	brät	briet	hat gebraten
brechen	bricht	brach	hat/ist gebrochen
brennen	brennt	brannte	hat gebrannt
bringen	bringt	brachte	hat gebracht
denken	denkt	dachte	hat gedacht
empfehlen	empfiehlt	empfahl	hat empfohlen
entscheiden	entscheidet	entschied	hat entschieden
erschrecken	erschrickt (*aber:* ich erschrecke)	erschrak *(sich selbst)* erschreckte *(eine andere Person)*	ist erschrocken hat erschreckt
essen	isst	aß	hat gegessen
fahren	fährt	fuhr	hat/ist gefahren
fallen	fällt	fiel	ist gefallen
fangen	fängt	fing	hat gefangen
finden	findet	fand	hat gefunden
fliegen	fliegt	flog	ist geflogen
fliehen	flieht	floh	ist geflohen
fließen	fließt	floss	ist geflossen
fressen	frisst	fraß	hat gefressen
frieren	friert	fror	hat/ist gefroren
geben	gibt	gab	hat gegeben
gehen	geht	ging	ist gegangen

Nachschlageliste: unregelmäßige Verben

Infinitiv	3. Person Singular Präsens (er/es/sie/man)	3. Person Singular Präteritum (er/es/sie/man)	3. Person Singular Perfekt (er/es/sie/man)
gelingen	gelingt	gelang	ist gelungen
geschehen	geschieht	geschah	ist geschehen
gewinnen	gewinnt	gewann	hat gewonnen
halten	hält	hielt	hat gehalten
hängen	hängt	hing *(ohne Akkusativobjekt)* hängte *(den Mantel)*	hat gehangen hat gehängt
heißen	heißt	hieß	hat geheißen
helfen	hilft	half	hat geholfen
kennen	kennt	kannte	hat gekannt
kommen	kommt	kam	ist gekommen
laden	lädt	lud	hat geladen
lassen	lässt	ließ	hat gelassen
laufen	läuft	lief	ist gelaufen
lesen	liest	las	hat gelesen
liegen	liegt	lag	hat gelegen
lügen	lügt	log	hat gelogen
mögen	mag	mochte	hat gemocht
nehmen	nimmt	nahm	hat genommen
nennen	nennt	nannte	hat genannt
reiten	reitet	ritt	ist geritten
rennen	rennt	rannte	ist gerannt
riechen	riecht	roch	hat gerochen
rufen	ruft	rief	hat gerufen
schaffen	schafft	schuf *(ein Kunstwerk)* schaffte *(einen Rekord)*	hat geschaffen hat geschafft
scheinen	scheint	schien	hat geschienen
schlafen	schläft	schlief	hat geschlafen
schlagen	schlägt	schlug	hat geschlagen
schließen	schließt	schloss	hat geschlossen
schneiden	schneidet	schnitt	hat geschnitten
schreiben	schreibt	schrieb	hat geschrieben
schreien	schreit	schrie	hat geschrien
schweigen	schweigt	schwieg	hat geschwiegen
schwimmen	schwimmt	schwamm	hat/ist geschwommen
schwören	schwört	schwor	hat geschworen
sehen	sieht	sah	hat gesehen
senden	sendet	sandte/sendete *(einen Brief)* sendete *(eine Fernsehsendung)*	hat gesandt/ gesendet hat gesendet
singen	singt	sang	hat gesungen

Nachschlageliste: unregelmäßige Verben

Infinitiv	3. Person Singular Präsens (er/es/sie/man)	3. Person Singular Präteritum (er/es/sie/man)	3. Person Singular Perfekt (er/es/sie/man)
sitzen	sitzt	saß	hat gesessen
sprechen	spricht	sprach	hat gesprochen
springen	springt	sprang	ist/hat gesprungen
stehen	steht	stand	hat gestanden
stehlen	stiehlt	stahl	hat gestohlen
steigen	steigt	stieg	ist gestiegen
sterben	stirbt	starb	ist gestorben
stoßen	stößt	stieß	ist/hat gestoßen
streiten	streitet	stritt	hat gestritten
tragen	trägt	trug	hat getragen
treffen	trifft	traf	hat getroffen
treten	tritt	trat	hat getreten
trinken	trinkt	trank	hat getrunken
tun	tut	tat	hat getan
unterscheiden	unterscheidet	unterschied	hat unterschieden
vergessen	vergisst	vergaß	hat vergessen
verlieren	verliert	verlor	hat verloren
verschwinden	verschwindet	verschwand	ist verschwunden
verzeihen	verzeiht	verzieh	hat verziehen
wachsen	wächst	wuchs	ist gewachsen
waschen	wäscht	wusch	hat gewaschen
sich wenden	wendet sich	wandte sich *(an jemanden)*	hat sich gewandt
wenden	wendet	wendete *(das Auto)*	hat gewendet
werfen	wirft	warf	hat geworfen
wiegen	wiegt	wiegte *(ein Baby)* wog *(das Gewicht)*	hat gewiegt hat gewogen
wissen	weiß	wusste	hat gewusst
ziehen	zieht	zog	hat/ist gezogen
Hilfsverben			
haben	hat	hatte	hat gehabt
sein	ist	war	ist gewesen
werden	wird	wurde	ist geworden
Modalverben			
dürfen	darf	durfte	hat gedurft / hat ... dürfen
können	kann	konnte	hat gekonnt / hat ... können
müssen	muss	musste	hat gemusst / hat ... müssen
sollen	soll	sollte	hat gesollt / hat ... sollen
wollen	will	wollte	hat gewollt / hat ... wollen

PagePlayer-App
Übersicht: Audios, Videos, Texte

Inhalte der PagePlayer-App

PagePlayer-App Übersicht: Audios, Videos, Texte

Textsortenverzeichnis

Textsorten-/Bildquellenverzeichnis

Bildquellenverzeichnis

Cover Shutterstock.com/optimarc;
S. 11 Imago Stock & People GmbH/ingimage;
S. 12 Shutterstock.com/chuckstock;
S. 15 Shutterstock.com/Dzm1try;
S. 18 Cornelsen/Uwe Rogal;
S. 24 Cornelsen/Uwe Rogal;
S. 29 Shutterstock.com/Vitalii Bashkatov;
S. 30 mauritius images/dieKleinert;
S. 33 mauritius images/Pitopia;
S. 35 Cornelsen/Uwe Rogal;
S. 38 akg-images; © Fondation Oskar Kokoschka/VG Bild-Kunst, Bonn 2021;
S. 40 stock.adobe.com/yannick saint-andre;
S. 42 stock.adobe.com/krissikunterbunt;
S. 47 Shutterstock.com/Rawpixel.com;
S. 50 Cornelsen/Uwe Rogal;
S. 54 Shutterstock.com/Sam72;
S. 56 Cornelsen/Uwe Rogal;
S. 67.1 Imago Stock & People GmbH/Shotshop;
S. 67.2 Imago Stock & People GmbH/Shotshop;
S. 67.3 Shutterstock.com/oksana2010;
S. 67.4 Imago Stock & People GmbH/MASKOT;
S. 67.5 Shutterstock.com/FMStox;
S. 68 mauritius images/Pitopia;
S. 69 stock.adobe.com/Polarpx;
S. 73.1 Sebastian Soukup;
S. 73.2 © 2019 Jürgen Olczyk/Sony Pictures Entertainment Deutschland GmbH;
S. 74 Cornelsen/Uwe Rogal;
S. 75.1 © 2019 Jürgen Olczyk/Sony Pictures Entertainment Deutschland GmbH;
S. 75.2 © 2019 Jürgen Olczyk/Sony Pictures Entertainment Deutschland GmbH;
S. 78 Sebastian Soukup;
S. 87 Shutterstock.com/Rawpixel.com;
S. 91 Cornelsen/Uwe Rogal;
S. 92 stock.adobe.com/magele-picture;
S. 97 mauritius images/Ikon Images;
S. 101 mauritius images/Science Photo Library;
S. 105 stock.adobe.com/Foto-Ruhrgebiet;
S. 106 Cornelsen/VDL/statista.com;
S. 115 Shutterstock.com/Sudowoodo;
S. 118 Shutterstock.com/Iakov Filimonov;
S. 125 stock.adobe.com/Kara;
S. 126 mauritius images/Pitopia;
S. 127 Statista.com;
S. 138 Statista.com;
S. 143 stock.adobe.com/aga7ta;
S. 146 Cornelsen/Uwe Rogal;
S. 149 mauritius images/Pitopia;
S. 156 Gerhard Mester;
S. 160 Michael Hüter;
S. 162 Statista.com;
S. 165 Cornelsen/VDL/statista.com;
S. 167 Shutterstock.com/Lightspring;
S. 170 Cornelsen/Uwe Rogal;
S. 172 © 2021 mr-kartographie, Gotha;
S. 175 Cornelsen/Uwe Rogal;
S. 176 Cornelsen/Uwe Rogal;
S. 181 stock.adobe.com/Wayhome Studio;
S. 190 mauritius images/alamy stock photo/Charles Walker Collection;
S. 193 Cornelsen/Uwe Rogal;
S. 195 mauritius images/EyeEm;
S. 215 mauritius images/alamy stock photo/Martin Rottler

Textquellenverzeichnis

Texte, die mit einem Sternchen (*) gekennzeichnet sind, wurden aus didaktischen Gründen verändert und/ oder gekürzt.

Adam, Wolfgang: *Der Essay, S. 144.* Aus: Knörrich, Otto (Hrsg.): Formen der Literatur in Einzeldarstellungen. 2., überarb. Aufl. Stuttgart: Kröner 1991, S. 88 ff. (*)

Amonat, Camares: *Warum wir erst im Alter von 25 Jahren wirklich erwachsen sind, S. 156 f.* Aus: Welt, 22.03.2018, https://www.welt.de/kmpkt/article173780252/Adoleszenz-Warum-wir-erst-mit-25-richtig-erwachsen-sind.html [01.01.2022] (*)

Arnu, Titus: *Pflanzen statt tanzen, S. 118.* Aus: Süddeutsche Zeitung, 10.06.2021, https://www.sueddeutsche.de/panorama/grossbritannien-gartenarbeit-junge-leute-1.5317961 [01.01.2022]

Ataman, Ferda; Gyamerah, Daniel: *In Berlin wird eine Quote ..., S. 120.* Aus: Im Dienst der ganzen Gesellschaft. In: Der Spiegel, 26.01.2021, https://www.spiegel.de/politik/deutschland/im-dienst-der-ganzen-gesellschaft-a-60ed977f-2a7d-4331-81e9-6c9b78ea09a3 [01.01.2022] (*)

Ausländer, Rose: *Dankbar, S. 67.* Aus: Ausländer, Rose: Jeder Tropfen ein Tag. Gedichte aus dem Nachlass. Gesamtregister. Frankfurt am Main: S. Fischer 1990

Bachmann, Ingeborg: *„Hätten wir das Wort ...“, S. 92.* Aus: Frankfurter Vorlesungen. Probleme zeitgenössischer Dichtung. In: Werke Bd. 4. München: Piper 1978, S. 185

Bahr, Anna: *Jugendkultur – Warum Abgrenzung wichtig ist, S. 154 f.* Aus: https://www.lernando.de/magazin/381/Jugendkultur-Warum-Abgrenzung-wichtig-ist [01.01.2022] (*)

Bayard, Pierre: *Wie man über Bücher spricht, die man nicht gelesen hat, S. 128 f.* Aus: Bayard, Pierre: Wie man über Bücher spricht, die man nicht gelesen hat. München: Antje Kunstmann 2007, S. 9 ff. (*)

Beauvoir, Simone de: *„Der Mensch ist ein sprachbegabtes Tier und wird sich immer durch das Wort verführen lassen“, S. 92*

Bense, Max: *Über den Essay und seine Prosa, S. 144 f.* Aus: Merkur, Nr. 3, März 1947, https://www.merkur-zeitschrift.de/max-bense-ueber-den-essay-und-seine-prosa-75-jahre-merkur/ [01.01.2022] (*)

Boeing, Nils: *Algorithmen sind auch nur Menschen, S. 97 f.* Aus: ZEIT ONLINE, https://www.zeit.de/zeit-wissen/2021/02/kuenstliche-intelligenz-algorithmus-diskriminierung-neuronale-netze [01.01.2022] (*)

Borchert, Wolfgang: *Das graurotgrüne Großstadtlied, S. 36.* Aus: Polt-Heinzl, Evelyne; Schmidjell, Christine (Hrsg.): Rote Gedichte. Stuttgart: Reclam 2006, S. 93. *Vielleicht hat sie ein rosa Hemd, S. 27 f.* Aus: Borchert, Wolfgang: Das Gesamtwerk, Reinbek: Rowohlt, S. 204 ff. (*)

Braun, Michael: *Jan Wagner – Er erweckt die Magie zweiter Ordnung, S. 43.* Aus: ZEIT ONLINE, https://www.zeit.de/kultur/literatur/2017-06/jan-wagner-georg-buechner-preis-lyriker [01.01.2022] (*)

Brinkmann, Rolf Dieter: *Von der Gegenständlichkeit eines Gedichtes, S. 30.* Aus: Sander, Gabriele (Hrsg.): Blaue Gedichte. Stuttgart: Reclam 2001, S. 25 f.

Brügger, Nadine A.: *Wie Männer die Frauen aus der Informatik verdrängt haben, S. 112 f.* Aus: Neue Zürcher Zeitung, 01.02.2021, https://www.nzz.ch/schweiz/es-gibt-keine-rosaroten-oder-blauen-gehirne-ld.1598703 [01.01.2022] (*)

Büchner, Georg: *Woyzeck, S. 53 f. und 190 f.* Aus: Büchner, Georg: Woyzeck. Bearb. v. Claudia Böhl. Hrsg. v. Florian Radvan und Anne Steiner. Berlin: Cornelsen 2019, S. 17, 19, 21 f. und 26 ff. *An die Eltern in Darmstadt, S. 191.* Aus: http://buechnerportal.de/werke/briefe/nach-mitte-februar-1834-an-die-eltern-in-darmstadt [01.01.2022] (*)

Bühler, Karl: *Das Organon-Modell der Sprache, S. 176.* Aus: Bühler, Karl: Sprachtheorie. Die Darstellungsfunktion der deutschen Sprache. Jena: Gustav Fischer 1934, S. 24 ff.

Crystal, David: *Sprechakte, S. 178 f.* Aus: Crystal, David: Die Cambridge Enzyklopädie der Sprache. Frankfurt am Main: Campus 1995 (*)

Domin, Hilde: *Ein blauer Tag, S. 45.* Aus: Domin, Hilde: Sämtliche Gedichte. Frankfurt am Main: S. Fischer 2014

Egner, Eugen: *Das Erlebnis, S. 20.* Aus: Arntz, Heiko (Hrsg.): Schräge Geschichten. Stuttgart: Reclam, S. 11 ff.

Ehrenstein, Albert: *Im Schatten, S. 40. Aus: Polt-Heinzl, Evelyne; Schmidjell, Christine (Hrsg.): Rote Gedichte. Stuttgart: Reclam 2006, S. 79 f.*

Eichendorff, Joseph von: *Jugendandacht, S. 31.* Aus: Sander, Gabriele (Hrsg.): Blaue Gedichte. Stuttgart: Reclam 2001, S. 38 f.

Ende, Michael: *Ein sehr kurzes Märchen, S. 21.* Aus: Ende, Michael: Die Schattennähmaschine. Stuttgart: Thienemann 1982, o. S.

Enzensberger, Hans Magnus: *Viele beschweren sich darüber ..., S. 120.* Aus: Elektronik als Massenbetrug. Ein Wutausbruch. In: Der Spiegel 16/2016, S. 114, https://www.spiegel.de/kultur/elektronik-als-massenbetrug-a-ca1c3d28-0002-0001-0000-000144314392 [01.01.2022] (*)

Franzen, Johannes: *Das Ende vom Buch, S. 129 f.* Aus: ZEIT ONLINE, 23.12.2019, https://www.zeit.de/kultur/literatur/2019-12/lesen-app-blinkist-allgemeinbildung-digitalisierung-buecher-klassiker [01.01.2022] (*)

Textquellenverzeichnis

Gerk, Andrea: *Lesen als Medizin, S. 136.* Aus: Gerk, Andrea: Lesen als Medizin. Die wundersame Wirkung der Literatur. Berlin: Rogner & Bernhard 2015 (*)

Gernhardt, Robert: *Walderkenntnis, S. 184.* Aus: Gernhardt, Robert: Später Spagat. Frankfurt am Main: S. Fischer 2006, S. 85

Girnth, Heiko: *Sprache und Politik, S. 94:* Aus: Bundeszentrale für politische Bildung (Hrsg.): Themenblätter im Unterricht, Nr. 91: Sprache und Politik, 15.07.2010, https://www.bpb.de/politik/grundfragen/sprache-und-politik/42678/einstieg?p=0#bio0 [01.01.2022] (*)

Goethe, Johann Wolfgang von: *Schwebender Genius über der Erdkugel, S. 33.* Aus: Sander, Gabriele (Hrsg.): Blaue Gedichte. Stuttgart: Reclam 2001, S. 58

Grau, Alexander: *In der Angstspirale, S. 123 f.* Aus: Der Spiegel 5/2021, 30.01.2021, S. 120 f. (*)

Grimm, Imre: *Eingesperrte Bücher: Warum E-Books nicht die Zukunft des Lesens sind, S. 131 f.* Aus: RND, 10.10.2019, https://www.rnd.de/kultur/eingesperrte-bucher-warum-e-books-nicht-die-zukunft-des-lesens-sind-5W4HODFESJDWLB7FF4F6ZX6JSM.html [01.01.2022] (*)

Gruber, Georg: *Die Sehnsucht nach ewiger Jugend. Warum erwachsen werden?, S. 155.* Aus: Deutschlandfunk Kultur, 12.07.2018, *Zeitfragen*, https://www.deutschlandfunkkultur.de/die-sehnsucht-nach-ewiger-jugend-warum-erwachsen-werden.976.de.html?dram:article_id=422781 [01.01.2022] (*)

Grünbein, Durs: *Betonte Zeit, S. 148.* Aus: Grünbein, Durs: Warum schriftlos leben. Aufsätze. Frankfurt am Main: Suhrkamp 2003, S. 90 (*)

Heidemann, Britta: *Ich arbeite, also bin ich, S. 115 f.* Aus: Westfälische Rundschau, 28.01.2021, S. 17 (*)

Hermann, Judith: *Kohlen, S. 15 f.* Aus: Hermann, Judith: Lettipark. Erzählungen. Frankfurt am Main: S. Fischer 2016, S. 7 ff.

Herrmann, Sophie: *Von „Low Cost“-Partizipanten zu politisch Engagierten, S. 160 f.* Aus: https://lpb.sachsen-anhalt.de/online-angebote/campuspublik/politische-partizipation-junger-menschen/ [01.01.2022] (*)

Hesse, Hermann: *Brief an Felix Lützkendorf, S. 70.* Aus: Hesse, Hermann: Briefe. Neue erweiterte Ausgabe. Frankfurt am Main: Suhrkamp 1959, S. 347. *Narziß und Goldmund, S. 71.* Aus: Hesse, Hermann: Narziß und Goldmund. Erzählung. Berlin: Suhrkamp 2010, S. 19 f.

Hildebrandt, Tina: *Wenn man bei einer Internetsuche ..., S. 120.* Aus: Im Haushaltsloch. In: Die Zeit Nr. 10/2021, 04.03.2021, https://www.zeit.de/2021/10/weltfrauentag-gender-pay-gap-gleichberechtigung-arbeit-homeoffice [01.01.2022] (*)

Holz, Arno: *Phantasus, S. 41.* Aus: https://www.deutschestextarchiv.de/book/view/holz_phantasus02_1899?p=38 [01.01.2022]

Jonas, Hans: *Neue Dimensionen der Verantwortung, S. 162.* Aus: Jonas, Hans: Das Prinzip Verantwortung. Versuch einer Ethik für die technologische Zivilisation. Frankfurt am Main: Suhrkamp 1984, S. 26 f. (*)

Kafka, Franz: *Entlarvung eines Bauernfängers, S. 22 f.* Aus: Kafka, Franz: Die Erzählungen und andere ausgewählte Prosa. Hrsg. v. Roger Hermes. Frankfurt am Main: S. Fischer 1996, S. 31 ff.

Kaléko, Mascha: *Signal, S. 36.* Aus: Polt-Heinzl, Evelyne; Schmidjell, Christine (Hrsg.): Rote Gedichte. Stuttgart: Reclam 2006, S. 18 (*)

Kehlmann, Daniel: *Mein Algorithmus und ich, S. 101 f.* Aus: Kehlmann, Daniel: Mein Algorithmus und ich. Stuttgarter Zukunftsrede. Stuttgart: Klett-Cotta 2021, S. 5 ff., © 2021 by Rowohlt Verlag Hamburg (*)

Knief, Alexandra: *Interview mit Cornelia Holsten: „Probleme ins Scheinwerferlicht rücken“, S. 139 f.* Aus: Weser-Kurier, 13.12.2020, https://www.weser-kurier.de/bremen/kultur/interview-mit-cornelia-holsten-von-der-brema-zur-barrierefreiheit-doc7e4fak8hqihpsqin3do?reloc_action=artikel&reloc_label=/deutschland-welt/deutschland-welt-kultur_artikel,-probleme-ins-scheinwerferlicht-ruecken-_arid,1948883.html [01.01.2022] (*)

Köhler, Peter: *Respekt zum Deutsch, S. 188.* Aus: taz, 02.08.2013, https://taz.de/!5062064/ [01.01.2022] (*)

Köhnemann, Andreas: *Narziss und Goldmund (2020) – Stilles Leiden im lauten Spektakel, S. 81.* Aus: www.kino-zeit.de/film-kritiken-trailer-streaming/narziss-und-goldmund-2020 [01.01.2022], Kino-Zeit / © Andreas Köhnemann (*)

Kokoschka, Oskar: *Mein Leben, S. 39.* Aus: Kokoschka, Oskar: Mein Leben. München: Bruckmann 1971, S. 137 (*)

Kracauer, Siegfried: *Die Errettung der physischen Realität, S. 84 f.* Aus: Albersmeier, Franz-Josef (Hrsg.): Texte zur Theorie des Films. 8., durchgesehene Aufl. Ditzingen: Reclam 2018, S. 247 f.

Kronauer, Brigitte: *Die Konstanz der Tiere, S. 148.* Aus: Kronauer, Brigitte: Natur und Poesie. Stuttgart: Klett-Cotta 2015, S. 22 (*)

Küls, Holger: *Gehirnforschung, Lernen und Spracherwerb, S. 168 f.* Aus: Textor, Martin R.; Bostelmann, Antje (Hrsg.): *Das* Kita-Handbuch, https://www.kindergartenpaedagogik.de/fachartikel/psychologie/1024 [01.01.2022] (*)

Textquellenverzeichnis

Langer, Fred: *Ist die deutsche Sprache noch zu retten?, S. 173.* Aus: GEO 10 (2019), S. 54 ff. (*)

Lankau, Ralf: *Deine Daten sind der Preis – ein Blick hinter das Display, S. 88.* Aus: Pädagogik, Ausgabe 1, Jahr 2021, S. 20 ff. (*)

Loerke, Oskar: *Blauer Abend in Berlin, S. 45.* Aus: Sander, Gabriele (Hrsg.): Blaue Gedichte. Stuttgart: Reclam 2001, S. 52

Lotter, Maria-Sibylla: *Wann wird Sprache zur Gefahr?, S. 180.* Aus: Die Zeit Nr. 3/2021, 14.01.2021 (*)

Mon, Franz: *bist du dir grün?, S. 34.* Aus: Conrady, Karl Otto (Hrsg.): Das große deutsche Gedichtbuch. Zürich/Düsseldorf: Artemis und Winkler, 4. Aufl. 1995, S. 714

Montesquieu, Charles de: *„Aber es ist eine uralte Erfahrung …", S. 66.* Aus: Montesquieu, Charles de: Von dem Geist der Gesetze, Buch 11, 4. Abschnitt, https://www.projekt-gutenberg.org/montesqu/schrifte/chap004.html [01.01.2022] (*)

Novalis: *Heinrich von Ofterdingen, S. 32.* Aus: https://www.deutschestextarchiv.de/book/view/novalis_ofterdingen_1802?p=21 [01.01.2022] (*)

Obmann, Claudia: *Der geplatzte Google-Traum: Warum es wichtig ist, seinen Job nicht bedingungslos zu lieben, S. 121 f.* Aus: Handelsblatt, 22.04.2021, https://www.handelsblatt.com/karriere/mitarbeiterbindung-der-geplatzte-google-traum-warum-es-wichtig-ist-seinen-job-nicht-bedingungslos-zu-lieben-/27111950.html?ticket=ST-2120275-U4wDSbG2vG4dddlwTGtD-ap4 [01.01.2022] (*)

Pudowkin, Wsewolod I.: *Filmregie und Filmmanuskript – Einführung zur ersten deutschen Ausgabe, S. 83.* Aus: Albersmeier, Franz-Josef (Hrsg.): Texte zur Theorie des Films. 8., durchgesehene Aufl. Ditzingen: Reclam 2018, S. 70 ff.

Rilke, Rainer Maria: *Blaue Hortensie, S. 40.* Aus: Sander, Gabriele: Blaue Gedichte. Stuttgart: Reclam 2001, S. 90 f.

Saussure, Ferdinand de: *Die Natur des sprachlichen Zeichens, S. 175.* Aus: Bally, Charles; Sechehaye, Albert (Hrsg.): Grundfragen der allgemeinen Sprachwissenschaft. Berlin und Leipzig: Walter De Gruyter & Co. 1931, S. 77 ff. (*)

Schneider, Wolf: *Volkes Maul ist nicht genug, S. 192.* Aus: Schneider, Wolf: Deutsch für Profis. Wege zum guten Stil. 9. Aufl. München: Goldmann 2001, S. 215 f. (*)

Schölderle, Thomas: *Gesundheit, Diktatur und Dystopie – Zu Juli Zehs „Corpus Delicti", S. 64 f.* Aus: Bayerische Landeszentrale für politische Bildungsarbeit (Hrsg.): Einsichten und Perspektiven. Bayerische Zeitschrift für Politik und Geschichte 3/20, S. 40 ff. (*)

Schottmüller, Daniel: *Warum Sprache ein spitzes Messer sein kann, S. 92.* Aus: Rhein-Neckar-Zeitung, 11.03.2021, https://www.rnz.de/kultur-tipps/kultur-regional_artikel,-soziale-medien-warum-sprache-ein-spitzes-messer-sein-kann-_arid,640006.html [01.01.2022] (*)

Sobotka, Sabine: *Grau ist gut, S. 44.* Aus: https://www.sabinesobotka.com/grau-ist-gut/ [01.01.2022] (*)

Stamm, Peter: *Die ganze Nacht, S. 12 ff.* Aus: Stamm, Peter: Der Lauf der Dinge. Gesammelte Erzählungen. Frankfurt am Main: S. Fischer 2014, S. 167 ff.

Stoverock, Meike: *Warum ich nicht mehr fliege, S. 149 f.* Aus: Der Spiegel, 13.07.2019, https://www.spiegel.de/reise/aktuell/klimaschutz-essay-warum-ich-nicht-mehr-fliege-a-1276298.html [01.01.2022]

Sulner, Martina: *Was soll der Neid?, S. 106 f.* Aus: Kölnische Rundschau, 13.02.2021, https://www.rnd.de/lifestyle/was-soll-der-neid-VM36RDHIEVA6BNMEJU572H377E.html [01.01.2022] (*)

Thiele, Sebastian: *Packender Horrortrip im Schauspielhaus, S. 57 f.* Aus: sächsische.de, 20.10.2019, https://www.saechsische.de/plus/packender-horrortrip-im-schauspielhaus-5131112.html [01.01.2022], © Sebastian Thiele, Dresden (*)

Thier, Clara: *Digitale Barrierefreiheit: „Es bringt nichts, wenn eine App 75 Prozent barrierefrei ist", S. 141 f.* Aus: SZ.de, 21.03.2021, https://www.sueddeutsche.de/digital/barrierefreiheit-apps-blinde-1.5237337 [01.01.2022] (*)

Tophinke, Doris: *Dialekte heute, S. 170 f.* Aus: Praxis Deutsch 275 (2019), S. 4 ff.

Trakl, Georg: *Die Nacht, S. 38.* Aus: Der Brenner. IV. Jahr, Heft 20 (15.07.1914), S. 911

Tucholsky, Kurt: *Der Mensch, S. 20.* Aus: Die Weltbühne 27-1 (1931), S. 889 f. (*)

Wagner, Jan: *herbstvillanelle, S. 42.* Aus: https://www.lyrikline.org/de/gedichte/herbstvillanelle-1062 [01.01.2022]

Walser, Martin: *„Auch wer Sprache …", S. 92.* Aus: Einheimische Kentauren. In: Erfahrungen und Leseerfahrungen. Frankfurt am Main: Suhrkamp 1965, S. 41

Walser, Robert: *Alles grün, S. 34.* Aus: Polt-Heinzl, Evelyne; Schmidjell, Christine: Grüne Gedichte. Stuttgart: Reclam 2012, S. 49 f.

Weber, Silke: *Reden lernt man nur durch reden …, S. 95 f.* Aus: https://www.zeit.de/zeit-wissen/2018/05/rhetorik-ausstrahlung-redekunst-tipps [01.01.2022] (*)

Wellinski, Patrick; Ruzowitzky, Stefan: *„Da war meine große Liebe zu diesem Buch", S. 79 f.* Aus: Deutschlandfunk Kultur, 07.03.2020, *Vollbild*, https://www.deutschlandfunkkultur.de/regisseur-ueber-narziss-und-goldmund-da-war-meine-grosse.2168.

Textquellenverzeichnis

de.html?dram:article_id=472000 [01.01.2022] (*)

Wittgenstein, Ludwig: *Philosophische Untersuchungen, S. 177.* Aus: Wittgenstein, Ludwig: Werkausgabe, Bd. 1. Frankfurt am Main: Suhrkamp, 7. Aufl. 1990, S. 251 ff. (*)

Zeh, Juli: *Corpus Delicti, S. 48 f., 52 und 61 ff.* Aus: Zeh, Juli: Corpus Delicti. Ein Prozess. 27. Auflage. München: btb 2010, S. 29 ff., 60 f. und 141 ff. (*)

Zeller, Felicia: *Und es war Sommer, S. 26.* Aus: Zeller, Felicia: Einsam lehnen am Bekannten. Kurze Prosa. Düsseldorf: Lilienfeld 2014 (*)

Zelter, Joachim: *Über die Ironie, S. 19.* Aus: KUNSTUNDKULTUR Nr. 2, 2010, © Joachim Zelter, Tübingen (*)

Unbekannte und ungenannte Verfasser

Alte und neue Berufe, S. 187. Originalbeitrag

Berufswahl, S. 184. Originalbeitrag

Berufswunsch Journalist/-in, S. 183. Originalbeitrag

Die Zerstörung des Regenwaldes, S. 188. Originalbeitrag

Duden – Die deutsche Rechtschreibung, S. 195. Aus: Duden. Die deutsche Rechtschreibung. Berlin: Dudenverlag 2020, 28., völlig neu bearbeitete und erweiterte Aufl., Bd. 1, S. 645 f. (*)

Shell Jugendstudie: Eine Generation meldet sich zu Wort, S. 162 ff. Aus: IHK Hannover 2019, o. O. (*)

UN-Behindertenrechtskonvention (Auszug), S. 138 f. Aus: Beauftragte der Bundesregierung für die Belange von Menschen mit Behinderungen (Hrsg.): Die UN-Behindertenrechtskonvention. Übereinkommen über die Rechte von Menschen mit Behinderungen. Bonn: Hausdruckerei BMAS 2017, S. 13 f.

Wie erstelle ich ein Erklärvideo?, S. 103 f. Originalbeitrag

Wie lese ich ein Hörbuch ein?, S. 166. Originalbeitrag

Sachwortverzeichnis

Sachwortverzeichnis

Sachwortverzeichnis

Projektleitung: Uta Kural
Redaktion: der springende punkt/ Eva Hauck, Berlin
Titelfoto: Shutterstock.com/optimarc
Gesamtgestaltung: LemmeDESIGN, Berlin
Technische Umsetzung: Straive

www.cornelsen.de

1. Auflage, 1. Druck 2022

Alle Drucke dieser Auflage sind inhaltlich unverändert und können im Unterricht nebeneinander verwendet werden.

Druck: Mohn Media Mohndruck, Gütersloh

ISBN 978-3-06-452133-9 (Schülerbuch)
ISBN 978-3-06-452135-3 (E-Book)

PEFC
PEFC/04-31-1033

PEFC zertifiziert
Dieses Produkt stammt aus nachhaltig bewirtschafteten Wäldern und kontrollierten Quellen.

www.pefc.de